INJURY-FREE RUNNING:
YOUR ILLUSTRATED GUIDE TO BIOMECHANICS, GAIT ANALYSIS,
AND INJURY PREVENTION

基于生物力学的无伤跑法

（第2版）
Second edition

编　著　〔美〕汤姆·米肖（Tom Michaud）

主　译　王杰龙

译者名单　王杰龙　苏州大学体育学院

张　庆　苏州大学体育学院

邱宣凯　苏州大学体育学院

田维思　江苏省体育科学研究所

顾　庆　江苏省体育科学研究所

雷园园　河北师范大学体育学院

北京科学技术出版社

Published by agreement with Lotus Publishing and North Atlantic Books through the Chinese Connection Agency, a division of Beijing XinGuangCanLan ShuKan Distribution Company Ltd.

著作权合同登记号　图字：01-2022-4827

图书在版编目（CIP）数据

基于生物力学的无伤跑法 : 第 2 版 / （美）汤姆·米肖 (Tom Michaud) 编著 ; 王杰龙主译 . -- 北京 : 北京科学技术出版社 , 2023.6

书名原文 : Injury-Free Running: Your Illustrated Guide to Biomechanics, Gait Analysis, and Injury Prevention, Second Edition

ISBN 978-7-5714-2936-2

Ⅰ . ①基… Ⅱ . ①汤… ②王… Ⅲ . ①跑—健身运动—基本知识 Ⅳ . ① G822

中国国家版本馆 CIP 数据核字（2023）第 054182 号

责任编辑： 张真真　安致君	**网　　址：** www.bkydw.cn
责任校对： 贾　荣	**印　　刷：** 河北鑫兆源印刷有限公司
责任印制： 吕　越	**开　　本：** 787 mm × 1092 mm　1/16
封面设计： 申　彪	**字　　数：** 200 千字
出 版 人： 曾庆宇	**印　　张：** 13.75
出版发行： 北京科学技术出版社	**版　　次：** 2023 年 6 月第 1 版
社　　址： 北京西直门南大街 16 号	**印　　次：** 2023 年 6 月第 1 次印刷
邮政编码： 100035	ISBN 978-7-5714-2936-2
电　　话： 0086-10-66135495（总编室）	
0086-10-66113227（发行部）	

定　　价： 98.00 元

中文版序

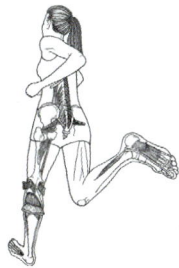

2023 年 2 月 19 日，深圳晴空万里，深圳马拉松顺利开跑，我也有幸参与其中。今年是我正式开始跑步的第 8 年，跑步也成为了我的日常生活习惯，不过跑步并不像看上去那么简单，要跑得快、跑得久就需要具备一定的跑步能力。

作为跑者和康复工作者，我遇到过很多因损伤而痛苦的跑友，继续跑，身体受不了，放弃吧，心里又难受。所以在跑步的过程当中，一定要注意防护，热身自不必说，学习如何采用正确的跑步方法，了解身体的结构和力学机制，选择适合个人身体情况的跑鞋和装备，也是跑者的必修课。有些人对跑步有个错误的认知——跑步伤膝，其实在合理安排计划和做好准备的情况下，跑步并不会伤害膝盖，科学的运动反而能改善关节和身心健康。

前段时间我的学生朱毅拿来了一本从美国引进出版的图书《基于生物力学的无伤跑法》，作者针对性地介绍了跑步生物力学、步态分析，以及如何预防和治疗损伤等跑者所需的信息。还专设章节讨论不同类型的跑鞋，并就选择最适合跑鞋的考虑因素提出了一些建议。图书最后介绍了各种不同损伤的治疗方案，比如跟腱炎、籽骨炎、足底筋膜炎、应力性骨折、骶髂关节疼痛、髂胫束摩擦综合征等。书里面精美的解剖图，以及可能导致损伤的跑步形式的各种图片都给我留下了深刻的印象。

在这里，我想说，跑步是有趣的，不然我不会坚持这么久；跑步也是单调的，看上去经常是一个人在战斗，但跑步也是多元的，让我有机会认识来自不同领域的跑友，认识自己。对于在这个春日准备开跑或一直坚持跑的人，相信这本关于无伤跑法的书会有所帮助。

（励建安）

2023 年 2 月 20 日

原版序

我的好朋友，跑步专家汤姆·米肖（Tom Michaud）博士，是我所认识的最能给人以启发的科学家和临床医生之一，他改变了我的生活，我在自己的书《为你的生命奔跑》（Run for Your Life）中分享了他给我的启发。我入门时阅读和研究的第一本书便是米肖博士的《人体运动》（Human Locomotion）。进化生物学是有关人体健康的基础学科，如果我们理解了它，我们就能更好地阐明一个人生病或受伤的原因。当我们谈及行动、睡眠和饮食方式时，就会发现我们生活在一个与我们的基因密码并不匹配的世界里。而米肖博士解决这个问题的方法，则会让人回忆起历史上那些杰出的临床医生的做法——把每一位运动员或病人都当作一个谜题来看待，并从跑步和走路的基本动作开始去寻找答案。

半个世纪前，俄勒冈州教练、耐克联合创始人比尔·鲍尔曼（Bill Bowerman），在他的《慢跑》（Jogging）一书中谈到，"轻松跑步"是锻炼呼吸和心血管系统的最佳方式。鲍尔曼还提到，对于初学者来说，"步行—跑步"递进的运动方式是理想的选择。对于刚开始健身的人来说，跑步的强度可能太大，可先选择步行；然而，对于经常健身的人来说，步行的强度就不足以提高健康水平。因此，在您的健康之旅中，学习无伤慢跑的技巧可让您获益，您会变得更健康，可以花更多的时间慢跑。

第 1 版《无伤跑法》（Injury-Free Running）是"两河行"（Two Rivers Treads）跑步用品店员工、跑步爱好者和临床医生必读的书目。在第 2 版中，米肖博士在鲍尔曼发起并被数百万美国人追捧的慢跑潮流的基础上进一步扩展。鲍尔曼的《慢跑》成为了畅销书，销量超过了 100 万册——也许同样的成功正等待着米肖博士。无论如何，这本书对许多跑者的启示，便是放慢速度，回归运动基础原则，并尊重自身的解剖学和生理学结构。

在我的跑步旅程中曾多次与米肖博士擦肩而过。对于 53 岁的我来说，学习新事物并与他人分享永远不会晚。虽然现在年龄增长并且还有新的重要的事务要处理，但我已经连续 30 年参加马拉松比赛，并在 3 小时内完赛。同时我还担任全职医生和比赛指导的工作，并且经营着一个小型社区里的跑步用品店。我的跑步用品店的经营理念源于我从米肖博士那里学到的东西，包括对足部力量、功能力量及动作的评估分析。

回顾参加过的这些马拉松赛事，我对跑步有了新的认识和见解。当今的文化中有一种趋势，是强调通过激进的做法来追求成功。如果是为了立即提高运动表现可能是有用的，但如果我们谈论关于长期健康和终生跑步的内容时就没有定论了。也有很多人阅读资料、撰写论文，并根据短期结果断言什么是正确的，尽管他们中的许多人之前是跑者，但实际上他们现在并不跑步或医治跑者。

已故的乔治·希恩博士（Dr. George Sheehan）经常写道："我们都是自己对自己做实验。"确实是这样，但我认为一个人必须了解总体健康的原则，以及如何对待身体，才能让实验继续下去。自从 2000 年我做了足部手术以来，我一直在阅读、理解和推荐米肖博士的著作。"痛苦即收获"这一信条的大多数拥护者们，并没办法给他们自己或他们的客户提供实践这种信条所得到的可持续表现证据。自 2000 年以来，我从未错过一次波士顿马拉松比赛（从那以后我也没有因跑步而受到任何伤害），尽管经历了几年比赛时的极端天气，但我的参赛次数下降都符合因年龄增长而导致的生理功能下降规律。我已经跑完了 100 多场马拉松和多场极限跑，还没有"损坏我的膝盖"——这证明了米肖博士的学说。

那么，长期健康跑步的"秘诀"是什么呢？

自 2015 年以来，我们一直在训练美国空军初级学员放慢速度、变得更强壮、移动得更好。过去，"自定节奏跑步"是指飞行员基于军事健身文化被迫留在领跑组，或者选择一个比他们跑得更快的小组。在这种文化中，飞行员必须每天都要努力进步，拼尽全力，但对科学运动的认知是欠缺的。这种训练模式会导致超乎寻常的肌肉骨骼损伤。所以，在强化肌肉骨骼系统的速度和力量之前，我们要改变这个现状，并教授米肖博士的理论。经过这种方式的训练，我在 50 岁时给自己做了最大摄氧量测试，结果是 65 ml/（kg·min），是军队所有年龄段人员所做的 1000 多次测试中的最高分。当人们问我如何训练时，我分享了米肖博士的理论，并感谢他给了我继续以这种方式训练的勇气。

奔跑是每个人与生俱来的权利。双脚同时腾空有一种神奇的感觉。在我的社区，我们通过跑步用品店，在每个"Couch to 5K"软件上和新跑者研讨会上教授这些理论学说。当我们消除跑步会带来痛苦的印象时，紧张情绪会随微笑释放。所以，拿起这本书来读一读吧——它将改变你的人生，也会改变那些年龄增长但希望精力保持充沛的人的生活。

马克·库库泽拉（Mark Cucuzzella）
医学博士
美国家庭医师学会会员
西弗吉尼亚大学医学院教授
Freedom's Run 赛事总监

前言

自从本书的第 1 版于 2013 年出版，越来越多的治疗方法和预防损伤的新技术被开发出来。一些令人惊叹的新研究证明，存在一种更理想的跑步形式。虽然人们认为跑者天生就有选择适合自己的理想跑步形式的能力，但之前的研究表明，跑者被迫改变自己选择的步长或节奏会降低跑步的效率。最新研究表明，"跑者自行选择最佳的跑步形式"的理论是不正确的。

2017 年，来自英国的科学家[1]对近 100 名业余跑者进行了详细的生物力学和新陈代谢评估，证明了对跑步姿态进行非常具体的改变不仅可以让你跑得更有效率，还可以让你跑得更快。我个人认为，这些跑步姿态的改变也会降低跑者受伤的总体风险。2019 年的一项研究[2]表明，对于试图保持无损伤的业余慢跑跑者来说，改用一种名为"地面跑步"的跑步技术可以降低 35% 的关节冲击强度，并减少 34% 的肌肉骨骼负荷。有趣的是，从常规跑步转向地面跑步会使跑者的代谢率提高 5%，证实地面跑步是既能保持健康又能避免受伤的绝佳方式。因为从常规跑步转变为地面跑步几乎不需要训练，所以你几乎不需要费什么力气就能显著降低受伤的风险。

本书的部分内容技术性很强，第 1 章回顾了你需要了解的关于解剖学的所有知识。第 2 章则解释了你走路和跑步时身体发生的一切，始终强调在肌肉和肌腱中储存能量并将能量返还给肌肉和肌腱的重要性。第 3 章讨论了你可以在家中进行用于确定受伤风险的新测试，并回顾了提高肌腱弹性和肌肉力量的新技巧。本书中列出的锻炼步骤不仅可以帮助你跑得更快，还可以使你避免受伤。

这一版增加了一个全新的章节——第 4 章，介绍了如何在家中进行步态分析，回顾了步态分析的各个方面，并讲解如何根据跑步速度确定理想的跑步方式所必需的步骤。紧接着的是第 5 章，关于跑鞋的章节已更新，因为在过去的 5 年里，一系列创新的鞋型彻底改变了这个行业。因在一定程度上受到早期极简主义鞋型的启发，跑鞋制造商开发了一系列有趣的款式，从极多主义的 Hoka 到超高速的 Alphafly，它们甚至能够储存和回收能量。你会了解到，除非你计划在不到 2 个小时内跑完一场马拉松，不然你不需要通过花 250 美元买一双鞋来跑得更快或避免受伤。事实证明，舒适性是提高效率和避免受伤的关键。

这本书的最后一章——第 6 章，也进行了修改以反映关于伤害预防的最新研究，并增加了一些新的治疗方案。例如，沙利文

（Sullivan）[3]等人关于足底筋膜炎的一项研究证明，足趾和腓肠肌的无力是足底筋膜炎发生的关键。在这篇论文发表之前，甚至没有人认为腓肠肌无力与足底筋膜炎的发生有关。其他有趣的研究[4]表明，患有髌骨疾病的跑者，如果在治疗方案中加入足部锻炼，他们可以更快地恢复跑步，强化比目鱼肌可能是治疗和预防跟腱损伤的关键。在应力性骨折部分，详细说明了你可以采取的恢复跑步的确切步骤，并回顾了最新的营养学成果。研究结果[5]表明，应该避免摄入过多的维生素 D 和采取生酮饮食，因为过多的维生素 D 反而会降低骨密度[6]，而生酮饮食同样会导致骨密度迅速下降。

在过去的 5 年里，运动医学专家终于意识到，提高运动能力和避免受伤的最好方法是增加肌肉和肌腱的弹性，改善运动神经的协调性，找到理想的跑鞋，发展符合你生物力学需求的精确跑步形式，而不是给肌腱注射非甾体抗炎药和皮质激素类药（这比完全不治疗更糟糕）。与 20 世纪 80 年代和 90 年代接受药物治疗和无效拉伸运动的精英跑者及业余跑者不同，今天的跑者可以接触到最先进的信息，只要稍加努力，就可以跑得更快，并在未来很长一段时间内避免受伤。

参考文献

1. Folland J, Allen S, Black M, et al. Running technique is an important component of running economy and performance. *Med Sci Sports Exerc*. 2017;49：1412–1423.

2. Bonnaerens S, Fiers P, Galle S, et al. Grounded running reduces musculoskeletal load. *Med Sci Sports Exerc*. 2019;51：708–715.

3. Sullivan J, et al. Musculoskeletal and activity-related factors associated with plantar heel pain. *Foot Ankle Int*. 2015;36：37–45.

4. Molgaard C, Rathleff M, Andreasen J, et al. Foot exercises and foot orthoses are more effective than knee focused exercises in individuals with patellofemoral pain. *J Sci Med Sport*. 2018;21: 10–15.

5. Glerup H, Mikkelsen K, Poulsen L, et al. Hypovitaminosis D myopathy without biochemical signs of osteomalacic bone involvement. *Calcif Tissue Int*. 2000; 66: 419–424.

6. Heikura I, Burke L, Hawley J, et al. A short-term ketogenic diet impairs markers of bone health in response to exercise. *Front Endocrinol*. 2020;10: 880.

目录

第 1 章

解剖学与三维运动

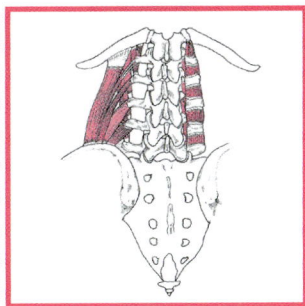

我们认为双腿行走是理所当然的，但实际上这是一种非常不寻常的行走方式。在当今地球上的 4000 多种哺乳动物中，只有人类是直立步行的。甚至柏拉图也评论了人类所偏好的运动方式的奇特性，他把人类称为唯一的"无羽毛的两足动物"（古希腊没有袋鼠）。

地球上 99% 的动物都偏向于使用四肢来行走和奔跑，原因在于双腿行走会带来一个工程难题：当脚先触及地面时，整个肢体必须足够柔韧以吸收震动并适应地形的差异，此后不久，这样的身体结构变得僵硬，因此可以承受推动身体向前的加速力等。这与四足动物不同，四足动物的优势在于前肢能够缓震，而后肢则能够支撑和加速（想象一只猫在壁架上跳跃）。

减震在马拉松比赛中尤为重要，因为长跑运动员的脚每小时平均接触地面 10000次，每次撞击地面所吸收的能量是其体重的 2~7 倍。在马拉松比赛过程中，撞击所转化的超过 1200 万磅（约 5443 吨）的力，必须由身体缓冲消散。显然，哪怕我们的减震系统出现一些小故障也会对身体造成伤害。更糟糕的是，使身体向前加速的作用力甚至大于最初接触地面的作用力。

要了解负责减震和加速的复杂结构如何相互作用，首先要准确地了解我们的关节、肌肉、肌腱、韧带和骨骼在行走和跑步时如何相互作用。由于大多数跑者不熟悉解剖学和临床生物力学，因此下面将对与跑步有关的主要肌肉、肌腱、韧带和骨骼进行图解说明（图 1.1~1.25）。这些说明会深入到细胞水平，因为了解我们的组织如何修复和重塑是预防损伤和维持最佳表现的关键（例如，健康的肌肉和肌腱可以储存和返还能量以提高效率并减轻骨骼负担）。为了使本章内容更易理解，我们列出了肌肉和骨骼名称的希腊语或拉丁语起源。你将会看到，早期的解剖学家从不希望解剖学结构复杂化，因为我们几乎所有的肌肉和骨骼都是根据它们的形状来命名的：梨状肌看起来像梨子，而舟状骨像船。

在解剖部分之后，是对用于描述三维运动的词语的综述。最初，"背屈"和"外翻"之类的术语看起来很复杂，多看几次之后，它们将迅速成为你词汇的一部分。需要提及的是，本章的最后部分总结了我们跑步时每块肌肉的作用以及肌肉无力和（或）肌肉紧张时会出现的问题，这些内容将在后续章节中详细介绍。

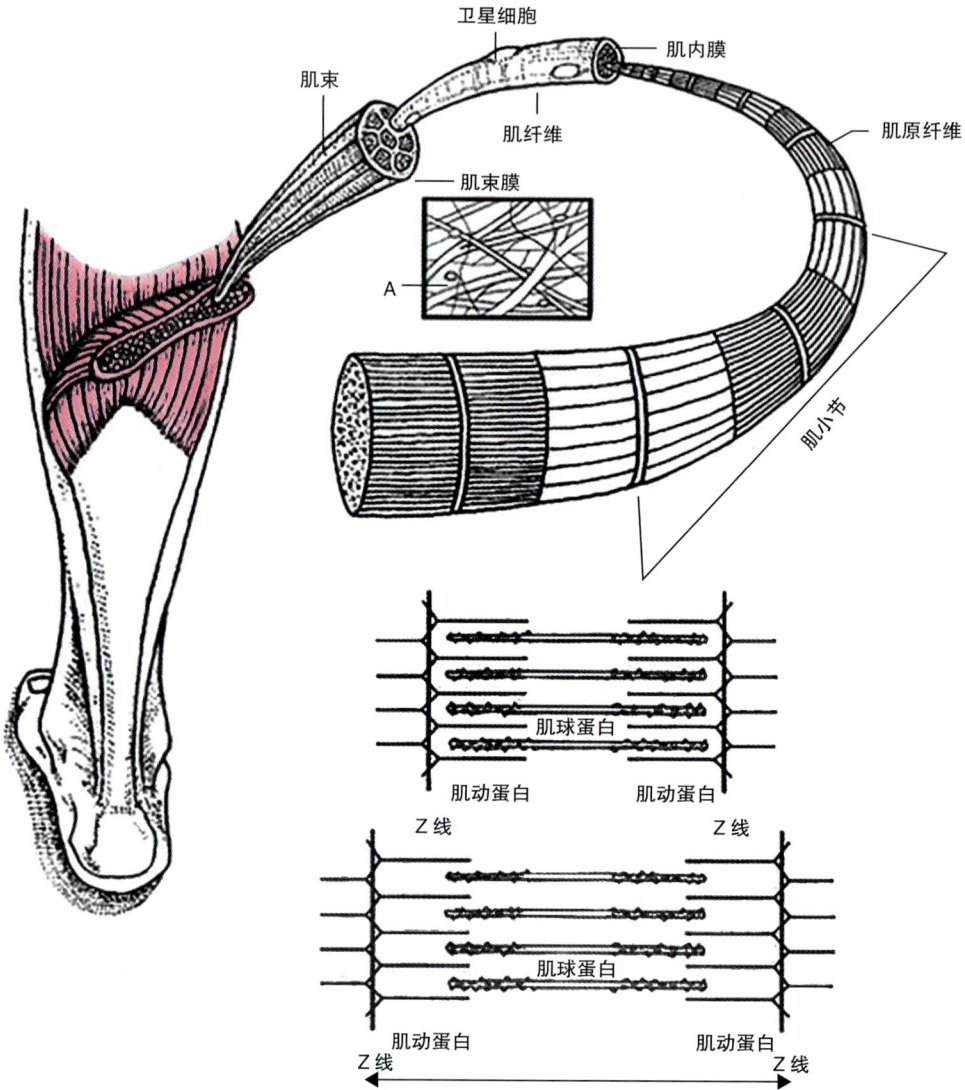

卫星细胞
肌束
肌内膜
肌纤维
肌原纤维
肌束膜
A
肌小节
肌球蛋白
肌动蛋白　肌动蛋白
Z 线　　　　Z 线
肌球蛋白
肌动蛋白　　肌动蛋白
Z 线　　　　Z 线

图 1.1　肌肉解剖　如果截取肌肉的横截面，就会看到称为"束"的小隔间。肌束肉眼可见，在切一块牛排时就可以看到。肌束又被细分为肌纤维，这些纤维被包埋在结缔组织中（称为"肌束膜"）。肌束膜是一种致密的结缔组织，其中充满了强支撑胶原蛋白纤维和被称为"弹性蛋白"的可拉伸蛋白的混合物。肌束膜内的细胞是成纤维细胞（A），可修复和重塑受损的胶原蛋白及弹性蛋白纤维。肌束膜是我们在进行按摩时试图拉长的结构

附着在肌纤维侧面的是卫星细胞，它们负责重塑运动中受损的肌纤维。简而言之，被称为"纺锤体"的特殊感觉细胞也附着在肌纤维的侧面。纺锤体细胞准确告诉我们的神经系统每个关节运动的速度和距离，通过分析这些信息来计算出跑步中每一步的代谢成本，并做出改变以提高效率。最后要说明的是，肌纤维被细分为肌原纤维，肌原纤维由被称为"肌动蛋白"和"肌球蛋白"的蛋白质组成。这些蛋白质是促使肌肉收缩的动力源。最新研究表明，当肌肉在延长的位置上运动时，卫星细胞就会开始运转以加速重塑。该知识已被应用于设计训练方案，以帮助提高跑步表现

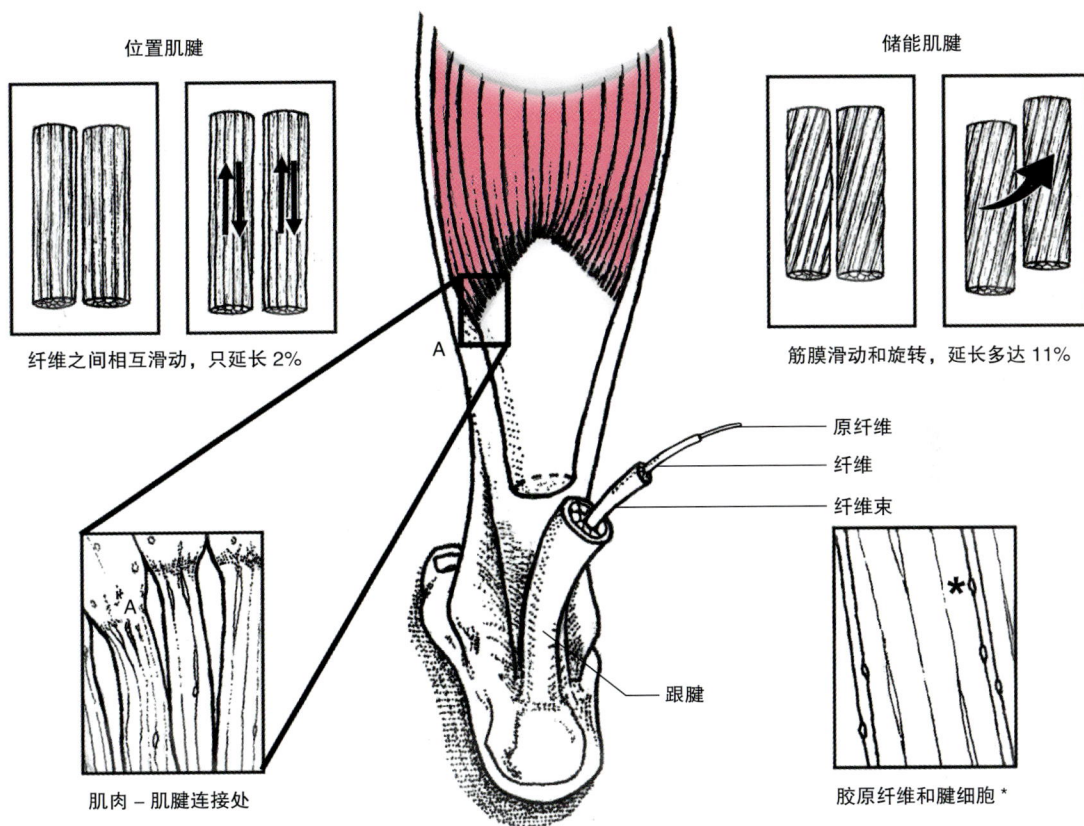

位置肌腱

纤维之间相互滑动，只延长 2%

储能肌腱

筋膜滑动和旋转，延长多达 11%

原纤维
纤维
纤维束

A

跟腱

肌肉 – 肌腱连接处

胶原纤维和腱细胞 *

图 1.2　肌腱解剖　与肌肉类似，肌腱分为纤维束、纤维和原纤维，但不同的是，肌肉含水量几乎达80%，而肌腱由坚固的平行胶原纤维构成，几乎不含血管和水。有限的血液供应和较少的含水量使得肌腱像钢丝一样工作：它们的Ⅰ型胶原蛋白平行纤维可以承受很大的力，并且不会受到丝毫损伤

*当肌腱受伤时，位于胶原纤维之间的被称为腱细胞的小型修复细胞会重建胶原纤维

最近的研究表明，有两种完全不同的肌腱类型：储能肌腱和位置肌腱。位置肌腱处于需要高输出力的位置，例如臀部和大腿的肌肉。当肌肉受到拉伸力时，纤维彼此之间相互滑动，仅移动一小段距离。该动作使得肌肉产生的力直接通过肌腱传递到骨骼。与之相反，储能肌腱几乎完全位于膝盖下方，其纤维束彼此之间存在轻微的角度，允许它们滑动和旋转，并可延长11%。这种瞬间的肌腱拉长对于保持跑步效率极为重要，因为肌腱的延长可以储存和返还能量，就像弹起的橡胶球一样

储能肌腱的能量储存和能量反馈，解释了为什么世界上最优秀的马拉松运动员具有最长的跟腱。储能肌腱中的弹性还可以防止损伤，因为它减弱了原本会进入肌肉的力量（缓冲了部分由肌肉吸收的力量）。肌腱最薄弱的环节在肌肉 – 肌腱连接处（A），易发生撕裂，是肌肉撕裂最常见的部位。就像在保持拉伸状态下强化肌肉会刺激肌肉的修复一样，在保持拉伸状态的同时强化肌腱也会增强肌腱的柔韧性。最大化肌腱的柔韧性对于避免受伤和防止与年龄相关的跑步能力下降至关重要，因为随着年龄的增长，肌腱会自然地变硬，这可以通过特殊的锻炼和适当的营养来避免

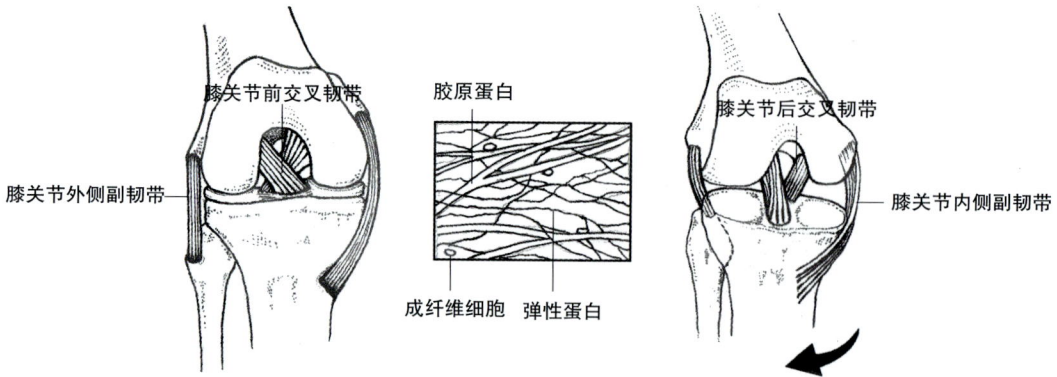

图 1.3　韧带解剖　肌腱将肌肉与骨骼相连，而韧带可以连接相邻的骨骼。韧带的结构与肌腱相似，不同之处在于韧带含有更多的血管，愈合力也更强，并且含有更多的弹性纤维使其可拉伸（箭头）。韧带不如肌腱稳固，且弹性蛋白含量较高导致其容易撕裂。韧带的优点在于其包含的血管更多，因此通常可以很快愈合（膝关节前交叉韧带和膝关节后交叉韧带除外，它们位于膝关节内并且包含的血管较少）

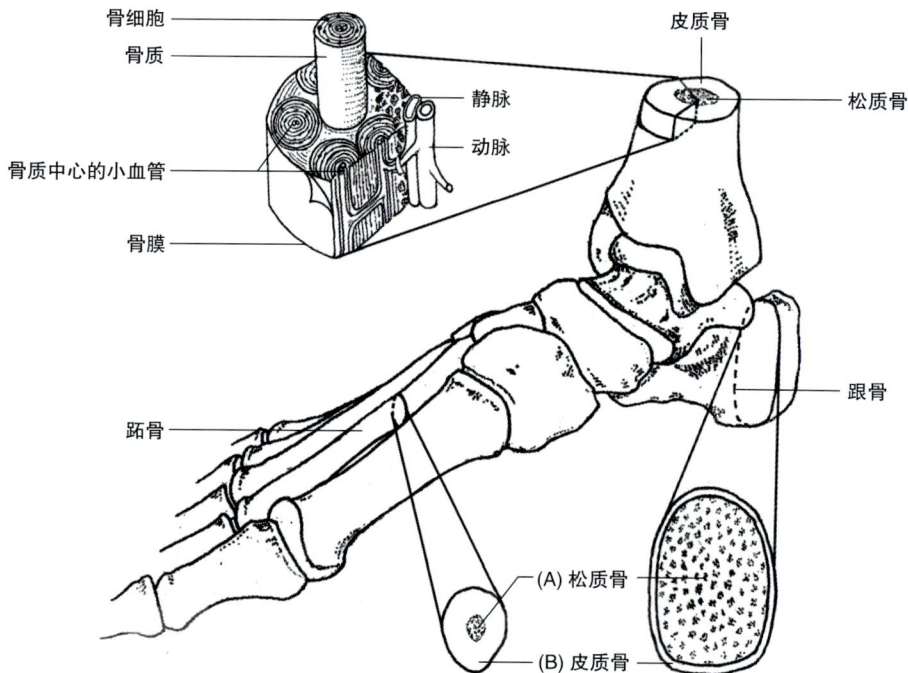

图 1.4　骨骼解剖　骨骼是由两种不同类型的骨组织组成：皮质骨和松质骨。皮质骨也被称为"密质骨"，而松质骨也被称为"髓质骨"。皮质骨的基本功能单位是骨质，它包含着穿过其中心的小血管。骨质中散布着骨细胞，这对修复和重塑骨骼非常重要。皮质骨被具有疼痛敏感性的骨膜所包围，且皮质骨非常坚硬，可以像钢管一样抵抗弯曲力。与之相反，松质骨更柔软，并包含着可以产生红细胞的小腔室

皮质骨与松质骨的比例取决于施加在骨骼上的应力：承受高弯曲力的骨骼（例如跖骨）几乎完全由皮质骨（B）所组成。相比之下，用于缓震的骨头（例如跟骨）主要由柔软的松质骨（A）组成，从而使它可以像垫子一样缓冲并吸收震动

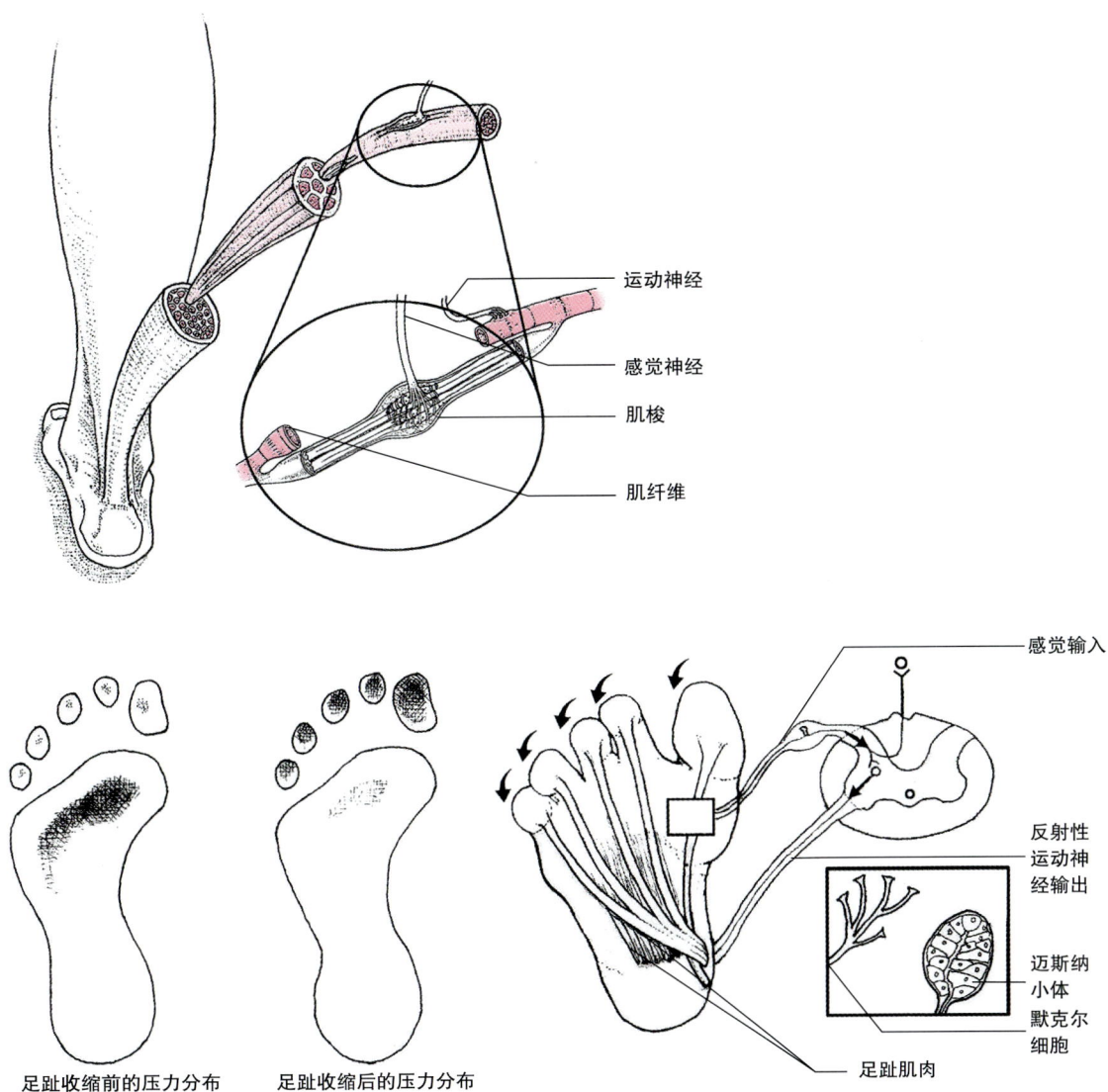

图 1.5　肌肉和皮肤的感觉神经　　肌梭附着在肌纤维两侧并被上皮细胞所包围，它可以准确传达中枢神经系统肌肉收缩的速度以及跑步时的肌肉动作。肌膜挛缩会抑制肌梭的信息传递，增加受伤的风险。足底的皮肤对于预防伤害也很重要。被称为"迈斯纳小体"和"默克尔细胞"的特殊感受器可提供有关足底压力传递的信息。当一个区域中的压力过大时，皮肤感受器受到刺激并使特定的肌肉产生反射收缩，以减轻高压力区域的负担。例如，如果过大的压力集中在前足的下方，那么足底的皮肤感受器受刺激会使得足趾肌肉产生向下的牵拉，从而使压力在更宽广的区域重新分布。有趣的是，足部按摩和活动可以提高足底感受器的敏感程度，从而提高运动表现并有助于预防损伤

腰椎，拉丁语
称之为后腰

骶骨，拉丁语
称之为神圣的
（这根骨头是
在动物祭祀中
使用的）

骨盆，拉丁语
称之为盆或碗

股骨，拉丁语
称之为大腿

髌骨，拉丁语称
之为盘状的器皿
或者小碟子

胫骨，拉丁语
称之为簧管

腓骨，拉丁
语称之为螺
栓或销

距骨，拉丁语称
之为倾斜的石堆

足舟骨，拉丁
语称之为小船

楔骨，拉丁语
称之为楔形物

跖骨，拉丁语称之为
在跗骨之前的骨头 *

趾骨，拉丁语称
之为木质滚轮

骰骨，拉
丁语称之
为立方体

跟骨，拉
丁语称之
为脚后跟

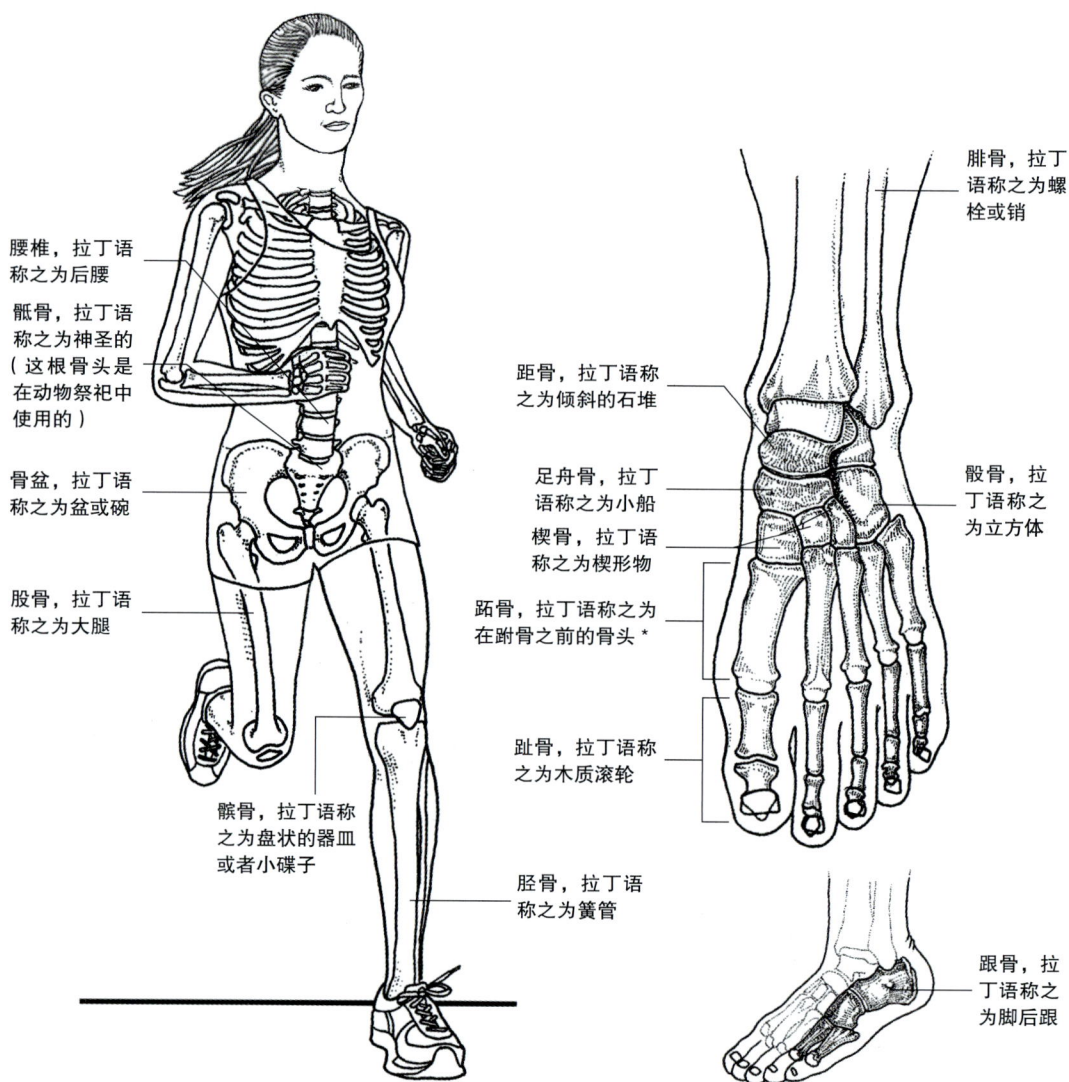

图 1.6　骨骼解剖（正面视图）

* 跗骨是指所有位于跖骨后面的足骨：跟骨、距骨、骰骨、足舟骨和楔骨。跗骨在拉丁语中表示平面

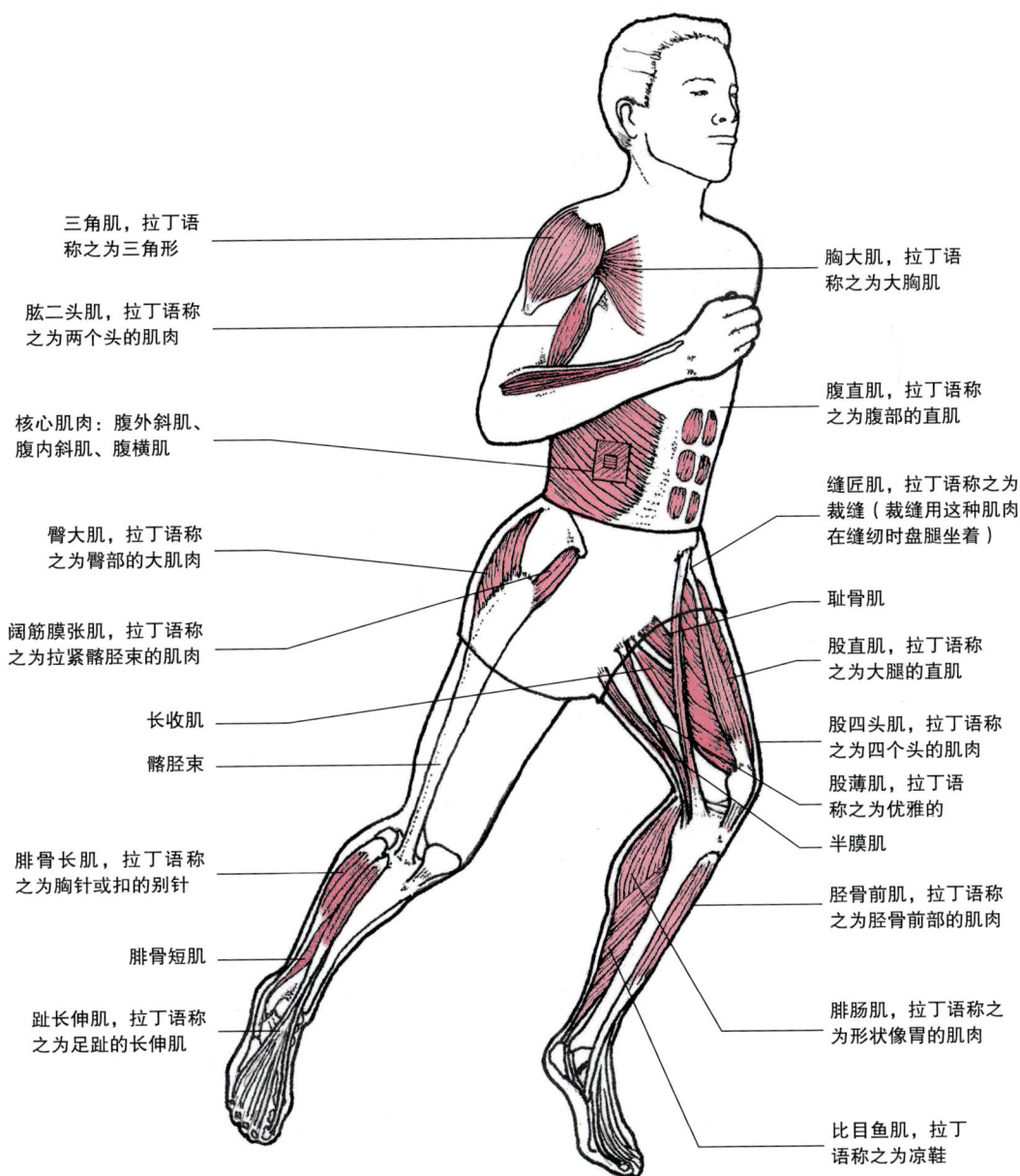

三角肌，拉丁语称之为三角形

肱二头肌，拉丁语称之为两个头的肌肉

核心肌肉：腹外斜肌、腹内斜肌、腹横肌

臀大肌，拉丁语称之为臀部的大肌肉

阔筋膜张肌，拉丁语称之为拉紧髂胫束的肌肉

长收肌

髂胫束

腓骨长肌，拉丁语称之为胸针或扣的别针

腓骨短肌

趾长伸肌，拉丁语称之为足趾的长伸肌

胸大肌，拉丁语称之为大胸肌

腹直肌，拉丁语称之为腹部的直肌

缝匠肌，拉丁语称之为裁缝（裁缝用这种肌肉在缝纫时盘腿坐着）

耻骨肌

股直肌，拉丁语称之为大腿的直肌

股四头肌，拉丁语称之为四个头的肌肉

股薄肌，拉丁语称之为优雅的

半膜肌

胫骨前肌，拉丁语称之为胫骨前部的肌肉

腓肠肌，拉丁语称之为形状像胃的肌肉

比目鱼肌，拉丁语称之为凉鞋

图 1.7　肌肉解剖（正面视图）

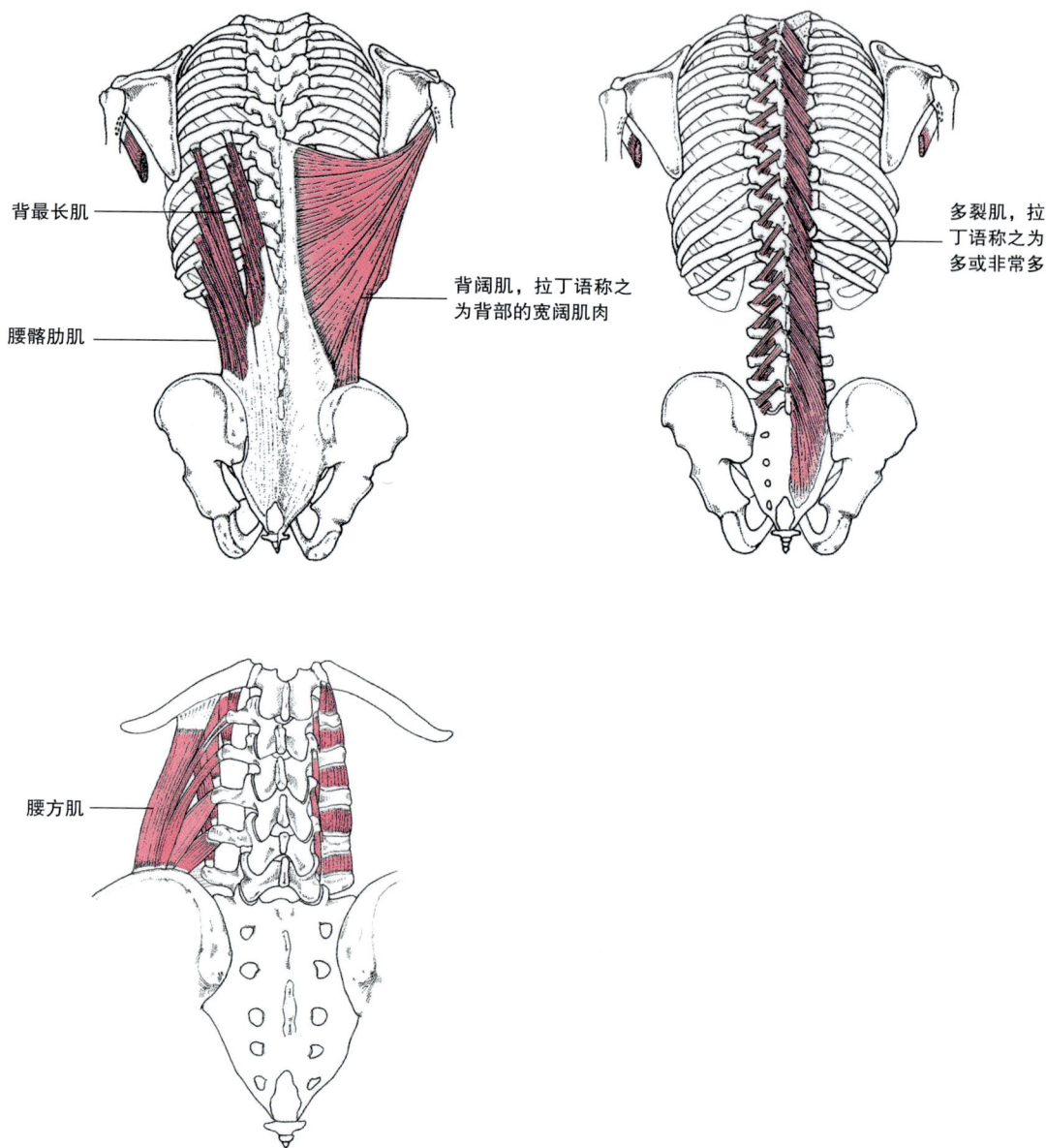

背最长肌

腰髂肋肌

背阔肌，拉丁语称之为背部的宽阔肌肉

多裂肌，拉丁语称之为多或非常多

腰方肌

图 1.8　背部的肌肉　腰髂肋肌和背最长肌在跑步中非常重要，因为它们可以防止躯干的过度前倾。这些肌肉统称为"竖脊肌"（拉丁语为"竖立脊柱"）。腰方肌和多裂肌是脊柱强有力的稳定肌，可以通过侧平板支撑和常规平板支撑得到锻炼

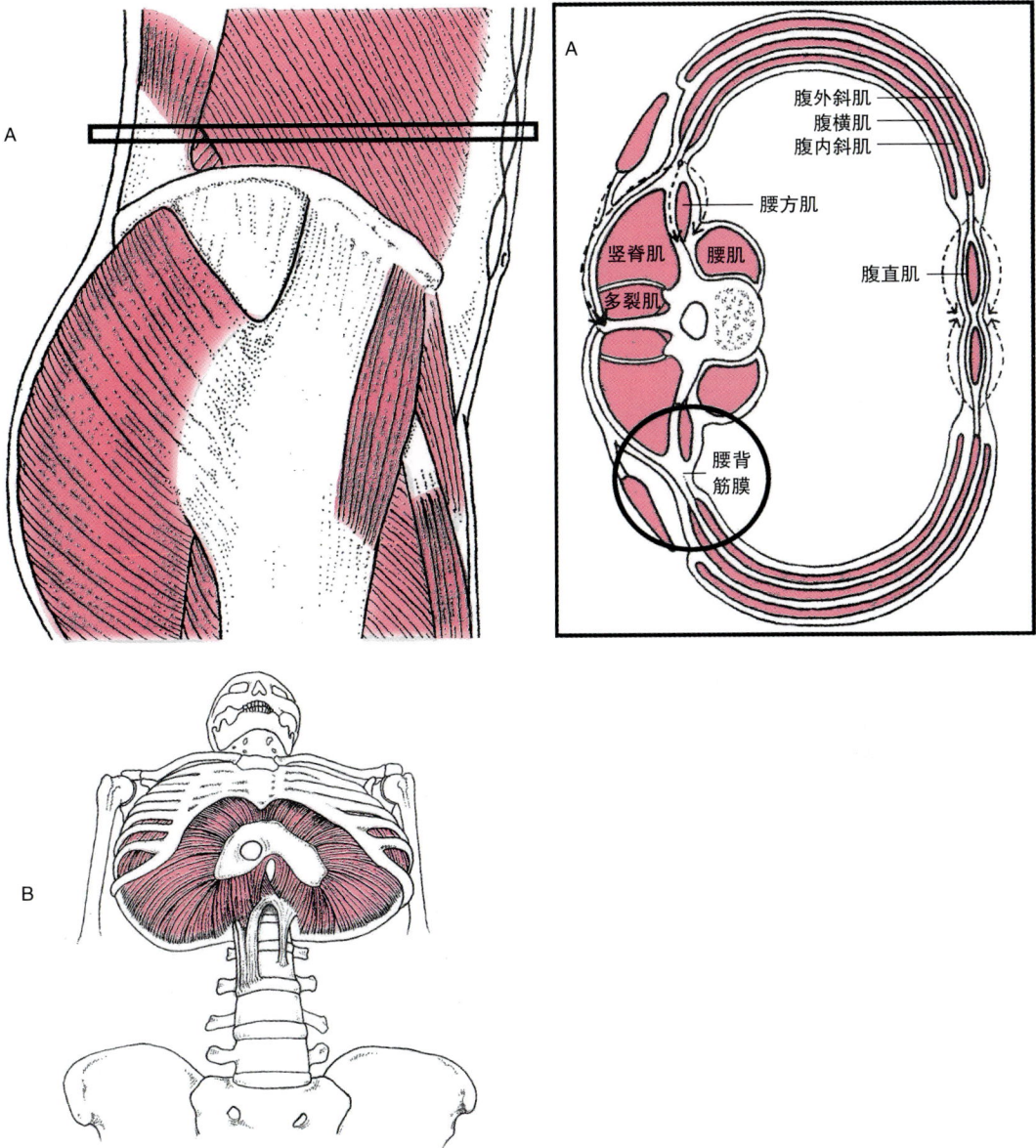

图 1.9　核心肌肉　这些重要的肌肉包裹着躯干，将我们的胸腔与骨盆相连。腹内斜肌、腹外斜肌和腹横肌产生的力通过腰背筋膜传递，以帮助稳定整个下脊柱（A）。虽然很少讨论，但盆底肌（未显示）和膈肌（B）也是重要的核心肌肉。膈肌和腹横肌共同工作以帮助稳定核心，在跑步运动尤其是短跑中起着重要作用

梨状肌，拉丁语称之为梨形的肌肉

上孖肌，拉丁语称之为上面成对的肌肉

闭孔内肌，拉丁语称之为堵住盆腔的肌肉

下孖肌，拉丁语称之为下面成对的肌肉

闭孔外肌

臀大肌，希腊语称之为最大的臀部肌肉

股二头肌（长头），拉丁语称之为大腿上的两个头的肌肉

股二头肌（短头）

腓骨长肌

腓骨短肌

臀中肌，希腊语称之为臀部中间的肌肉

肱三头肌，拉丁语称之为三个头的肌肉

竖脊肌，拉丁语称之为抬起脊柱的肌肉

腰方肌，拉丁语称之为腰部的方形肌肉

臀小肌，希腊语称之为最小的臀部肌肉

半腱肌

半膜肌

趾长屈肌

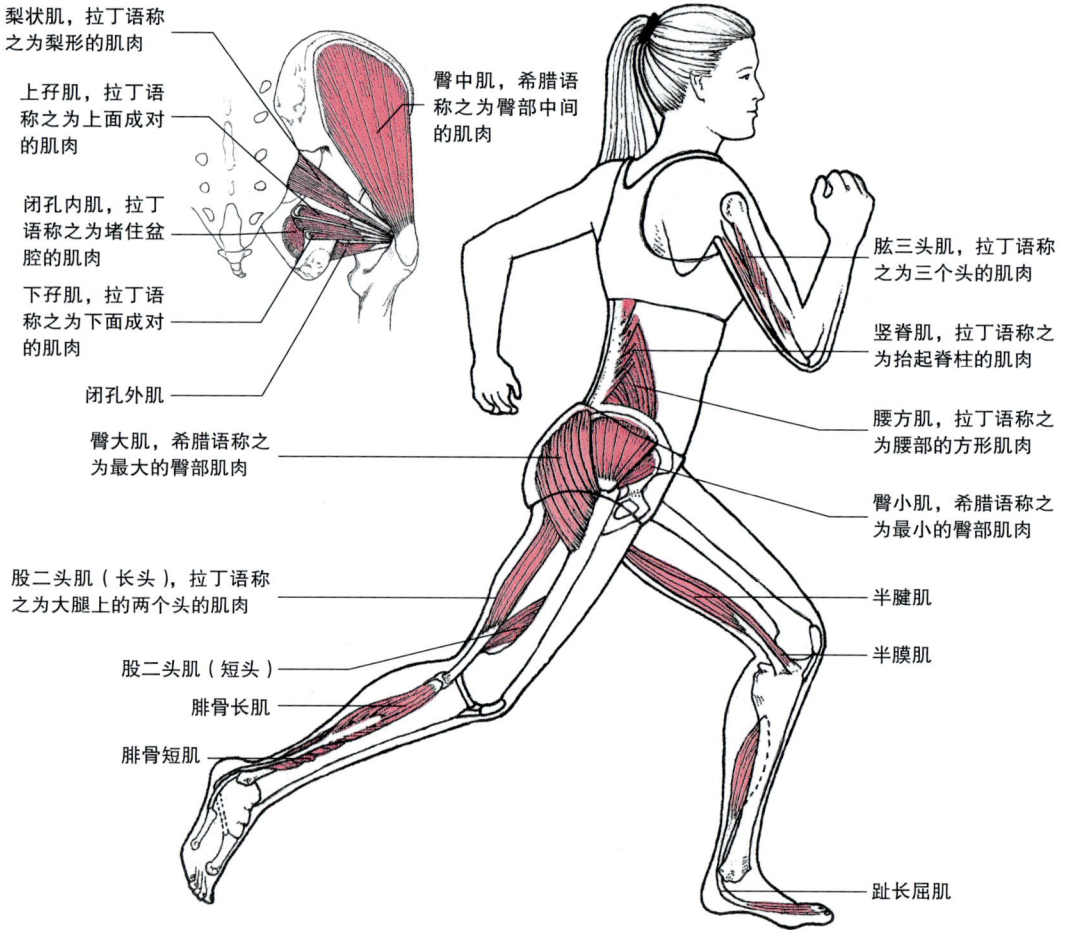

图 1.10　肌肉解剖（侧视图）

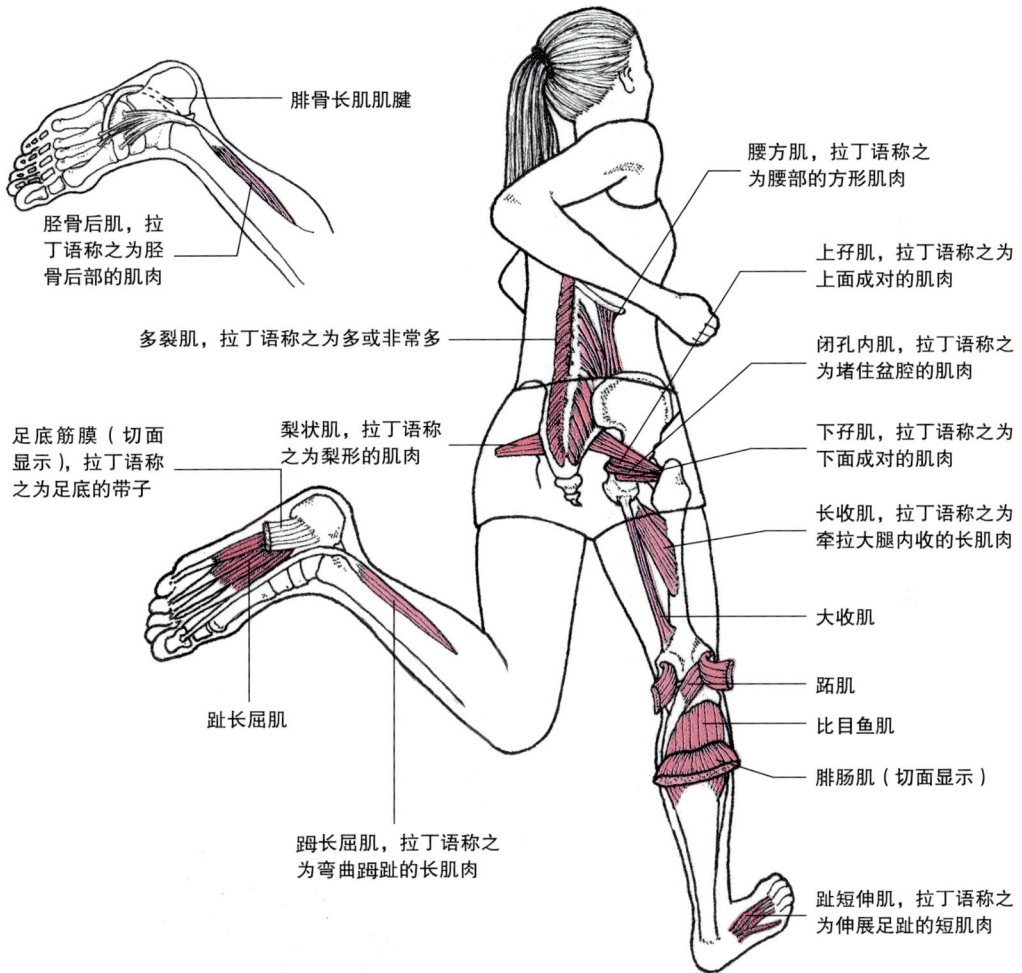

腓骨长肌肌腱

胫骨后肌，拉
丁语称之为胫
骨后部的肌肉

多裂肌，拉丁语称之为多或非常多

足底筋膜（切面
显示），拉丁语称
之为足底的带子

梨状肌，拉丁语称
之为梨形的肌肉

趾长屈肌

踇长屈肌，拉丁语称之
为弯曲踇趾的长肌肉

腰方肌，拉丁语称之
为腰部的方形肌肉

上孖肌，拉丁语称之为
上面成对的肌肉

闭孔内肌，拉丁语称之
为堵住盆腔的肌肉

下孖肌，拉丁语称之为
下面成对的肌肉

长收肌，拉丁语称之为
牵拉大腿内收的长肌肉

大收肌

跖肌

比目鱼肌

腓肠肌（切面显示）

趾短伸肌，拉丁语称之
为伸展足趾的短肌肉

图 1.11　肌肉解剖（后视图）

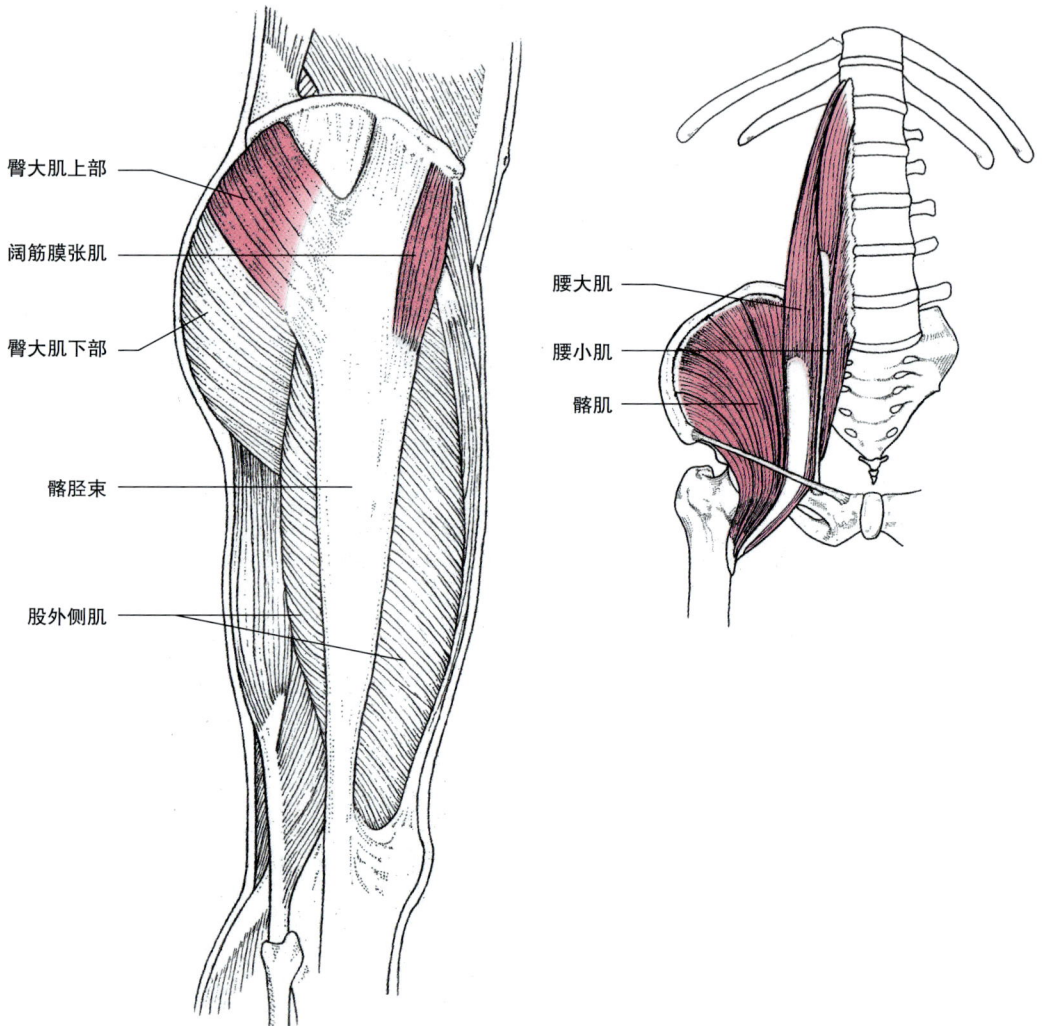

臀大肌上部

阔筋膜张肌

臀大肌下部

髂胫束

股外侧肌

腰大肌

腰小肌

髂肌

图 1.12　髂胫束和髂腰肌　髂胫束表现为一个宽的肌腱，将臀大肌和阔筋膜张肌所产生的力转移到小腿和大腿。它与股骨有多个连接点，并且在你跑步时可以非常有效地防止对侧的骨盆过度下降。髂腰肌是一个强大的髋关节屈肌，由于它对腰椎有着多个附着点，所以髂腰肌起着稳定脊柱的作用

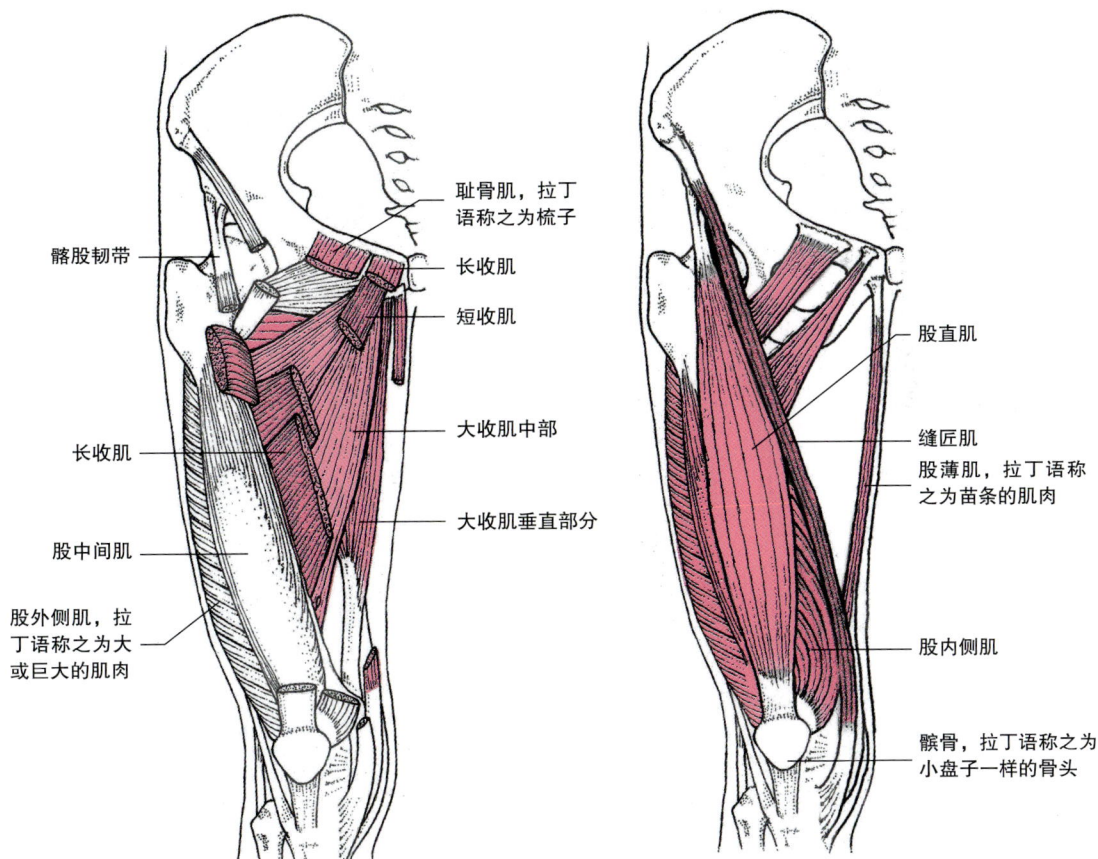

耻骨肌，拉丁
语称之为梳子

长收肌

短收肌

大收肌中部

大收肌垂直部分

髂股韧带

长收肌

股中间肌

股外侧肌，拉
丁语称之为大
或巨大的肌肉

股直肌

缝匠肌

股薄肌，拉丁语称
之为苗条的肌肉

股内侧肌

髌骨，拉丁语称之为
小盘子一样的骨头

图 1.13　大腿前部的肌肉　内收肌包括长收肌、短收肌、大收肌、股薄肌和耻骨肌。大收肌的垂直部分也被称为"股骨坐骨部分"，因为它的走向是从骨盆的坐骨延伸到股骨的下部。股四头肌由 4 块不同的肌肉组成：股外侧肌、股中间肌、股内侧肌和股直肌。股外侧肌是这些肌肉中最大的，在跑步时起着重要的缓震作用。股直肌是股四头肌中唯一穿过髋关节的肌肉，也是少数肌腱可明显旋转的髋关节肌肉之一。当你的腿向后伸展时，股直肌肌腱的旋转能够储存能量，并将这些能量返还，从而使你摆动的腿向前伸展

髌骨位于股四头肌肌腱处，是人体最大的籽骨。籽骨分布在全身不同的肌腱中，特别是那些需要高强度输出的肌腱。它们的作用主要是让肌肉的肌腱远离关节的运动轴，从而提高肌肉的机械效率。思考一下门把手：如果门把手靠近铰链，就很难把门打开。然而，当门把手远离铰链时，打开门所需要的力量就会减少。这就是籽骨的作用。籽骨在拉丁语中是"芝麻籽"的意思

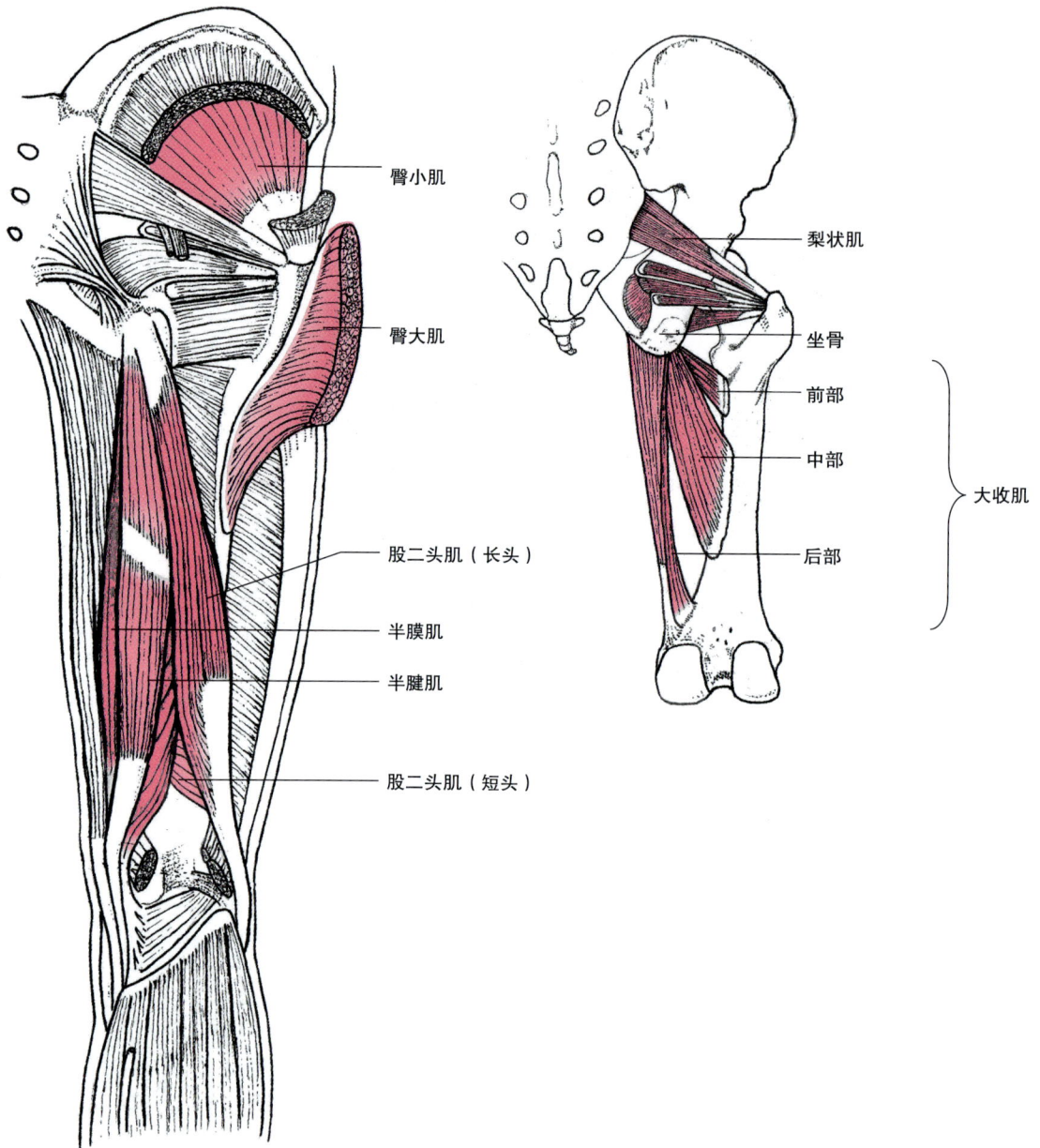

臀小肌

臀大肌

股二头肌（长头）

半膜肌

半腱肌

股二头肌（短头）

梨状肌

坐骨

前部

中部

后部

大收肌

图 1.14　大腿后侧肌肉　腘绳肌又细分为半膜肌、半腱肌和股二头肌（包括一个长头和一个短头）。因为大收肌附着在股骨较低的位置，所以大收肌的垂直部分与腘绳肌类似。髋关节的旋转在跑步时也很重要，因为它们可以防止整个下肢过度向内旋转

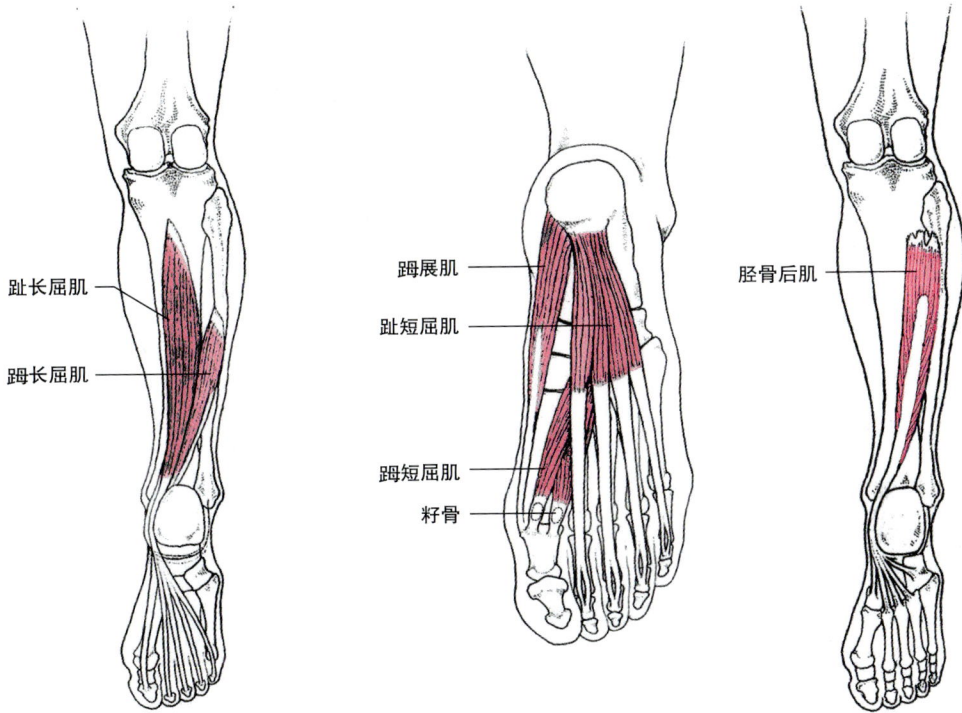

趾长屈肌

踇长屈肌

踇展肌

趾短屈肌

踇短屈肌

籽骨

胫骨后肌

图 1.15　小腿和足弓的肌肉　踇短屈肌很重要，因为它跨过两块经常给跑者带来问题的小籽骨。足弓肌肉无力是最常见的损伤因素：踇展肌的无力与踇囊炎的发生有关，而趾短屈肌无力是足底筋膜炎的常见原因。胫骨后肌在支撑足弓方面起重要作用，因为它在足弓中心有许多附着点

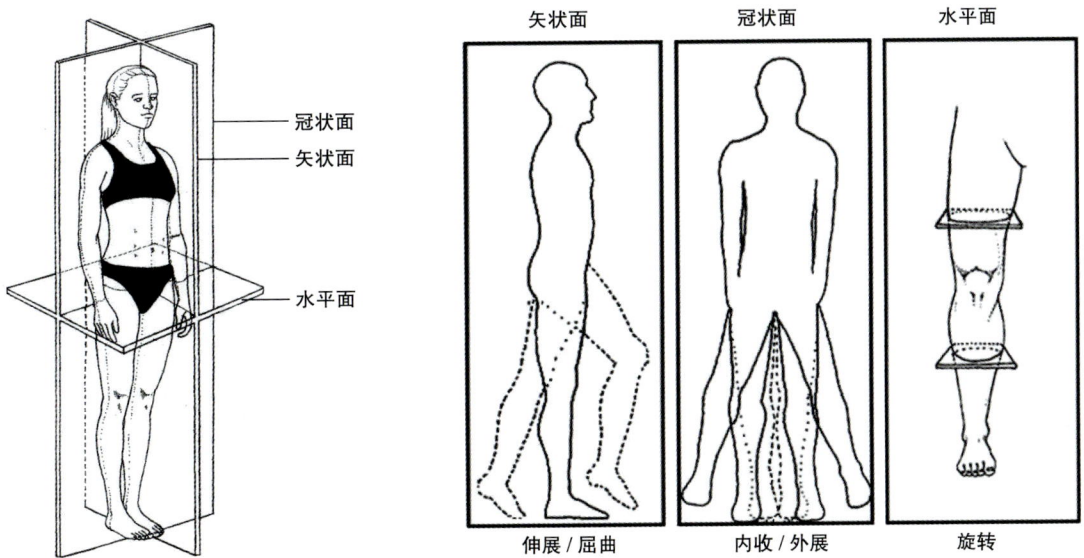

冠状面

矢状面

水平面

矢状面

冠状面

水平面

伸展 / 屈曲

内收 / 外展

旋转

图 1.16　为了便于描述运动，将身体分为 3 个参考面：矢状面、冠状面和水平面

腰椎伸展

腰椎屈曲

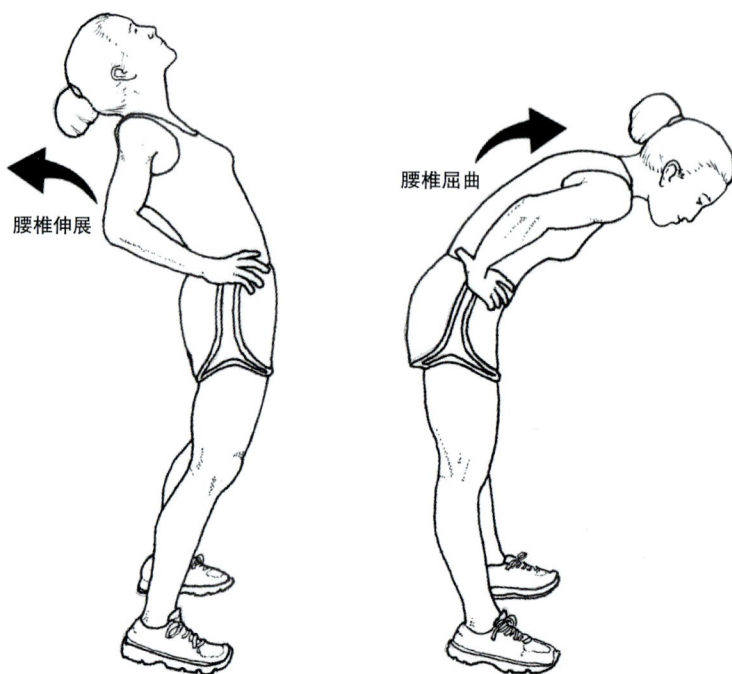

图 1.17　脊柱的矢状面运动

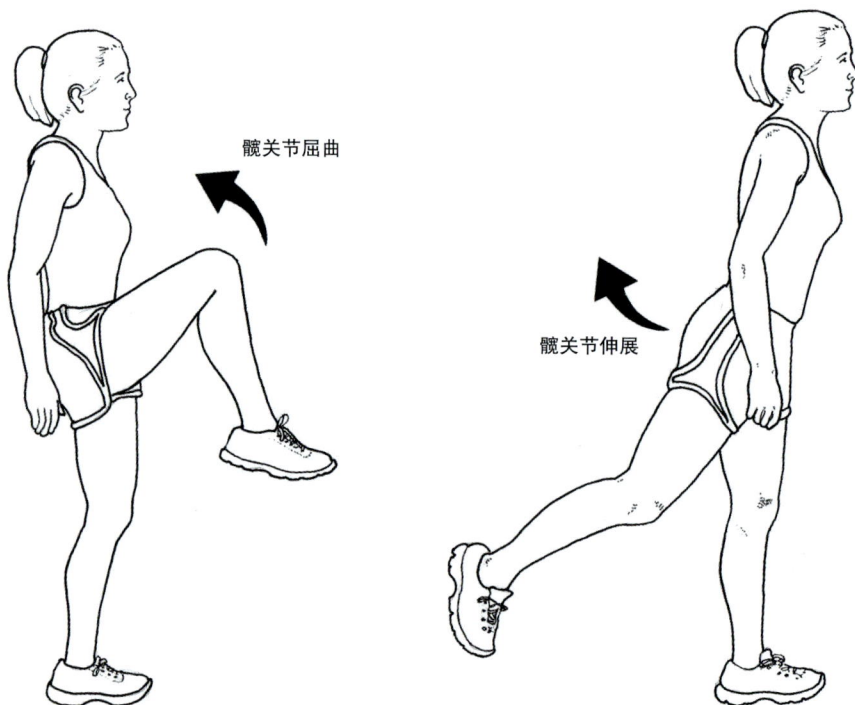

髋关节屈曲

髋关节伸展

图 1.18　髋部的矢状面运动

膝关节屈曲

膝关节伸展

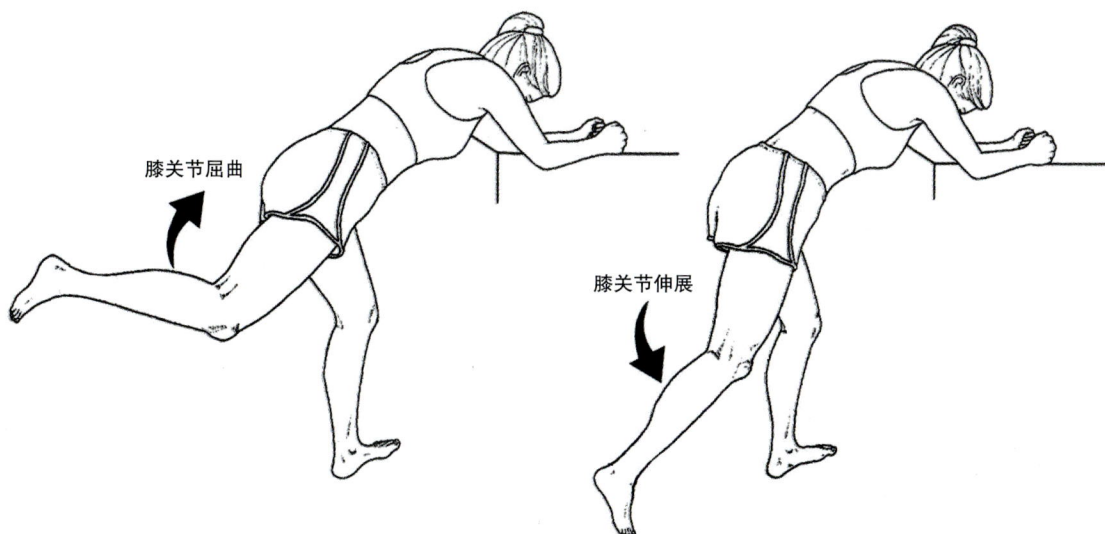

图 1.19　膝关节的矢状面运动

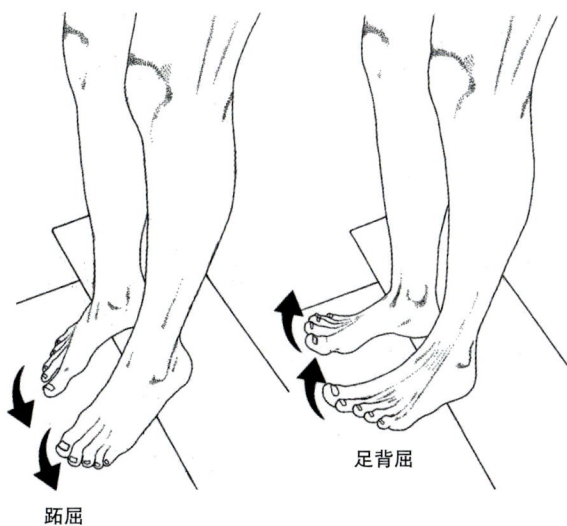

跖屈

足背屈

图 1.20　足趾和踝关节的矢状面运动

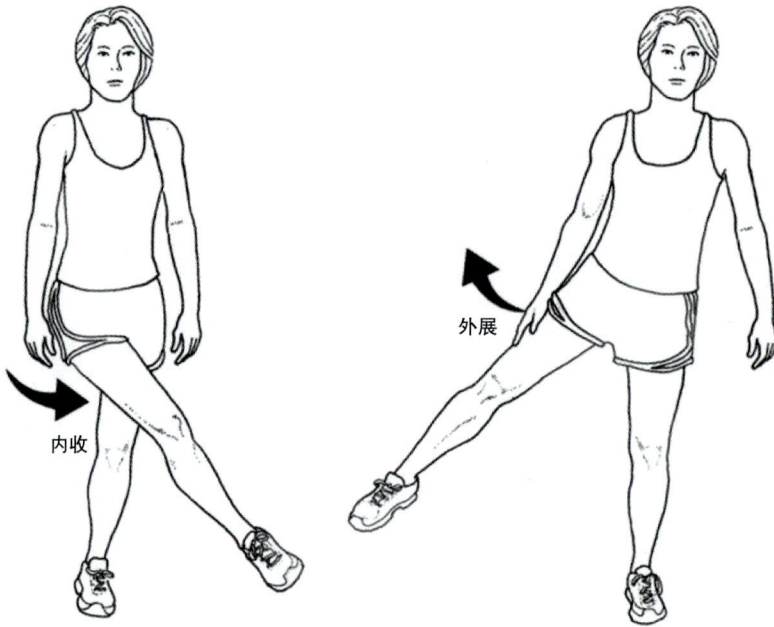

图 1.21　髋关节的冠状面运动

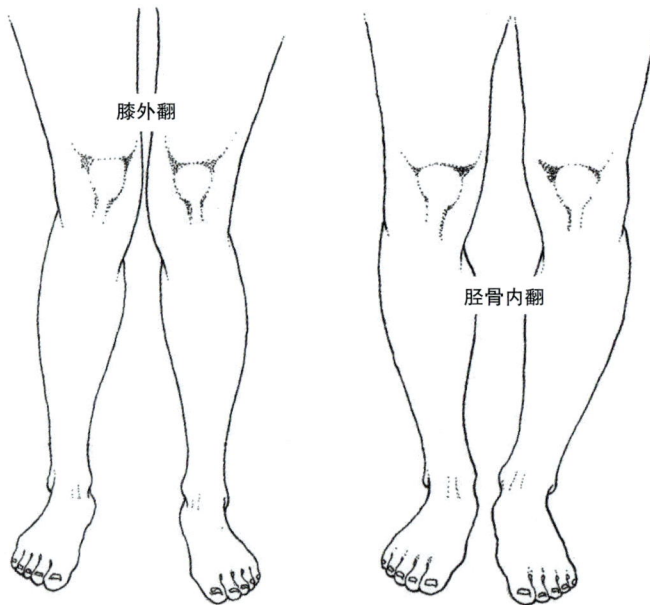

图 1.22　冠状面上膝关节固定的位置

内旋　　　　　　　　　　　　　外旋

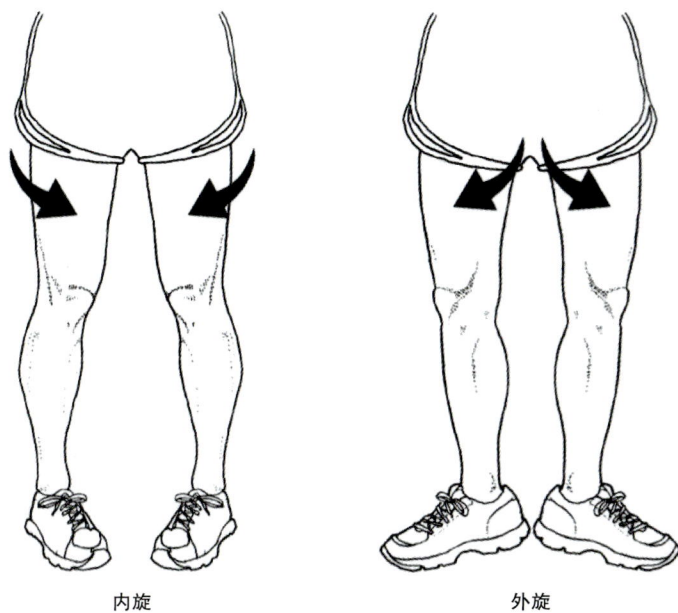

图 1.23　髋关节的水平面运动

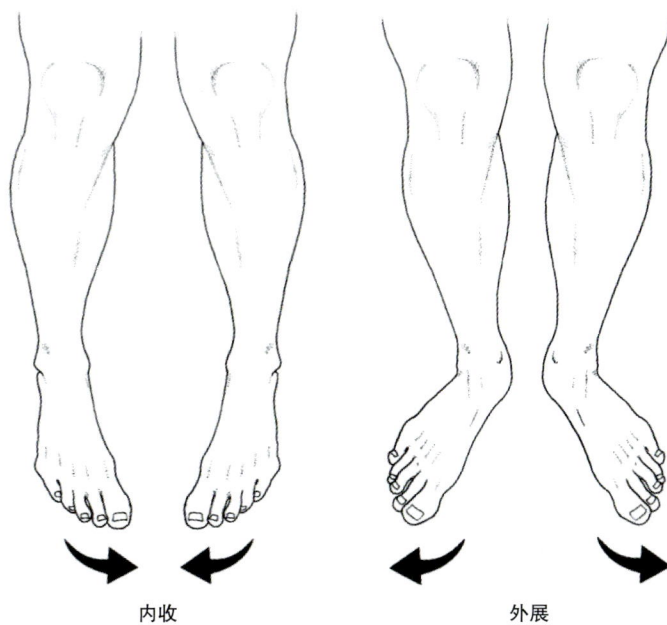

内收　　　　　　　　　　　　　外展

图 1.24　前足的水平面运动

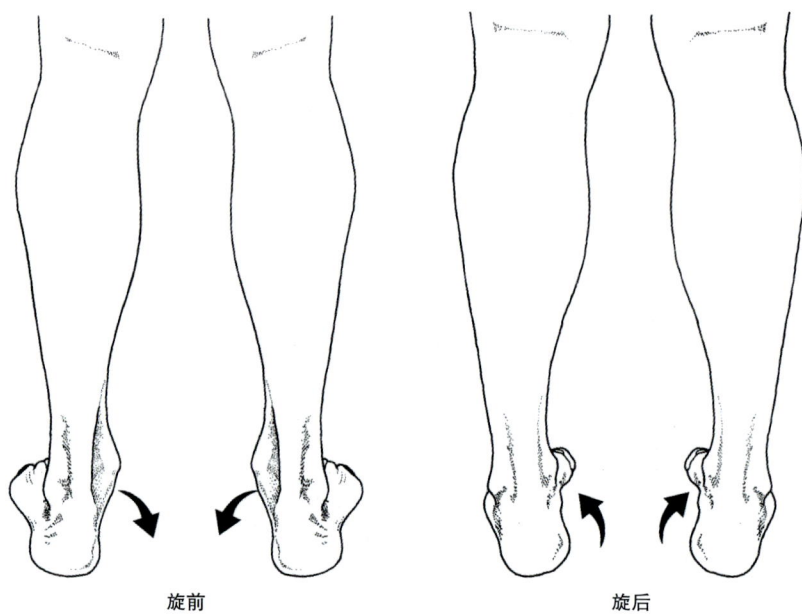

旋前　　　　　　　　　　　　　　旋后

图 1.25　旋前和旋后可出现于所有平面，分别代表足弓的下降和上升

第 2 章

走和跑的生物力学

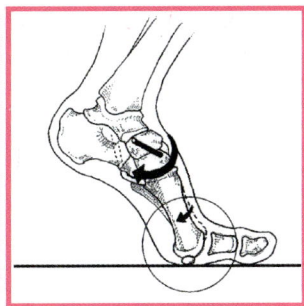

我们如果想要了解成为一名优秀的跑者需要什么（并避免受伤），重点在于准确掌握站立和跑动时的动作原理。为准确描述行走和跑步时的各种解剖学相互作用，研究人员提出了"步态周期"这一术语。该术语可以追溯到 13 世纪斯堪的纳维亚语单词"gata"，意为"道路或路径"。一个完整的步态周期包括从一足第一次接触地面到该足再次接触地面的解剖学相互作用。

一个步态周期由两个不同的阶段组成，即支撑阶段和摆动阶段。支撑阶段是足与地面接触的时间段，摆动阶段是下肢在空中摆动以准备下一次着地的时间段（图 2.1）。由于支撑阶段运动的复杂性，步态周期的这一阶段又细分为着地期、支撑中间期和推进期。虽然跑步的支撑阶段也分为相同的 3 个阶段，但为满足更快的速度和更有力的推进期的需要，不同阶段的时间比例不同：着地期和支撑中间期略短，推进期较长（图 2.2）。

完成步态周期所需的神经机制是不寻常的，摆动阶段是反射性动作，在出生时就存在（例如，蹒跚学步的儿童失衡时会立即将下肢摆动到受保护的位置），而与支撑阶段相关的动作则需要后天的学习。这种说法得到了临床观察的验证，即天生失明的儿童不会自发地试图站起来行走，只有在身体受到他人引导时才会这样做。

人们从蹒跚学步，就开始尝试各种行走和跑步模式，潜意识地分析与每种步态变化相关的代谢消耗。这是一个漫长的过程，完

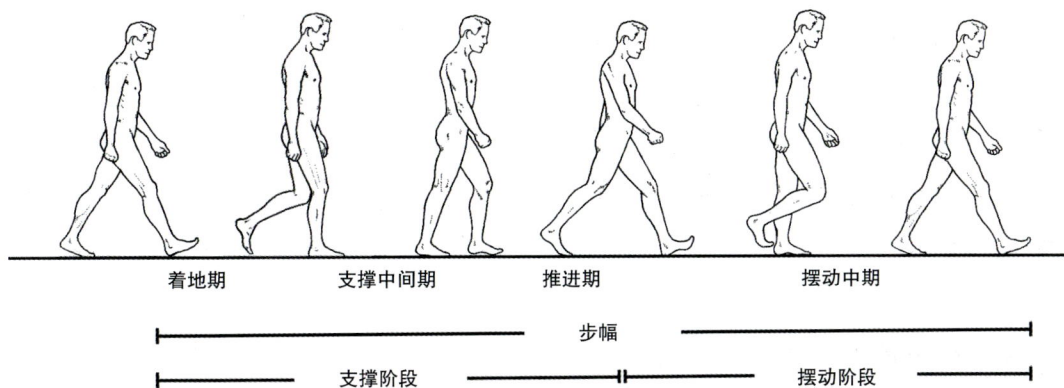

| 着地期 | 支撑中间期 | 推进期 | 摆动中期 |

步幅

支撑阶段　　　　　　　　　　　　　摆动阶段

图 2.1　右腿步态周期　支撑阶段从足跟着地开始，到踇趾离开地面时结束。摆动阶段一直持续到足跟再次着地。支撑阶段分为着地期、支撑中间期和推进期。步态周期的重要组成部分是步长、步幅和步频。步长指单步中左右足之间的距离。步幅指整个步态周期中一侧足所覆盖的距离，即支撑阶段与摆动阶段移动的距离。步频是指双足每分钟着地的次数。普通人行走时每分钟 115 步，平均步幅等于身高的 0.8 倍

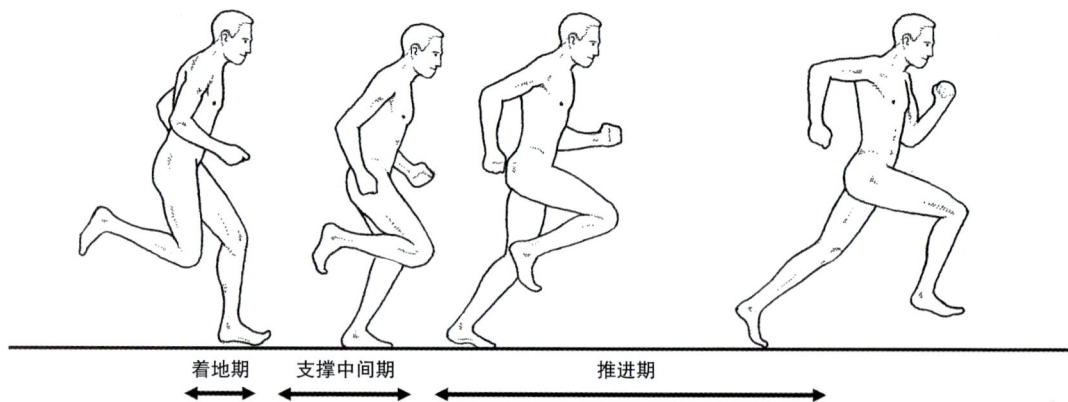

着地期　支撑中间期　推进期

图 2.2　跑步时的支撑阶段　尽管跑步被分为与行走相同的步骤，但根据跑步速度的不同，步幅和步频会有很大的变化。休闲跑者的步幅约为 2 m，步频为每分钟 165 步；而世界上最快的马拉松选手的步幅超过 3 m，步频为每分钟 200 步。相比之下，尤塞恩·博尔特（Usain Bolt）以 4.8 m 的步幅和每分钟 265 步的步频跑步，创造了 100 m 短跑的世界纪录

美的高效代谢所需的肌肉骨骼相互作用可能需要长达 10 年的时间才能掌握。即使在对体型差异进行调整后，3 岁儿童以固定速度移动时的平均耗氧量仍然比成年人高出33%。到 6 岁时，儿童在步行和跑步时会继续燃烧更多的热量。幸运的是，到 10 岁时，儿童机械效率与成年人相同。经过近 10 年的练习，儿童终于可以高效地用双腿行走。

什么是完美的跑步形式？

尽管教练对什么是完美的跑步形式有争议（他们会告诉你纠正从手腕姿势到躯干角度的所有内容），其实答案很简单，可以追溯到 1953 年发表在《骨与关节外科杂志》（*Journal of Bone and Joint Surgery*）上的一篇文章[1]。在文章中，一组骨科专家得出结论，为了提高效率，我们必须学会"沿着需要最少能量消耗的路径在空间中移动质心"。（位于骨盆中间的质心代表在空中翻转

时身体旋转的中心点。）

通过改变关节位置，使质心通过空间的路径变为水平线，从而将能量消耗降至最低（图 2.3）。例如，如果走路时膝盖固定，骨盆僵硬［例如，采用类似弗兰肯斯坦（Frankenstein）的步态］，身体的质心会通过一系列突然相交的弧线上下起伏，将会由于特定肌肉的绷紧来适应大幅度的上下运动，使运动消耗的能量显著增加。

尝试模仿弗兰肯斯坦的步态行走，会很快感觉到自己在向下加速，然后反转方向突然向上加速。端着一杯水行走时，会更加明显地看到速度的快速变化：足跟着地时，杯中的水向前飞溅，在加速时，水向后移动。这种步态的极端形式出现在踩高跷行走时，身体低点和高点之间突然过渡的动作变得更加明显。

明白了过度上下运动会使效率低下，你会很容易认同理想的步态是质心轨迹平稳呈一条直线这个观点。许多跑步专家经常提出

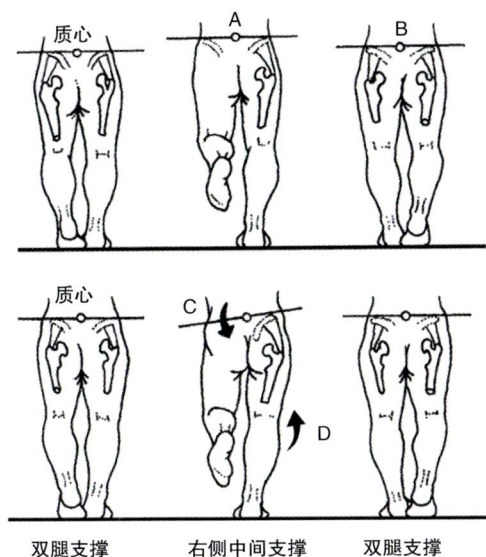

图 2.3 质心运动 如果行走时臀部和膝关节绷直，质心会在较大的运动范围内上下移动（比较 A 和 B 的高度）。由于肌肉必须努力工作才能使质心上下运动，因此质心过度的上下运动耗能较大。通过放下对侧臀部（C），弯曲膝盖（D），移动足踝，就可以保持质心沿直线移动

双腿支撑 右侧中间支撑 双腿支撑

这一观点，最有效的步态，垂直方向的起伏最小。有个问题是，努力使质心运动轨迹过于平坦与质心运动轨迹不平坦所消耗的能量可能均较大。例如，尝试以类似于喜剧演员格劳乔·马克斯（Groucho Marx）的方式行走（可在互联网找到有关他行走的视频）。虽然与这种步态有关的膝关节和髋关节过度屈曲会使质心的轨迹变平，但由于与过度屈膝有关的耗能很高，导致总体上耗能依然较大。事实上，研究表明[2]采用"格劳乔步态"行走会导致耗氧量增加 50%。通过弯曲四肢实现的质心轨迹的过于平坦，解释了为什么小型哺乳动物与大型哺乳动物相比效率更为低下。例如，以单位质量推算，小鼠消耗

的能量比小马多 20 倍[3]。

事实证明，适度使质心运动轨迹平坦可以令行走和跑步的效率最大化。关键在于采用精确的运动模式来调整质心运动轨迹，以便最大限度地提高效率。在较慢速度下，当双腿变为刚体时，效率最高。但是在较高速度下，需增加膝关节和髋关节的屈曲度，以改善减震效果。这些发现与实际观察结果相关，即缓慢移动时行走感觉更舒适，而随着速度的增加跑步感觉更舒适。

为准确确定哪种步态模式在特定的运动速度下最有效（关于特定关节运动的选择有数百种），康奈尔大学机器人实验室的科学家创建了一个计算机化的数学模型，以评估与每种步态类型相关的代谢效率（包括奇怪步态模式，例如格劳乔步态），其结果发表于著名杂志《自然》（*Nature*）[4]。正如预期的那样，在缓慢的运动速度下，膝关节相对僵硬且几乎固定时走路是最有效的（切记股四头肌是消耗能量较大的肌肉），而在更高的速度下，采用腾空的短跑是最有效的（图 2.4A、2.4B）。

混合式跑步：理想的跑步形式

康奈尔大学研究人员创建的计算机化模型得出的最重要的结果是，行走和短跑仅在速度出现极端情况下使用：低速时行走而高速时短跑。对于所有介于两者之间的速度，计算机模型建议选择一种中间步态，称为"钟摆式跑步"，亦称"混合式跑步"，这种步态步幅缩短、腾空减少、支撑

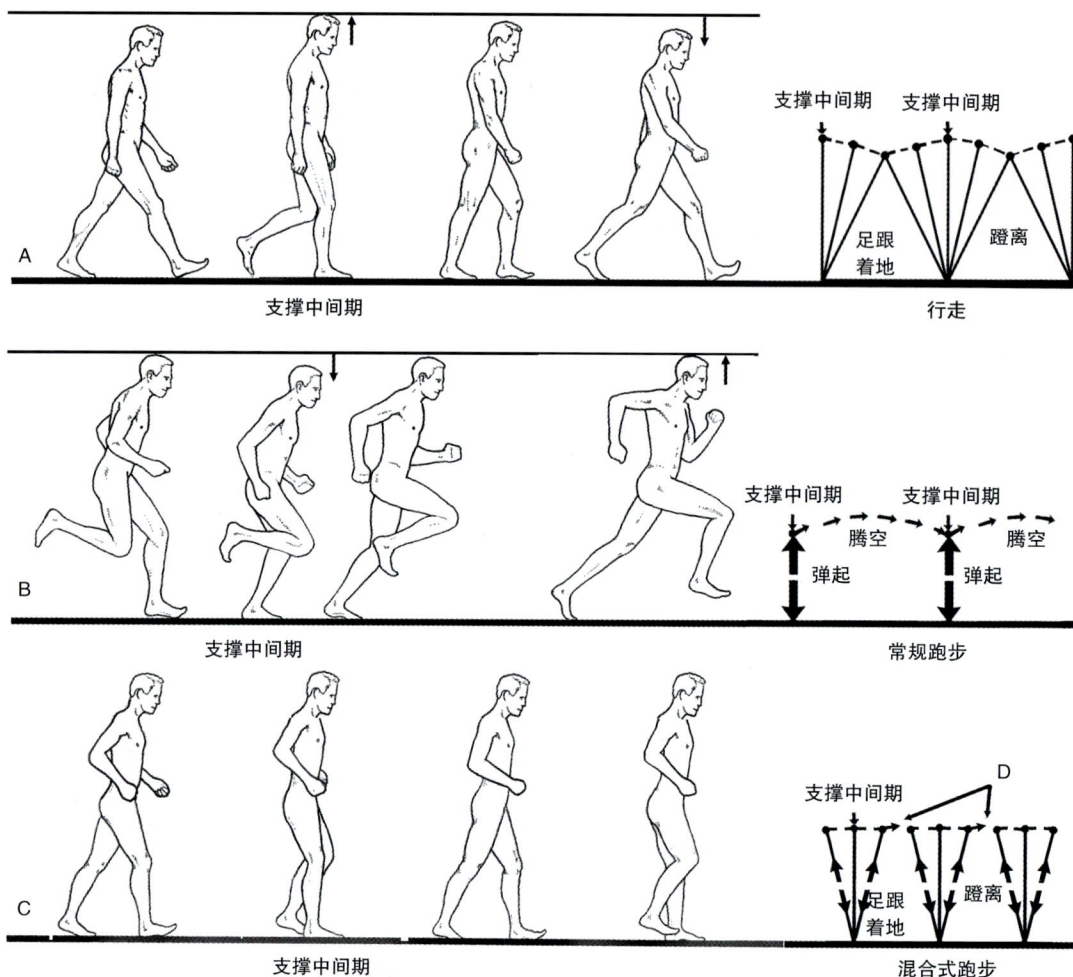

支撑中间期　　支撑中间期

足跟着地　　蹬离

支撑中间期　　　　　　行走

支撑中间期　　支撑中间期

腾空　　腾空

弹起　　弹起

支撑中间期　　　　　　常规跑步

支撑中间期

足跟着地　　蹬离

支撑中间期　　　　　　混合式跑步

图 2.4　行走和短跑　注意，步行（A）时，质心在支撑中间期最高，在双腿触地时最低。在短跑（B）中，质心在摆动阶段最高，在支撑中间期最低。混合式跑步（C）时，步幅缩短，有一个短暂的腾空阶段，膝关节绷紧以阻止质心过度上下移动。与常规跑步相同，质心在腾空阶段达到最高点（D）

阶段下肢短时间紧绷（图 2.4C）。刚性的双下肢可以有效地储存和返还与质心微小的上下运动相关的能量。慢速混合式跑者的落地点在质心前几英寸处，足跟外侧首先接触地面。相比之下，快速混合式跑者落地时可以迅速覆盖地面，但由于更长的步幅，需要更大的膝关节和髋关节运动幅度，来缓冲显著增加的冲击力从而效率低下（图 2.5）。

与短跑不同，混合式跑步要求代谢效率高，质心位移少。在低速时，混合式跑者的步幅较短（身高的 0.9 倍），并且在着地时膝关节保持刚性。膝关节在整个支撑阶段都保持刚性，支撑中间期仅再弯曲 7°。无论是慢速还是快速混合式跑步，通常在小腿与垂直方向的夹角为 3° 以内着地，足与地面的角度仅为 5°。

在慢速混合式跑步中，初始着地点几

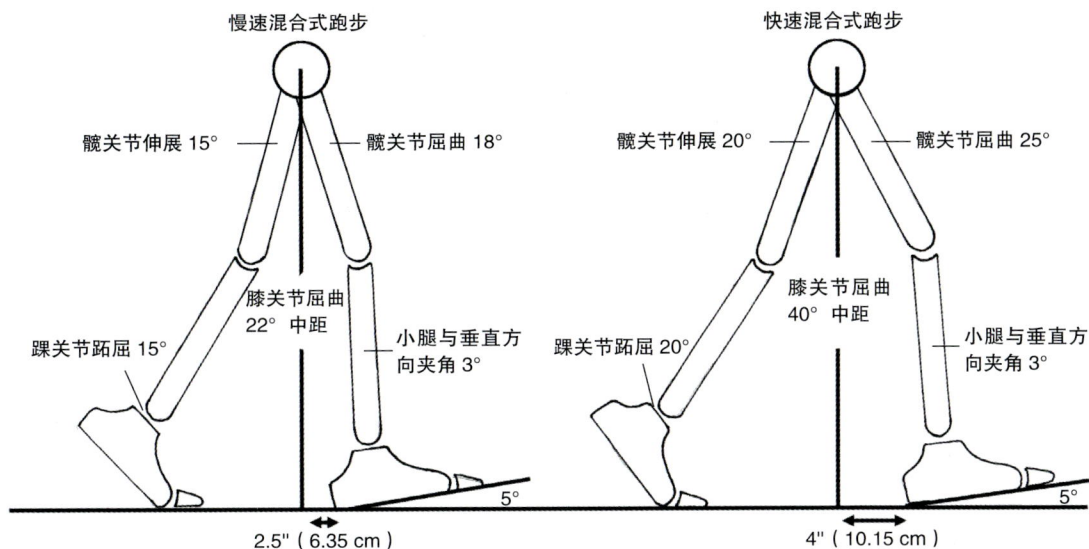

图 2.5　不同速度的混合式跑步　无论速度如何，混合式跑者的质心位移最小，避免了髋关节和膝关节过度运动，并在着地的短暂时间内，产生尽可能多的力。慢速混合式跑者在其腓肠肌和比目鱼肌产生力量，而快速混合式跑者在其臀部肌群和腘绳肌产生力量。为保持经济性，最好的混合式跑者必须在着地之前"微调"四肢的位置，以便在每个连续的跑步姿势下提供刚好足够的刚度来缓冲和返还能量。刚度太大，质心过度上下移动，冲击力增加；刚度太小，质心轨迹变平，由于肌肉势必缓冲过多的力量，跑步的耗能成本飙升

乎总是外足跟，这使得初始着地点仅在质心 6.35 cm 处。这与快速跑步形成反差，后者步幅长度达身高的 1.3 倍，且初始着地点在质心前 10.15 cm 处。世界上跑得最快的长跑运动员可使足与质心前着地点之间的距离超过 30.5 cm，且步幅的长度大于身高的 2 倍。

在快速混合式跑步中，为达到快速奔跑所需的较长步幅，应注意髋屈曲和伸展的范围是如何增加的（图 2.5）。在快速混合式跑步时，为了保持质心相对平坦，膝关节须在支撑中间期屈曲 40°。虽然图 2.5 使混合式跑步看起来很复杂，但实际上非常简单。

将慢速混合式跑步想象成一种拖着脚跑，通过像剪刀一样的动作来移动髋关节，同时在较小的运动范围内移动膝关节来产生力量。在着地时花费尽可能少的时间，并专注于用小腿肌肉快速蹬离，开始短暂的腾空阶段。几乎所有与慢速混合式跑步相关的力量都来自小腿肌群和跟腱。由于步幅较短，所以不会很用力地着地，且通常足后跟外侧在质心前方几英寸处着地。

当快速混合式跑步时，步幅逐渐增加，并尝试尽可能地减少着地时间（像弹跳球一样撞击地面，迅速储存并返还能量）。落地时，膝关节和髋关节仍然会保持适度刚性，但是随着步幅的增加，落地过程的运动范围会增加，这些关节须缓冲更多的冲击力。

为正确进行快速混合式跑步，初次着地时，腿须在与垂直方向夹角几度的范围内，

且髋关节和膝关节不能在过大的范围内活动。与慢速混合式跑步不同，快速混合式跑步所涉及的所有力量几乎都来自臀部肌群、股四头肌和腘绳肌[5]。第 4 章详细描述了与快速混合式跑步相关的精确形式，其中也回顾了混合式跑步的具体练习方法。

请注意，在所有这些插图中，行走和跑步之间的主要区别在于，跑步时质心在支撑中间期处于低点，行走时质心在支撑中间期处于高点。质心在支撑中间期的位置之所以很重要，是因为它是从步行过渡到跑步时唯一准确的信号标志。然而，绝大多数跑步研究人员仍在继续使用是否存在腾空阶段作为区分步行和跑步的一种标志。30 多年前，哈佛大学的生物学家 Tom McMahon[6] 指出了用腾空阶段来定义步行和跑步的区分方式的不当之处，他指出，跑得慢的人往往在后足蹬离地面之前前足就接触到地面，即不存在腾空阶段。非腾空跑步在自然界中并不罕见，比如鸵鸟、鹌鹑和长臂猿在跑步时均缺乏腾空阶段。在《跑步生物力学：我们错过了什么？》（*Running biomechanics: what did we miss?*）中，Shorten 和 Pisciotta[7] 表示，16% 的马拉松运动员在跑步时并没有腾空阶段。非腾空跑步，也被称为"地面式跑步"，只见于慢跑者。

地面式跑步：预防损伤的理想步态

鉴于跑步的流行，令人意外的是直到最近还没有人研究地面式跑步的生物力学。2019 年，第一篇关于地面式跑步的科学论文发表在《体育运动中的医学与科学》（*Medicine and Science in Sports and Exercise*）[8]。Bonnaerens 等人选取了 30 名男性跑者，通过指导受试者"在没有腾空阶段的情况下跑步"，让受试者从传统的慢速腾空跑步转换到地面式跑步，训练目标就是这么简单。受试者以相同的配速（约 8.0 min/km）进行地面式跑步、传统腾空跑步，研究人员随后测量了一系列跑步参数，包括步幅、步频、胫骨加速度、代谢率和冲击强度。为了更好地了解地面式跑步与传统腾空跑步的关系，研究人员将受试者配速提高到 5.2 min/km 重复测量。表 2.1 总结了该研究的结果。值得注

表 2.1　地面式跑步、慢速腾空跑步和快速腾空跑步之间的区别

步态参数	地面式跑步 8.0 min/km 的速度	慢速腾空跑步 8.0 min/km 的速度	快速腾空跑步 5.2 min/km 的速度
步频	151 步/分	150 步/分	163 步/分
步幅	1.6 m	1.6 m	2.35 m
支撑时间	0.39 s	0.32 s	0.25 s
地面反作用力 BW=体重	1.8×BW	2.26×BW	2.57×BW
胫骨最大加速度	2.25 m/s^2	3.46 m/s^2	5.72 m/s^2
最大垂直瞬时负荷率	32.49%	46.73%	75.27%

注：地面式跑步和慢速腾空跑步的步幅是相同的，平均步幅是身高的 0.9 倍（行走时的步幅是身高的 0.8 倍）。以 5.2 min/km 的速度跑步时，步幅增加到身高的 1.3 倍。地面反作用力、胫骨最大加速度和垂直瞬时负荷率的显著降低解释了为什么地面式跑者的受伤率更低。

意的是，在地面式跑步和慢速腾空跑步中，步幅和步频几乎是相同的，但随着速度加快，步幅从 1.6 m 慢慢增加到 2.3 m。这项研究表明，从慢速腾空跑步转换到地面式跑步减少了 35% 的冲击强度和 34% 的肌肉骨骼负荷。

有趣的是，跑者通过转向地面式跑步增加了 5% 的代谢率，这证实了地面式跑步是一种既能保持健康又能避免受伤的极好方法。与其他步态再训练方式不同，切换到地面式跑步非常简单，因为跑者通过一个简单的口头提示即可过渡到地面式跑步："在没有腾空阶段的情况下跑步。"研究人员强调，地面式跑步对老年跑者来说是一个很好的选择，尤其是超重或患有关节炎者。Gazendam 等人[9] 的一项研究表明，当跑步配速低于 8.1 min/km 时，近 1/3 的跑者更喜欢地面式跑步，而不是带有腾空阶段的慢速腾空跑步。

在不同的跑步风格之间转换

通过踏上跑步机并逐渐提高速度，可以明显看出运动过程中采用的各种步态。起初，传统的步行非常舒适，但当按下按钮来提高速度时，步频很快就无法适应该速度，所以做出的反应是增加步频。通过增加步频只会在短时间内感到舒适，由于加快步频的代谢效率太低，所以最终的反应是增加步幅。虽然专业竞走运动员能够通过过度伸膝和增大髋关节、踝关节的活动范围来大幅增加步幅（通常可达到 16.2 km/h 的步行速度），

但普通人很快就达到了难以保持的步幅。此时，大多数人会过渡到地面式跑步。由于每个人都有自己独特的过渡速度（平均过渡到跑步的速度略高于 6.4 km/h），因此过渡到慢速非腾空跑步的精确时间点各不相同。

为什么每个人都有一个独特的过渡速度一直是争论的话题。研究人员[10] 通过在受试者的小腿肌肉中嵌入特殊的传感器，同时测量足底前侧的肌力发现，人们进入慢跑状态是为了降低腓肠肌和比目鱼肌的张力。随着步幅的增加，小腿后侧的肌肉被过度拉伸，不再能够产生足够的力量来推动前进（图 2.6）。

在过渡到慢速混合式跑步这一点上，对每个人来说都略有不同，因为与非腾空跑步相关的较短步幅允许小腿肌肉在身体更靠近中线的位置工作。比如，当试图做俯卧撑时，明显感到过度拉长的肌肉无法产生很大力量。起初，感觉无法抬离地面，但向前移动几英寸时，胸肌处于更靠近中线的位置，俯卧撑变得更容易。

一旦开始地面式跑步，继续增加跑步机上的速度将会迫使步幅增加，很快将开始慢速混合式跑步。冲击力增加，可以感觉到股四头肌绷紧，膝关节变为刚体，使质心运动轨迹变平。尽管能耗成本稍高，但腾空跑步可以通过增加步幅来提高速度。如果加速进入快速混合式跑步，然后全力冲刺，会在约 80% 全速跑的时候达到最佳步幅，在步幅达到最大后，则通过增加步频达到最快的奔跑速度。谨记腿很重，来回运动的能耗成本很高，只有在必要时，才能增加频率；即达

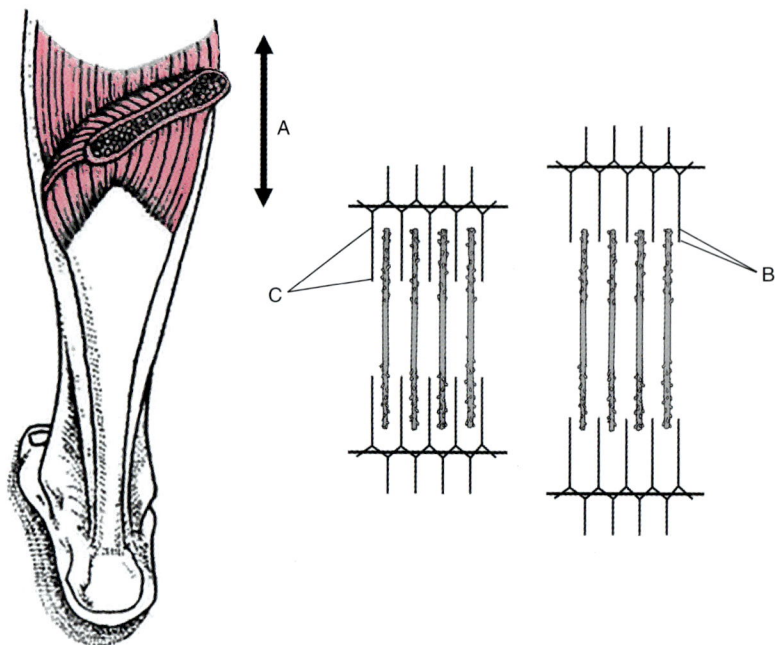

图 2.6　小腿后侧肌肉　当腓肠肌和比目鱼肌被拉伸（A）时，负责产生力量的肌丝被分离（比较接触区域 B 和 C），并且不能产生力

到最高奔跑速度。重要的是，通过分析提高快速跑步速度的所有方法［即增加步幅、步频和（或）增加腾空时间］，Weyand 和他的同事们[11]确定，世界上跑得最快的人腾空时间并不多，在地面上的时间更少，并且在较短的时间内能产生更大的力量。这项有趣的研究证实，如果想跑得更快，须在地面上很短的时间内产生很大的力量。产生爆发力的能力需要强壮的肌肉和有弹性的肌腱。

由于与快速跑步相关的腾空阶段的增加导致地面反作用力增加 5 倍，人体须立即从几种不同的生物力学选项中进行选择，以缓冲这些增加的力。例如，增加的冲击力可以通过前足与地面初始接触、降低对侧的骨盆和（或）过度屈曲膝关节和髋关节来缓冲。由于每个人的力量、骨结构和灵活性都存在显著差异，所选生物力学选项的确切组合也

具有高度差异性。甚至旧伤也可能影响关节链运动。通过对每一种生物力学选项进行实验，选择一种对代谢最有效的特定跑步模式。这解释了为什么跑步不像步行，会呈现更多样的步态。也解释了为什么任何明显改变跑者自行选择的步态的尝试都会导致代谢效率低下。根据运动生理学家 Tim Anderson[12]的研究，跑者能够批判性地评估所有与"感知到的努力达到最小能耗的步态"相关的因素。跑者很快就能学会自己的理想步态，因为经验不足和经验丰富的跑者都有同样高效的步态。

准确了解跑步时的身体状况有助于找到提高成绩和避免受伤的最佳方法，以下各节将回顾步态周期中产生的更重要的生物力学原理。

支撑阶段

行走是一个相对简单的过程，用足跟着地，在支撑阶段平稳地过渡到足尖离开地面，但跑步因冲击力显著增大而面临更大的挑战。以下两种活动可以凸显区别之处：如果一个 68 kg 的人走 1.6 km，足每分钟撞击地面 115 次，冲击力是体重的 1.1 倍，每分钟有 9.5 t 的力作用到足上；如果同一个人跑 1.6 km，足每分钟撞击地面 175 次，冲击力会增加到体重的 3~5 倍，足每分钟缓冲超过 52 t 的冲击力。

抵消如此大的力绝非易事，身体会将几乎所有的肌肉和关节都整合在一起以避免受到损伤。在与地面接触前，自动调整缓冲冲击力的肌肉处于中线位置（肌肉既不伸展也不缩短时），并且每个关节都理想地对齐以应对即将来临的冲击力。在缓慢行走和跑步的过程中，总是先用足跟外侧着地，稍微弯曲膝关节以保持较短的步幅。快速跑步则不同，为了跑得更快，须大幅度增大步幅（注意：短跑运动员的步幅最长可达 4.9 m）。为能在全速奔跑时产生较大步幅，骨盆旋前、髋关节和膝关节屈曲增大运动范围、前足蹬地。通过前足着地，可立即将蹬地腿向后拉从而加速前进。

短跑和长跑的生物力学差异很大。短跑运动员可能不太关心效能，唯一关心的是如何达到最高速度。相反，效能是马拉松运动员的一切。快跑和慢跑之间的一个关键区别是，慢跑者几乎总是先用足跟外侧着地，而快跑者会用足跟、中足或前足的任意位置着地。虽然

快跑者选择着地点不同的原因尚不清楚，但可能受到足部结构、骨性排列、肌肉柔韧性，甚至是旧伤等多种因素的影响。出色的马拉松运动员比尔·罗杰斯（Bill Rogers）是骨性排列如何影响着地方式的完美例证。为了补偿长短腿问题，比尔在短肢一侧用前足着地，在长肢一侧用足跟着地。非对称的着地点使他的骨盆保持水平，更可能降低下背部受伤的风险。

应该先用足跟、中足还是前足着地？

尽管 95% 的休闲跑者本能地用足跟着地，但许多跑步专家认为，所有跑者都应以更靠前的着地点着地。支持更靠前着地点的人认为，中足着地模式更自然，因为有经验的终身赤脚跑者在从步行过渡到跑步时会立即从足跟转变为中足的着地模式。从理论上讲，切换到更靠前的着地点可以提高减震效果（以减少受伤可能），并增强肌腱的能量储存和能量返还（使我们更快、更高效）。气功跑法和姿势跑法的拥护者认为，继续用足跟着地的跑者会降低跑步效率，并增加受伤的可能性。跑步时足的哪个部位应该先着地这一基本原理问题不应该引起争议。

为了评估足部不同的着地位置对冲击力的影响，威斯康星大学的研究人员测量了 170 名健康的美国全国大学体育协会（NCAA）一级越野运动员的足着地角和垂直冲击力[13]。研究了这些跑者不同的跑步速度后，研究者得出结论，实际上以中足着地的跑者受到的冲击力最高，而踝背屈超过 20° 或跖屈超过 15° 的跑者受到的冲击力最低。研究者指出："鼓励足跟着地者转变为中足着

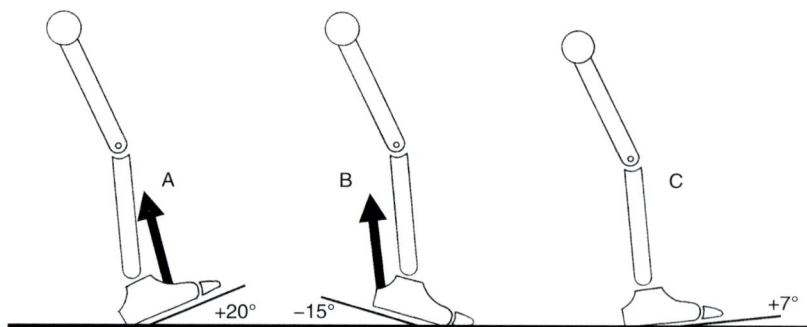

图 2.7　冲击力示意图　踝背屈 20°（A）或跖屈 15°（B）着地的跑者，其冲击力明显低于着地角接近水平线（C）的跑者

地，可能会导致加速度增加而不是降低。"

注意，减小的冲击力不一定与效率相关，因为胫骨前肌和腓肠肌、比目鱼肌更努力地工作以减弱 A 和 B 的冲击力（图 2.7 箭头）。因为髋关节和膝关节是最重要的减震器，足部和踝关节缓冲冲击的能力是相对有限的。

在 2017 年的一篇文献综述中，Joe Hamill 和 Allison Gruber[14] 研究了每一篇针对这一争议发表的论文，并得出结论："改为中足或前足着地并不能提高跑步的经济性，不能消除足着地的影响，也不能降低跑步受伤的风险。"先前的研究证实，改变足的着地位置不会改变整体的力，而是改变了身体的哪一部分缓冲了力。例如，足跟着地者用膝关节缓冲更多的力，而前足着地者用小腿缓冲更多的力。这是"没有免费的午餐"的生物力学说法，解释了为什么足跟着地者更容易膝关节疼痛，为什么前足着地者经常患慢性足底筋膜炎。

不同跑步速度下的足着地模式及其代谢效率

在《实验生物学杂志》（*Journal of Experimental Biology*）上发表的重要论文中[15]，科学家计算了在各种步行和跑步速度下与改变初始着地点相关的关节扭矩、机械功和肌肉活动。这项研究的结果证实，与足跟着地的模式相比，中足或前足着地跑步没有明显的代谢优势。相比之下，以足跟着地的方式行走，代谢成本惊人地降低了 53%。这是一个巨大的效率差异，也解释了为什么几乎所有的休闲跑者都用足跟着地。虽然一些优秀的跑者在前足着地时效率很高，但绝大多数普通跑者在足跟着地时效率更高。

虽然世界上跑得最快的人通常用前足着地，但跑得慢的人用足跟着地，那么足跟着地的代谢效率究竟在多快速度时会失去优势呢？在一项计算机模拟评估效率的研究中[16]，当以 4.7 min/km 的配速跑步时，足跟着地比中足或前足着地的效率高出约 6%。一些专家认为，3.7 min/km 的配速是足跟和中足着地模式之间没有效率差异的过渡点。

考虑到除了最快跑步速度之外，足跟着地有明显的代谢优势，休闲跑者指出足跟着地模式明显比中足着地模式更舒适[17]。效率的提高也解释了为什么大约 35% 的休闲跑者在穿极简跑鞋时，尽管冲击力增大了，仍然继续用足跟着地，原因在于足跟着地是非常有效的[18]。

跟骨的进化

我们对足跟着地模式的偏好可以追溯到数百万年前。对在肯尼亚伊勒雷特发现的 150 万年前直立人脚印的激光分析[19]显示，最高效的人类祖先最初是用足跟着地的。原因很简单：700 万年的进化使跟骨形成了一种完全适合缓冲与足跟着地相关力的形状。足跟能有效地缓解冲击力的最重要因素之一是它的大小，平均体重为 45 kg 的女性的跟骨比平均体重为 159 kg 的大猩猩的跟骨还要大。

改善跟骨缓冲冲击力的不协调的因素之一是，尽管跟骨在着地过程中受到很大的冲击力，但跟骨的骨骼外层却非常薄（即皮质骨薄如纸）。内部支撑骨（松质骨）也很薄，但它因被大量的血管供应而加强，帮助修复受损的骨。薄薄的外层骨骼和广泛的内部血管供应结合形成了一个近乎中空的结构，它就像一个过度膨胀的足跟缓冲垫，足跟就像橡胶球在地面上弹跳一样膨胀和收缩。临床上，跟骨有如此薄的骨皮质，有助于诊断足跟可能的应力性骨折。当应力性骨折出现时，轻微挤压足跟两侧就会产生明显的疼痛。如果足跟的皮质骨很厚（就像大多数骨头一样），即使是受到虎钳的挤压也不会产生明显疼痛。这个简单的测试可以为您或您的保险公司节省昂贵的的磁共振成像（MRI）费用，因为挤压测试在诊断跟骨应力性骨折时是非常准确的。

世界最佳减震器

跟骨有效缓解应力的另一个因素是它被精心设计的脂肪垫保护。一般成年男性足跟脂肪垫的平均厚度为 19 mm，由螺旋状密封脂肪室组成，周围环绕着弹性纤维组织（图 2.8）。

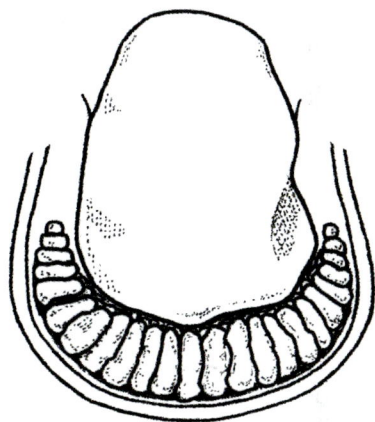

图 2.8　足跟脂肪垫

超声检查显示，足跟脂肪垫分为深、厚、易变形的内腔（大腔）和薄、浅、不可变形的外腔（微腔）。由于外腔在受压后仍能保持形状，因此外腔起着保护杯的作用，用于容纳足跟下方的内腔。而内腔则作为主要的减震器，在力的作用下迅速变形和回弹（图 2.9）。足跟脂肪垫在吸收冲击力方面非常有效，最近的研究表明，它的减震效率比目前市面上最有效的商用减震器"舒宜保"（Sorbothane）高 2 倍以上。

直立状态时，足跟脂肪垫的作用是将压力均匀地分布在整个跟骨表面，从而减少足

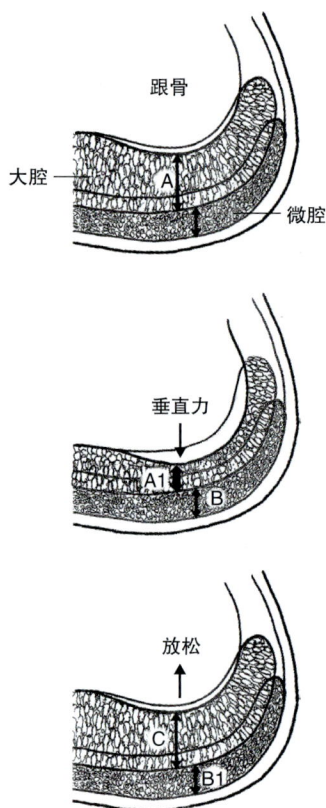

图 2.9　足跟脂肪垫示意图　正常脂肪垫由深层的大腔和表面的微腔组成。当受到冲击力时，大腔显著压缩（比较 A 和 A1），微腔保持不变（比较 B 和 B1）。当冲击力被移除后，大腔恢复到原来的形状（C），并返还大量的能量

跟下方的峰值压力。足跟脂肪垫还能减少热量流失，如果在雪中赤脚跑步一段时间（尽管不建议这样做），会发现足跟脂肪垫可提供良好的隔热性能，减少从身体流失到地面的热量。该脂肪垫的不同寻常之处在于，即使在零下也能保持几乎所有的减震性能。足跟脂肪垫之所以能在寒冷的环境中发挥作用，是因为足跟脂肪垫中含有较高比例的多不饱和脂肪。与多不饱和脂肪和饱和脂肪比例为 2.5：1 的传统脂肪组织不同，足跟脂肪垫含有 4.5 倍的多不饱和脂肪。多不饱和

脂肪的增加降低了足跟脂肪垫的黏度，使它在低温下更稳定，从而其功能得到改善。

研究人员[20] 使用荧光透视法和特殊的光学显示器，准确评估了行走时足跟脂肪垫的功能。在着地期间，足跟脂肪垫的体积被非常迅速地压缩至约 40%，缓冲了约 20% 与足跟着地有关的力。尽管行走时足跟脂肪垫可以有效地缓冲力，但跑步时与足跟着地产生的垂直力增加了 3~5 倍，产生的剧烈冲击力可能会破坏足跟腔壁。荷兰的研究人员在一项关于赤脚跑步和穿跑鞋跑步时足跟垫的受压情况的研究中发现[21]，赤脚跑步时产生了约 60% 的足跟脂肪垫压缩形变量；而穿跑鞋跑步时这种形变量减少了 35%，即足跟脂肪垫形变量约为 40%[20]。

荷兰的一项研究证实，穿跑鞋跑步和赤脚行走产生的脂肪垫压缩形变量大致相同（鞋跟垫的设计初衷就是为了承受这种压力）。相反，赤脚跑步或者穿极简跑鞋足跟着地跑步（通常发生在慢速跑者中），可能会压缩足跟脂肪垫从而造成永久性的损伤。保持健康的足跟脂肪垫很重要，因为足跟脂肪垫变薄被证明是慢性足跟痛的预测指标。由于人类祖先很少活到 35 岁以上，而且很可能不会经常跑步，所以保持足跟脂肪垫的完整性并不是什么大问题（他们有更紧迫的事情要担心）。由于目前预期寿命达到 70 多岁（跑者预计会延长 6 年），保持健康的足跟脂肪垫对足部的长期健康极为重要。

由于奔跑的力量很大，足跟脂肪垫提供的减震程度是有一定帮助的，但与奔跑相关的冲击力须通过强大的肌肉得到更好地控

制，这些肌肉会主动延长以缓冲冲击力。为了解延长肌肉对于缓冲冲击力的重要性，可以想象一下徒手接住一个快球的过程。为防止受伤，在准备接球时会反射性地伸展手臂，这样在接球时肘部可以快速屈曲。屈肘可使肱三头肌缓冲冲击力并减少手部受伤的风险。球扔得越快，肘部屈曲越多。有一个很好的例子是抓鸡蛋比赛，扔得越远，就越会在抓鸡蛋时加大身体动作，以便让肌肉有更多时间减少蛋壳的冲击力。

着地选择

如果选择足跟作为初始着地点，则腿前侧肌肉通过将前足缓慢降低到地面帮助减震（图 2.10）。

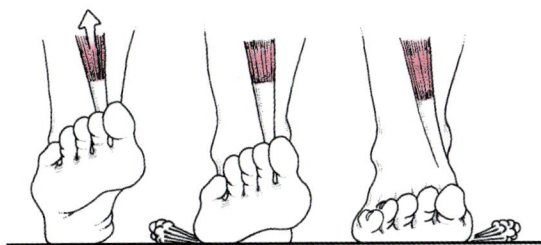

图 2.10　在着地期间，腿前侧肌肉平稳地将前足降低到地面

胫骨前肌特别适合将前足降低，因为其肌肉的排列方式使其即使反复有力的收缩也不可能受伤[22]。

如果你喜欢中足着地的模式，应该从足中部外侧着地，这样胫骨后肌可以慢慢地将足内侧降低到地面。该肌肉也是专门用来缓冲冲击力的，因为它的肌腱在附着前已旋转近 45°，使它能像弹簧一样缓冲冲击力[23]。

如果选择前足着地的模式，腓肠肌和比目鱼肌会慢慢将足跟降低到地面，冲击力被小腿的大肌肉缓冲。虽然前足着地点可缓冲冲击力，但由于腓肠肌穿过踝关节和膝关节，因此腓肠肌并不能很好地将足跟降低到地面（图 2.11）。

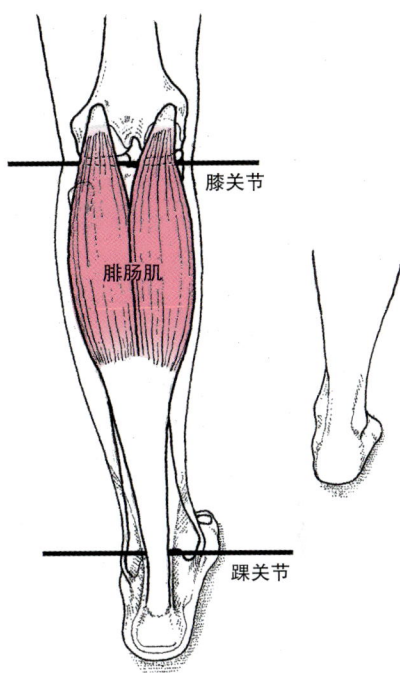

图 2.11　腓肠肌穿过踝关节和膝关节，与胫骨无直接连接

多项研究表明，跨过一个以上关节的肌肉在拉伸状态下更容易受到损伤[22, 24]。双关节肌肉的相对虚弱解释了为什么足跟着地者切换到前足着地时，经常抱怨腓肠肌延迟性肌肉酸痛。与胫骨前肌不同，腓肠肌是一种强壮但敏感的肌肉，不宜被慢速长跑者使用。胫骨前肌可以进行最剧烈的收缩而不发生损伤。

振动的骨骼

冲击力一旦通过踝关节，就会通过小腿向膝盖移动。通过在胫骨中嵌入特殊传感器，研究人员[23]证明了这些力以超过 322 km/h 的速度传播，产生水平振动，导致胫骨以 40~50 周 / 秒的振动。为避免受伤，这些潜在的速度危险频率振动必须被抑制。

在一项关于马的着地力的研究中发现[25]，当一匹疾驰的马腿着地时，马腿会高频振动。通过评估马可以抑制这些危险振动的所有可能方式，研究人员得出结论，趾屈肌在抑制有害的骨骼振动中起着最重要的作用。趾屈肌的重要功能令人惊讶，因为前人认为该肌肉是马有足趾时无用的进化残余。此外，由于趾屈肌具有极短的肌纤维和细长的肌腱，人们认为它无法参与运动。从进化的角度来看，趾屈肌似乎正在慢慢消失。

事实证明，尽管马的趾屈肌对产生关节运动毫无用处，但由于它的短肌纤维向侧面倾斜以缓冲和分配着地时产生的骨骼振动，从而成为了抑制骨骼振动的理想选择。为理解这种肌肉是如何抑制振动的，可以想象一下用一根铝棒球棒敲击一个金属路标，振动会贯穿整个身体。想象一下在敲打同一个路标之前用湿毛巾紧紧地裹住球棒，毛巾会减弱冲击力，振动也会大大减少。在这个类比中，湿毛巾的作用与马的趾屈肌是一样的，它通过短而有角度的肌纤维缓冲危险的振动。

为了解哪些肌肉可以抑制振动，科学家[26]检查了受试者在坚硬和柔软的地面上奔跑时的骨骼振动，并将结果与在不同地面跑步时的肌肉激活模式的肌电图进行了比较。通过这种复杂的技术，研究人员确定了腓肠肌外侧头和腘绳肌外侧（股二头肌）是抑制足跟着地产生的下肢振动的主要肌群。

由于振动在足部触地后迅速发生，反射性肌肉激活无法提供保护，因此，必须在足着地前预先激活振动抑制肌肉。这解释了为什么研究证实在混凝土地面上跑步和在泥土地面上跑步产生相同的骨骼振动，因为身体预判了与混凝土相关的冲击力增加，并预先激活了更多肌肉以更有效地控制由此产生的骨骼振动。令人惊讶的是，动物研究证实，在单个步幅内肌肉功能的改变可以适应地面硬度的变化。

膝关节

冲击力穿过胫骨后，作用于膝关节，膝关节是人体最有效的减震系统。走路时，膝关节较直，大部分冲击力被踝关节和髋关节缓冲。相比之下，跑步带来的冲击力非常大，以至于膝盖经常屈曲超过 40°。膝关节屈曲可以使股四头肌缓冲力，因为这些肌肉在紧张状态下会迅速伸长。跑步时股四头肌的作用类似于肱三头肌在接快球时的作用，一旦球击中手套，接球手就屈曲肘部，使原本会进入手部的力进入肱三头肌。

有趣的是，并非所有的股四头肌都能缓冲同等的力。香港研究人员[27]使用专门的横波超声检查显示，股外侧肌缓冲的力比其他股四头肌更大。如果股外侧肌紧张，就无法通过伸长有效缓冲力，导致大量冲击力转移到髌骨和髌腱上。这篇重要的论文解释了为什么在跑步前用泡沫轴按摩股四头肌外侧如此重要，以及为什么紧张的股外侧肌与髌腱炎的发生有关。

为了提高整个股四头肌的缓冲能力，人体在股四头肌肌腱内直接加入了一块大骨头——髌骨（又名"膝盖骨"）。如第 1 章所述，髌骨属于一种被称为"籽骨"的骨，它被战略性地放置在肌腱内，通过将肌腱拉离关节的运动轴来提高机械效率（图 2.12）。一般的籽骨往往小且呈椭圆形（籽骨在拉丁语中是"芝麻"的意思），但髌骨宽而平（髌骨在拉丁语中是"小盘子"的意思）。据估

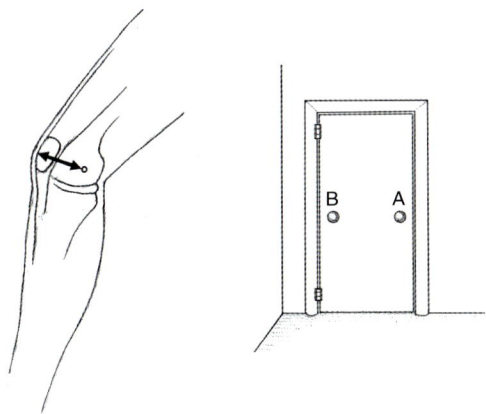

图 2.12　髌骨　髌骨属于一种被称为"籽骨"的骨，它们使肌腱远离关节的运动轴（双箭头）。将肌腱移动到远离运动轴的地方，肌肉则通过一个更长的杠杆臂工作，可以更好地提高效率。最经典的例子就是门把手。因为旋钮位于离合页（A）很远的地方，所以打开门并不需要很大的力。相比之下，当门把手靠近合页（B）时，则打开门需要更大的力

计，髌骨可以使股四头肌的效率提高 50% 以上。

随着膝关节的屈曲，髌骨背面的接触点不断移动（图 2.13）。当跑步时膝关节达到屈曲峰值时，压力沿髌骨中部分布，这是体内软骨最厚的区域。

为了帮助股四头肌缓冲膝关节达到屈曲峰值时的振动，身体向后移动膝关节的运动轴 9.5 mm（图 2.14）。

在一项有趣的研究中[28]，研究人员评估了受试者通过特殊设计的磁共振成像时膝关节的运动轴，证实了轴的突然移动。

膝关节运动轴快速、完全出乎意料地移动，在跑步时膝关节达到屈曲峰值时，暂时增加了股四头肌的杠杆臂。尽管只有一项研究报道过，但这种惊人的轴移动通过在适当的时刻减轻股四头肌的张力，防止了股四头肌无数次的损伤。

髋关节

虽然髋关节在缓冲振动方面不如膝关节重要，但凭借其强大的肌肉支撑和较大的表面积，也明显能够减少跑步带来的冲击力。在慢跑时，臀中肌通过平稳地将对侧骨盆降至地面而发挥重要作用（图 2.15）。这种减震的方法并不是很有效，而且随着跑步速度的增加，臀大肌在缓震和提供稳定性方面起着更重要的作用。有趣的是，臀大肌在行走时几乎不激活，但在跑步时却积极发力。

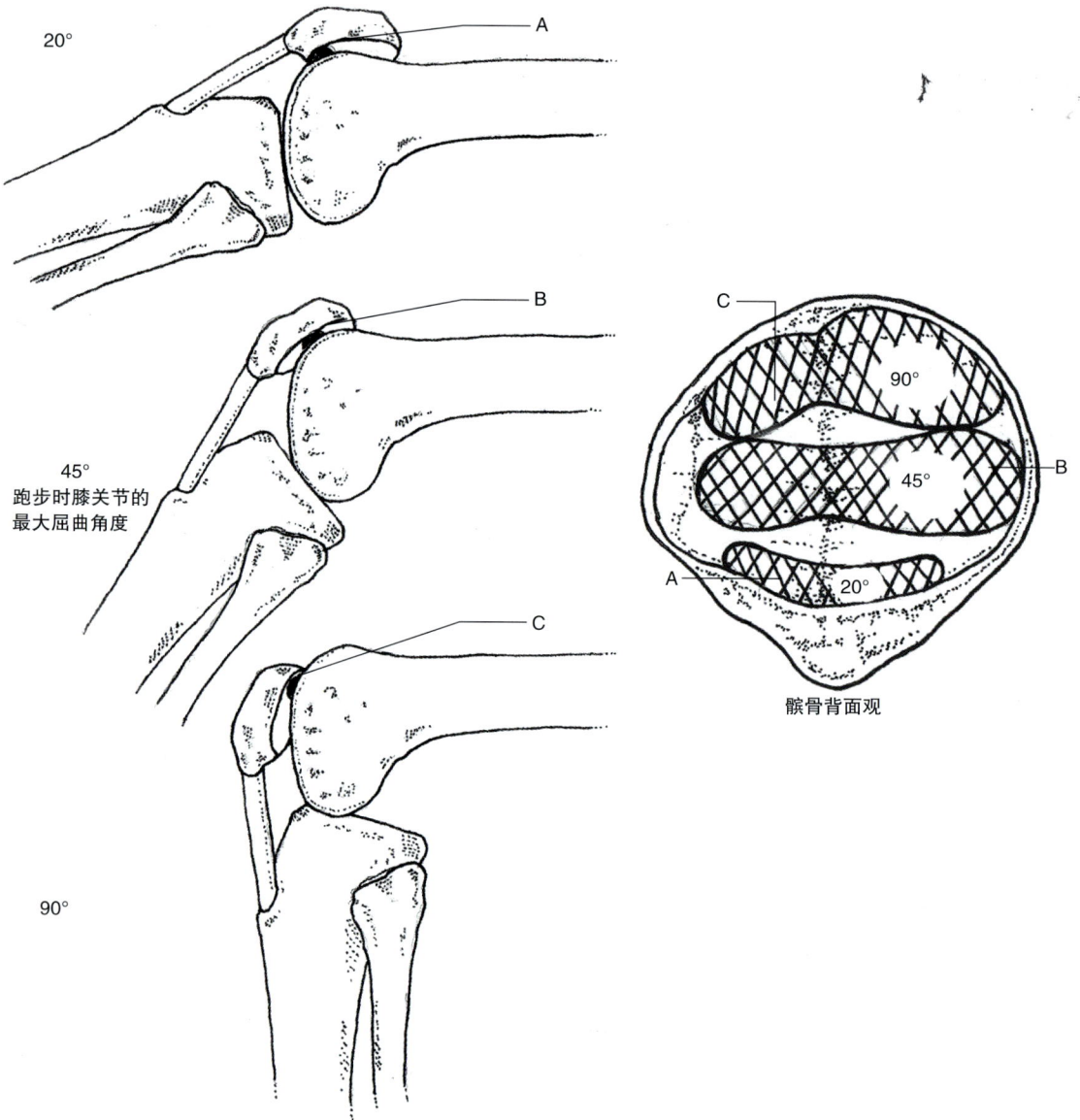

图 2.13　膝关节　当膝关节伸直时（A），髌骨与股骨的接触面最小。当膝关节屈曲 45° 时（B），髌骨中心接触股骨。当膝关节屈曲 90° 时（C），髌骨的上部接触股骨。当角度大于 90° 时髌骨的外侧接触股骨。需要注意的是 B 区软骨，即跑步时膝关节达到屈曲峰值的区域，有着全身最厚的软骨

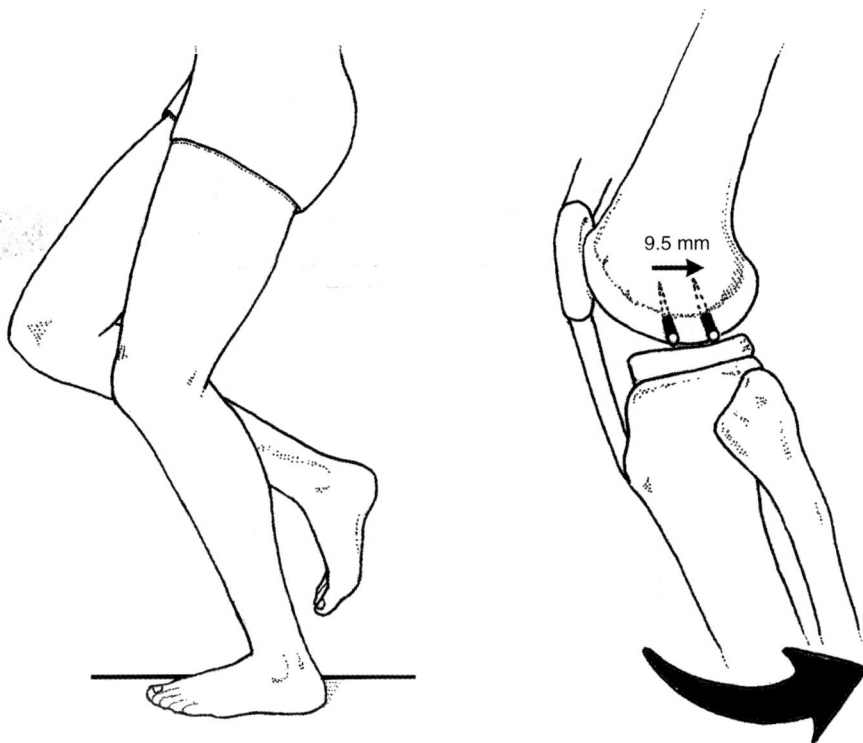

图 2.14 膝关节支撑 膝关节在支撑阶段达到屈曲峰值时，其运动轴迅速向后移动 9.5 mm

由于臀大肌控制着 3 个运动平面的运动，它的作用是防止对侧臀部下降（即辅助臀中肌），同时减少髋关节屈曲和膝关节内旋（图 2.16）。后者对于缓冲振动，并防止跑步时膝关节过度内扣至关重要。

虽然梨状肌和臀中肌下束对缓冲振动不是必不可少的，但在保护股骨颈免受骨折方面起着关键作用。虽然大多数骨科医生声称在跑步时梨状肌不重要，但古人类学家欧文·洛夫乔伊（Owen Lovejoy）却证明了相反的观点。洛夫乔伊仔细地重组了 40 多块古猿露西（Lucy）的盆骨后，证实了梨状肌和臀中肌的功能是沿着整个股骨颈产生压缩应力，以防止股骨颈弯曲（图 2.17）。

事实上，梨状肌和臀中肌在强化股骨颈方面非常有效，以至于现代人的皮质骨明显少于古猿露西或现代黑猩猩（图 2.18）。（洛夫乔伊用这个事实证明古猿露西只是偶尔直立。）

由于股骨颈上部的应力性骨折很容易发展为完全性骨折，保持髋关节外展肌和外旋肌的力量对髋关节的健康至关重要。在阅读了洛夫乔伊的文章后，使用如图 2.19 所示的梨状肌和臀中肌练习预防股骨颈应力性骨折，能够取得良好的效果。不幸的是，许多骨科医生仍在通过切除梨状肌，以减轻对坐骨神经的压迫（因为梨状肌位于坐骨神经上方，肌肉过度紧张会导致跑者坐骨神经痛）。手术切除梨状肌会对股骨颈的长期健康造成灾难性的后果。

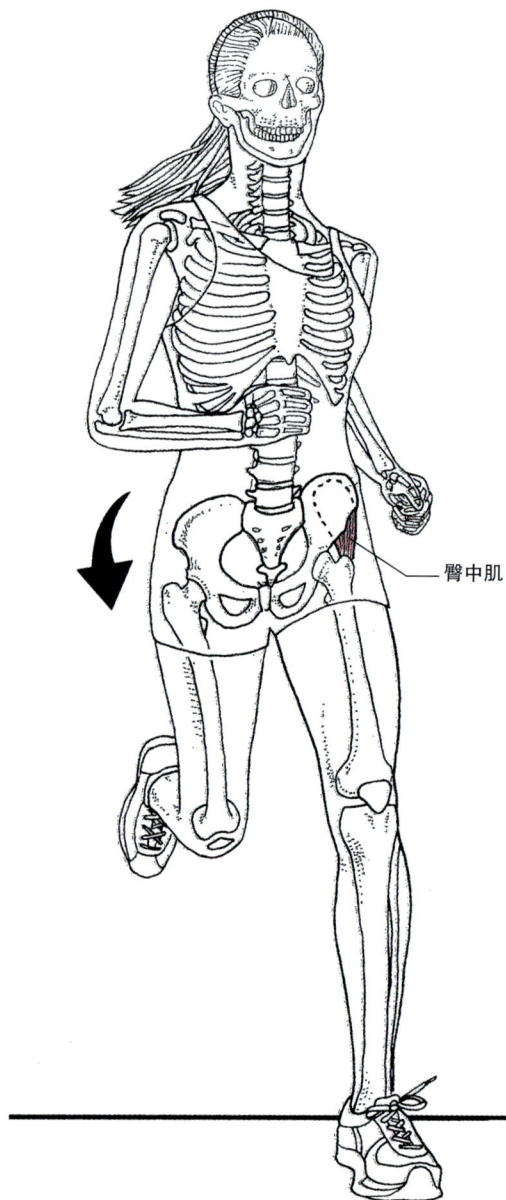

臀中肌

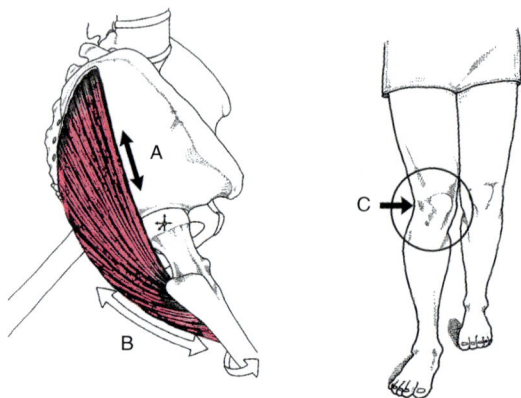

图 2.16　臀大肌　由于臀大肌较大，其上束肌纤维有助于臀中肌保持骨盆稳定（A），而下束肌纤维则可防止膝关节内旋（B）。臀大肌通过限制内旋，在保护膝关节避免过度内扣中起着重要作用（C）

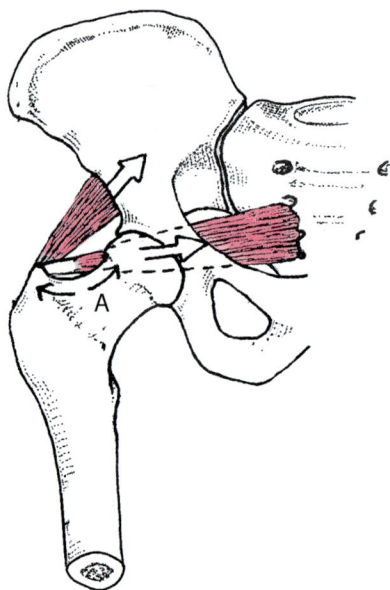

图 2.15　臀中肌　在慢跑时，臀中肌通过将对侧骨盆向地面方向降低（箭头）来提高缓震效果

图 2.17　股骨颈　梨状肌和臀中肌产生强大的压缩应力，防止股骨颈（A）骨折

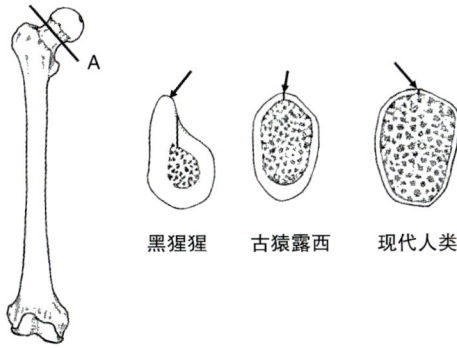

图 2.18 黑猩猩、古猿露西和现代人类的股骨颈的横截面（A） 由于古猿露西和现代人类的梨状肌和臀中肌可防止股骨颈骨折，因此与黑猩猩相比，古猿露西和现代人类的股骨颈的皮质骨非常薄

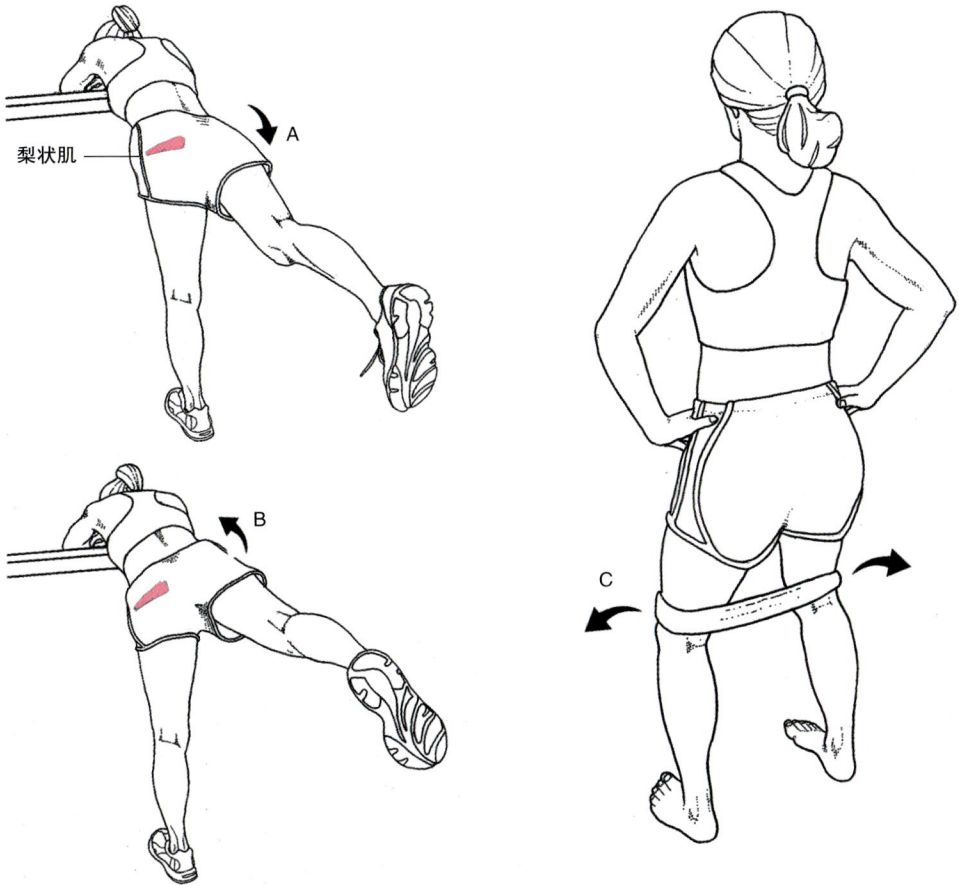

图 2.19 梨状肌和臀中肌练习 当一条腿站立时，用梨状肌来抬高和降低另一侧的臀部（箭头 A 和 B）。另一种练习是在大腿上绕一条弹力带，并使双侧膝关节做旋内和旋外练习（箭头 C）

骶骨和腰椎

一旦冲击力经过髋关节，力会通过骶髂关节进入骶骨和腰椎。与黑猩猩的骶骨相比，在过去 700 万年的进化过程中，人类的骶骨形成了一个楔状结构，在冲击力的作用下更加稳定（图 2.20）。

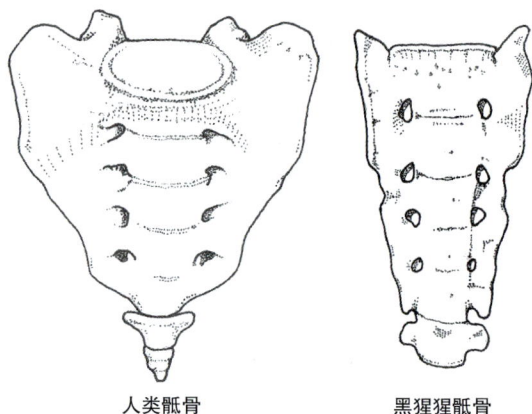

人类骶骨　　黑猩猩骶骨

图 2.20　楔状的人类骶骨和矩形的黑猩猩的骶骨

骶骨发生了改变，骶髂关节的表面积显著增加，这使得该关节能够更有效地帮助减震（图 2.21）。

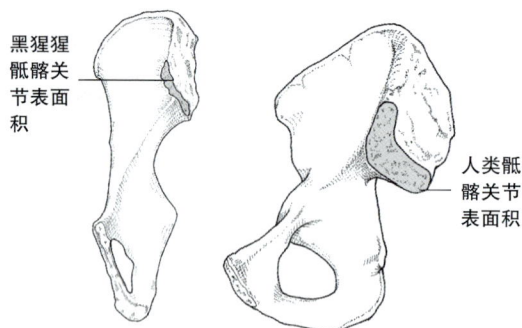

黑猩猩骶髂关节表面积

人类骶髂关节表面积

图 2.21　与人类的骶髂关节相比，黑猩猩的骶髂关节表面积大大减少（阴影部分）

如图 2.22 所示，当足着地时，骨盆向后倾，而身体的重量导致骶骨向前摆动。这种微妙的移动允许骶髂关节韧带在支撑初期缓冲振动，并在进入蹬地阶段时展开以返还一部分能量。

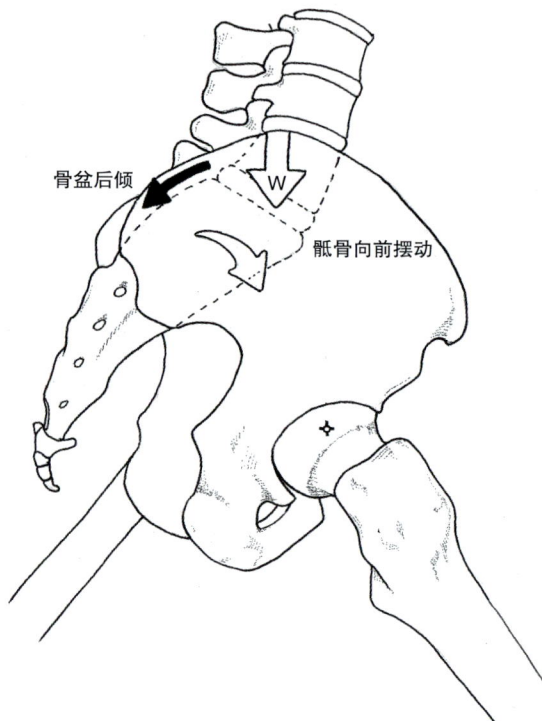

骨盆后倾　　W　　骶骨向前摆动

图 2.22　骶髂关节　在跑步时，足着地阶段，由于脊柱的重量（W）导致骶骨向前摆动（白色箭头），而骨盆后倾（黑色箭头）。这种细微的动作对于减震和保护髋部免受过度的冲击力是很重要的

为稳定骶髂关节并帮助储存能量，腘绳肌外侧在着地前紧绷。除了减少骨振动外，刚性的外侧腘绳肌会增加骶结节韧带的张力，在限制骶骨的向前摆动程度上起着重要作用（图 2.23）。对该重要韧带的解剖显示，韧带呈螺旋弹簧状，可有效地控制骶骨运动。

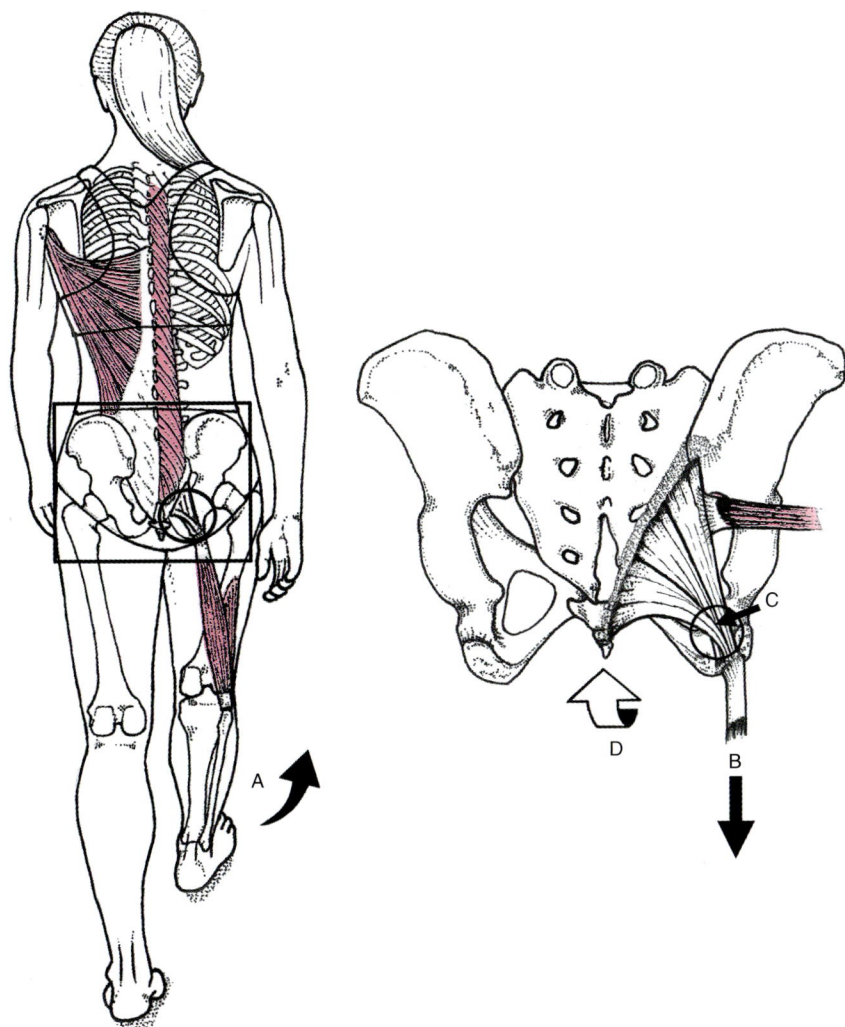

图 2.23　骶结节韧带　当行走和跑步时，腿向前摆动（A），腘绳肌外侧紧张（B）拉动骶结节韧带（C），阻止骶骨过度向前摆动（D）

冲击力受到骶髂关节的轻微抑制后，进入腰椎。正如骶骨变宽以承受步行和跑步相关的力一样，腰椎也进化为从上到下逐渐变宽以控制跑步相关的力（图 2.24）。更大的下椎体表面积可以改善压力分布。

为了增强着地后的减震效果，腰椎快速向前屈曲，使背部肌肉通过拉长缓冲振动。这与股四头肌在膝关节屈曲时缓冲振动的方式类似，脊椎屈曲的减速使背部肌肉在伸展

时吸收能量来缓冲振动。在一项研究中，对不同运动速度下的脊柱运动（屈曲、旋转和侧屈）进行评估，着地后出现的脊柱屈曲程度随速度呈线性增加，而旋转和侧屈保持不变（强调着地后脊柱微向前屈曲的重要性）[29]。

在另一项评估跑者效率的研究中发现，最高效的跑者在着地时脊柱向前屈曲 5.9°，而效率最低的跑者着地时脊柱几乎垂直于地面[30]。虽然大多数教练建议着地时脊柱垂直，

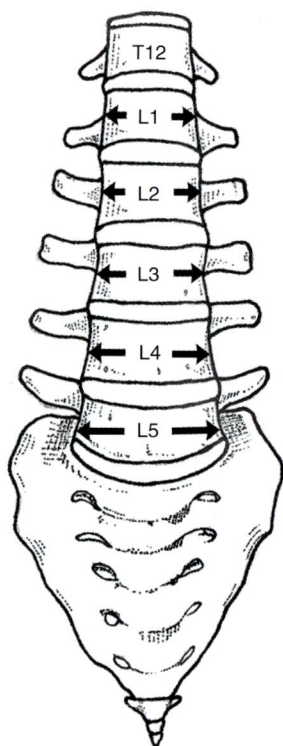

图 2.24　腰椎自上而下逐渐变宽（L1~L5）

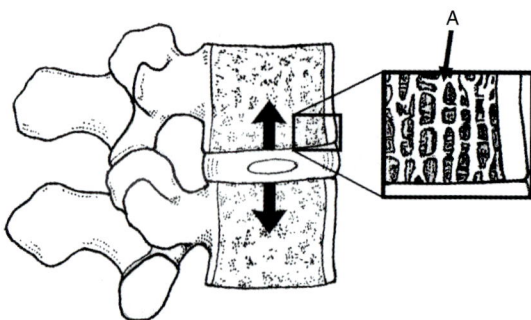

图 2.25　腰椎侧面图　图中展示了椎体终板向内和向外膨胀（箭头），使冲击力被椎体内特殊的骨组织缓冲。椎骨内包含有垂直支撑作用的骨小梁（A），在冲击力作用下弯曲

度保持不变。

当功能正常时，腰椎对跑步产生的力有明显的抵抗力。实际上，麦吉尔认为跑步时几乎不可能使椎间盘突出，因为几乎所有的椎间盘损伤都发生在腰椎向前屈曲时。我注意到，如果跑者的确出现了椎间盘突出，它更可能是在综合健身课上进行壶铃训练时发生的，而不是在跑步时。

支撑中间期

缓冲着地产生的冲击力之后，跑者开始了短暂的支撑中间期。在此期间，身体试图保持在触地过程中缓冲的能量，以便在推进期将其返还。据估计，支撑中间期的能量存储和返还使跑步的新陈代谢成本降低了 40%。

髂胫束和水平骨盆

在臀部，髂胫束通过防止对侧骨盆下降而起到储存能量的作用（图 2.26A）。髂胫束利用这种储存的能量保护大腿和膝关节免

但在着地时保持脊柱轻微屈曲似乎更有利，这对提高缓震效果和提高跑步效率都有好处。

与人们普遍认为的相反，腰椎的椎间盘在缓震中几乎没有作用。正如在斯图尔特·麦吉尔（Stuart McGill）的书《下背部疾病：循证预防和康复》（Low Back Disorde Evidence-Based Prevention and Rehabilitation）中讨论的那样[31]，由于椎间盘是密闭的液体容器结构，具有不可压缩性，不能缓冲振动。麦吉尔认为，在跑步时缓冲振动的是椎体的终板，而不是椎间盘。对椎体解剖证实，终板由极薄的骨（厚度小于 0.5 mm）构成，在施加冲击力时会迅速变形（图 2.25）。这种向内膨胀使椎体的上下部分像蹦床一样缓冲振动，而椎间盘的高

受支撑中间期弯曲变。最近发现，从髂胫束延伸出来的结缔组织带可以强化股骨。这种广泛的软组织支撑产生了阻止股骨弯曲的压应力（图2.26B）。

虽然股骨骨折很少被纳入康复计划中，但跑者股骨应力性骨折应通过对臀大肌和阔筋膜张肌进行积极的强化训练来治疗。髂胫束保护股骨干免受弯曲的方式，类似于梨状肌保护股骨颈的方式。

由于髂胫束穿过膝关节，它还会产生保护性压应力，阻止膝关节内扣（图2.26C）。髂胫束非常有效地减少了膝关节内扣，膝关节炎患者只要保持髂胫束的肌肉力量强大就很少会抱怨疼痛。

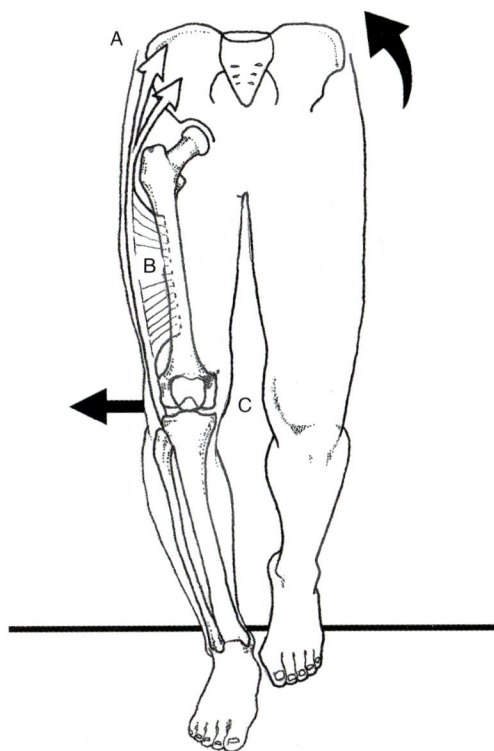

图 2.26 髂胫束的不同动作

臀部像发动机、腿像弹簧

虽然髂胫束在储存能量和提供稳定性方面起着重要作用，但臀部的肌肉确实是人体的力量发生器。臀部拥有长而有力的肌纤维和短而无弹性的位置肌腱，可以最大限度地产生力量。相反，足和腿的肌肉可完美地储存和返还能量，因为它们拥有短而成角度的肌纤维和长而有韧性的蓄能肌腱，随着力的作用而伸展（图1.2）。

跑步时，臀部的肌肉产生力量，而足和腿的蓄能肌腱就像巨大的橡皮筋一样，储存和返还能量。假肢研究人员利用这一原理为残奥会运动员制造假肢（图2.27）。由于假肢具有完美的屈曲度，在支撑初期时会通过屈曲缓冲臀部产生的力，而在支撑后期通过伸展将力返还。制造完美的假肢需要调整屈曲度，以便在正确的时间缓冲和返还力。人体足部和腿部的肌肉和韧带也被设计用于缓冲和返还臀部产生的力。尽管有悖于直觉，但在支撑中间期足和腿的肌肉长度保持相对不变，而相应的肌腱拉伸和反弹幅度很大，这与残奥会运动员使用的假肢相当。肌肉的近等长收缩使肌腱的弹性可以完成大部分的工作，同时肌肉活动大大减少（节省宝贵的能量）。

布朗大学的研究人员[32]通过在火鸡的肌肉和肌腱中放置特殊的传感器，并当它们在跑步机上跑步时对它们进行评估。研究证实，即使火鸡在跑步时关节活动范围很大，肌肉的长度也几乎没有变化。相比之

图 2.27　残奥会运动员的假肢

下，火鸡的肌腱在较大范围内移动，拉伸和回弹以返还储存的能量。实际上，某些肌腱非常有效，在拉伸肌腱时可以返还93%的能量。有趣的是，动物研究还证实，肌腱储存和返还能量的能力会随着年龄的增长而降低（例如，由于老年人肌肉无法补偿较僵硬的肌腱，跑步的效率显著降低），未成熟的肌腱这一能力也较低（解释了儿童代谢效率低下的原因）。老年人的肌腱弹性降低，解释了为什么随着年龄的增长，与跑步相关的难度会增加（以及为什么会慢下来这么多）。好消息是研究人员正在研究提高肌腱柔韧性的方法，这些新技术将在第3章进行概述。

肌腱弹性和能量返还

在人类中，为了有效地储存和返还能量，肌腱必须伸展到特定的范围。因为拉伸过度会损伤肌腱，而拉伸过少又会限制能量的储存，所以肌腱在特定范围内的拉伸是很重要的。把肌腱想象成橡皮筋，如果把橡皮筋拉得太久就会断。另外，如果把橡皮筋拉伸得太少，就回弹不了多远（记住，即使是储存能量的肌腱也只能拉长11%）。

为确定跑者效率最大化的理想肌腱拉伸程度，运动生理学家决定精确评估跑步时内侧足弓降低的程度。由于足弓的降低会拉伸肌腱，测量足弓的高度是量化肌腱拉伸的一种简单方法。在仔细测量足弓活动距离后，研究人员[33]确定了跑步时的内侧足弓下降7~10 mm。

一项关于地表硬度对跑步效率影响的研究证明，适当的硬度会产生最快的跑步速度。通过让受试者在不同材料制成的实验跑道上跑步，研究人员发现，过度柔软的跑道缓冲了太多的能量，而坚硬的跑道缓冲的能量太少，导致两种情况下的跑步速度都下降。为确定跑道的最佳弹性，科学家确定了一条垂直回弹距离为7 mm的跑道，将返还足部着地后储存的90%以上的能量，使跑步速度尽可能快。由于此距离与足弓展平时的活动距离相同，因此内侧足弓降低7 mm可以为足和踝关节的肌腱和肌肉储存完美的能量。研究者推测，当在这个精确的范围内活动时，足弓肌腱可以返还支撑初期所缓冲能量的17%。

为评估与足弓偏转相关的关节运动的确切程度，科学家[34, 35]通过外科手术将金属钉嵌入足部和踝关节的9块骨中，受试者在平坦的地面上步行和奔跑。不出所料，中足关节的运动幅度最大，内侧楔骨与踝关节的移动幅度相同（图2.28）。

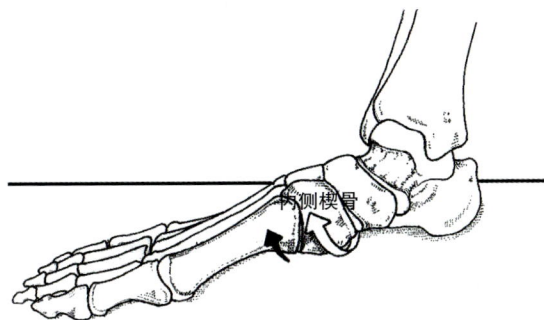

图 2.28 足弓骨骼 步行和跑步时，内侧楔骨（白色箭头）与踝关节向上移动的幅度相同。第一跖骨移动大约内侧楔骨移动的一半的距离（黑色箭头）

真正让这些研究变得有趣的是，受试者在行走时的关节运动明显大于慢跑时的关节运动。这项研究的临床意义与普遍的观点相反（慢跑通常比行走更容易影响足和踝关节）。

在支撑中间期和推进期足和踝关节的肌肉控制

虽然难以量化能量储存，无法准确确定足弓的哪些组织负责特定的能量储存量，但胫骨后肌、趾短屈肌和足底筋膜很可能在能量储存和返还中起关键作用（图 2.29）。

如果正确使用胫骨后肌，该肌肉对内侧足弓的高度产生的结构变化尤为重要（即将低足弓变成中足弓）。胫骨后肌张力的增加可能解释了为什么穿极简跑鞋跑步的人经常报告内侧纵弓的高度逐渐升高。理论上，赤脚活动增加的肌肉活动可增强该肌肉存储和返还能量的能力。

胫骨后肌在支撑中间期很重要，而趾短屈肌在推进期尤为重要，因为它可以减轻足底筋膜的负担。在一项关于跑步时内在足弓

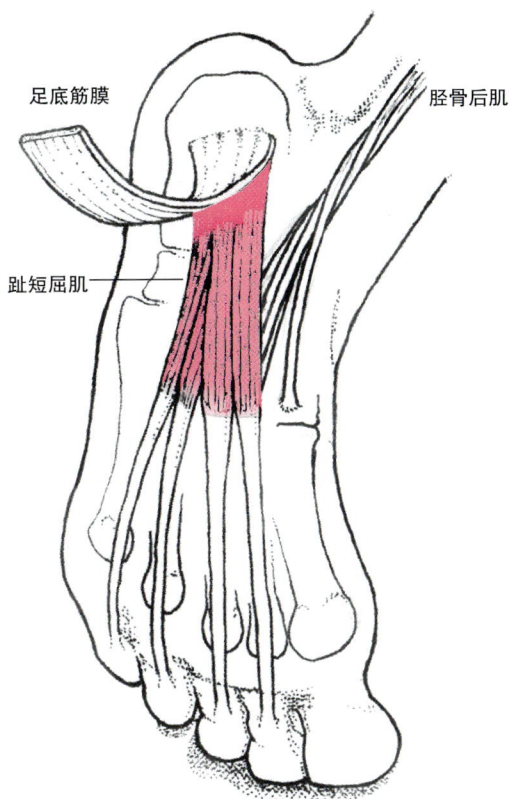

图 2.29 足弓肌群 胫骨后肌、趾短屈肌和足底筋膜都在推进期储存和返还能量。胫骨后肌在储存和返还能量方面特别有效，因为它的肌纤维旋转近 45°，使其像弹簧一样工作

肌群的作用的研究中[36]，研究人员使用神经阻滞使 24 名受试者的足弓肌群麻痹，然后在跑步机上跑步。令人惊讶的是，尽管受试者趾短屈肌麻痹，但在支撑中间期足弓的高度几乎没有变化。相比之下，随着前足下方的压力大幅增加，受试者缩短步幅并显著增加步频。他们基本上进行了快速的地面跑，大部分时间停留在支撑中间期，几乎完全避开了推进期。这项研究解释了为什么趾短屈肌无力和足底筋膜炎之间存在如此紧密的联系，趾短屈肌的张力产生了一种压应力，阻止了足底筋膜在推进期被拉伸。

通过增加张力应对过大的压应力，趾短屈肌可以作为一个长度可变的弹簧。当受到的力过大时，其作用是减少足底筋膜上的应力。该肌肉可以产生如此大的力量，不利的一面是会导致肌肉在足跟底部的附着点形成骨刺。

在推进期足跟蹬离地面时，腿继续在距骨上方旋转，储存在肌肉和肌腱中的能量被用来推动前进。距骨被完美地设计成一个枢轴点，因为其 70% 以上的表面被软骨覆盖，使其可以作为一个几乎无摩擦的滚珠轴承（图 2.30）。

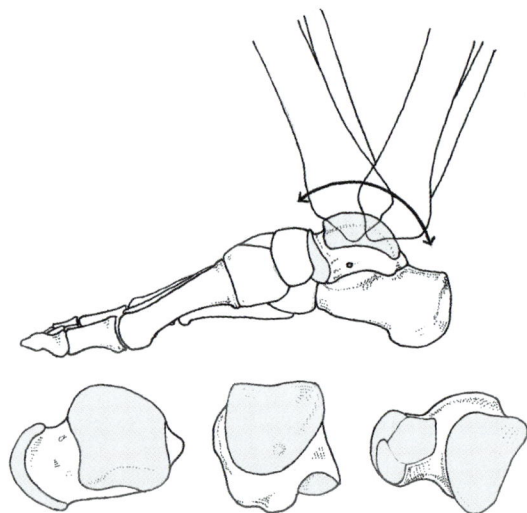

图 2.30　距骨　由于距骨大部分表面都覆盖有软骨（阴影区域），因此其功能就像无摩擦的滚珠轴承一样，允许胫骨在其表面滑动（箭头）

在蹬离过程中，通过姆趾的肌肉（姆长屈肌）向下拉动腓骨稳定距骨（图 2.31）。腓骨向下运动有助于加深踝关节的榫眼，防止踝关节外侧扭伤。因此，除了常规的踝关节锻炼外，患有复发性踝关节扭伤的跑者应该考虑活动腓骨和（或）加强姆长屈肌训练（所有的练习都在第 3 章中回顾）。

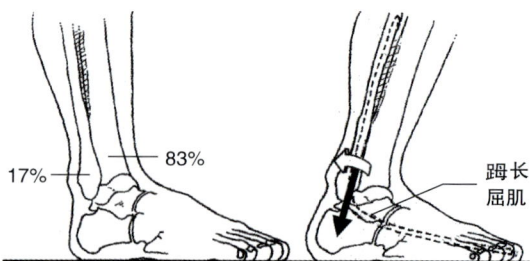

图 2.31　腓骨和胫骨的支撑　在支撑初期，腓骨支撑不到体重的 17% 的重量，而胫骨支撑 83% 的重量。当姆长屈肌向下拉腓骨时，腓骨在推进期起着更重要的作用。向下拉腓骨加深踝关节的榫眼，使踝关节不易扭伤

跟腱

到目前为止，缓冲和返还能量的最重要肌腱是跟腱。除了其显著的长度和厚度之外，跟腱可缓冲和返还能量的独特设计是其下部附着点在足跟前大约旋转 90°（图 2.32）。这种极端的旋转使跟腱能够返还超过 35% 的拉伸能量。

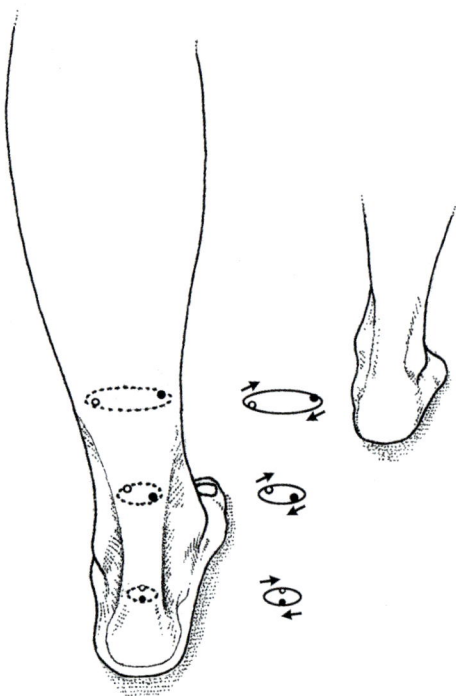

图 2.32　跟腱的旋转　从上到下移动时，内部肌纤维向后移动（黑点），外部肌纤维向前移动（白点）。这导致跟腱 90° 旋转

出人意料的是，研究表明腓肠肌和比目鱼肌在推进期的工作量相对较小，因为它们在推进之前就等长收缩。与快速缩短以推动身体向前（这是大多数肌肉产生运动的功能）不同，跑步时腓肠肌和比目鱼肌的主要作用是产生一种"等距冲量"以固定跟腱，使跟腱本身可以缓冲和返还能量。

在前面提到的火鸡被迫在跑步机上奔跑的研究中，Roberts 及其同事[32]发现，当火鸡以逐渐递增的速度奔跑时，腓肠肌一直保持相对固定的长度，而跟腱的伸展范围却很大，然后迅速返还储存的能量。腓肠肌和比目鱼肌几乎等长收缩，通过减少肌肉的工作（消耗能量、产生能量，并需要清除代谢废物如乳酸），显著减少了跑步的代谢消耗。为准确地计算等长收缩的时间，腓肠肌和比目鱼肌从一种叫作跖肌的不寻常的肌肉中接收到关于肌肉长度和加速度变化的信息。

跖肌位于腓肠肌和比目鱼肌之间（图1.11），因太薄而无法产生力量，但最近被证实含有大量的特殊感觉神经受体，为中枢神经系统提供腓肠肌和比目鱼肌的肌肉长度变化的详细信息。额外的感官信息提高了精确计算等长收缩施加的准确时间的能力，使跟腱更有效地返还能量。

除了推动身体向前，跟腱的快速动作还带来了能量的快速返还，显著减轻了髋屈肌的张力。正如加利福尼亚州帕洛阿尔托康复研究与发展中心的研究人员[37]证明的那样，推进期踝关节的足底屈曲使腓肠肌在摆动阶段开始时带动膝关节向上和向前运动，从而使强大的髋屈肌发挥作用（图2.33）。通过向上和向前推动膝关节，强健的腓肠肌将大大降低跑步时髋屈肌损伤的风险。

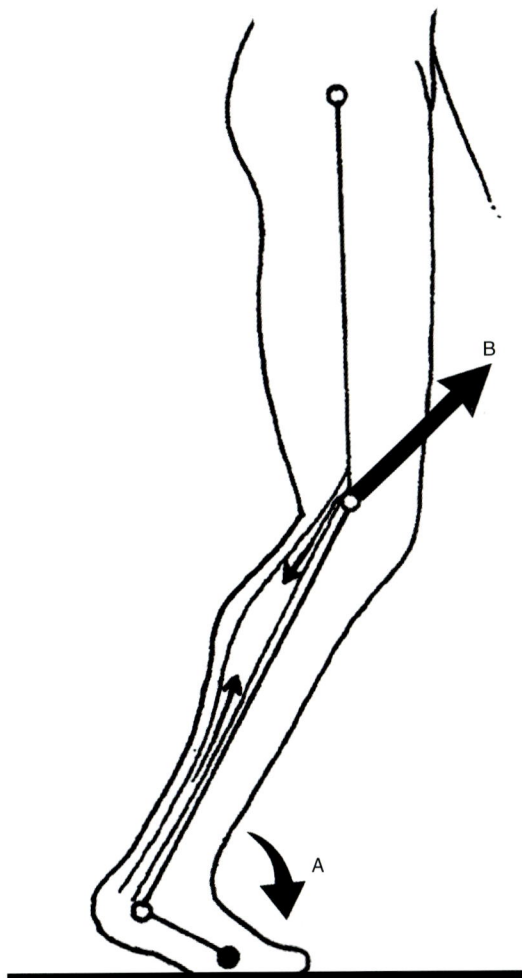

图 2.33　腓肠肌　由于腓肠肌同时穿过踝关节和膝关节，因此在推进期（A）踝部的足底屈曲，带动膝关节向上和向前（B），从而显著减少对髋屈肌的张力

一旦足跟离地，相当大的压力直接转移到前足。为保护前足免受推进期产生的极端力的影响，前足下方皮肤中的压力感受器会使屈肌紧张，在足趾中产生一种稳定的力量，从而减少跖骨下方的压力。为准确确定足趾肌肉提供的保护程度，研究人员[38]使

用气动夹模仿足趾肌肉活动效果的方法，测量了前足下的压力变化（图 2.34）。

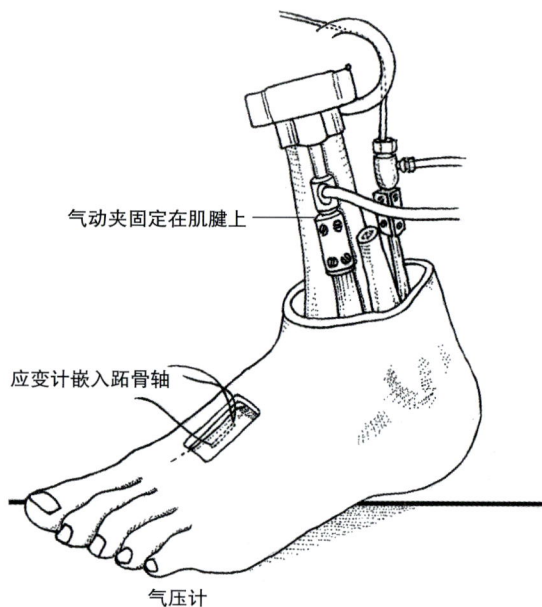

气动夹固定在肌腱上

应变计嵌入跖骨轴

气压计

图 2.34　大体试验评估前足下的压力和推进期跖骨的弯曲应变

应变计也被嵌入跖骨轴，以评估在模拟肌肉收缩和不模拟肌肉收缩时骨中存在的弯曲应力。这项精心设计的实验证实，足趾肌肉的反射性激活显著降低了前足中心下方的压力，并防止了跖骨轴的屈曲。该研究的作者指出，足趾肌肉在整个前足的压力重新分布和预防跖骨应力性骨折中发挥了关键作用。

籽骨

在另一项关于推进期作用在足部的力量的研究中，一位来自瑞士的骨科研究人员[39]发现，当用蹞趾向下推时，会将大量压力从前足中心转移到足趾上。因此，为避免出现一系列的前足损伤［如跖骨应力性骨折和（或）趾间神经炎］，跑者使附着在蹞趾上的屈肌产生强大的力量是非常重要的。为此，人体的两块籽骨位于蹞短屈肌肌腱中（图 2.35）。

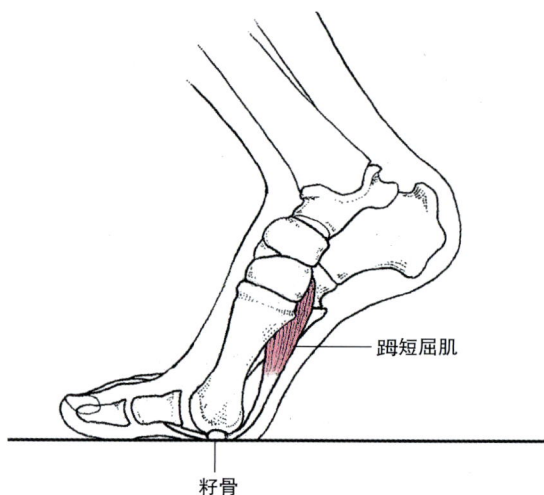

蹞短屈肌

籽骨

图 2.35　两块籽骨位于蹞短屈肌肌腱中

类似于髌骨和股四头肌肌腱之间的关系，籽骨提高了肌肉的效率，从而在推进期稳定了蹞趾。然而，它们也会成为负重点，可能成为跑者的慢性疼痛源（这种情况的处理将在第 6 章中讨论）。

腓骨短肌与跑步速度

虽然跟腱对储存和返还能量很重要，但腓骨短肌在跑得更快的方面起着重要作用。在《美国运动医学杂志》（*American Journal of Sports Medicine*）上发表的一篇论文中，研究人员[40]评估了受试者不同速度跑步时的腿部肌肉活动，发现向更快跑步速度的过渡与腓骨短肌活动的显著增加有关，而腓肠肌和比目鱼肌的活动几乎没有变化。腓骨短肌可以通过在微倾斜面上来回跑得到锻炼。腓骨短肌在快速跑步中很重要，它使足跟外翻，从而允许通过跖骨头的横轴发生蹬离（图 2.36）。解剖学家 Bojsen-Moller[41] 认为，腓骨短肌收缩使用横轴，代表了人体在产生快速、高效推进期的最终进化结果。

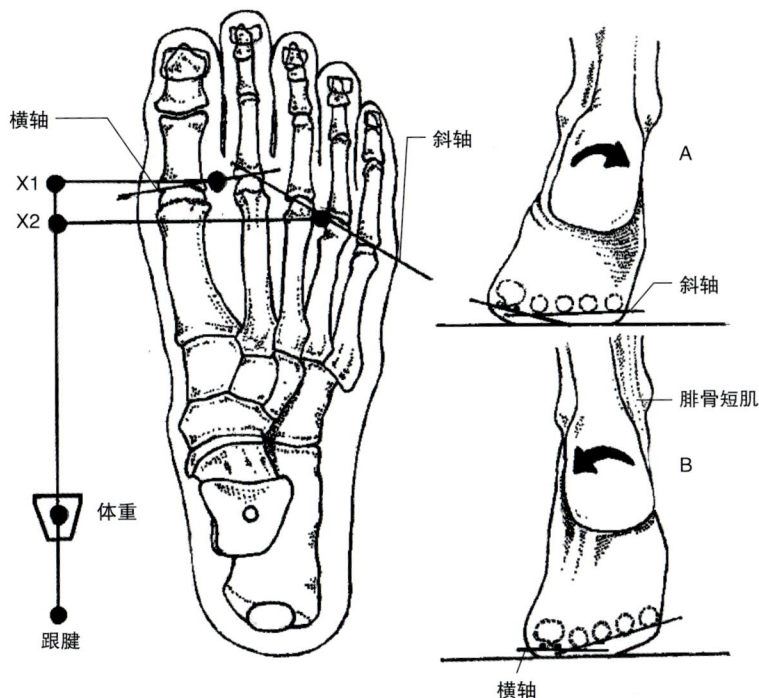

图 2.36 蹬离示意图 由于第二跖骨比其余跖骨长，所以被用作枢轴点，使足可以在两种不同的蹬离选项之间进行选择。当足跟旋起（A）时，蹬离通过斜轴发生，斜轴与踝关节有较短的杠杆臂（比较 X1 和 X2）。该方式减轻了跟腱的压力，常用于上坡跑。由于较短的杠杆臂，斜轴的使用被称为"低速蹬离"。"当需要更大的力时（例如，在短跑时），腓骨短肌翻转足跟（B），使足在横轴上。由于杠杆臂较长，横轴的使用被称为"高速蹬离"，当需要更快的速度时，使用该横轴

摆动阶段

一旦足部离开地面，腿部和臀部就向前摆动，准备下一次接触地面。为了增加步幅，跑者在摆动腿一侧将骨盆向前旋转。为了对抗骨盆的向前运动，上半身和手臂向相反的方向旋转。由于这些旋转的幅度相等、方向相反，一些教练认为旋转手臂运动是最大化效率所必需的，因为它们抵消了骨盆的水平运动。一些世界级的教练甚至让他们的长跑运动员在跑步时改变拇趾的位置。

然而，认为手臂运动可以有效地平衡骨盆运动是提高效率所必需的观点是不正确的。2009 年的研究证实[42]，手臂是减少躯干和头部旋转的被动减震器，而不是抵消骨盆运动所需的主动力生成器。鸵鸟是地球上奔跑效

率最高的两足动物之一，它们不通过摆动翅膀来对抗骨盆旋转，这一事实也佐证了手臂运动对跑步效率的影响微不足道。对于鸵鸟来说幸运的是，它们拥有长长的脖子，可以在不涉及上肢的情况下减少头部的摆动。

手臂运动

本质上，长跑运动员手臂的运动方式类似于奥运会射箭运动员弓上的避震器（图2.37）。它们抑制弓的振动，但对箭的速度没有影响。

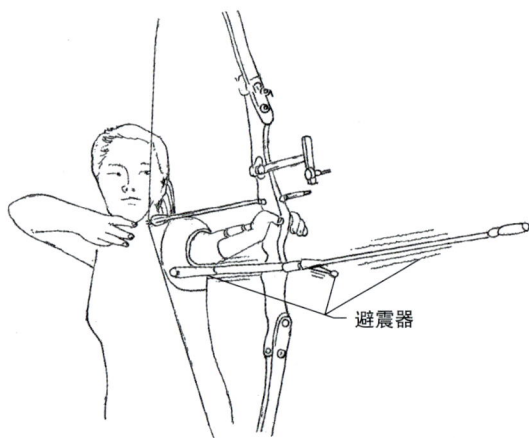

图 2.37　避震器　射箭中使用的避震器可以减少弓的振动，同时又不会影响箭的速度

手臂运动在提高跑步效率方面起着重要作用，而长跑运动的错误假设可能来自短跑运动员使用夸张的前后手臂运动来获得最大的加速度。虽然这对短跑来说很重要，但是长跑运动者需要避免手臂过度的前后运动，上肢应该保持放松。多项研究证实[30, 43]，最高效的长跑运动员的手臂运动幅度较小。应始终避免夸张的手臂动作，因为加速和减速这些动作需要消耗更多的肌肉力量，这会降

低效率。

为提高成绩，长跑运动员应尝试结合手臂运动，来减少腕部左右偏移和肩部过度的前后运动。保持手臂放松，肘部屈曲到舒适的位置。由于手臂运动的细微不对称与效率不相关，长跑者可以通过任何适合自己的、非过度的运动方式来摆动手臂。

对于世界上最好的运动员来说，长跑时手臂运动的一些细微改变就对提高跑步效率有显而易见的效果存在争议。在雅典奥运会女子10公里比赛中，中国选手邢慧娜在跑步时双臂伸直放在身体两侧，获得了金牌。相比之下，哈利德·哈诺奇（Khalid Khannouchi）在芝加哥马拉松比赛中双手紧贴下巴创造了世界纪录。此外，前女子马拉松世界纪录保持者保拉·拉德克利夫（Paula Radcliffe）在跑步时经常双臂外展，手腕做不对称运动。如果这些不对称手臂运动的新陈代谢效率不高，保拉就不可能以2小时15分25秒的马拉松成绩打破世界纪录。保拉的跑步姿势证明，尽管手臂不对称运动有时可能是身体其他部位产生生物力学问题的征兆（例如，紧张的左髋部肌肉可能导致右臂产生更多交叉姿势），但长跑运动员手臂运动的细微左右差异并不总是与效率降低或生物力学问题相关。

腘绳肌

在摆动阶段，手臂的动作起着相对不重要的作用，而腘绳肌在提高效率方面起着关键的作用，因为在足接触地面前腘绳肌就开始等长收缩，可以储存一些腿向前摆动的能量。在一项关于短跑时腘绳肌活动的研究

中发现[44]，在短跑摆动阶段的后期，腘绳肌的收缩明显放缓，同时其肌腱拉长（储存减慢足和腿的向前运动相关的弹性势能）。同样，身体试图通过在固定位置上等长收缩肌肉来降低跑步的代谢成本，而肌腱储存并随即恢复这些能量。一些专家认为，这是一种后天习得的反应，储存和恢复体能的能力可以通过练习得到提高。正如后面将要讨论的，结合特定的增强式训练和灵敏性训练可能是优化体能储存和恢复的关键。

直到最近，也没有人能弄清楚为什么外侧腘绳肌，即股二头肌，是几乎只有跑者才会拉伤的肌肉。大家提出了不同的理论，认为由于支配股二头肌的是两种不同的神经，因此它比其他腘绳肌更不协调，导致容易受伤。股二头肌受伤率高的真正原因是它附着在腿上的位置比其他腘绳肌低。较低的附着点增长了股二头肌对抗的杠杆臂，从而增加了该肌肉缓冲的张力。

通过计算与较低附着点相关的张力，可以确定股二头肌在摆动阶段后期延长 9.5%，而其他腘绳肌则延长不到 8%[45]。与较低附着点相关的放大张力增加了受伤的可能性，但也提高了股二头肌储存和恢复较大体能的能力。正如前面所提到的，这种重要的肌肉在抑制足跟着地后的骨骼振动方面也起着关键作用，并通过限制骶骨的过度倾斜来帮助骶髂关节缓冲振动（图 2.23）。

制动阶段：跑步相关损伤最容易被忽视的原因

在摆动阶段结束前，跑者开始向后旋转

骨盆，尽可能减少足跟着地时制动阶段产生的力（图 2.38）。制动阶段是在足跟着地后立即发生的短暂减速阶段。

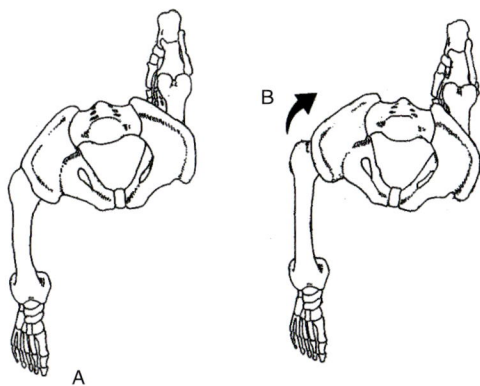

图 2.38　足跟着地（A）后，骨盆立即向后旋转以减小冲击力（B）

想要理解制动阶段，可以想象一下自己端着满满一碗汤走过一个房间：每次足接触到地面，汤就会向前移动。汤的移动是因为当前足底着地时，身体向前的运动暂时减速了。记住牛顿第一定律：运动中的物体倾向于保持运动状态。当足着地时，你的身体向前运动会因为足突然接触地面而减速，此时手中的汤仍然保持运动状态。跑步时，制动阶段是导致各种撞击损伤的一个常见且被忽视的原因，因为它会产生危险的冲击，沿着足和腿向上传递。

为了确定过度制动的影响，加拿大温哥华的研究人员[46]测量了 65 名健康女性跑步运动员在跑步机上跑步时的垂直负荷率、瞬时垂直负荷率、活动峰值、垂直冲量和峰值制动力。受试者随后被要求参加为期 15 周的半程马拉松训练计划。当完成训练计划时，近35%的受试者受伤，而峰值制动力是唯一与跑步损伤发生相关的变量。事实上，峰值制动力高的受试者受伤的可能性是峰值制动力低的受试者的5~8倍。先前的研究[47]表明，峰值制动力随着步幅的增加而增加，并且在初始着地时足会逐渐放得更靠前。

应该缩短步幅吗？

即使跑者根据个人效率自行选择步幅，但为了降低受伤的风险，有时也需要减小自己的步幅。正如第4章将要讨论的，用自己最擅长的方式决定是否需要改变步幅去评估开始着地时腿的位置。理想状态下，你的腿应接近垂直，足和踝应位于接近中线的位置。如果着地时膝关节几乎是直的，并且腿部与垂直方向的夹角超过10°，则一定要缩短步幅。一开始，以较小的步幅跑步可能会稍微影响跑步效率，但是随着时间的推移，你会逐渐适应新的跑步方式，并且随着制动力的减少，这种跑步方式可能会变得更快、更高效。尽管缩短步幅不是快跑者的选择，但是在慢跑者中，通过采用地面跑步可以很容易地减小制动阶段产生的力。虽然速度很慢，但通过采用地面跑步来避免腾空阶段是降低受伤风险的最佳方法。

减少制动阶段力的最佳方法

虽然地面跑步或者腿垂直着地会减小制动阶段产生的力，但更有效方式是骨盆后旋。在评估了所有可能减小制动阶段产生的力的方法之后，研究人员确定[48]，足着地时骨盆后旋在限制这些力的大小方面起着最大的作用。很显然，最优秀的跑者学会了在适当的时间将骨盆向后拉回，这显著减小了制动阶段产生的力。虽然有时可能需要缩短步幅（尤其是足着地腿不垂直的情况），但首选方法是用你自然选择的步幅去跑步，并学会通过结合骨盆、膝关节和踝关节的特定运动来有效减小制动阶段产生的力。为了有效地通过髋关节后旋缓冲制动阶段的力，需要拥有灵活的髋关节旋转肌群。我最喜欢的改善髋关节柔韧性的方法是使用图2.39所示的肌肉动态拉伸。在第6章的梨状肌部分将介绍其他的髋关节旋转肌群拉伸。以我的经验来看，臀部肌力强大、柔韧性强的跑者很少受伤。

步态周期中肌肉活动的图表总结

了解跑步时肌肉何时唤醒对运动表现和预防受伤都很重要。图2.40中的图表是基于肌电图研究的肌肉功能。以下部分总结了这项研究。

在站立阶段早期，臀大肌是一块特别重要的肌肉，因为它可以防止肢体旋转过远，并与髋关节旋转肌群一同缓冲与制动阶段相关的力。该肌肉上层纤维可防止对侧髋关节下沉，下层纤维控制旋转。由于臀大肌最大的部分直接嵌入髂胫束，因此在跑步的过程中，为髋关节和膝关节提供了显著的稳定作用。

臀中肌在跑步过程中起着很大的作用，可以防止对侧骨盆在支撑中间期向下倾斜。该肌肉前束在脚尖离地和摆动阶段前期有轻撑后的摆动阶段早期表现出活动高峰，协助内收肌群、阔筋膜张肌、股直肌和缝匠肌屈曲髋关节。摆动阶段早期大腿快速屈曲所获得的动能对摆动阶段后期的重心上移和前移起着重要作用。

内收肌作为一个整体，在足尖离地时表现出活动高峰，屈曲髋关节并控制股骨的转动。除了在摆动中期短暂的不活跃外，内收肌在整个跑步周期中不断地被唤醒。相比之下，腘绳肌在摆动阶段结束时表现出活动高峰，此时腘绳肌离心收缩以减缓快速伸展的腿向前运动。强健的腘绳肌在跑步时也非常重要，它可以防止步幅过大并有助于储存和恢复体能。腘绳肌群在推进期会有一个短暂的爆发，协助腓肠肌屈曲膝关节。

股四头肌在摆动阶段后期处于紧张状态，在足开始着地时就准备缓冲膝关节的力量。尤其在快速奔跑时，这些肌肉就像重要的减震器一样，尽可能地缓冲快速奔跑时增加的冲击力（这可以通过快速奔跑时膝关节屈曲范围的增加证明）。速度较慢的跑者通过小范围的膝关节屈曲运动，可以减轻股四头肌的压力，减震不是很重要。事实上，速度较慢的跑者在使用股四头肌保持膝关节僵硬时效率更高。腘肌在跑步时很重要，在足开始着地时，腘肌可以防止股骨在胫骨上向前移动；腘肌向心收缩，使胫骨内部转动，这是平稳膝关节屈曲所必需的。

足跟着地后，胫骨前肌表现出活动高峰。足中部着地时，这些肌肉的活动大大减少，而在前足底着地时几乎完全消失。因此，转换到更靠前的着地点可以减轻胫骨前

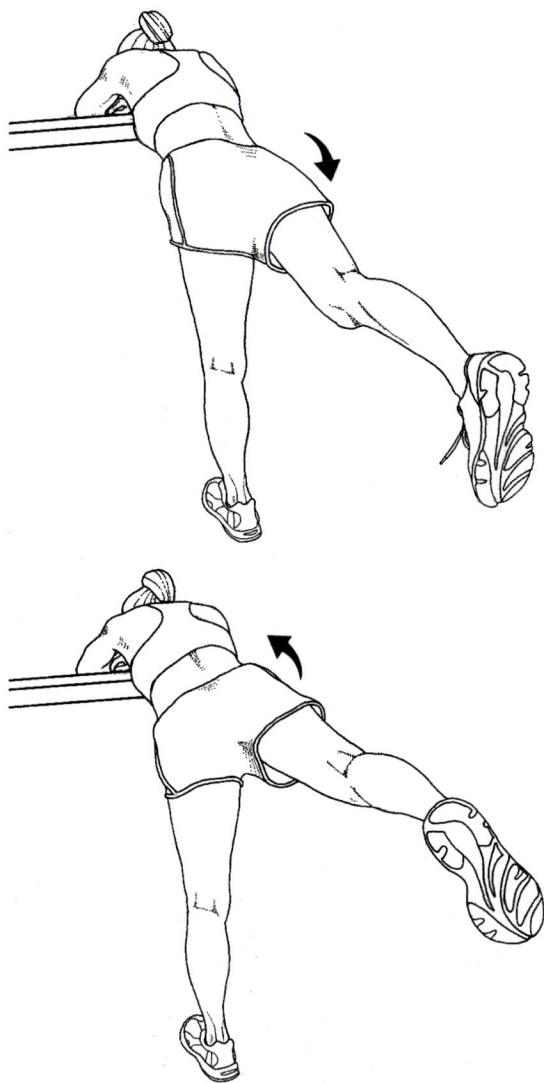

图 2.39　髋关节旋转肌群动态拉伸　单脚站立，身体前倾支撑在稳定的表面上。从该位置开始抬高和降低对侧髋部，并逐渐扩大运动范围（箭头）。尝试进行 2~3 组，每组 25 次，作为跑步前热身的一部分

微的活动，以防止股骨在推进期向外扭转。臀小肌在跑步过程中也很重要，它的作用是对抗臀中肌活动，这对于整个髋臼保持恒定压力是很有必要的。

阔筋膜张肌在推进期以强大的力量收缩，并协助髂腰肌屈曲髋关节。髂腰肌在支

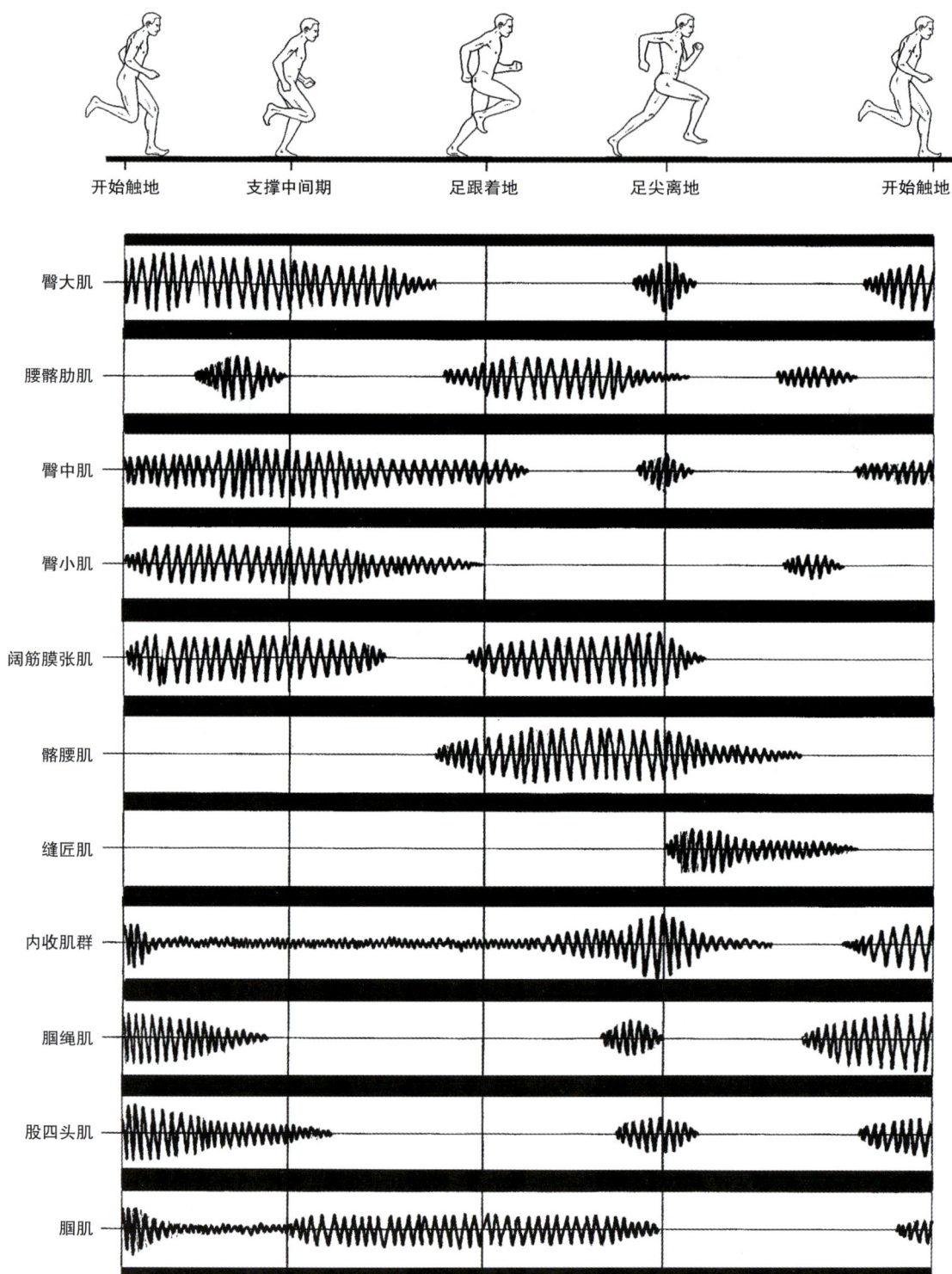

图 2.40　步态周期中肌肉功能的图示总结

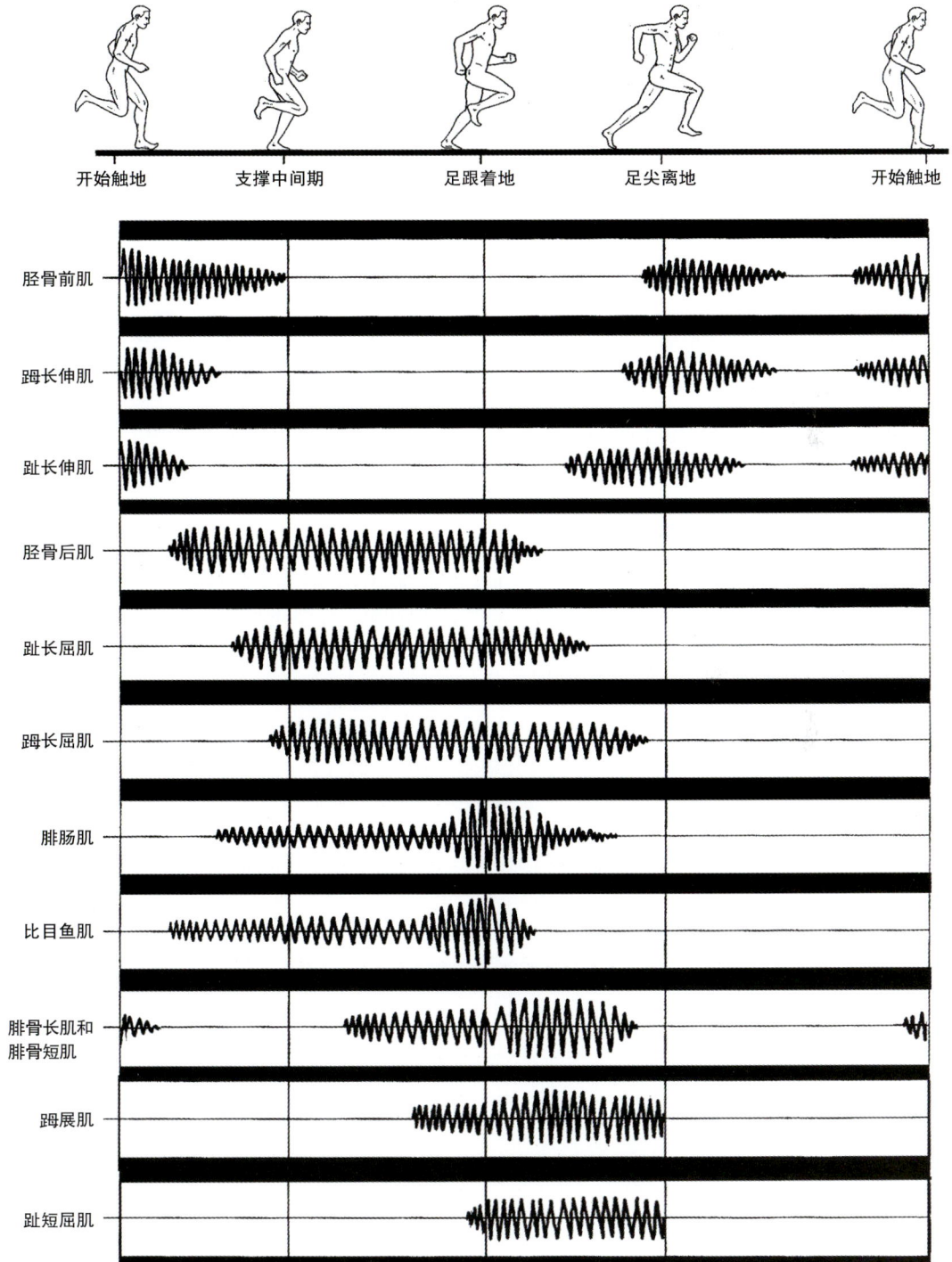

图 2.40（续）

肌的负担，这是治疗胫骨前肌综合征的有效方法。

在支撑阶段早期，胫骨后肌有着防止足中部过度内旋的作用。胫骨后肌在推进期很重要，可帮助腓肠肌和比目鱼肌产生快速推动身体前进的力量。趾长伸肌在蹬离过程中也很重要，可在推进期帮助抬起足跟并稳定距骨轴，以保护它们不受过度屈曲应力的影响。

腓肠肌和比目鱼肌在推进期都表现出活动高峰，此时它们的功能是使足跟抬高。比目鱼肌阻止腿的向前移动，而腓肠肌屈曲膝关节并抬高足跟。腓肠肌还可以推动膝关节向上和向前移动，从而减轻屈髋肌的负担。在足跟着地时，比目鱼肌减缓胫骨内旋，而腓肠肌控制股骨内旋。这些双重作用减少了支撑早期阶段膝关节扭转力造成的劳损，对于避免损伤至关重要。

在足跟着地之前，腓骨肌通过保持足跟垂直，在防止踝关节损伤方面起重要作用。腓骨长肌在推进期也很重要，与胫骨后肌共同稳定中足，而腓骨长肌和腓骨短肌在快速奔跑中也发挥着关键作用，可以将体重转移到踇趾上。

最后，踇展肌和内收肌群几乎只在推进期起作用，以稳定踇趾对地面的作用。但是扁平足的人例外，踇展肌在支撑阶段会不断被唤醒，以防止足弓降低。由于这些肌肉控制着踇趾的排列，对防止踇趾囊肿的形成至关重要。足弓的其他肌肉对于存储和恢复体能以及将压力从距骨转移到足尖至关重要。

参考文献

1. Saunders JB, Inman VT, Eberhart HT. The major determinants in normal and pathological gait. *J Bone Joint Surg.* 1953;5813:153.

2. McMahon T, Valiant G, Fredrick E. Groucho running. *J Appl Physiol.* 1987;62:2326–2337.

3. Taylor C. Relating mechanics and energetics during exercise. *Adv Vet Sci Comp Med.* 1994;38A:181–215.

4. Srinivasan M, Ruina A. Computer optimization of a minimal biped model discovers walking and running. *Nature.* 2006;439:72–75.

5. Schace A, Doran T, Williams G, et al. Lower-limb muscular strategies for increasing running speed. *J Orthop Sports Phys Ther.* 2014;44:813.

6. McMahon T. The spring in the human foot. *Nature.* 1987;325:108–109.

7. Shorten MR, Pisciotta E. Running biomechanics: what did we miss? *ISBS Proc Arch.* 2017;35(1):34–37.

8. Bonnaerens S, Fiers P. Galle S, et al. Grounded running reduces musculoskeletal load. *Med Sci Sports Exerc.* 2019;51: 708–715.

9. Gazendam MG, Hof AL. Averaged EMG profiles in jogging and running at different speeds. *Gait Posture.* 2007;25:604–614.

10. Neptune R, Sasaki K. Ankle plantar flexor force production is an important determinant of the preferred walk-to-run transition speed. *J Exp Biol.* 2005;208:799–808.

11. Weyand P, Sternlight D, Belizzi J, Wright S. Faster top running speeds are achieved with greater ground forces not more rapid leg movements. *J Appl Physiol.*

2000;89:1991–1999.

12. Anderson T. Biomechanics and running economy. *Sports Med*. 1996;22:76–89.

13. Stiffler-Joachim M, Wille C, Kliethermes S, et al. Foot angle and loading rate during running demonstrate a nonlinear relationship. *Med Sci Sports Exerc*. 2019;51:2067–2072.

14. Hamill J, Gruber A. Is changing foot strike pattern beneficial to runners? *J Sport Health Sci*. 2017;6(2):146–153.

15. Cunningham C, Schilling N, Anders C, et al. The influence of foot posture on the cost of transport in humans. *J Exp Biol*. 2010;213:790–797.

16. Miller R, Russell E, Gruber A, et al. Foot-strike pattern selection to minimize muscle energy expenditure during running: a computer simulation study. *Proc Am Soc Biomech. Ann. Meet*. 2009, State College, PA.

17. Delgado T, Kubera-Shelton E, Robb R, et al. Effects of foot strike on low back posture, shock attenuation, and comfort in running. *Med Sci Sports Exerc*. 2013;45(3):490–496.

18. Goss D, Lewek M, Yu B, et al. Accuracy of self-reported foot strike patterns and loading rates associated with traditional and minimalist running shoes. Human Movement Sci Res Symp. 2012, U North Carolina, Chapel Hill.

19. Bennett M, Harris J, Richmond B, et al. Early hominin foot morphology based on 1.5-million-year-old footprints from Ileret, Kenya. *Science*. 2009;323:1197–1201.

20. Gefen A, Megido-Ravid M, Itzchak Y. *In-vivo* biomechanical behavior of the human heel pad during the stance phase of gait. *J Biomech*. 2001;34:1661–1665.

21. DeClercq D, Aerts P, Kunnen M. The mechanical behavior characteristics of the human heel pad during foot strike in running: an in vivo cineradiographic study. *J Biomech*. 1994;27:1213–1222.

22. Hasselman C, Best T, Seaber A, et al. A threshold and continuum of injury during active stretch of rabbit skeletal muscle. *Am J Sports Med*. 1995;23:65–73.

23. Roukis T, Hurless J, Page J. Torsion of the tibialis posterior. *J Am Podiatr Med Assoc*. 1995;85:464–469.

24. Garrett W. Muscle strain injuries. *Am J Sports Med*. 1996;24(6):S2–8.

25. Wilson A, McGuigan M, Su A, et al. Horses damp the spring in their step. *Nature*. 2001;414:895–899.

26. Lake M, Coyles V, Lees A. High frequency characteristics of the lower limb during running. *Proc 18th Congr Int Soc Biomech*. 2001:200–201.

27. Zhang Z, Ng G, Lee W, et al. Increase in passive muscle tension of the quadriceps muscle heads in jumping athletes with patellar tendinopathy. *Scand J Med Sci Sports*. 2016;10:1099–1104.

28. van den Bogert A, Reinschmidt C, Lundberg A. Helical axes of skeletal knee joint motion during running. *J Biomech*. 2000;41:1632–1638.

29. Callaghan J, Patla A, McGill S. Low back three-dimensional joint forces, kinematics and kinetics during walking. *Clin Biomech*. 1999;14:203–216.

30. Williams K, Cavanagh P. Relationship between distance running mechanics, running economy, and performance *J Appl Physiol*. 1987;63:1236–1246.

31. McGill S. *Low Back Disorders: Evidence-Based Prevention and Rehabilitation*. Champaign, IL: Human Kinetics Publishing 2002.

32. Roberts T, Marsh R, Weyand P, et al.

Muscular force in running turkeys: the economy of minimizing work. *Science*. 1997;275:1113–1115.

33. Ker R, Bennett M, Bibby S, et al. The spring in the arch of the human foot. *Nature*. 1987;325:147–149.

34. Arndt A, Wolf P, Liu A, et al. Intrinsic foot kinematics measured in vivo during the stance phase of slow running. *J Biomech*. 2007;40:2672–2678.

35. Lundgren P, Nester C, Liu A, et al. Invasive in vivo measurements of rearfoot, mid and forefoot motion during walking. *Gait Posture*. 2008;28:93–100.

36. Farris D, Kelly L, Cresswall A, et al. The functional importance of human foot muscles for bipedal locomotion. *PNAS*. 2019;116:1645–1650.

37. Neptune R, Kautz S, Zajac F. Contributions of individual ankle plantar flexors to support, forward progression and swing initiation during walking. *J Biomech*. 2001;34:1387–1398.

38. Ferris L, Sharkey N, Smith T, et al. Influence of extrinsic plantar flexors on forefoot loading during heel rise. *Foot Ankle Int*. 1995;16:464–473.

39. Jacob H. Forces acting in the forefoot during normal gait: an estimate. *Clin Biomech*. 2001;16:783–792.

40. Reber L, Perry J, Pink M. Muscular control of the ankle in running. *Am J Sports Med*. 1993;21:805–810.

41. Bojsen-Moller F. Calcaneocuboid joint and stability of the longitudinal arch of the foot at high and low gear push off. *J Anat*. 1979;129:165–176.

42. Pontzer H, Holloway J, Raichlen D, Lieberman D. Control and function of arm swing in human walking and running. *J Exp Biol*. 2009;212:523–534.

43. Anderson T, Tseh W. Running economy, anthropometric dimensions and kinematic variables (abstract). *Med Sci Sports Exerc*.1994;26(5 Suppl.):S170.

44. Thelen D, Chumanov E, Best T, et al. Simulation of biceps femoris musculotendon mechanics during the swing phase of sprinting. *Med Sci Sports Exerc*. 2005;37:1931–1938.

45. Thelen D, Chumanov E, Hoerth D, et al. Hamstring muscle kinematics during treadmill sprinting. *Med Sci Sports Exerc*. 2005;37:108–114.

46. Napier C, MacLean C, Maurer J, et al. Kinetic risk factors of running-related injuries in female recreational runners. *Scand J Med Sci Sport*. 2018;28:2164–2172.

47. Heiderscheit BC, Chumanov ES, Michalski MP, et al. Effects of step rate manipulation on joint mechanics during running. *Med Sci Sports Exerc*. 2011;43:296–302.

48. Pandy M, Berme N. Quantitative assessment of gait determinants during single stance via a three-dimensional model: Part 1. Normal gait. *J Biomech*. 1989;22:717–724.

第 3 章

跑步损伤的风险因素

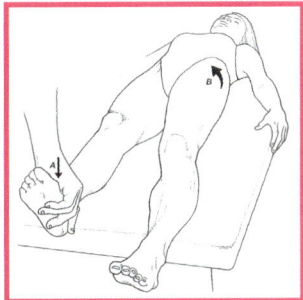

短期或长期来看，即使跑步姿势是完美的，仍然存在受伤的可能。在许多情况下，损伤的出现都与错误的训练相关（例如，每周跑步超过 64.3 km 是出现损伤的一个高风险因素）。另外，骨关节排列、关节灵活度、肌肉力量及损伤史都是跑步损伤的相关因素。通过一些特定的运动康复技术可以很好地降低运动损伤或再次损伤的风险。大腿后侧肌群（腘绳肌）的损伤是典型的例子。腘绳肌每年反复损伤的概率超过 70%，是跑者出现的最严重的软组织损伤之一。另外，发表在骨科和运动疗法杂志上的一篇文章显示[1]，在进行专门的运动康复训练后，腘绳肌再次损伤的概率从 70% 下降到 7.7%。如果所有跑者定期进行一些特定的锻炼，腿部肌肉拉伤的概率会显著降低。

一个与损伤风险相关的因素是腓肠肌的紧绷。一篇文献研究显示[2]：踝关节的活动度与中足、前足底的损伤相关。腓肠肌的紧绷会使得跑者发生跖骨疼痛、足底筋膜炎、跖骨应力性骨折的风险超出普通人 3 倍。研究者认为紧绷的腓肠肌会导致足跟过早离开地面，从而使得前足底承受更大的应力（图 3.1）。

如果足底肌较弱，紧绷的腓肠肌属于潜在的损伤风险。特别是在小腿肌肉紧绷的情况下，强大的足底肌已被证明可以预防足底

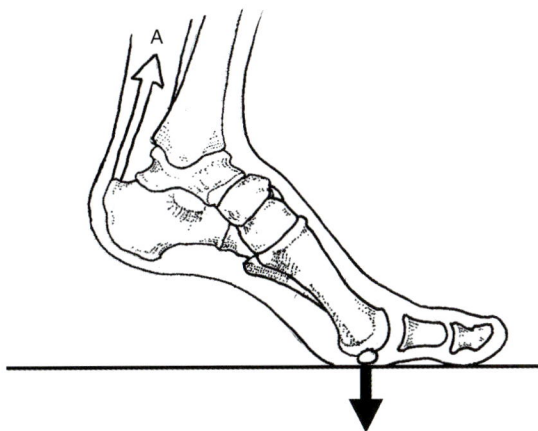

图 3.1 足跟过早抬起 紧绷的腓肠肌会导致足跟过早抬起，从而使得前足底触地时受到更大的应力

筋膜炎和跖骨应力性骨折。如果跑者定期牵拉小腿肌群使腓肠肌保持良好的柔韧度，就可以降低损伤的风险。本章对于引起损伤的常见生物力学因素及治疗方法进行了综述。

内侧足弓的高度

长期以来，跑步界认为足弓的高度是预测损伤发生的因素。基本假设是低足弓的跑者足部倾向于旋前或过度内旋，足的过度内旋被认为是引起踇囊炎到下背痛等一系列损伤的原因（图 3.2）。另外，高足弓的跑者旋前不足，容易导致踝关节扭伤以及应力性骨折。为了减少足旋前与足旋后的危害，跑者们在跑鞋和定制的矫形器械上花费了大量资金以减少跑步损伤的可能性。

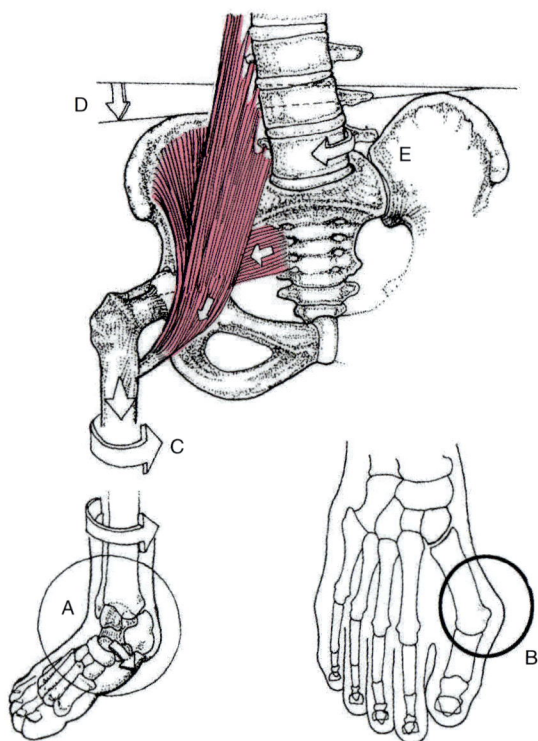

图3.2　损伤与足弓过度旋前　足的过度内旋（A）通常被认为是造成踇囊炎（B）发展的原因。足的旋前会使得整条腿发生内旋（C），并将腰椎向下牵引（D）。因此足过度旋前被认为是髋关节屈肌肌腱炎和外旋肌肌腱劳损发生的原因。腰椎的下降也与下背痛的发展有关（E）

　　有多年经验的运动医学从业者认为足弓的高度与足的功能性直接相关。但专家Benno Nigg[3]发表的一篇论文表明足弓的高度和旋前、旋后没有任何关联。Nigg和他的同事通过卡钳测量了内侧足弓的高度，并用三维成像的方式对30名受试者进行了足部功能分析。研究显示，足弓高度和足功能之间没有联系：高足弓的人经常过度旋后，低足弓的人经常过度旋前。虽然这篇论文发表于20多年前，但目前Nigg博士的研究仍在主流文献中被引用。《纽约时报》（The New York Times）[4]发表过一篇文章，文中引用Nigg博士的话："足弓是进化的遗留，是那些用足抓树的灵长类动物所需要的。目前我们已经不再需要用足抓树了，因此也不再需要足弓了。"该文章的主要观点是既然足弓的高度不再需要适应目前的运动形式，因此没有必要通过跑鞋和矫形鞋垫进行足弓支撑来改变"足部的生物力学缺陷"。

　　得出足弓高度不影响功能这一观点的研究存在一些问题。尽管Nigg博士测量运动的机器十分精密，但在测量足弓高度时犯了一个基本的错误。他使用卡尺测量人们足弓的高低，测得的数据未与X线检查所确定的真正高度进行对比。如果他进行比较就会发现每个人的足弓都是一条独特的曲线，无法通过一个具体的点来计算足弓高度。由于Nigg博士使用卡尺测量的方法并不能准确确定真正的足弓高度，因此他对足弓高度和足功能之间的相关性并没有提供更多论点。

　　2001年，有关足弓与足部三维运动之间的争议得到了解决——建立足长与足弓顶部之间的比例对足弓高度进行量化（这种方法可以在不同的人身上重复使用，并且已被证明得出的结果与足弓的X线测量结果相关）。Williams和McClay[5]对高足弓和低足弓的跑者进行了三维运动分析，最终证明足弓高度和足功能确实相关：足弓较低的人，足部会在更大范围内快速旋前；足弓较高的人，触地时足底压力更大，旋前的范围更小。在一项使用同样测量技术的后续研究中[6]，研究者确定足弓高度也是损伤的预测因素：低足弓的跑者会出现更多的软组织损伤，腿部内侧损伤的发生率更高（尤其是膝关节和踝关节）。而高足弓的跑者更容易发生骨组织损伤（例如，他们出现应力性骨折的风险是普通人的 2 倍）。另外，高足弓跑者的腿部外侧也容易出现损伤（例如，常见的髂胫束摩擦综合征和踝关节扭伤）。总的来说，低足弓跑者更容易发生足内侧损伤（例如，足内侧籽骨受伤），而高足弓跑者更容易发生足外侧损伤（例如，第五跖骨应力性骨折）。

最近，来自弗吉尼亚州的研究者对 10 位高足弓跑者和 10 位低足弓跑者的三维运动模式以及所受到的冲击力进行了评估。受试者以自己选择的速度进行跑步，然后从高 30 cm 的平台上跳下，以评估差异和冲击力。研究者得出结论，高足弓的跑者在减震方面更依赖于骨骼结构，这增加了发生应力性骨折的潜在风险。

综合来看，这 3 篇论文证实了从事体育事业的每个人都知道的事实：足弓高度不仅可以预测你的足是否过度旋前或旋后，还可以预测未来受伤的位置。这项研究的优点是，确定足弓高度的测量技术操作简单，在家即可完成（图 3.3）。

足弓高度和潜在损伤

虽然图 3.3 所示的足弓高度与长度的比值提供了潜在损伤位置的信息，但它不能预测损伤发生的概率。为了评估不同足弓高度的人受伤的相对风险，丹麦的研究人员[7]测量了 927 名初学跑者的足弓高度，这些跑者准备开展一年的跑步计划。截至当年年底，33% 的低足弓跑者和 25% 的高足弓跑

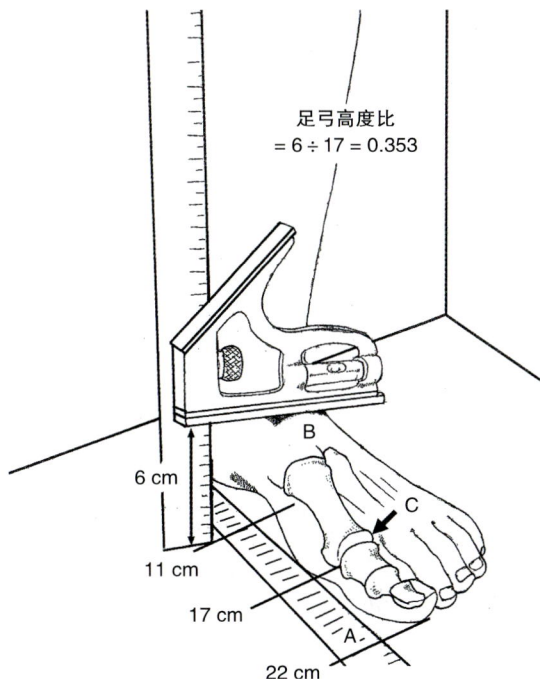

图 3.3　足弓高度比　足弓高度比是通过测量足跟至蹈趾尖的长度（A）来确定的。将此长度除以 2，在所得中点的位置（B）测量足弓的高度。足弓高度比是足弓的高度除以足跟至蹈趾近端的长度（C）。找到蹈趾近端的位置很容易，只要在跖骨的近端摸到一个小的凸起（箭头所指）即可。如果足弓高度比小于 0.275，则为低足弓；如果足弓高度比大于 0.356，则通常为高足弓

者出现损伤。轻度高足弓跑者和正常足弓跑者的跑步损伤率相同，大约为 18%，而轻度低足弓跑者只有 13% 出现损伤。除了较低的损伤率之外，足弓略低的跑者整体受伤的情况也更少，这一点表明轻微的旋前可能具有保护作用，较低的足弓或许具有良好的减震效果。

如果你的足弓很低或很高，你可以做一些简单的训练来减少受伤的可能性。由于低足弓的结构会将更多的压力分配到足部内侧，所以保持足弓周围肌肉的强壮很重要。

本章结尾描述了几种加强足弓肌肉最简单的练习。另一种加强足弓肌肉的方法是在日常生活中穿极简跑鞋。

然而，并不推荐穿极简跑鞋进行长跑，这样可能会导致低足弓跑者发生足底筋膜炎。极简跑鞋可以让足趾进行更大范围的活动，并且可以有效地加强足弓的肌肉。为了证明穿极简跑鞋可以加强足弓肌肉的力量，来自杨百翰大学的研究者[8]让斯波尔丁国家跑步中心的 57 名跑者全天穿着极简跑鞋进行实验。前 2 周，这些跑者被要求每天走 2500 步，至第 8 周，他们逐渐开始穿着极简跑鞋每天走 7000 步。在研究结束时，作者表明，除了足弓部位的力量显著增强外，足弓肌肉包括踇短屈肌、踇展肌和趾短屈肌，其横截面积也有所增加。这篇论文具有很重要的意义，因为新的研究表明[9]，足过度旋前患者如果足弓肌肉强壮，则损伤的风险低。波兰的研究人员[10]评估了足部力量强化训练对跑步表现的影响，研究发现：当跑者接受同样的足部训练时，低足弓跑者比正常足弓跑者在跑步表现上有更大的改善。这再次证实了低足弓的跑者需要更多的肌肉力量来保持无损伤的状态和良好的表现。

定制或非处方矫形器

目前治疗扁平足最流行的方法是使用定制或非处方矫形器。一些研究已经表明矫形器可以减少你受伤的可能性，但是具体原因尚不清楚（无论你是否戴矫形器，足旋前的程度相同）。2011 年发表于《美国运动医学杂志》（*American Journal of Sports Medicine*）

的一篇论文中[11]，研究人员对 400 名新兵进行了一项随机对照试验，结果显示，与不戴矫形器的对照组相比，佩戴用于减少足底压力的矫形器的受训者的肌肉劳损发生概率要低 49%。

尽管矫形器不会明显地改变足踝活动范围，但它可以将压力从足跟和前脚分散至足弓，从而减少受伤的可能性。另外，皮肤与矫形器边缘的接触可以增强感觉反馈，从而提高平衡感，以此减少受伤的可能性。

有一种解释矫形器有助于减少受伤的理论是，矫形器不会改变足踝的旋前范围，但会减少关节旋前的速度[12]。一些专家指出，从引起损伤的因素来看，旋前速度较旋前范围更为关键。

高足弓跑者最好的介入方法

与扁平足跑者不同，高足弓跑者很少需要矫形器（无需支撑已抬高的足弓）。由于高足弓的跑者承受的冲击力更大，他们应该避免穿极简跑鞋，而应该穿后跟具有缓冲作用的跑鞋。减少高足弓跑者所受冲击力的一种方法是进行步态再训练，并学习如何平稳地跑步，这些技巧将在第 4 章介绍。在任何情况下，高足弓的跑者都不应该使用前足触地，这样会增加踝关节扭伤的可能性。但无论足部哪个位置与地面接触，高足弓跑者的踝关节扭伤都非常普遍，因此他们应该考虑使用平衡板来加强踝关节的稳定性（图 3.4）。荷兰的一项研究表明[13]，经常使用平衡板进行训练可以减少高足弓跑者 47% 的踝关节扭伤。

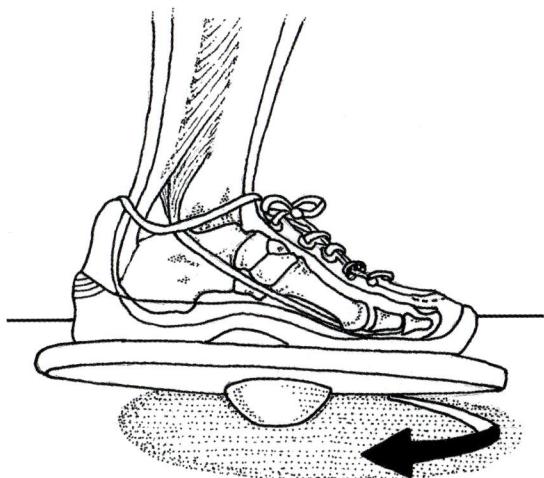

图 3.4　2 : 1 的踝关节平衡板　传统的平衡板向各个方向均匀倾斜，此平衡板的支撑点偏离中心，这样可以使得你的脚和现实生活中一样：内翻幅度是外翻的 2 倍。这对于高足弓人群的训练是十分有帮助的

足弓高度与平衡

除了通过增加活动范围和加强肌肉训练来改善平衡，也可通过踝关节平衡板提高平衡能力。北卡罗来纳大学教堂山分校的研究人员[14]对高足弓者和低足弓者进行了平衡性评估，结果显示：与正常足弓的人相比，高足弓者和低足弓者均出现平衡感受损，但原因不同。高足弓者平衡感较差的原因是足底与地面接触较少，足底皮肤的压力感受器所提供的压力分布信息较少，从而足底与地面接触感觉的回馈降低，使得高足弓跑者很难保持平衡。低足弓者平衡感受损可能是由于关节松弛，使得肌肉难以控制快速且大范围的关节运动。总之，平衡板的训练对于高足弓者和低足弓者均有帮助。

旋前与膝关节、髋关节、背部损伤：一个存疑的联系

有关高足弓或低足弓所带来的影响中重要的一点是：旋前和旋后更有可能伤到足部和（或）踝关节，而不是伤到膝关节、髋关节和（或）背部。通常情况下，离脚越远的部位，足旋前或旋后对其造成的损伤越小。尽管人们通常认为低足弓是引起下背痛的原因，但 2007 年的一项研究显示[15]，足过度旋前与下背痛没有任何关系。在我看来，正如前面所讨论的跑步损伤问题，稍低一点的足弓引起的轻微旋前可以起到减震的效果，反而可以保护髋关节和下背部。

直到最近，人们还认为足过度旋前会导致腿过度内旋，进而造成整个下肢的旋转。过度的足旋前会导致膝关节和髋关节过度旋转，这与 60 多年前发展起来的一种类似斜接铰链的理论相关。在这个医学院教师仍在讲授的理论中，足的旋前将转化为腿的内旋，转化比例为 1:1；例如足旋前 8° 会导致腿向内扭转 8°（图 3.5）。

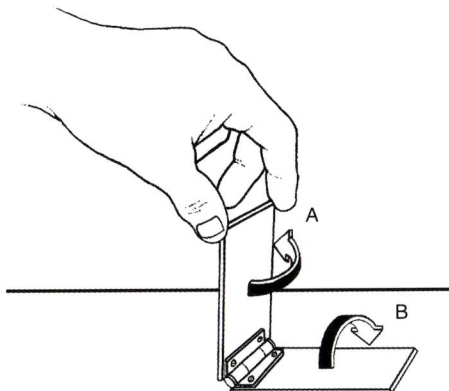

图 3.5　斜接铰链类比　如果你旋转斜接合页的顶部（A），那么斜接合页的底部（B）也将旋转相同的角度

理论而言，由于低足弓者更容易产生足旋前，因此他们腿部的旋转幅度会更大。然而，情况并非如此。三维运动评估显示：足旋前的低足弓者与足旋后的高足弓者相比，腿的内旋程度相同[16]。低足弓和高足弓的跑者其腿部的旋转范围相同，这可以解释为什么使用矫形器对足和踝与膝和髋的治疗效果一致。

最近的研究证实，这种斜接铰链的类比是完全错误的。尽管低足弓者的足旋前运动范围更大，但他们的足部关节吸收了大部分的内旋运动，因此，传递到腿部的旋转较少。相反，高足弓者足旋前较少，但是转移到他们腿部的旋转程度更大。最终的结果是，低足弓和高足弓的跑者尽管足部旋前程度不同，但最终转移到腿部的旋转几乎相同。这是身体适应足弓高度变化的自然反应，所以踝关节以上的结构不会受到不同程度足旋前的影响。

足弓的高度可能是跑者出现损伤的风险因素（特别是足部损伤），但是轻微的低足弓或高足弓很少需要干预治疗，除非目前存在损伤的状况。另外，无论是否有高、低足弓，有经验的跑者在进行长距离的跑步时，经常佩戴矫形器以减轻足部的压力，从而减少可能存在的风险。综上所述，矫形器的作用不是通过改变旋前的幅度实现，而是与它们分配压力、降低关节运动速度以及改善平衡相关。无论是低足弓、正常足弓还是高足弓，矫形器的多方面作用都会为跑者带来益处。

与其一开始就花钱买昂贵的定制矫形器，不如先尝试使用非处方矫形器。尽管定制矫形器已被证明其较非处方矫形器能更有效地分配压力，但没有证据表明定制矫形器在预防损伤方面优于非处方矫形器[17]。尽管如此，终生使用矫形器的用户往往更喜欢定制版，因为它们有更好的耐用性（碳纤维矫形器可以使用长达 15 年）、功能更多（12 种不同的设定）。由于定制版更换的频率非常低，随着时间的推移，定制矫形器最终会比非处方矫形器更便宜。

内翻、外翻支柱：一种廉价的矫形器替代品

对于低、高足弓的跑者来说，定制及非处方的矫形器可以预防和治疗一系列的损伤，更为便宜的内翻、外翻支柱也具有同样的效果（图 3.6）。这样的支柱可以放在跑鞋鞋垫的下方，很容易适应。

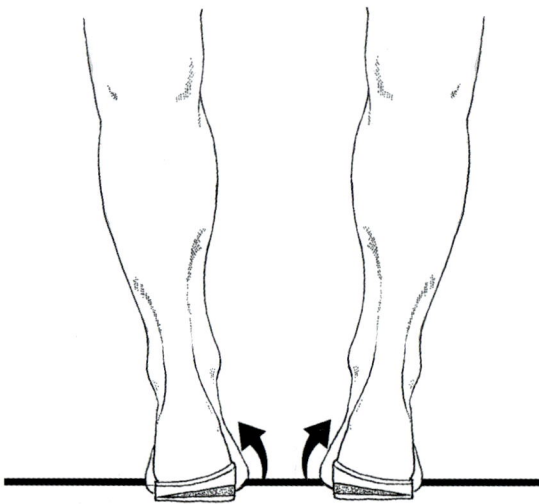

图 3.6 内翻、外翻支柱 内翻支柱抬高足内侧，可有效地控制低足弓跑者的过度旋前。外翻支柱放置在足外侧下方，对于高足弓跑者的治疗很有帮助

早期的研究显示：内翻支柱可以有效降低足底筋膜的压力，外翻支柱可以缓解膝关节炎患者的疼痛，尤其是对于高足弓的患者。2019 年，巴西的研究人员[18]对一组过度内翻的跑者进行测试，给他们使用标准的鞋垫或带有内翻支柱的鞋垫。随后通过三维运动分析确定：穿着带有内翻支柱的鞋垫的跑者其运动时足部内翻以及腿部和膝盖向内的弯曲明显减少。这项研究很重要，因为腿过度内旋与很多跑步损伤相关，步态的再训练也很难改变该运动模式。我最喜欢的非处方内翻支柱是一种细长的支柱，它们很轻，不干胶可以很容易地将它粘在鞋垫的底部。

如何看待横向足弓？

内侧纵足弓是最为重要的足弓，但最近的研究表明，从中足一侧到另一侧形成的横向足弓对于储存和返还能量的作用也很重要（图 3.7）。

虽然在吸收冲击力方面，横向足弓不如纵向足弓重要，但在推进过程中，横向足弓可以通过稳定中足来提高跑步效率。因为大型类人猿缺乏这种中足稳定机制，他们的中足在行进过程中会变形，因此推进效率较低。胫骨后肌几乎附着于所有中足的骨骼，因此能有效地稳定横向足弓。胫骨后肌由储存能量的胶原蛋白形成，在胫骨后方经过 45° 的旋转连接至中足。在跑步过程中它充当弹簧的作用：在接触地面时储存并返还能量，以便在推进过程中稳定足中部。

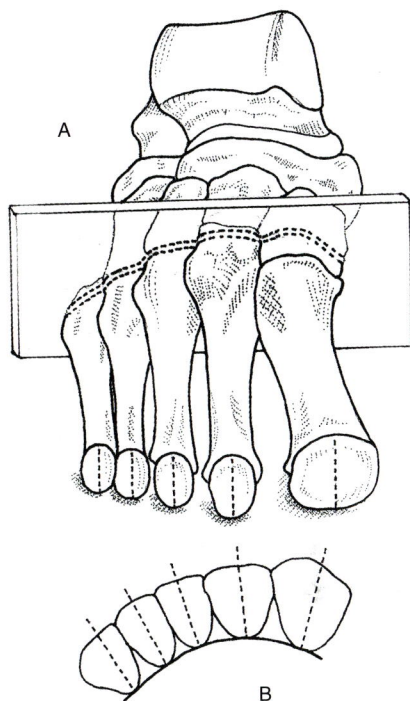

图 3.7　足弓中的横弓　足中部截面（A）中足的骨骼形成功能性足弓（B），可以在蹬离地面时稳定足部。内侧足弓的支撑主要来自足底筋膜和足弓的肌肉。横向足弓则主要由胫骨后肌控制

肢体长度差异

令人吃惊的是，几乎每个人的双腿长度都有不到 25 mm 的差距。一项在牙买加乡村进行的调查[19]显示：尽管牙买加人两侧手臂的长度有显著差异，但只有千分之一的人两腿长度差异超过 10 mm。研究者将下肢长度的低差异率归因于自然选择的结果，自然选择使得下肢长度倾向于相等。下肢差异较大的个体在行走和跑步时，较长一侧下肢的肌肉做功会更多，消耗的能量会更多，因此他们用于繁衍的能量会变少，从而更容易被移出基因库。

对普通人来说，两侧下肢差异若在适当范围内，则很少会造成问题。但对于跑者来说，即使很小的差异也会对跑者产生伤害。为了强调这一点，足科医生史蒂夫·舒伯特尼克（Steve Subotnick）提出了三倍法则：由于跑步产生的冲击力是走路产生的冲击力的 3 倍，因此下肢差距为 4 mm 的跑者与下肢差距为 12 mm 的非跑者，出现同样症状的风险相同。

结构与功能的差异

必须考虑的一个重要因素是：许多跑者的下肢长度存在功能差异，例如由于某些肌肉的紧绷和（或）两腿不对称的旋前会使实际上相同长度的四肢看起来不同（图 3.8）。功能差异不同于结构差异，这一点很重要。因为下肢骨骼长度相同，因此不能通过抬高侧足跟的方法进行治疗。如果是肌肉紧张引起的功能差异，可以通过拉伸肌肉进行治疗。另外，不对称的足旋前可以通过足弓支撑进行治疗。

较长侧肢体与应力性骨折

如果存在真正的长短腿，即胫骨和（或）股骨较短时（称为"结构性长短腿"），较长的肢体会暴露在更大的冲击力之下，因此更容易发生应力性骨折[20]。这与一项对挪威新兵的调查结果相一致[21]，该研究显示：双下肢不等长的新兵中，长下肢发生骨折的有 73%，短下肢发生骨折的有 16%，而双下肢等长的新兵只有 11% 出现应力性骨折。另外，长下肢的髋关节也更容易出现

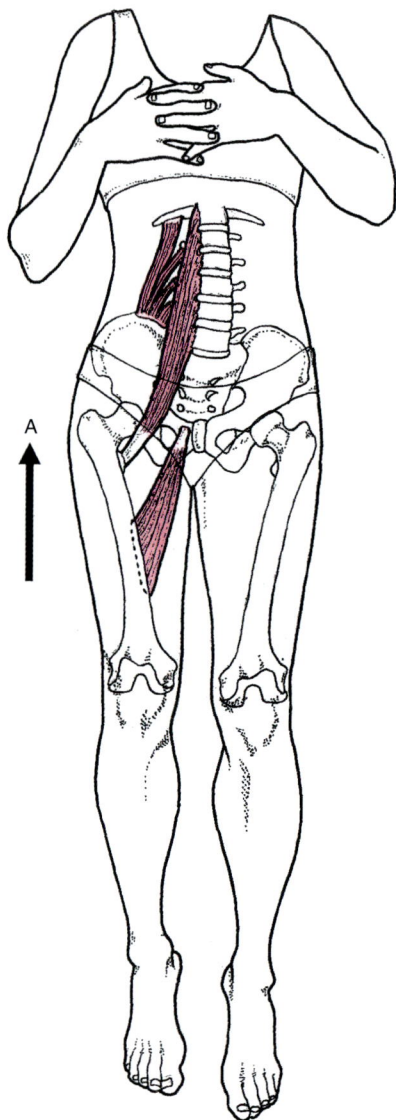

图 3.8　功能性长短腿　某些肌肉的紧绷会将一侧的肢体提拉（A），从而导致一条腿显得比另一条腿短

损伤，一项研究[22]对 100 位全髋关节置换术的患者进行了调查，84% 的患者是长下肢发生关节炎。

长下肢一侧的髋外展肌特别容易受伤。因为在行走和跑步中，短下肢落地时的距离更长，人们经常通过减缓短下肢下落的速度来调整步态，但这需要长下肢侧的髋外展肌

的支撑来实现。长此以往，臀中肌会发生慢性劳损，同时由于腰椎长期凸向长肢一侧，可能因此产生损伤（图3.9）。在损伤症状出现之前，跑者长肢侧的臀中肌会出现紧绷的情况。

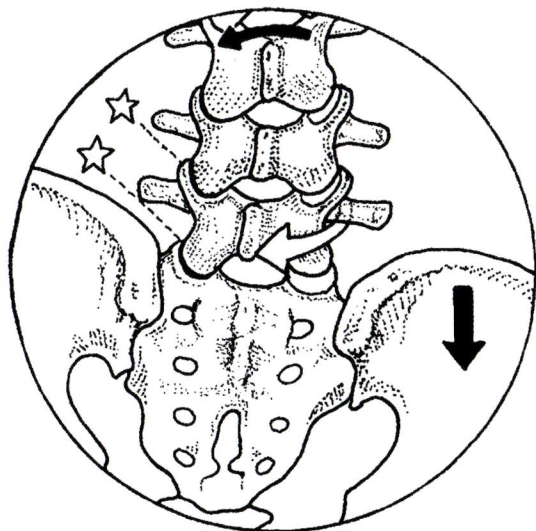

图 3.9　腰椎倾斜　腰椎向短下肢对侧倾斜，使得下背部的小关节产生旋转和压迫（☆部位）

除了应力性骨折和髋关节损伤外，长肢侧的髌骨也容易受到损伤。由于双侧下肢不等长的跑者保持骨盆水平最有效的方法是弯曲长肢一侧的膝盖，因此该侧的膝关节会受到更大的冲击，更容易造成损伤。同样，走路时，下肢不等长的人长肢侧会出现更多的弯曲，容易造成髌腱和股四头肌肌腱的拉伤。

较短侧肢体

对于跑者来说，损伤绝大多数发生在长肢一侧，但短肢一侧也有可能发生损伤。为了在跑步时稳定身体不向短肢侧倾斜，一些跑者会短肢足外侧先着地。这样做尽管可以

防止身体向短肢侧摔倒，但由于跑步时短肢足外侧受力更多，也增加了腓骨应力性骨折的可能性[23]。这也与Friberg对新兵的研究相一致：长下肢的胫骨更容易发生应力性骨折，短下肢的腓骨更容易发生应力性骨折。一种短肢运动代偿模式为：跑者过度伸展短肢侧的膝关节。虽然这个动作可能有助于在摆动后期使足跟更接近地面，但膝盖过度伸展会减弱股四头肌吸收冲击的能力，这或许可以解释为什么跑者短肢侧膝关节炎频繁发生。

短肢侧的骶髂关节也更容易损伤，因为在试图保持骶骨处于水平位置的同时，短肢一侧的骨盆会向前倾斜（图3.10）。由于骶髂关节的活动范围有限，代偿性的倾斜会对骶髂关节造成很大压力，并降低其缓冲振动的能力。这可以解释为什么短肢侧骶髂关节发生关节炎的比例较长肢侧更高[24]。

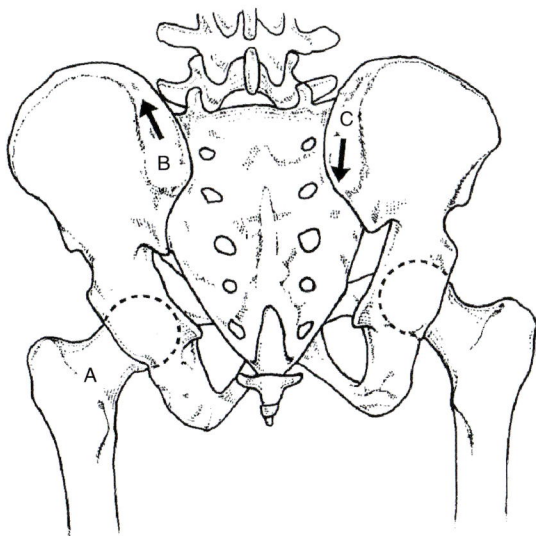

图 3.10　骨盆对长短腿的代偿　为了保持脊柱垂直，短肢一侧的骨盆（A）向前倾斜（B），而长肢一侧的骨盆向后倾斜（C）

肢体长度差异的评估

考虑到下肢长度的结构性差异与运动损伤之间的关系，对跑者而言，了解自己的下肢是否具有差异很重要。功能性差异和结构性差异的处理办法不同，区分结构性长短腿（骨骼长度不同）和功能性长短腿（通常是由肌肉紧张程度的不同造成的）是很关键的。经验丰富的专家通过皮尺测量骨盆髂前上棘和内踝之间的距离，来区分结构和功能的差异（图 3.11）。

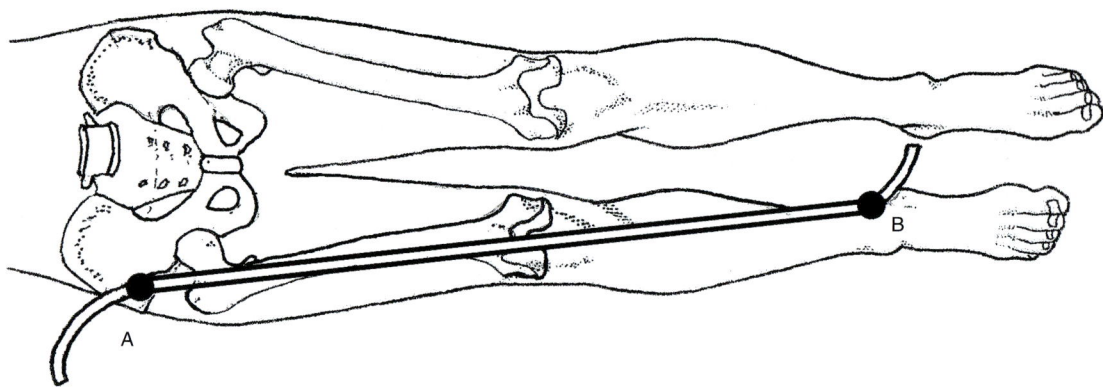

图 3.11 测量肢体长度 使用卷尺对骨盆髂前上棘（A）到内踝（B）的距离进行测量，可以非常准确地评估肢体长度

另外，一些专家认为通过计算机断层扫描（CT）来确定下肢骨骼的不对称性很有必要。2013 年的一项研究[25]对卷尺测量结果和 CT 结果进行了对比，结果表明，与昂贵而危险的 CT（CT 会释放电离辐射，这是一种被证实的致癌因素）相比，卷尺测量的准确率高达 98%。

咨询专家

在并拢足跟进行单一维度的测量之前，运动专家应该全面评估不同体位下胫骨和股骨的长度，检查是否存在引起骨盆旋转的软组织挛缩，并仔细评估足功能，以确定不对称的足弓高度是否导致了功能性差异（图 3.12）。

在穿鞋之前，可以做一个简单的测试来确认下肢是否有差异。将身体重心在左腿和右腿之间来回切换约 30 秒，然后用感觉更舒服的腿进行站立。99% 下肢具有差异的跑者会用短肢站立，因为使用短肢站立时骨盆会保持水平。如果使用经确认过的长下肢站立时更为舒适，你可以考虑再次进行这个测试。

如果确实有结构上的长度差异，可以通过不同程度的垫高短下肢进行评估，使两侧平齐。理想的垫高会使两侧髂骨保持水平，更重要是使骨盆与腰椎保持垂直。由于目前对肢体差异进行何种程度治疗的研究较为混乱，因此抬升短肢时应基于体格检查以及跑者的症状。例如，垫高左足跟对于右臀中肌拉伤反应良好；而垫高右足跟对于右骶髂疼痛反应良好。

当通过步态分析发现明显的下肢差异且症状同差异相符时，建议差异超过 4 mm 的跑者适当抬高短下肢。高跑量的跑者差异超过 2 mm 时就应垫高短下肢。因为骨盆会通过长肢侧的向后倾斜和短肢侧的向前倾斜来代偿结构性下肢长度差异[26]，因此，肢体长度具有结构性差异的个体应进行图 3.13 所示的拉伸。对下肢具有结构性差异的跑者进行综合的康复训练对于恢复对称性有良好的帮助，这些训练包括特定的牵拉、锻炼和脊柱调整。

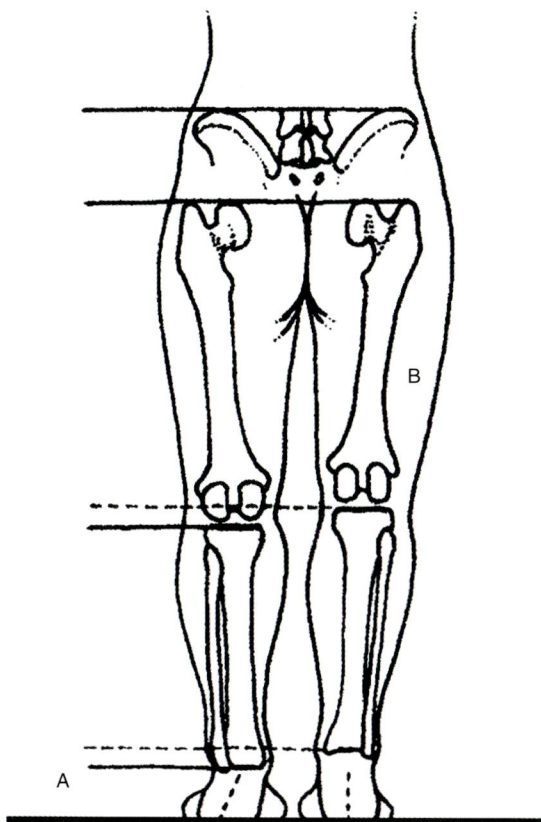

图 3.12　评估下肢长度差异　不对称旋前（A）导致左侧出现功能性差异，右侧出现股骨结构性差异（B），使得左右肢呈现不对称的外观

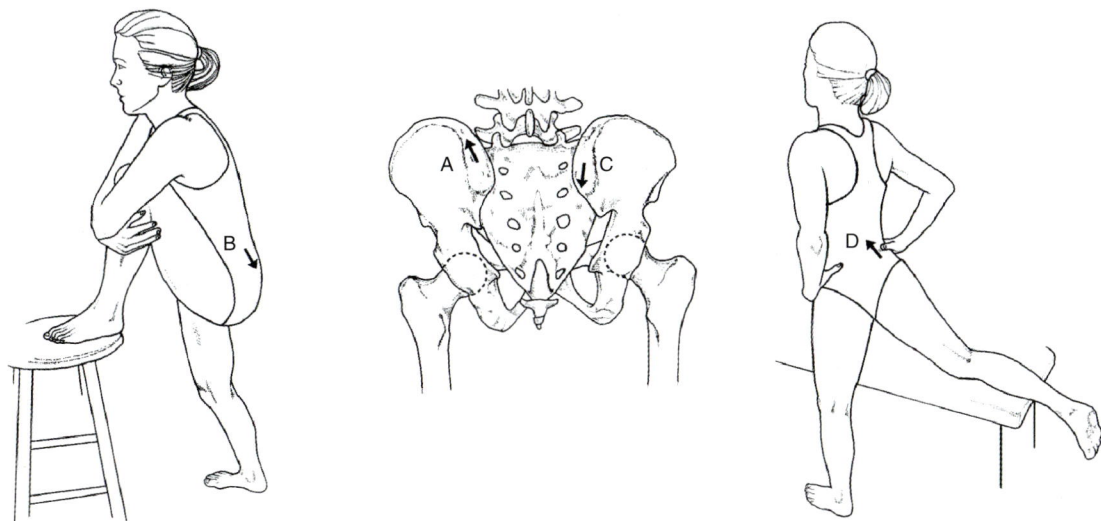

图 3.13　拉伸练习　在家进行拉伸练习以纠正与肢体长度不一致相关的软组织失衡。因为短肢一侧的骨盆前倾（A），应该将该侧的膝关节拉向胸部（B），而长肢一侧的骨盆后倾（C），应该拉伸该侧的髋屈肌（D）。上述动作每次应该保持 20 秒，每天做 5 次

髋关节前倾和（或）胫骨外旋

足旋前和下肢长度差异偶尔会给跑者带来问题，但造成跑步损伤最重要且被忽视的原因是髋关节前倾（图 3.14A），当运动员的胫骨外旋时尤为如此（图 3.16）。

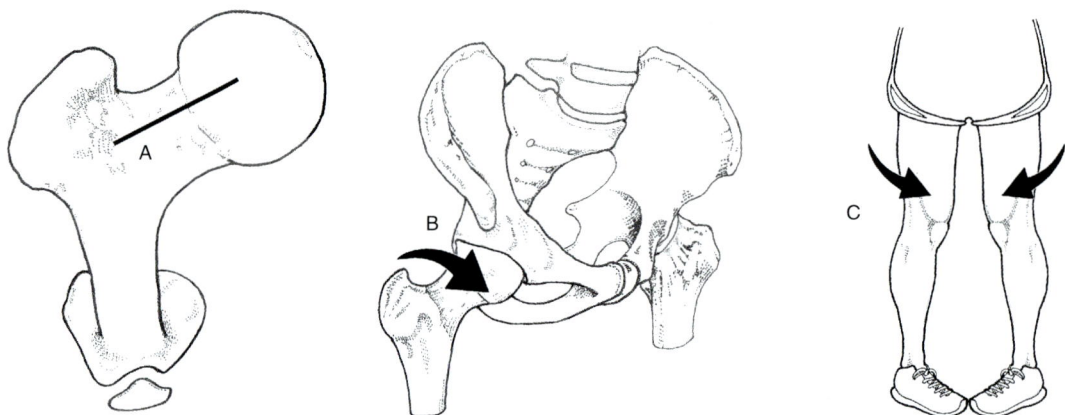

图 3.14 髋关节前倾 通常来说，股骨颈仅有一点前倾的角度，因此人们可以使其膝关节向内或向外旋转大致相同的角度（A）。当髋关节前倾时，股骨颈会向内旋转过多（B），导致膝关节向内旋转的角度远大于向外（C）

"向前旋转"来自拉丁语，髋关节前倾表示股骨向前旋转超过 10°。你可以在站立姿势下尽可能地向内和向外旋转足部来判断髋关节是否前倾。正常人双脚向内向外可以旋转大约 45°，而髋关节前倾的人向内旋转可以达到 80°，而向外却几乎无法旋转（常见于芭蕾舞者）。跑者髋关节前倾使得膝关节内旋过多，这会对膝关节外侧产生更大的压力，从而产生一些问题（图 3.15）。

髋关节前倾的人需要加强臀肌的力量，并且练习膝关节伸直跑步。你可以做一个简单的测试来评估你的臀肌力量：下楼时，观察你的膝关节是否会弯曲（图 3.35）。如果髋关节出现下降或者膝关节出现弯曲，应该加强臀部和膝关节的练习（图 3.36）。髋关节前倾的跑者需要强化髋关节旋转肌群以防止在跑步中骨盆出现旋转。

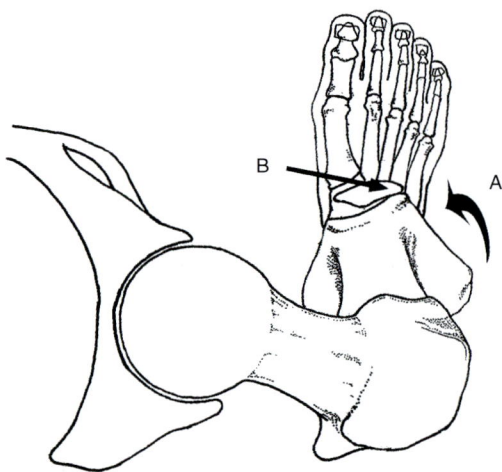

图 3.15 膝关节内旋过多 髋关节前倾使膝关节过度向内旋转（A），导致髌骨外侧撞击股骨（B）

髋关节前倾会增加髋关节和膝关节疼痛的风险，尤其是当胫骨出现向外旋转时。大约 15% 的跑者会出现髋关节前倾合并胫骨向外旋转的状况，这会导致一系列的跑步损伤。不幸的是，由于很少有医疗保健从业者知道什么是胫骨外旋，大多数跑者都没有意识到这一点。确定是否存在胫骨外旋可以这样做：取俯卧位，膝关节屈曲90°，活动踝关节使足与地面平行，然后检查足部与大腿的位置，正常情况下它们应该是平行的。如果足部相对于大腿指向外侧，说明存在胫骨外旋（图3.16）。

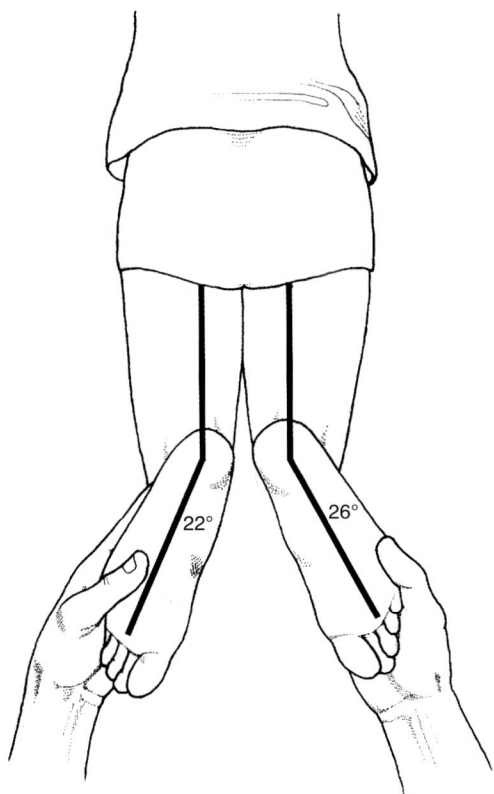

图 3.16　胫骨外旋检查方法　取俯卧位，脚置于水平线位置。理想情况下，脚应该与大腿平行。图示为患者存在胫骨外旋

　　胫骨外旋会导致许多问题。胫骨外旋的跑者跑步时经常会被告知双脚要正直，但这会导致膝关节内旋，从而对膝关节产生额外的压力且降低了臀部旋转肌群的效率。臀部肌群的过度拉伸会使得下肢失去在冠状面上的控制，从而导致慢性梨状肌综合征、坐骨神经痛和膝关节外侧疼痛。尽管髋关节的前倾可以通过加强臀部旋转肌群的力量来改善，但胫骨外旋却因骨骼排列无法改变而无法纠正。唯一的介入方法是进行步态再训练，在跑步时适当地使用外八字的步态模式。此步态训练计划会在第4章中讨论。

灵活性

　　1986年，罗布·德卡斯泰拉（Rob DeCastella）以2小时7分51秒的成绩跑完波士顿马拉松，超出世界纪录39秒，创造了一项新的纪录。比赛前几天，我在办公室为罗布检查了腿部的柔韧度，我很震惊，他几乎无法将腿抬高超过30°（即使是紧绷的跑者也能把腿抬高60°）。我从未见到过如此紧绷的股后肌群，因此我询问他是否进行过拉伸。他回答道："当我跑步时，我只在乎我的腿能承受多远的距离，我就跑多远的距离。"

　　当时，人们认为跑者为了跑得快而不受伤，必须进行伸展运动，但这位世界上跑得最快的跑者不仅没有定期进行伸展运动，而且完全避免了伸展运动。按照传统的观点，我应该鼓励罗布进行伸展训练，但我没有这么做。作为世界上最优秀的跑者之一，罗布知道许多运动生理学的知识，我也相信他的判断。

　　多年后的研究表明：肌肉紧绷的跑者比柔韧性良好的跑者在新陈代谢方面更有效率。罗布凭直觉感受到的一点：紧绷的肌

肉可以通过弹性缓冲的形式储存和返还能量，就像橡皮筋可以毫不费力地拉伸和弹回一样。由于紧绷的肌肉可以提供非自主能量（也就是说，肌纤维不是通过收缩产生力量，没有代谢消耗），所以在长距离跑步时，僵硬的肌肉可以显著提高效率。要理解为什么肌肉能够储存和返还能量，需要知道它们的组成部分。

为了在防止肌张力过高的同时更好地协助储存和返还能量，一束肌纤维被一种特殊的软组织膜包裹，这层膜称为"肌束膜"。这些肌束膜包裹着成千上万条交联的肌纤维，贯穿整条肌肉（图 3.17）。肌纤维的交联排列对于损伤的预防很重要，因为交联的肌纤维会将肌腱所产生的张力均匀地分布在整条肌肉中。

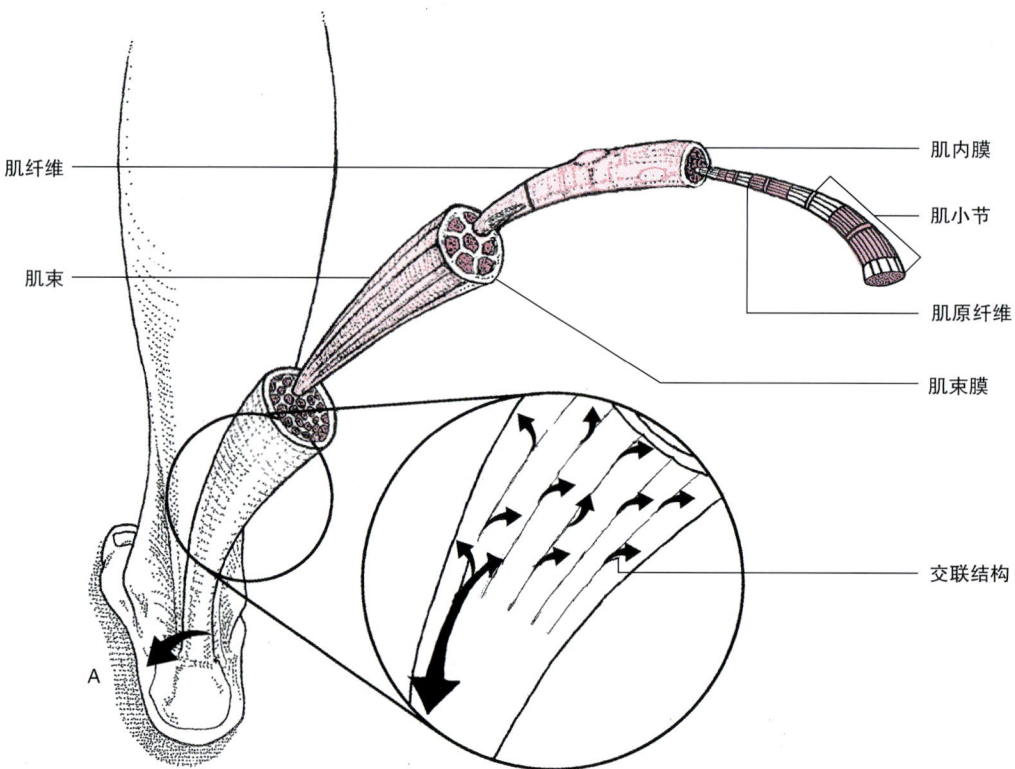

图 3.17　肌肉的组成部分　当足旋前时（A），跟腱内侧（箭头）会产生更大的张力，肌束膜中小的交联结构的存在会将一侧产生的张力分散，贯穿于整条肌肉中

如果肌纤维不是交联状态，或者过于柔软，会使得肌纤维传递到肌腱的力不对称，只能牵拉到部分肌腱。只有少部分肌纤维参与收缩，会导致拉力被分布到更小的区域，因此局部张力过大会引起此部分肌纤维损伤。另外，由于牵拉的肌纤维更少（牵拉的肌纤维越多，返还的能量就越大），肌肉本身储存和返还能量的能力也会降低。软组织中紧密交联的肌纤维可以将力量分布在更广泛的范围。

考虑到肌肉效率的提高与其紧绷程度相关，你可能会认为世界上跑得最快的人都是非常僵硬的，但事实并非如此。与 20 世纪 80 年代中后期相比，今天的优秀运动员明显更加柔韧。原因是，尽管紧绷的肌肉可以让你更有效率，但却很容易拉伤，并且在高强度锻炼后更有可能产生延迟性酸痛[27]。由于目前的跑者每周会进行超过 20 km 的力竭训练，延迟性肌肉酸痛可能会影响他们严格的训练计划，并且增加潜在受伤的可能性。为了证明紧绷的肌肉更容易受伤，纽约勒诺克斯山医院的研究人员将受试者分为僵硬和灵活两组，让他们重复进行弯腿练习直至力竭[27]。锻炼过后，僵硬组的受试者反映肌肉更加疼痛与无力。僵硬组肌肉损伤的酶标记物（肌酸激酶，CK）锻炼后的提高也更加显著。研究者表示，灵活的人不太容易受到运动引起的肌肉损伤，他们能够在高强度锻炼后的几天中以更高的强度进行更长时间的锻炼。关于肌肉紧绷的两难问题是：一定程度的紧绷会增加能量的储存和回收，但过度的紧绷会增加受伤的可能性。

肌肉的紧绷和受伤：一个 U 型曲线

　　肌肉过度紧绷的跑者容易受伤，但肌肉过于松弛的跑者也很容易受伤，因为他们的肌肉必须更加努力地工作使得关节在较大范围的运动中保持稳定。过于柔软的肌肉其肌外膜和肌束膜储存能量的能力也较弱，因此，也必须付出更多努力才能产生同样的力量。这样的结果是过于柔软的跑者与过于紧绷的跑者同样容易产生损伤。柔韧性与损伤相关的曲线图是一条 U 型曲线，即最为紧绷的跑者与最为柔软的跑者受伤的概率最大[28]（图 3.18）。

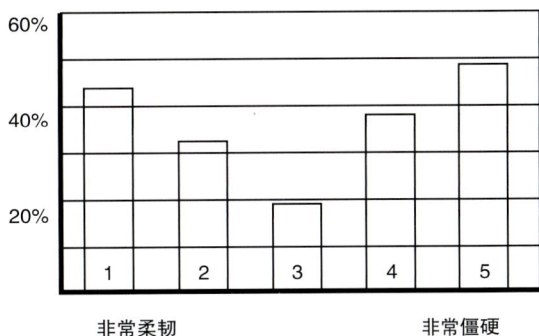

图 3.18　损伤与柔韧性的 U 型曲线　纵轴表示劳损的发生率，5 组试验的人数相同

评估柔韧性最好的方法

　　图 3.18 中处于中间位置的跑者通常不容易出现与柔韧性相关的损伤，康复的目标应该是让自己远离曲线的两端。你可以做一个简单的测试来快速评估柔韧性：将你的拇指向手腕弯曲并测量距离（图 3.19）。检查拇指的活动范围是评估整体柔韧性最简单的方法之一，因为拇指柔韧性是整个身体柔韧性的标志（就像握力是整个身体力量的标志一样）。如果

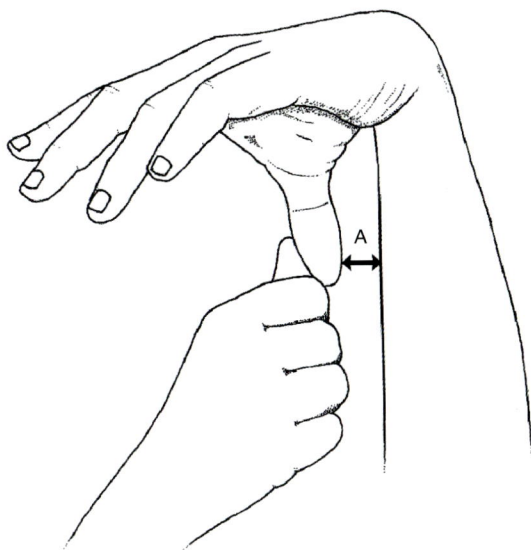

图 3.19　拇指指向半径指数　当拇指指向前臂的距离（A）在 2.5 cm 以内时，表示个体具有过度的柔韧性

你过于柔软，可以考虑通过重量训练来加强肌肉，并结合敏捷性训练来提高协调性。

如果你处于 U 型曲线较紧的一端，并且想要降低自己受伤的风险，可以考虑在日常生活中加入一些伸展活动（图 3.20）。特别对于跑者来说，腓肠肌紧绷是导致其前脚受伤的一个极其常见的因素。

但是，提高柔韧性并不是那么简单。一些确定的研究表明，仅仅做几周拉伸并不会改变肌肉吸收力量的能力，因为肌纤维仅仅是轻微地延长，就会给你一种更为柔韧的错觉[29]。就好像肌肉已经厌倦了你试图拉伸它，所以它只是分离了很少一部分肌纤维，这样你就不会去管它了，因此你根本没有改变肌肉结构，仅仅是稍微放松了一下肌肉。最终肌肉同以前一样，吸收能量的能力并无改变。

短期拉伸不能提高柔韧性，这就解释了为什么有那么多研究表明拉伸并不能改变受伤率。由于依从性问题和时间限制，几乎所有关于拉伸和损伤的研究只评估了短时间内的拉伸（可能是因为很少有人会长期坚持）。既然如此，更多的研究去证实肌肉紧绷更容易受伤就不足为奇了[27]，相对而言，很少有研究表明拉伸会减少受伤的可能性。

为了获得真正的长度增加，一些专家建议有必要定期拉伸 4~6 个月。从理论上讲，当一块肌肉连续几个月被拉伸时，肌肉内部的细胞就会发生变化，从而使柔韧得到永久性的提高。对动物的研究表明[30]，重复的牵拉使得肌纤维周围结缔组织膜延长（特别是肌束膜）和（或）肌纤维末端肌节增加，从而使柔韧性改善（图 1.1）。

是否进行拉伸？

在进行长期的拉伸运动之前，你应该确定你的时间和努力是值得的。每周跑步低于 24 km 的休闲型跑者不太会投入时间去进行拉伸，但高水平的跑者可以通过定期的拉伸提高适应高强度训练的能力。此外，若跑者存在肌张力不平衡或不对等的状况，可以进行长期的牵拉练习。为了确定你是否处于不对称的紧绷状态，可以进行图 3.20 所示的牵拉，并比较左右两侧的肌肉柔韧性。如果一侧肌肉的运动幅度不如另一侧的肌肉，你应该拉伸较紧的那一侧。2013 年的研究表明[31]，不对称的肌肉紧张与未来损伤的发展相关。

假定你决心开始进行一项长期的伸展运动，确定理想的频率和持续时间仍是目前争论的问题。不同的研究提出了不同的建议：从做 1 次到做 20 次伸展练习，每次伸展持续从 10 秒到 10 分钟不等。拉伸过程中所使用的力度也是一个有争议的话题，一些研究建议拉伸肌肉到不舒服的程度，而另一些研究建议只拉伸到感觉紧张的程度。

为了确定理想的拉伸频率和持续时间，杜克大学的研究人员将兔子放在特殊的机器上，这种机器可以对兔子进行连续 10 次 30 秒的拉伸，然后评估兔子的肌肉柔韧性的改善情况[32]。通过这样专门的设计，作者确定大部分拉伸获得的长度增加发生在第一次连续牵拉 15 秒的时候，在第四次 30 秒的拉伸之后，没有再出现明显的长度增加。这项研究证实[33]，在一天中进行几次 30 秒的拉伸比花很长一段时间拉伸某一块特定的肌肉更好（如果你时间有限，每天进行一次持续 30 秒的拉伸即可有效增加活动度）。

B. 胫骨后肌和比目鱼肌内侧的伸展　使后面的腿内旋，同时略微屈曲膝关节。为了伸展深层屈肌，可以将毛巾卷起置于足趾下面

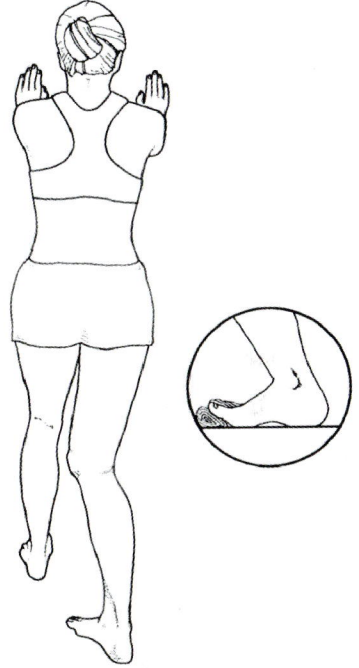

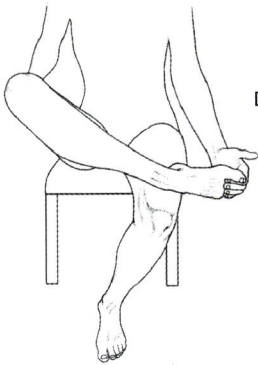

A. 腓肠肌伸展　髋关节向后伸展的同时保持膝关节伸直，牵拉内侧的肌纤维将整个腿向内旋。拉伸比目鱼肌时轻微屈曲膝关节

D. 另一种伸展胫骨前肌的方法　四肢着地，在脚背下面放置一个枕头

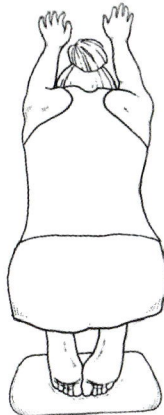

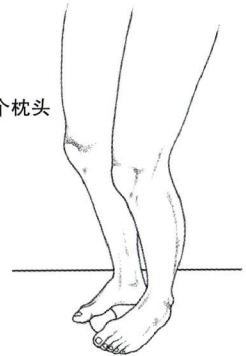

C. 胫骨前肌伸展　坐姿，将腿摆成 4 字形状，将足趾向下压

E. 腓骨长肌伸展　在前足底内侧放一个网球，轻微弯曲膝关节

图 3.20　跑者常用拉伸（一）

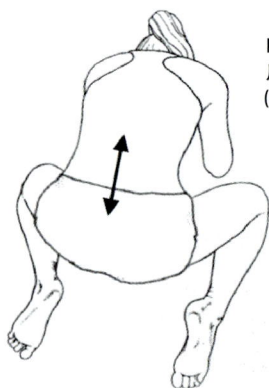

F. 内收短肌伸展　瑜伽中青蛙式，四肢着地，臀部下压。前后移动骨盆，这样就可以拉伸所有的内收短肌（箭头所示）

G. 内收长肌伸展　将足跟放置于身体一侧的抬高面上，这样可以牵拉股薄肌和部分大收肌。通过向内和向外旋转腿部，可以牵拉到所有的内收长肌

H. 腘绳肌伸展　将足跟置于抬高面上，同时下背部保持轻微的弓形。将骨盆前倾（箭头所指），通过将腿向内旋转来拉伸外侧的腘绳肌，将腿向外旋转来拉伸内侧的腘绳肌。反复在膝关节屈曲 30°、45°、90° 的位置进行拉伸，可以特别牵拉到腘绳肌上部和下部紧绷的区域

I. 股直肌伸展　通过将足跟拉向臀部对股直肌进行拉伸，拉伸同时保持骨盆后倾（箭头）

J. 髋屈肌伸展　单腿跪姿，将重心向前移，直到你感觉到腹股沟前部有轻微张力。将踝关节稍微向外移动，可以分离髋屈肌（箭头）

图 3.20　跑者常用拉伸（二）

L. 阔筋膜张肌伸展　将所牵拉一侧置于身体后侧，同时朝墙面移动骨盆（A）。在做这个伸展动作时，脊柱应该保持在中立位

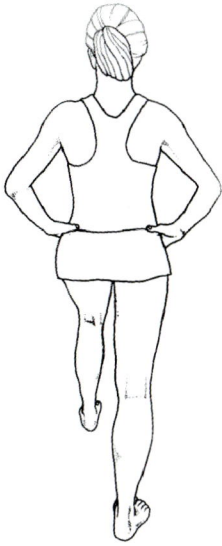

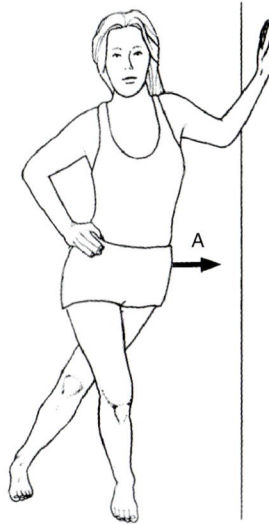

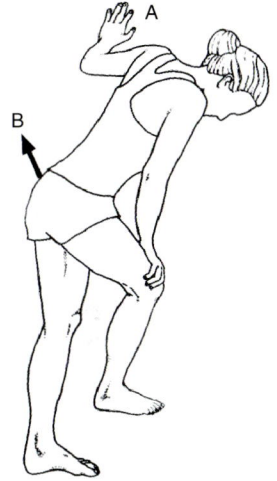

K. 站姿髋屈肌伸展　另一种伸展髋屈肌的方法是向后伸展腿部，同时保持骨盆中立位

M. 臀中肌伸展　将需要拉伸的腿置于身后，该侧的手靠在墙上（A）。拉伸臀中肌，将臀部向墙面移动（B）

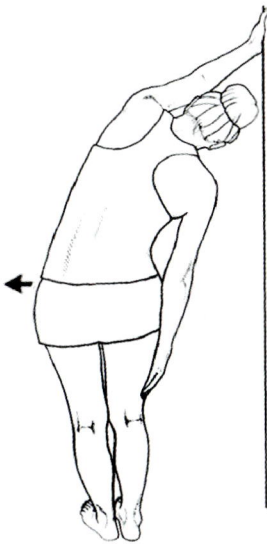

N. 腰方肌伸展　双脚靠拢，抓住门框一侧，同时将骨盆朝门的反方向移动（箭头）。通过抓握门框的不同部位，轻微前屈，可以延长腰方肌的特定纤维

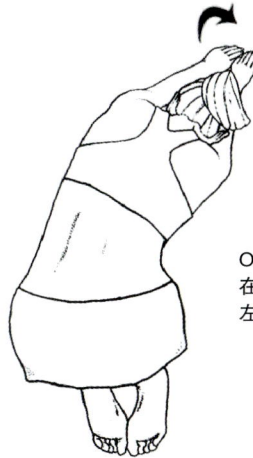

O. 交替牵拉腰方肌　向后跪，将臀部坐在脚后跟上，上半身向右侧移动，以伸展左腰方肌（箭头）

图 3.20　跑者常用拉伸（三）

Q. 梨状肌肌肉能量技术牵拉　为了伸展左侧梨状肌，髋部屈曲45°，左腿悬垂在右腿膝盖上方（A）。然后轻轻拉紧梨状肌，使左腿对抗右腿所提供的阻力进行下压。5秒后，左侧梨状肌放松，将右腿向内牵拉，以拉伸左侧梨状肌

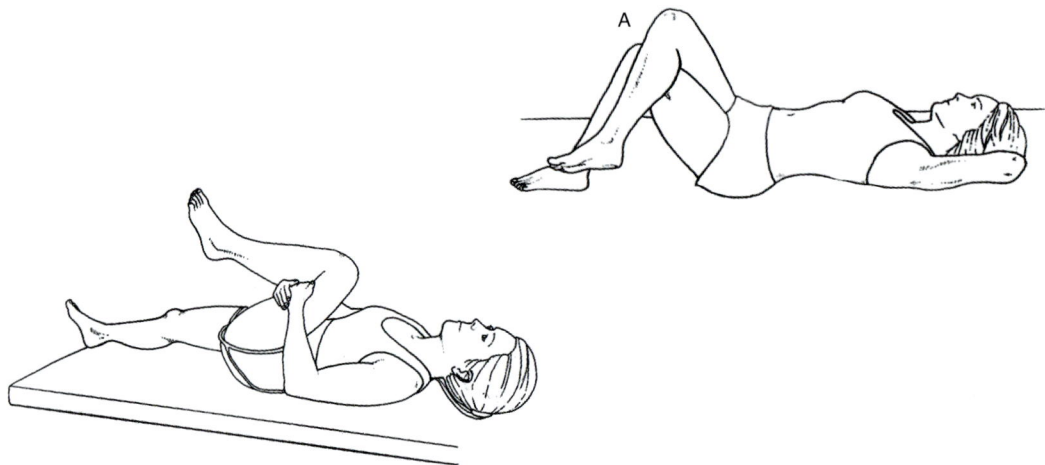

P. 臀大肌伸展　把你的手放在膝关节后面，将膝盖拉向肩膀。伸展梨状肌时，将膝盖拉向对侧肩膀

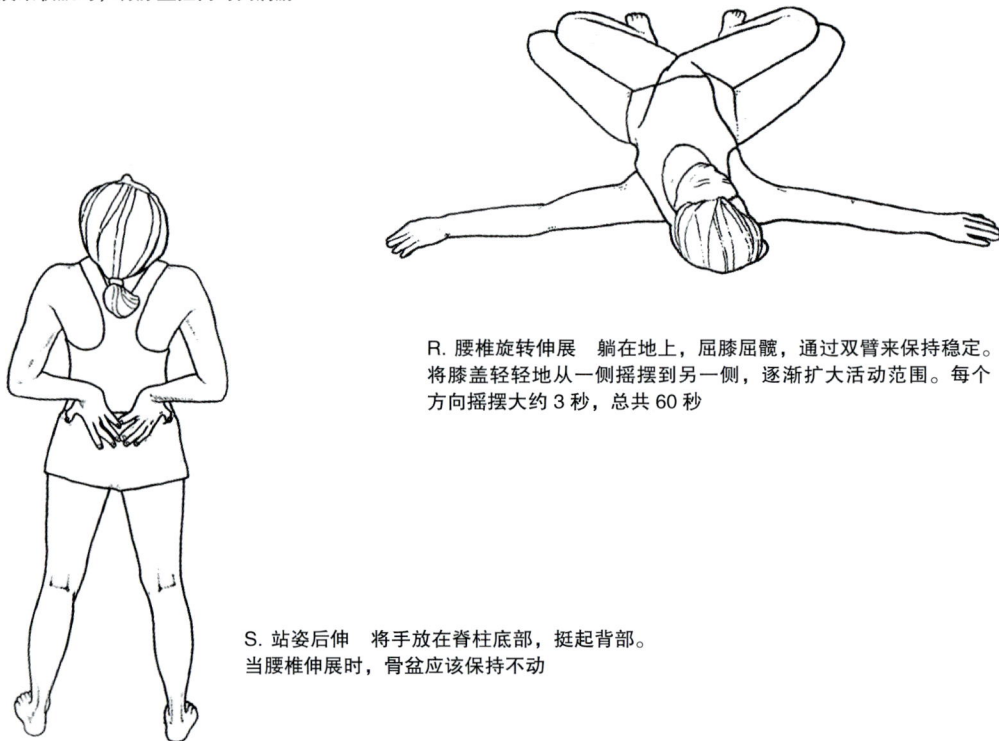

R. 腰椎旋转伸展　躺在地上，屈膝屈髋，通过双臂来保持稳定。将膝盖轻轻地从一侧摇摆到另一侧，逐渐扩大活动范围。每个方向摇摆大约 3 秒，总共 60 秒

S. 站姿后伸　将手放在脊柱底部，挺起背部。当腰椎伸展时，骨盆应该保持不动

图 3.20　跑者常用拉伸（四）

不要忘记泡沫轴

在过去的 10 年里，自我按摩和泡沫轴滚动变得越来越流行。从某种角度而言，这是由于跑者的直觉感知：对肌肉施加强大压力会拉伸肌肉内部的肌纤维，增强按压区域的弹性，特别是在受伤之后。

世界著名的筋膜研究员 Carla Stecco 表示[34]，受伤之后肌外膜受损，成纤维细胞形成胶原交联以修复受损肌肉。如果出现过度损伤，身体会分泌过多的胶原蛋白，肌纤维之间的外膜间隙会大大减少，这会干扰透明质酸的流动。透明质酸是你身体天然的肌肉润滑剂，能让单个肌纤维在彼此之间顺畅地滑动。Stecco 博士使用电子显微镜证明了肌纤维之间的外膜间隙在受伤后减少，而这种间隙的减少与疼痛的发展相关。

肌纤维外间隙的减少之所以令人烦恼，是因为这会引起乳酸等代谢产物的积累。乳酸的增加会创造一个酸性环境，使得身体的透明质酸变厚，单个肌纤维的相互滑动受到限制。一小部分肌肉开始以一个整体的形式运动，从而增加了受损肌肉紧绷部位的力量传递。由于这些区域僵硬且无法正常活动，肌纤维上的肌梭不能提供位置相关的感觉信息，使得整个肌肉变得不协调，且更容易受伤。

这就是泡沫轴起作用的方式。静态拉伸的作用是对整个肌肉施加力量，而不是针对某一特定区域，而泡沫轴滚压可以针对受损肌肉的紧绷部位进行处理。在跑步后，乳酸已经在紧绷的区域积累。这些区域对触压很

敏感，当使用泡沫轴滚动时，会产生明显的不适，你可以很容易地通过泡沫轴来找到这些具体的点。

虽然泡沫轴滚动可以有效地区分这些区域，但是我最喜欢的恢复受损肌肉弹性的方法是使用汽车抛光机（图 3.21）。你可以在网上花费大约 200 元买到一个，然后丢掉羊羔毛附着物，把它直接放在你肌肉最僵硬的位置。这种工具的震动强度很高，它会刺激皮肤感受器来阻止疼痛，使肌肉得到放松。这被称为"疼痛的闸门学院"，原理将在下文讲述。

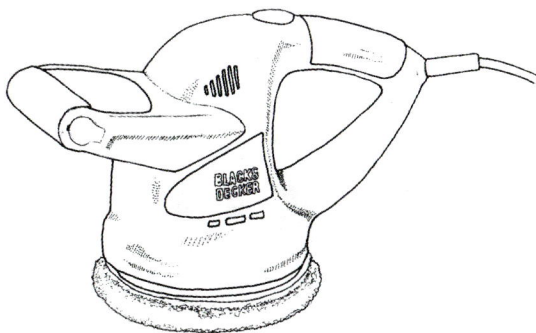

图 3.21　汽车抛光机

你的中枢神经系统在任何给定的时间只能处理有限数量的感觉信息，所以它首先选择速度较快的纤维（因此叫作疼痛的闸门学说）。由于振动在神经上的传递速度超过 100 m/s，而肌肉的疼痛信号在神经上的传递速度为 5~11 m/s，你的中枢神经系统忽略来自疼痛肌肉的信息，而专注于振动刺激。结果是，当你的中枢神经系统暂时忽略疼痛信号而专注于传入的振动刺激时，肌肉就会放松。这和你挠蚊子叮咬处的瘙痒是一样的，瘙痒的消失是因为你的中枢神经系统忽略了它，

转而更加关注皮肤感受器传来的刺激——从叮咬处的皮肤上传递快速移动的感觉刺激。

汽车抛光机还可以通过产生摩擦力以增加温度，在使用大约30秒后，你会感受到发热，这会促进肌肉的血液循环，加强乳酸的分解，同时破除筋膜的粘连。

提高肌腱灵活性最好的方法

提高肌肉的柔韧性很重要，但防止出现损伤最重要的是提高肌腱的柔韧性。因为肌腱不同于肌肉可产生能量，它们只储存与返还能量，使运动更加高效。一些研究表明，通过进行特定的肌肉能量技术拉伸，可以提高肌腱的灵活性。为了证明这一点，来自英国的 Anthony Kay 和他的同事对17名志愿者进行两种方式的拉伸[35]：常规静态拉伸和收缩－放松拉伸，并通过超声来实时评估肌腱硬度的变化。不出所料，常规静态拉伸可略微改善肌肉的柔韧性，但对肌腱的柔韧性未产生影响。与此相比，在拉伸前先让肌肉进行收缩再进行牵拉，肌肉的柔韧性改善程度同静态拉伸相同，而肌腱的柔韧性却改善了近20%。研究者表示，提高肌腱灵活性最有效的方法是将肌肉放在正中位置，进行5秒的等长收缩（等长收缩指的是在关节不活动的情况下肌肉收缩）。紧接着进行10秒的伸展，然后回到起始位置，重复进行上述动作（图3.22）。

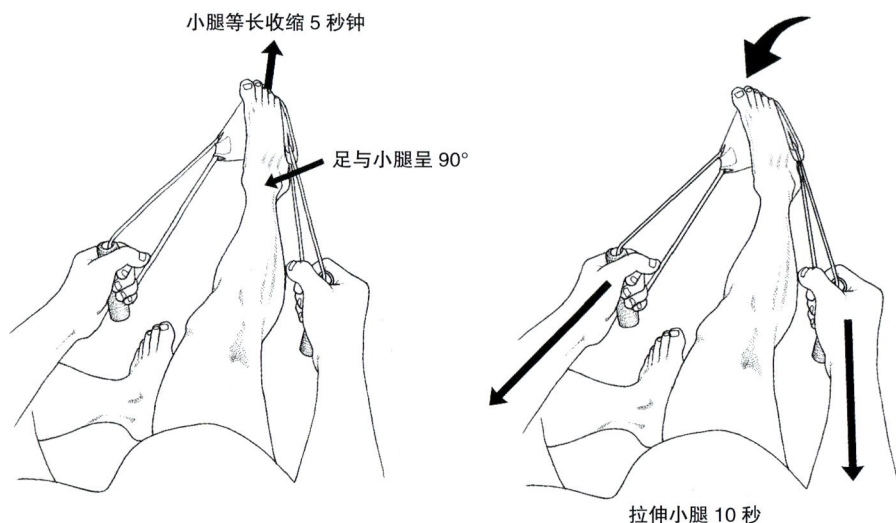

图3.22　收缩－放松拉伸　足与小腿呈90°，使用弹力带使小腿等长收缩5秒，之后进行10秒的拉伸（箭头所示）

进行3次拉伸耗时不到1分钟，使得肌肉和肌腱的弹性发生实质性改善。该插图是对跟腱进行拉伸，但这种方法适用于任何肌腱。因为肌肉总是在中立位收缩，因此我把这种拉伸技术称为"中立位拉伸"。之前的运动损伤史是今后出现损伤的预测因子之一，因此在跑步前，应该对之前受过伤的肌肉进行这样的拉伸。

虽然中立位拉伸有助于提高肌腱的柔韧性，但 2011 年和 2018 年的研究证明[36-37]，在肌肉的延长位置进行等长收缩，可以显著增加肌腱强度。以跟腱为例，站在楼梯上，单手拿重物（或背着加重的背包），降低足跟，让足跟稍微低于水平，增加的重量最好使你在 20 秒后感到疲劳。每条腿重复这个动作 4 次，这种日常锻炼已被证明在短短几个月内就能显著提高肌腱的弹性和强度。

很明显，当肌肉在延长位置进行等长收缩时，会刺激肌腱细胞重塑肌腱，大大降低未来肌腱损伤的风险。Oranchuk 等人[36]在 2018 年的一篇文献综述中指出了肌肉在延长位置下进行等长收缩的益处："在延长位置进行肌肉的训练能更大程度地提升动态表现能力。"这项研究可能对提高成绩和防止受伤有着深远的影响。

一个替代静态拉伸更好的方法：积极动态跑步练习

许多跑者喜欢积极的动态热身，而不是缓慢地静态拉伸每一块肌肉。许多精英跑者更喜欢使用前者，可以在热身的同时牵拉肌肉。2012 年的研究证明[38]，第 4 章中的动态拉伸练习（图 4.5）可以提高短跑运动员的成绩。与对照组相比，进行一到两组重复 14 次动态拉伸的跑者可以跑得更快。

因为动态拉伸运动较难掌握，且相对耗时，休闲的慢跑者可以采用较为温和的动态拉伸，也可以考虑用高节奏、短步幅的慢跑来热身。由于年纪较大的跑者往往更为僵硬，因此热身的时间取决于年龄：30~40 岁的跑者应该热身 5~10 分钟，而 50 岁及以上的人应该至少热身 15 分钟。每个人的身体状况都不同，所以热身的时间应该取决于身体状况。

2012 年，Daniel Pereles 和他的同事进行了一项迄今为止最大的随机对照拉伸研究[39]，结果证明：跑者凭直觉知道他们是否应该进行拉伸。研究者随机调查了 2729 名业余跑者，这些跑者在跑前会进行或不进行例行的拉伸。拉伸和不拉伸的跑者在受伤率上没有显著差异，然而，如果一个经常进行伸展运动的跑者被分配到非伸展运动组中，他遭受跑步损伤的可能性几乎是常人的 2 倍。同所有与跑步相关的伤害一样，对于运动前选择哪种热身方法，你自己是最好的判断者。

力量训练

泰格拉·洛鲁佩（Tegla Loroupe）在波士顿马拉松的第 100 场比赛的大部分时间里都处于第一的位置，轻松领先于乌塔·皮皮格（Uta Pippig）。在大约 37 km 的时候，泰格拉的背部开始疼痛，尽管疼痛难忍，她还是尽力完成了比赛，获得了第二名，仅落后乌塔 85 秒。她当时并不知道，在比赛的下坡阶段，她的脊柱底部出现了轻微的应力性骨折。同年晚些时候，泰格拉又参加了纽约马拉松比赛，但应力性骨折没有完全恢复，并且背部的疼痛变得更加严重。赛后的 MRI 检查显示：脊柱底部峡部裂。这种类型的骨折常常见于体操运动员，下腰椎在大范围的运动中反复伸展会导致脊柱关节附近的骨骼出现损伤。为了固定脊柱骨折部位，泰格拉在身上安装了一个特殊的支架，以防止下背部的移动。不幸的是，支撑器压迫了骨盆顶部附近的一根神经，使得她的大腿外侧感觉减弱。

薄弱的核心肌力与慢性损伤

　　泰格拉的大腿外侧逐渐失去知觉，并且腰痛持续。因此，她找我进行评估。她的感觉神经损伤相对较小，一旦取下支架症状就逐渐消失。泰格拉的真正问题在一项名为 Vleeming 的测试中显露出来。这种简单的测试由荷兰顶尖脊柱专家发明，能够准确识别腹部核心肌肉的薄弱环节。你可以躺在舒适的水平面上做 Vleeming 测试。将双臂放在身体两侧，抬起一条腿，让朋友向下压抬起的足踝（图 3.23）。当腹部核心肌肉足够强壮时，骨盆能够保持水平。在泰格拉的例子中，她骨盆的另一侧被抬离了桌面。

　　核心肌无力在泰格拉的慢性损伤中扮演了一个重要的角色，因为核心肌群的功能是固定下背部的椎骨，在跑步时产生一种压力以稳定整个脊柱的下部。在下坡跑步时，足够的核心肌力尤其重要。因为在足跟着地的制动阶段，下腰椎会向前移动（图 3.24）。

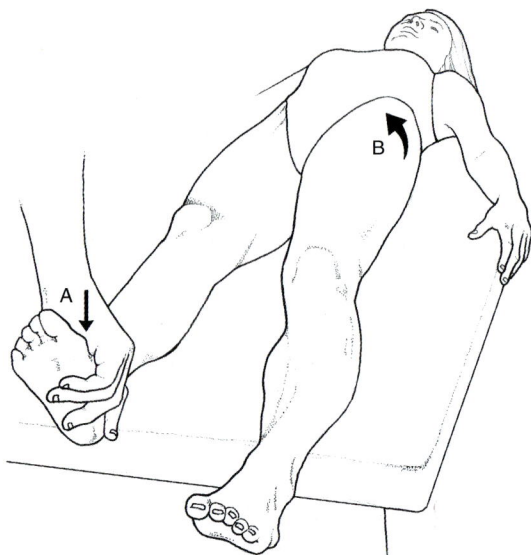

图 3.23　Vleeming 测试　当核心肌无力时，向下压一侧抬起的足踝（A）将导致对侧骨盆（B）抬起

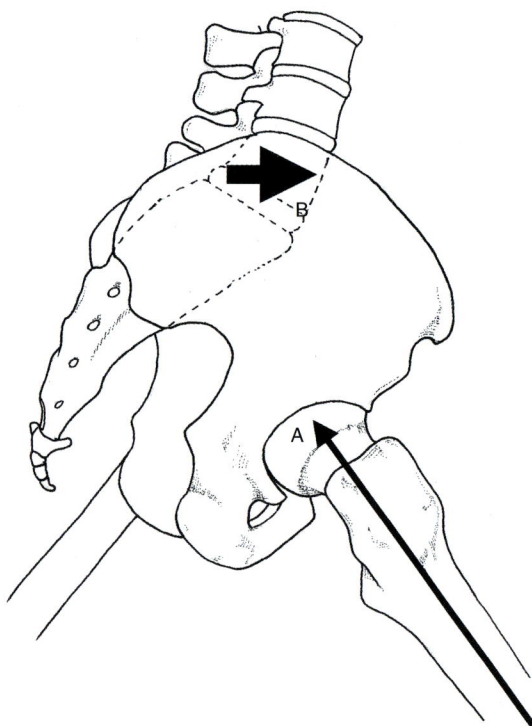

图 3.24　制动阶段　地面的反作用力（A）导致下腰椎向前移动（B）

如果核心肌无力，下腰椎的向前移动就缺少控制，从而导致下腰椎过度向前移动，这会在下背部产生剪切力，并可能导致应力性骨折。幸运的是，跑步仅需低强度的核心稳定性，并不需要很强大的核心肌力来防止受伤。

根据检查结果，泰格拉接受了软组织手法治疗，以减少感觉神经受到的压迫。通过牵拉来提高髋屈肌和髋外展肌的灵活性（臀部紧绷会导致跑步时背部过度弯曲），并且使用温和的手法放松骨折上方僵硬的脊椎。泰格拉的治疗中最重要的部分是核心肌力强化训练项目。尽管许多康复专家建议使用一种专门的机器来进行核心强化训练，这种机器可以收集到深层核心肌的反馈，但 2007 年的一项研究证实[40]，简单的家庭锻炼和使用昂贵的高科技机器进行复杂的核心训练同样有效。

泰格拉一直坚持她的拉伸运动和核心锻炼，5 个月后，她在鹿特丹马拉松以 2 小时 22 分 7 秒的成绩创造了该赛道纪录。之后，她继续进行上述练习，第 2 年在鹿特丹以 2 小时 20 分 47 秒的成绩打破了世界纪录。之后的 1 年间，她的慢性腰痛终于得到了缓解，并在柏林马拉松上又创造了一项世界纪录。

膈肌：被忽视的核心肌

虽然许多跑者经常采用侧板式、桥式、鸟狗式、滚动式和单腿上提式等方式来强化核心肌，但很少有人强化膈肌（图 3.25），然而膈肌却是最大的核心肌群，在预防损伤

中起着重要作用。几篇论文表明[41-42]，膈肌薄弱的人更容易发生下腰痛，并影响运动表现。

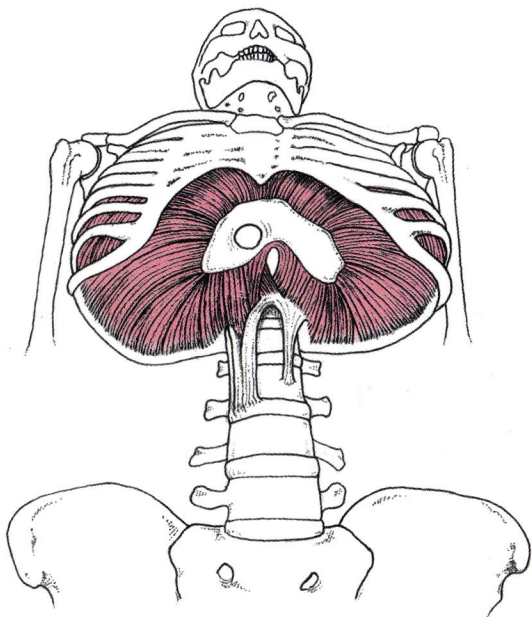

图 3.25　膈肌

在跑步需要改变方向时，膈肌及其连接的深层核心肌肉可以保持恒定的腹内压力，因此越野跑尤其需要膈肌的支持。更重要的是，由于中枢神经系统会优先将血液输送到膈肌，而不是其他邻近的肌肉，因此膈肌薄弱会对跑者造成一系列问题。当膈肌疲劳时，中枢神经系统会减少流向腰部和腿部的血液，以便尽可能多地将血液分流到膈肌（获得足够的氧气对大脑来说是很重要的事情）。

一些研究表明[42-43]，当膈肌缓慢力竭时，流向下背部和腿部肌肉的血液会显著减少。有趣的是，腰背部和四肢肌肉血液循环的减少会对肌梭产生影响：由于肌梭富含许

多血管，即使血供轻微减少（例如膈肌过早疲劳所造成的血液反射性流向下背部）也将显著地损害脊柱和四肢肌肉的协调。膈肌疲劳的跑者，其流向下肢的血液受到影响，在跑步时会失去腿部位置的感知能力，更有可能受伤。他们经常抱怨在比赛结束时感觉他们的腿"死"了。

用"K-4"肺活量计很容易就能看出膈肌是否虚弱，这个机器可以测量膈肌力量、呼吸速度和肺活量。缺点是这种机器造价约 2800 元，很少有医生进行这种测试。因此，最简单的解决方法就是假设膈肌很弱，像锻炼其他肌肉一样锻炼膈肌并从中获益。强化膈肌最简单的方法是使用"力量呼吸"（Powerbreathe）肺运动器，可以在网上花约 240 元购买。跑者应该以 60% 的力完成 3 组每组 20 次的吸气（在完成每组最后一次吸气你应该会感到疲劳）。

虽然大多数瑜伽教练鼓励深呼吸来强化膈肌，但这种方法已被证明是无效的，为了强化膈肌，必须进行大阻力的练习[44]。大量的研究已经表明[45-47]，膈肌的力量与跑步、骑自行车和游泳时的表现相关，因此，有必要保持一个强壮的膈肌。

髋旋转肌群力量

来自肯塔基州和特拉华州的研究人员在《运动训练医学与科学》（*Medicine and Science in Sports and Exercise*）杂志发表一项研究[48]，他们在赛季开始时测试了 140 名男性和女性篮球、田径运动员的核心和臀部肌肉的力量。他们特别评估了腹部肌肉、

髋关节后伸肌的耐力，以及髋关节旋转肌和外展肌的力量。在赛季结束时，有 48 名运动员受伤，而唯一的损伤预测因子是髋关节外旋肌的力量。在这项研究中发现，膝盖特别容易受伤，因为髋旋转肌控制着下肢旋转。

来自伊朗的研究人员重复了这项研究[49]，他们使用相同的方法测量了 501 名各种项目运动员髋关节旋转肌的力量。在一个赛季后，髋旋转肌的力量低于 20% 自身体重的运动员，其前交叉韧带撕裂的可能性要比正常肌力者高出 7 倍。使用图 3.26 所示的测试装置可以很容易地测得髋关节外旋肌的力量差异。

你也可以使用一个便携秤做这个测试。将秤放在与内踝对抗的位置，检查自己是否能够产生自身体重 20% 的力量，如果不能，那么你需要进行如表 6.3 所展示的练习，并设定 3 个月的时间来达到你的目标强度。再次强调，我强烈地认为髋旋转肌无力在跑步相关损伤中是最容易被忽视的原因之一，尤其是骨盆前倾和（或）胫骨外旋的女性。

足趾的力量

强化足部和踝关节的特定小肌肉，对提高运动能力和预防损伤有巨大的作用。许多研究表明：足踝部的强化训练可以改善平衡[50]，增加足弓高度[51]，提高跳跃能力[52]，并使你跑得更快[53]，存在扁平足的情况时效果尤为明显[10]。因为足趾和足弓肌肉在起跳和奔跑时提供了推进阶段的稳定性，这些肌肉的虚弱可能导致各种损伤，包

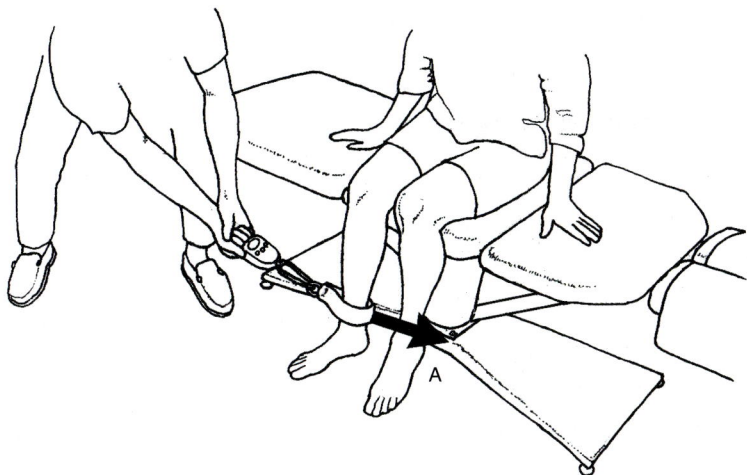

图 3.26　用测力计测量髋关节旋转肌的力量　将皮带置于踝关节，让受试者的足踝向内发力，以测量髋旋转肌的力量。在这个测试中，产生的力量应该达到体重的 20%

括足底筋膜炎、应力性骨折、蹋囊炎和跟腱炎等。保持强壮的足趾对于越野跑者尤为重要，因为快速改变方向的能力在很大程度上取决于足趾的力量[54]。

尽管足趾与提高运动能力和预防损伤有很强的相关性，但在传统的康复计划中，足趾强化训练很少被包括在内。此外，目前普遍使用的足部力量训练方案有明显的缺陷，这些方案在踝关节处于中线或向下的位置锻炼足趾和足弓肌肉，但这不是这些肌肉在现实生活中发力的情形，因此，训练的效果较差。由于运动时足踝肌肉力量的产生是存在特定角度的[55]（肌肉在特定的关节角度运动时产生的力量是最大的），为了有效进行训练，足部的练习必须在行走和跑步时肌肉发力的功能位置进行。

足趾在其功能位置上锻炼的重要性在一项对扁平足力量训练的评估中得到了证明。Houck 等人[56]让 18 名成年人进行了为期 4 周的扁平足力量训练，得出结论：这种流行的足部锻炼方式并没有提高行走时足趾向下推的能力。这与 Spink 等人[57]的研究结果一致，Spink 让 153 名老年人进行足部锻炼，每次 30 分钟，每周 3 次，持续 6 个月（这些锻炼包括拾取弹珠和使用各种橡皮筋的锻炼）。研究结束时，足趾蹬离地面的力量并没有显著变化。渐进式阻力橡皮筋锻炼可以产生力量增益，但由于橡皮筋的最大阻力位于踝中线下方，因此这些增益并不作用于行走蹬离地面时的特定角度。在步行和跑步时，小腿和足趾的肌肉处于拉长的位置，力量达到极值，而训练却在小腿和足弓肌肉缩短的情况下进行。

因此，为了产生最佳的功能效果，足部和踝关节的肌肉应该在与它们现实生活中运动模式相匹配的范围进行锻炼[55]。我最喜欢的增加足趾力量的方法是使用 ToePro 锻炼平台（图 3.27）。这个平台可以使得肌肉在锻炼时处于延长的位置。平台的上表面在两侧向下倾斜以锻炼腓骨肌群，从前往后向

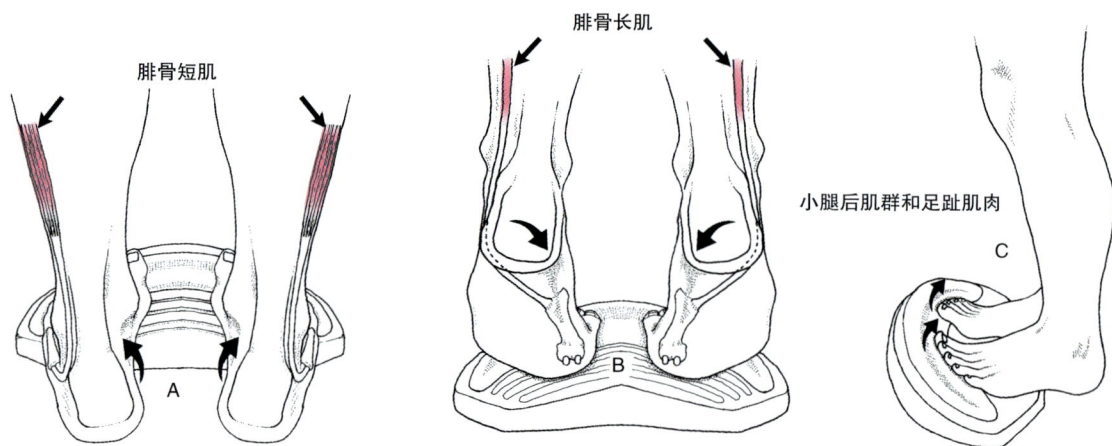

图 3.27　ToePro 锻炼平台　平台两侧向下倾斜以锻炼腓骨肌群（A 和 B），从前往后向下倾斜分离小腿肌群（C）。在前表面上方增加了一个隆起的嵴，以拉伸足趾肌肉

下倾斜以锻炼小腿浅层肌群和深层肌群。此外，顶部还有一个隆起的嵴，可以放置脚趾，并让足趾处于拉伸的位置。

　　加强腓骨肌群的力量对于提高跑步性能是非常重要的。在一项对运动员从慢速跑到快速跑过程中肌肉活动的分析研究中，Reber 等人[58]表示，随着跑步速度的增加，腓骨短肌的激活程度呈线性增加。这项研究的作者强调了强化这一经常被忽视的肌肉的重要性，以优化短跑的表现。

　　2018 年的一篇最新论文证实，随着年龄的增长，保持小腿肌肉的强壮对于维持跑步速度至关重要。在一项比较青年和中年跑者跑步效率的研究中，Paquette 等人[59]证实，中年跑者速度减慢是因为小腿肌群输出力量减少，而不是臀部或膝关节周围肌肉输出力量减少。事实上，年长跑者的力量输出比年轻跑者低 10.5%。作者认为，保持小腿力量可以减缓因年龄增长导致的速度下降。

　　判断你的足趾肌肉是否虚弱最简单的方法是看你的鞋垫：一个足趾有力的跑者足趾下方的鞋垫应该留有清晰的凹痕，而不仅仅存在于跖骨下方。有一种鉴别足趾是否无力的方法是足抓纸测试。这个简单的测试是将一张卡片放在你的足趾下，让一个人将卡片抽出，而你需要用力阻止卡片的移动（图 3.28A）。根据 Menz 等人的研究[60]，这种测试高度可靠，是检测足趾力量是否薄弱的有效方法。然而，测量足趾力量最准确的方法是用测力计（图 3.28 B）。如果姆趾下产生的力量小于自身体重的 10%，小趾下产生的力量小于自身体重的 7%，则会与未来的损伤产生相关性。

　　在 2019 年的一项 ToePro 锻炼平台初步研究中，天普大学的研究人员让 25 名受试者进行为期 6 周的 ToePro 锻炼[61]。在研究结束时，足趾力量短期内提高了 20%，并且受试者还能更好地保持平衡，行走时姆趾下方的力量变大了一些。这一发现尤其重要，由于姆趾下方产生的压力减轻了跖骨的压力，可以保护足底筋膜免受损伤。如果你不想在 ToePro 平台上练习，你也可以

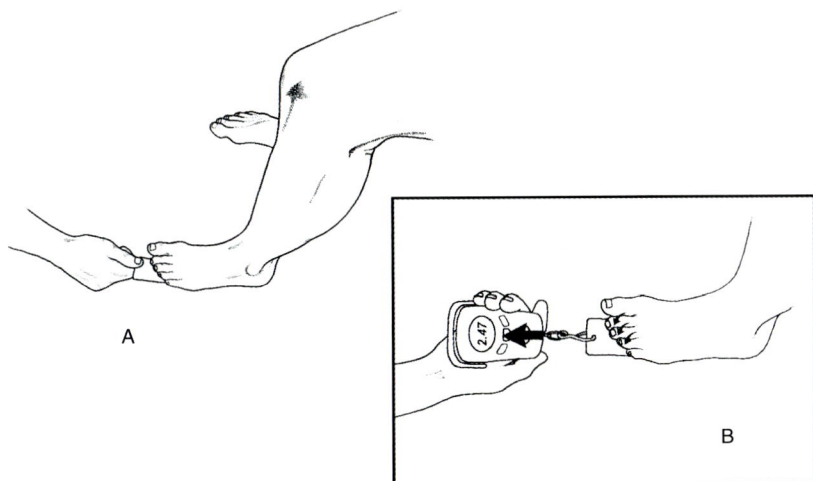

图 3.28　抓纸测试　使用一张标准卡片，由一个人抽出（A），同时使用测力计（B）进行足趾力量测试

在 AIREX 泡沫核心平台上重复踮脚尖练习，在踮脚尖的同时有意识地迫使足趾在泡沫平台上发力。加强足趾力量的选择之一是整天都穿极简跑鞋，这已经被证明可以增加足弓的强度和肌肉的横截面积[8]。但是，极简跑鞋和踮脚尖练习并没有向 ToePro 平台一样针对腓骨肌群，所以这些肌肉还需要单独锻炼。

力量不对称

力量的不对称是预测未来损伤的一个因素，因此做两侧练习的时候寻找力量和耐力的细微差别是很重要的。如果你注意到一侧的力量较为薄弱，在你进行双侧练习的时候，你使用的阻力要使得薄弱的一侧做到力竭，而有力的一侧则不会得到太多的锻炼。在经过 6~8 周的训练周期后，你的力量会逐渐趋于平衡，然后你可以进行更大阻力的训练。

左右力量的不对称通常发生在长时间的损伤后，特别是跑者一侧下肢被固定几周后。例如，患有慢性跟腱炎和（或）胫骨应力性骨折的跑者经常表现为受伤一侧的小腿肌肉明显无力。一侧薄弱的情况可以通过在两侧交替重复抬足跟表现出来。当你两侧下肢各做到力竭时，受伤的一侧总是无法达到未受伤一侧相同的抬足跟次数。然而，受伤的跑者几乎总是意识不到自己力量的不对称。

有一个常见的现象，尤其对于女性来说，髋关节伸肌力量的不对称与未来腰痛的发生有很强的相关性。Nadler[62] 指出，下背痛患者左右髋伸肌力量约有 15% 的不对称，而无下背痛患者只有 5.3% 的不对称。为了确定你的臀部伸肌是否虚弱，可以做一个测试：四肢着地，在两只足踝上增加 1.4 kg 重量的负荷，然后在一侧做重复的伸腿动作，直至疲劳，数一下所做的次数，另一侧同样。如果两侧的差异较大，建议对薄弱臀肌进行强化练习，直至不对称的问题得到纠正。

具体力量强化练习

不知何种原因，大部分的跑者都不愿意进行力量训练。人们倾向于做他们擅长的事情，大部分的跑者愿意忍受高强度的跑道训练与艰苦的长距离跑步，但他们当中很多人都避开乏味的力量训练，而肌肉力量薄弱的跑者更容易受伤。保持足够的髋部力量不仅对防止跑步损伤很重要，而且有助于防止骨关节炎的发生。在《关节炎与风湿病》（*Arthritis and Rheumatism*）杂志上发表的一项研究中[63]，研究人员确定，拥有强大的

髋关节外展肌的人，他们的膝关节患骨关节炎的可能性更小。除了防止大腿向内旋转，髋关节外展肌还能在膝关节外侧产生张力，防止膝盖向内侧塌陷（图 3.29）。

一项为期 18 个月对 O 形腿患者膝关节炎发展的研究中，研究者注意到，无论年龄性别，以及腿向内弯曲的程度如何，臀部强壮的人，关节炎发生的可能性都较低。这项研究意义重大，因为它表明，即使你的关节排列较差，肌肉力量也可以保护你免受伤害。图 3.30 展示了一系列最有效的增加力量的家庭锻炼方式。

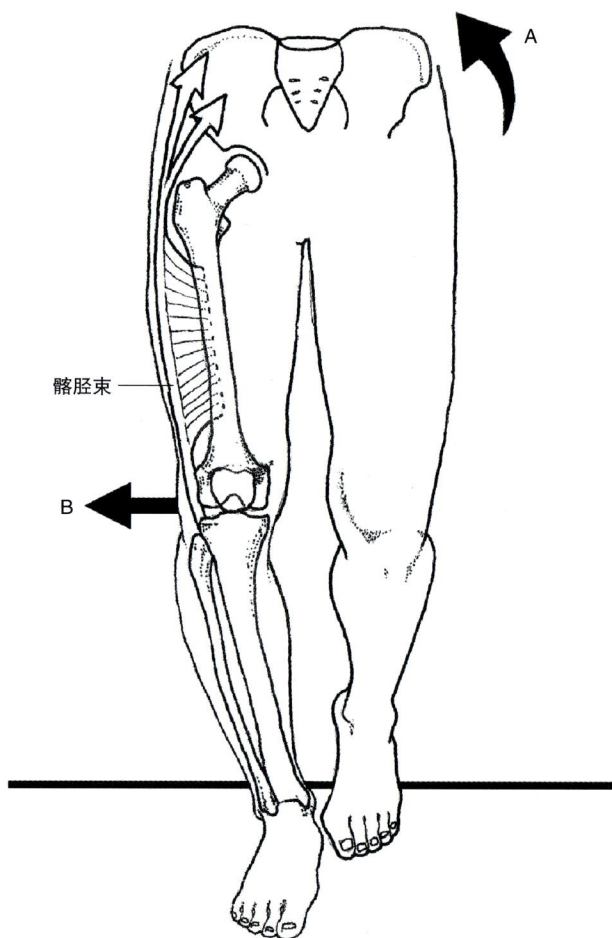

髂胫束

图 3.29　髋关节外展肌　除保持骨盆水平外（A），髋关节外展肌还可以通过牵拉髂胫束，对膝关节产生压力，以阻止膝关节侧向移位（B）

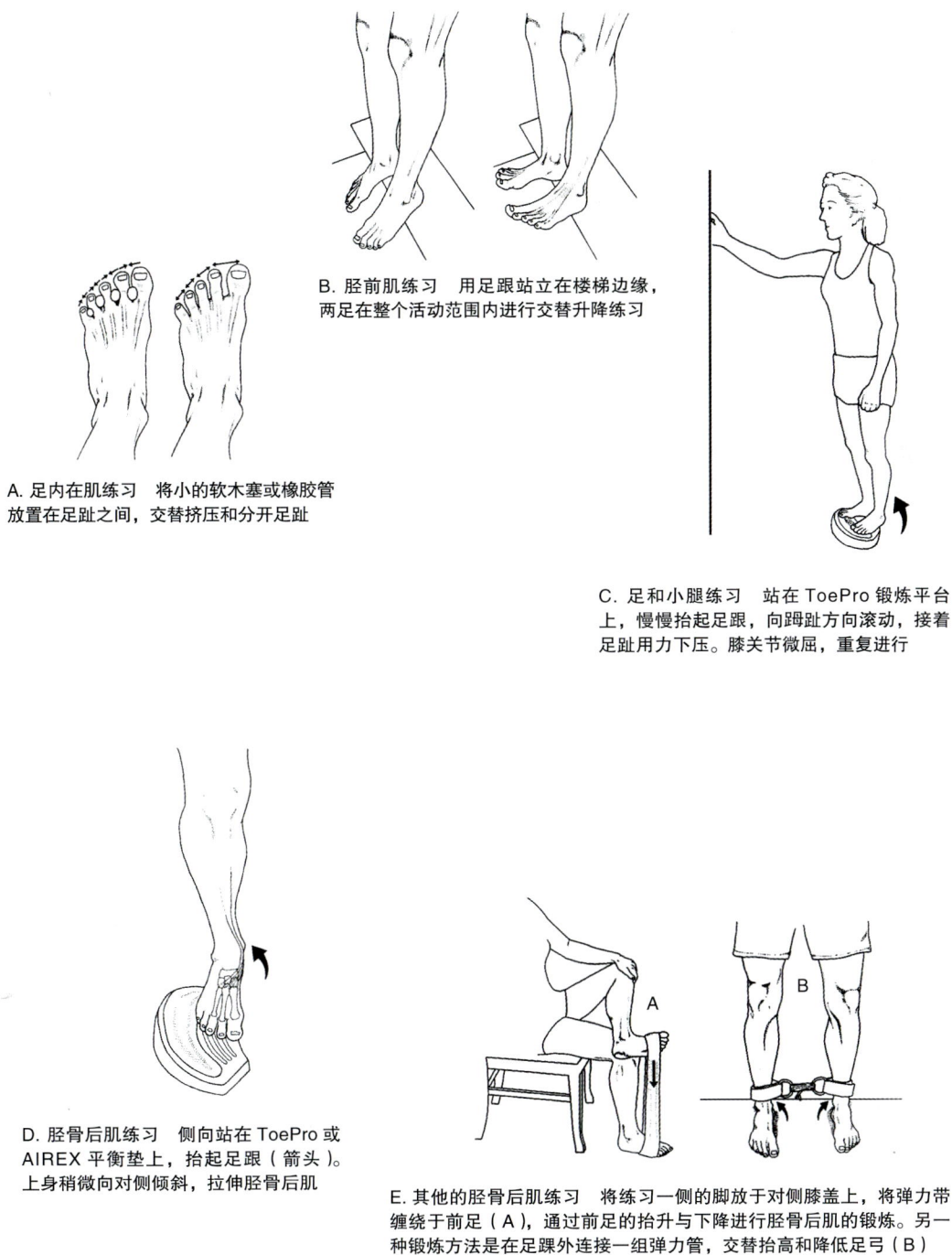

A. 足内在肌练习　将小的软木塞或橡胶管放置在足趾之间，交替挤压和分开足趾

B. 胫前肌练习　用足跟站立在楼梯边缘，两足在整个活动范围内进行交替升降练习

C. 足和小腿练习　站在 ToePro 锻炼平台上，慢慢抬起足跟，向踇趾方向滚动，接着足趾用力下压。膝关节微屈，重复进行

D. 胫骨后肌练习　侧向站在 ToePro 或 AIREX 平衡垫上，抬起足跟（箭头）。上身稍微向对侧倾斜，拉伸胫骨后肌

E. 其他的胫骨后肌练习　将练习一侧的脚放于对侧膝盖上，将弹力带缠绕于前足（A），通过前足的抬升与下降进行胫骨后肌的锻炼。另一种锻炼方法是在足踝外连接一组弹力管，交替抬高和降低足弓（B）

图 3.30　力量训练（一）

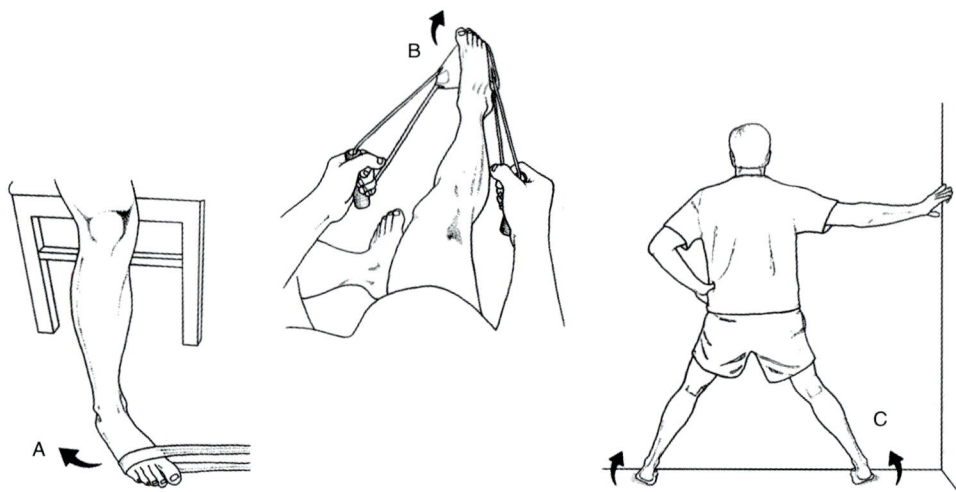

F. 腓骨短肌（A）和腓骨长肌（B 和 C）练习　将弹力带置于前足，前足向外侧发力对抗弹力带向内的拉力以锻炼腓骨短肌（A）。锻炼腓骨长肌时，前足内侧向下压以抵抗弹力带提供的阻力（B）。更进一步的腓骨长肌练习是：站姿，两侧髋关节分开，膝关节微屈，同时交替抬高和降低足跟（C 箭头）。你可以带着负重背包做这个练习，以增加阻力

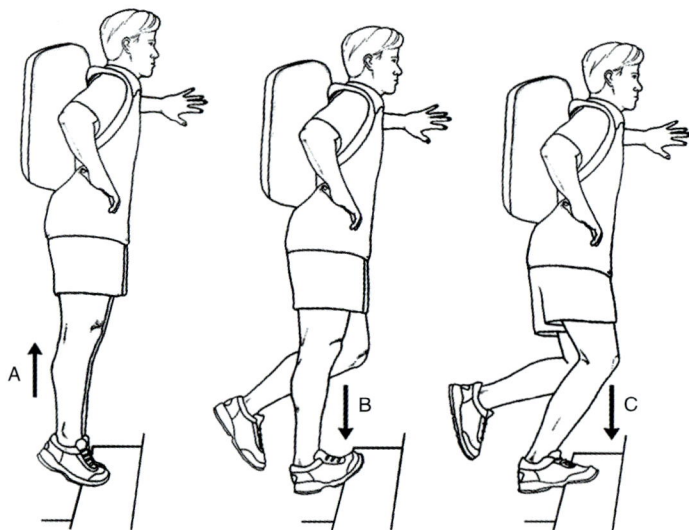

G. 腓肠肌和比目鱼肌的离心运动　小腿肌肉比较强壮，所以做这些练习需要带负重背包。做练习时，站在楼梯边缘，足跟无支撑。为了锻炼腓肠肌，两条腿同时向上抬起（A），然后一条腿缓慢放下（B）。每侧做 3 组，每组 15 次。锻炼比目鱼肌可以在膝关节屈曲的情况下重复这个练习（C）

图 3.30　力量训练（二）

H. 单腿触碰圆锥柱　一只脚站在不稳定表面上（如 AIREX 平衡垫），以髋关节为枢轴，触碰身前圆锥柱的顶部。触碰后立即跳起，然后在相邻的圆锥柱上做重复触碰的动作

I. 横向踏步　为了锻炼股四头肌的内侧，可以站在一个 10 cm 的平台上，抬起对侧的膝关节（箭头）。你可以背着负重背包做这个练习，以增加阻力

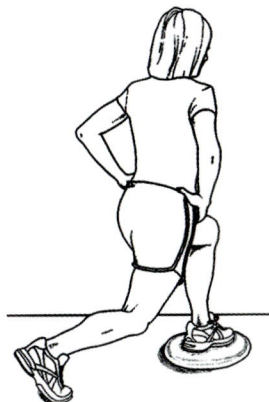

J. 平衡垫弓步　将传统的弓步动作放在不稳定的表面进行，可以提高协调性。做这个练习时要非常小心地保持平衡

L. 侧卧髋外展肌练习　侧身躺在锻炼垫的边上，踝关节负重，直腿交替抬高放下，重复进行。可以在前侧和后侧交替完成动作，在后侧做这个动作可以单独刺激臀小肌

K. 站立式臀中肌练习　站立时，膝关节轻微弯曲，髋关节轻微外展，将弹力带置于膝关节上方。在双脚保持原位的同时，交替向内外移动膝关节（箭头）

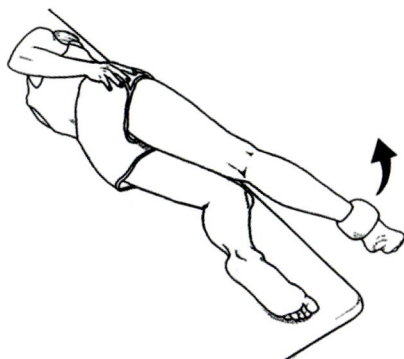

图 3.30　力量训练（三）

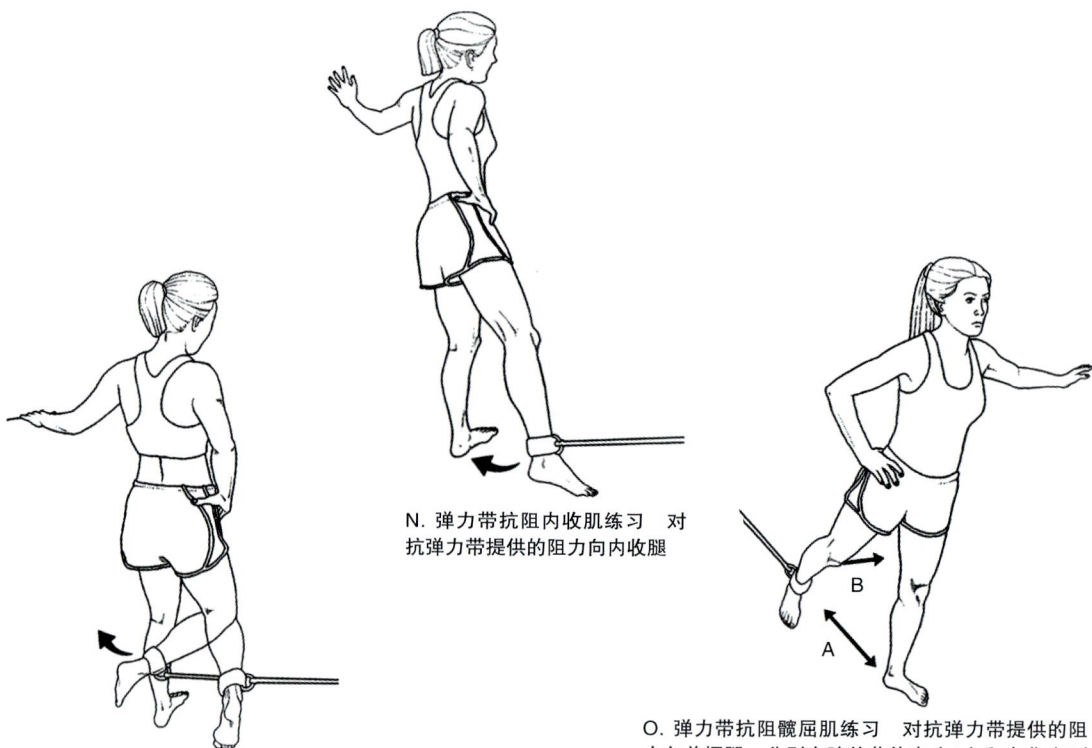

N. 弹力带抗阻内收肌练习　对抗弹力带提供的阻力向内收腿

M. 弹力带抗阻梨状肌练习　站姿，轻微屈髋屈膝，踝关节套上弹力带，保持大腿固定，将足踝向内拉（箭头所示）

O. 弹力带抗阻髋屈肌练习　对抗弹力带提供的阻力向前摆腿。分别在膝关节伸直（A）和弯曲（B）的情况下重复这个练习

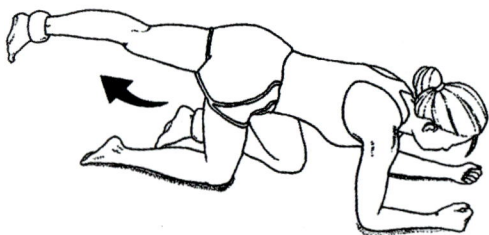

P. 臀大肌后伸　四肢着地，将腿部后伸，抵抗踝关节负重所提供的阻力，锻炼臀大肌

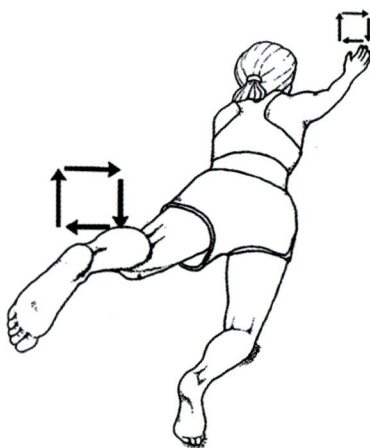

Q. 鸟狗式练习　四肢着地，同时伸展对侧的上肢和下肢，在这个姿势下，身体末端以 10 cm 周长的正方形形状进行移动

图 3.30　力量训练（四）

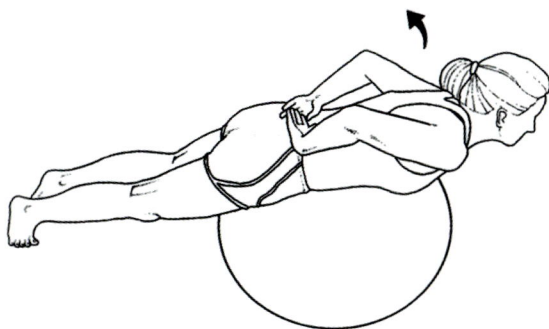

R. 背伸肌练习　双足稍微分开以保持平衡，脸朝下俯卧在一个直径 65 cm 的健身球上，轻轻地挺起背部（箭头）。保持这个姿势 5 秒，重复 10 次。如果做这个练习的时候平衡性较差，可以使用训练凳来代替健身球

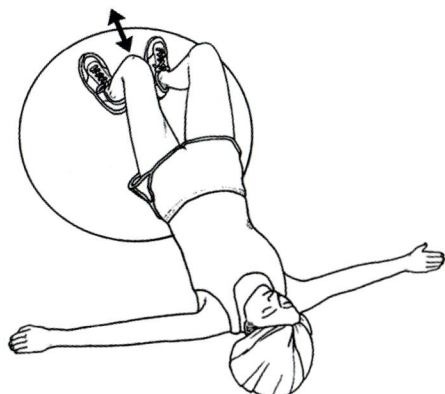

S. 腘绳肌练习　将手臂置于身体两侧，脚放置在直径 65 cm 的健身球上，膝关节屈曲，脊柱伸展。在保持脊柱和骨盆稳定的同时，交替伸直和弯曲膝盖来推拉健身球。你的腘绳肌越强壮，健身球就可以推得越远

T. 腘绳肌上部练习　将身体重量压在要锻炼的一侧腿上，另一侧足趾轻轻触地，同时保持下背部轻微前凸，以髋关节为轴身体前倾。做此练习时，保持背部的轻微前凸很重要。为了单独刺激腘绳肌的外侧，可以使身体轻微向对侧倾斜（例如，刺激左腿外侧的腘绳肌需要将身体轻微向右侧倾斜）

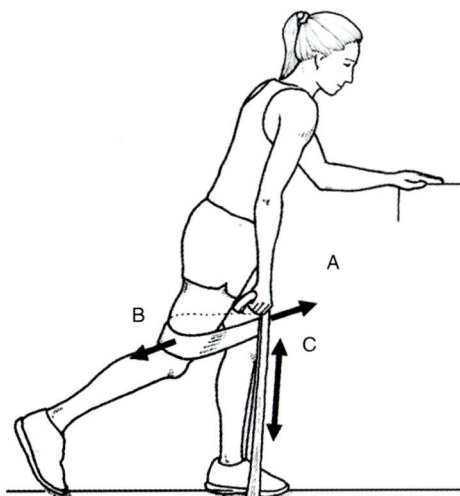

U. 多维等长髋部练习　将弹力带置于膝关节，并将膝关节分开至 A 和 B，接下来在脚下放置一条弹力带，使用髋部和腘绳肌的力量进行提拉（C）。该练习需要弹力带有足够的张力使肌肉保持 30 秒后产生疲劳感，每侧重复该动作 4 次

图 3.30　力量训练（五）

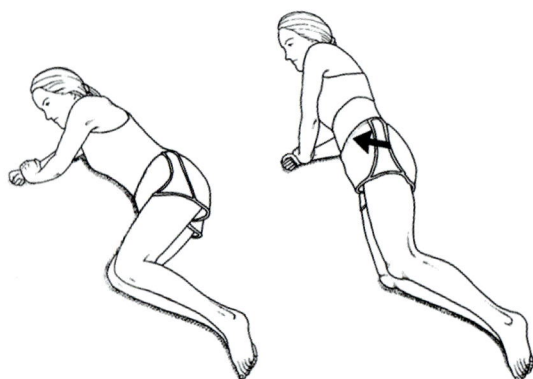

V. 初学者核心练习　传统的核心练习需要较大的力量支撑，核心练习的一种替代方法是以休息姿势侧卧在地板上，屈髋屈膝，同时用弯曲的肘部支撑上半身。保持一侧小腿和膝关节与地面接触，将骨盆上抬和前移，就像从椅子上坐起一样（箭头）

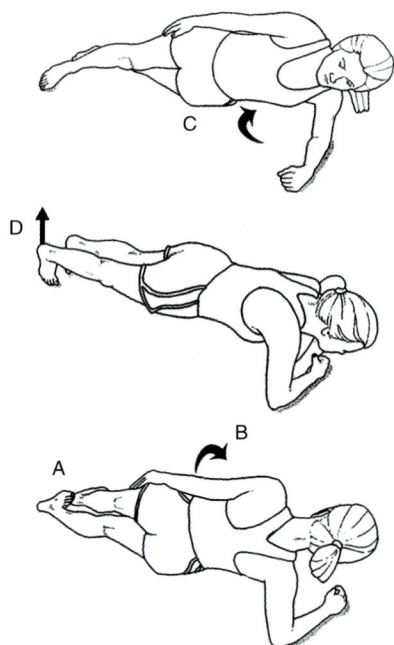

W. 进阶核心练习　上足的足跟碰触下足的足趾（A），保持侧平板支撑 20 秒。然后旋转 90°（B），前臂并排，足趾着地。在此姿势保持 2 秒后旋转 90°（C），进行另一侧的侧平板支撑，循环 3 次。做侧平板支撑时，抬起一条腿可以增加练习难度（D）

X. 膝关节伸展式臀桥　膝盖弯曲 90°，骨盆抬高，做一个传统的臀桥。在保持骨盆完全水平的同时，双腿交替抬起和放下

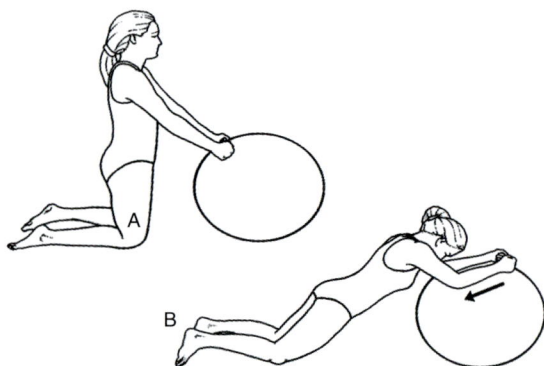

Y. 腹部练习　跪在一个健身球旁边，用你的拳头接触球（A）。身体前倾，在健身球上滚动前臂，同时保持脊柱挺直，然后向后拉，重复进行（B）。这个练习被证明是锻炼腹直肌最好的方法之一

图 3.30　力量训练（六）

理想的重复次数和组数

为了尽可能快地强化肌肉，不同的研究者推荐不同的锻炼强度、重复次数、组数和频率。根据美国运动医学学会提示[64]，锻炼肌肉的唯一有效方法是每组重复 8~12 最大重复次数（RM）的抗阻练习。其理论是：肌肉必须被刺激以达到其能够修复的极限。因此对于跑者来说，除非你已经进行了几年的负重训练，否则负重训练经常会造成伤害。

然而，2010 年的研究证明[65]上述理论是错误的：恰当的使用较轻的重量锻炼，至少可以同大重量锻炼一样有效地重建肌肉，甚至更好。为了证明轻量抗阻运动可以增加肌肉质量，麦克马斯特大学的研究人员对年轻的受试者进行了一组对比实验，测量其锻炼前后肌肉蛋白质合成的比率。一组进行传统大重量抗阻运动（约 90% 的最大力量），另一组进行 4 组、每组重复 24 次的低强度力竭训练（约 33% 的最大力量）。令人惊讶的是，研究者发现阻力较低的那组明显增加了更多的肌纤维。

最近的研究表明[66]，仅通过体重所提供的阻力就可以增加肌肉量。2018 年的一项研究中，来自日本的研究人员让 158 名老年人参加一项重量训练项目，他们每天进行 2 组、每组练习 10~14 次，持续 12 周。练习仅使用自身体重，动作速度非常缓慢（向心收缩 4 秒，离心收缩 4 秒）。在为期 12 周的训练结束时，除了肌肉量显著增加外，参与者的臀围和腰围也减少了，腹部脂肪也减

少了。研究者表示他们的成功与实验过程中肌肉收缩的总时间相关。尽管负荷很轻，但是每次具有 4 秒的向心收缩和 4 秒的离心收缩时间，这样每周可以产生 1344 秒的肌肉收缩（重复 12 次 × 8 秒 × 2 组 × 7 天）。作者认为增加肌肉量的关键不是抗阻的次数，而是长时间的肌肉收缩。

运动方案中最重要的是反复地举起较轻重量，直到相关肌肉疲劳。一种方案是，相关肌肉以 15% 的最大力量，重复运动 60 次后会出现疲劳。另一种方案是，相关肌肉以 30% 的最大力量，重复 24 次后相关肌肉疲劳。无论选择哪种方案，每组之间的休息时间都应该很短（少于 30 秒），因为这会增加随后几组练习中激活的肌纤维的数量[67]。每组肌纤维激活得越多，卫星细胞刺激重塑的作用就越大。越来越多的研究[68-70]已经证明，塑造肌肉最安全的方法就是延长肌肉的收缩时间。

通过增加肌肉收缩时间来增加肌肉量解释了等长收缩对于增加肌肉量的良好效果[71]。尚未探究何种原因，当肌肉在其延长位置等长收缩时，肌肉重塑发生得更快。来自澳大利亚的研究人员对此进行了广泛的文献综述研究[36]，他们发现：肌肉在其延长位置进行等长收缩，比在其缩短位置，肌肉量增长得更快。研究者还指出，"在延长位置进行肌肉训练"能将力量更好地转移到动态活动中。这对于希望提高成绩的跑者很重要。

有一项评估"延长位置进行肌肉训练"效果的研究中，Goldman 等人[53]测量了人

们伸展足趾时肌肉等长收缩的力量。受试者每天进行 15 次的重复练习并持续 6 周，6 周结束后，受试者足趾伸展的肌肉力量增加了 4 倍。这也解释了为什么弹力带训练很少用于加强式训练，因为弹力带拉力到达最顶峰的时候肌肉往往处于缩短位置。这与跑步正好相反，跑步时肌肉所受的力几乎总是在拉伸状态下达到峰值。

向心和离心收缩

除了改变重复次数和组数，力量训练也可以通过强化对向心收缩和离心收缩的控制来进行。向心收缩是指肌肉产生力量时缩短。相反，离心收缩是指肌肉产生力量时被拉长。例如，在进行引体向上时，肱二头肌缩短将自身拉起，因此是在做向心收缩。当你慢慢放下的时候，肱二头肌在产生力量的同时被拉长，做离心收缩。区分离心收缩和向心收缩很重要，因为运动完全具有模式特异性：如果你只通过向心收缩锻炼肌肉，肌肉只会在向心收缩时变得强壮。相反，如果你通过离心方式锻炼肌肉，肌肉只会在离心时加强。一种类型的锻炼效果无法益于另一种类型的，这对于跑者来说很重要，因为许多锻炼都只强化了一种收缩形式。最恰当的例子是伤病后通过在水中跑步进行恢复。虽然在恢复损伤（如应力性骨折）时需要保持一定的锻炼，但游泳池中跑步，水的阻力会迫使腘绳肌持续向心收缩，从而导致腘绳肌受伤。当你向前迈腿时，股四头肌和髋屈肌向心收缩以克服水的阻力，当你向后伸腿时，腘绳肌会向心收缩，再次克服水

的阻力。仅通过向心收缩来锻炼腘绳肌不可取，因为腘绳肌在跑步时会进行离心运动，以减慢摆动腿的向前运动。当你只在泳池中进行向心锻炼时，腘绳肌会变得虚弱，一旦你重新开始快速奔跑，腘绳肌就很容易拉伤，因为它们不再能够控制腿的向前摆动。

因此，为了减少受伤的可能性，应该按照跑步的模式锻炼肌肉。离心环节和向心环节都应该包括在几乎所有的练习中。

神经运动协调性

这是无损伤跑步最重要的标准之一，因为肌肉协调良好的跑者可以承受高强度的训练，无论他们是扁平足、膝内翻、膝外翻或关节活动度过高。除了可以平稳地吸收冲击力外，肌肉协调一致地工作可以使骨盆保持水平，同时髋关节和膝关节在一条直线上移动。即使肌肉本身较弱，肌肉相互间的协调也可以使得关节平稳减速。相反，不协调的肌肉会使关节大范围快速移动，这会导致动作变形或受伤。

动作记忆

神经运动协调性受损最常见的原因是先前的损伤。为了免受进一步的伤害，中枢神经系统通过重新塑造一种替代的肌肉运动模式以避免对受损的软组织造成压力，这被称作"动作记忆"，这种动作模式的改变在损伤愈合后还会持续很长时间。一个典型的例子是踝关节扭伤后出现的错误运动记忆。实

验室对肌肉活动的评估证实：踝关节扭伤后，在足触地之前，腿外侧的腓骨肌群会预先产生较大的力量而紧绷[72]。预先紧绷的腓骨肌群会使得脚在接触地面时保持稳定，从而保护受损的韧带。

虽然动作记忆一开始对于保护受伤组织是有益的，但长期也会造成伤害。例如，踝关节扭伤后，腓骨肌群活动增加对踝关节具有保护作用，但该侧臀大肌的激活程度会下降。臀大肌的抑制机制目前还不清楚，但臀大肌激活程度的下降会导致髋关节和膝关节的稳定性受损。臀肌的无力常常会造成膝关节过度向内旋转的步态模式。如前所述，膝关节的内旋常与各类跑步的损伤相关。

错误的运动记忆也会发生在膝关节受伤后。即使是轻微的膝关节损伤也会引起股四头肌内侧头（股内侧肌）的抑制，这种抑制在膝关节痊愈后仍会持续。如果没有股内侧肌的稳定，髌骨的轨迹会偏向膝盖的外侧，这经常导致慢性疼痛。

我曾见过一个关于运动记忆的有趣的例子，一名腘绳肌外侧损伤的马拉松选手，受伤侧从后足跟落地转为前足落地。她刚开始使用受伤的腿跑步时，其足外翻几乎达到35°。直到发现她的两个鞋底存在不同程度的磨损，她才意识到自己跑步时一侧前足落地而另外一侧足跟落地。这个特殊动作模式的形成是由于前脚触底会降低受伤一侧的步幅，步幅的降低缓解了腘绳肌的紧张，而腘绳肌控制腿前摆时的减速。步幅越低，腘绳肌的张力就越小。足尖朝外的步态模式也会减少腘绳肌的张力，因为这会利用髋外展肌来控制腿前摆时的减速。肌肉痊愈很长时间以后，这名选手仍以这种错误的模式进行跑步。

识别错误的动作模式

为了帮助识别错误的运动记忆，目前已有一系列的功能测试，可用于检查你的肌肉是否可以平稳协调地调动。这些测试很简单，可以在家进行。请注意，在某些情况下，错误的运动模式是对关节炎的代偿。患有髋关节炎和膝关节炎的老年跑者，其在跑步时会产生错误的运动记忆。不幸的是，患有关节炎的跑者通常不可能完全纠正与关节炎相关的错误运动模式，这可能发展成一种能减轻关节压力的跑步方式。例如，使用中足落地模式和（或）缩短步幅的长度。在任何情况下，对引发错误运动模式的关节都应进行拉伸与加强，来保持对称的力量和灵活性，也可以根据需要拜访当地的运动脊椎治疗师或物理治疗师。在下面的章节中，我们将讨论用于识别错误运动记忆的常见功能测试。

Vleeming 测试和多裂肌稳定测试

Vleeming 测试和多裂肌稳定测试如图3.31 所示。Vleeming 测试是检验在髋屈肌发力时，核心肌群通过稳定肋骨来稳定骨盆的能力。第 6 章的核心肌训练展示了 Vleeming 测试阳性最有效的纠正方法（图 6.60）。

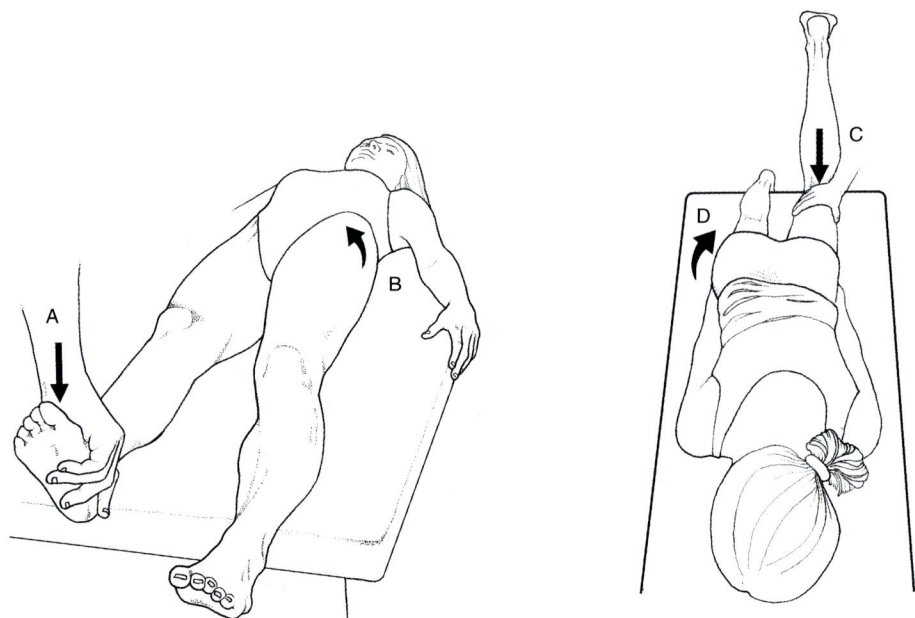

图 3.31　Vleeming 测试和多裂肌稳定测试　如前所述（图 3.23），Vleeming 测试是将一条腿向下压（A），观察对侧骨盆是否会抬起（B）。多裂肌稳定测试是在受试者俯卧位，膝关节屈曲的姿势下进行的。当你下压受试者的腿时，受试者进行抵抗（C）。如果对侧骨盆离开桌面，则测试为阳性（D）。从这两种测试可以看出，强大的核心肌力可以锁住躯干和骨盆，保持髋部和脊柱的稳定

多裂肌稳定测试是评估当你的臀大肌和腘绳肌被激活时，背部伸肌稳定脊柱的能力。2019 年的研究报告显示[73]，下背痛的患者在背部肌肉发力稳定之前会不恰当地绷紧臀肌和腘绳肌。因此，不恰当的肌肉稳定方式会使得脊柱更容易损伤。鸟狗式练习（图 3.30Q）和背伸肌练习（图 3.30R）是我最喜欢的背伸肌强化练习。我通常建议人们每周做 5 次 30 秒的俯卧等长伸展练习。

改良的 Romberg 测试

这项测试是在 20 世纪 60 年代发展起来的，用于评估踝关节扭伤后的平衡性，不能完成这项测试，比 MRI 检查更能预测出踝关节的损伤。由于在测试过程中有摔倒的风险，请站在墙边或角落，以便在失去平衡时能稳住自己。首先，睁着眼睛单脚站立，花 30 秒左右保持平衡。一旦你感到安全，闭上眼睛数几秒，你会感到不稳定。第一次尝试时，你可能会很快失去平衡，但尝试几次后，你应该能保持平衡至少 20 秒。如果你试了几次仍不能保持平衡，可能存在肌肉稳定性受损的情况。

视觉有助于你保持平衡，当闭上眼睛，你不得不依赖肌肉、韧带甚至是足底承重的皮肤提供感觉信息。当神经肌肉系统正常工作时，来自足和踝的感觉反馈会使你的肌肉紧张，从而阻止重心向任何一个方向偏离。

在跑步的时候，闭上眼睛保持平衡的能力很重要，因为在跑步的时候你不会向下

看。当你的足触地时，地形的细微变化会导致足部和踝关节以各种角度倾斜，肌肉、韧带和皮肤中的感觉神经会提供即时反馈信息，帮助进行调整。闭着眼睛单脚站立时无法保持平衡，说明你的感觉和运动系统出了问题。最有可能的是韧带受损，其无法向中枢神经系统提供相关肌肉长度变化的信息。或是肌肉受伤，无法通过迅速调整肌张力来对感觉信息做出反应。无论什么原因，受损的平衡感都需要得到纠正。

提高平衡感最简单的方法就是经常闭着眼睛单腿站立，2 周后，你通常可以保持平衡 20 秒以上。一旦你的平衡能力有所提高，你可以在练习时将重心稍微向前方、侧方或后方移动，直到你可以在任何位置都保持稳定。改善平衡的一种方法是使用踝关节平衡板进行训练（图 3.4）。平衡板可以使你的足踝进行一个全方位的运动，站在上面实际上模拟了踝关节容易扭伤的位置，并且迫使你在这些位置保持稳定，从而降低踝关节在高风险位置时产生损伤的风险。由此产生的运动模式最终被连接到你的运动系统，取代先前与受伤相关的错误运动模式。当你在进行平衡板练习时，确保身边有可以抓握的支撑物，以防失去平衡。

在不平稳的地面训练已被证明可以提高协调性且减少受伤概率。来自 Nicholas 运动医学研究所的研究人员[74]进行了一项研究，研究对象是踝关节具有高扭伤风险的高中橄榄球运动员（他们之前有踝关节扭伤史）。

研究证实：持续 4 周，每周 5 次，每次 5 分钟的平衡板训练，可使踝关节扭伤的发生率降低 77%。

为了尽快提高平衡性，在平衡板训练之前可以在腿外侧至足跟处贴一条胶带。在平衡板上进行全方位的训练时，胶带可以轻微拉着皮肤，给予神经系统有关踝关节位置和活动的额外的信息反馈。平衡感觉的提高使得肌肉反应更加有效。一项关于踝关节平衡板训练的研究显示[75]，使用胶带的受试者在训练 6 周内恢复平衡感的基线水平，而未使用胶带，仅使用平衡板的受试者需要 8 周时间。

侧卧髋外展测试

这个测试旨在评估臀部外展肌和核心肌的协调性，这个测试需要侧躺姿势，双腿伸直。将一只手臂屈曲放在头部一侧下方，另一只放松地放在身体另一侧，试着将大腿朝天花板方向抬起，同时保持膝关节伸直，躯干与腿在一条直线上（图 3.32A）。当核心肌群与臀部外展肌工作正常时，抬腿并保持躯干和腿在一条直线是相对容易的（图 3.32 B）。当你的臀部外展肌和核心肌群未能协调发力时，抬腿会使骨盆旋转偏离直线（图 3.32C）。2009 年的一项研究显示[76]，如果你不能在抬腿时保持躯干和腿在一条直线，那么长时间的站立，患下背痛的概率会增加 6 倍。这个测试我使用了很多年，它可以对跑者下背部和臀部可能出现的问题进行预测。

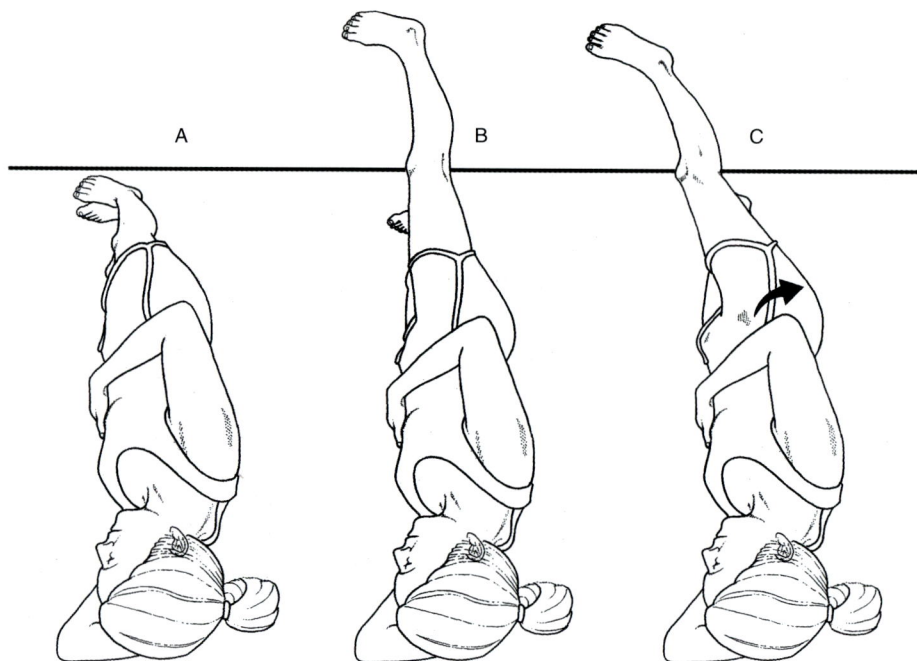

图 3.32　侧卧髋外展测试　侧躺（A），整条腿保持伸直，向天花板方向抬起（B），当髋外展肌正常工作时，抬起腿的同时躯干与腿在一条直线上。当你的核心肌和髋外展肌未能正常工作时，骨盆会向前或向后旋转（C）

如果在做这个测试时髋关节向前或向后倾斜，你首先需要做的是练习在抬腿时保持骨盆的平衡。如果难以保持，可以降低抬腿高度，直到你可以保持平衡。随着练习的增加，你应该能够在稳定骨盆的情况下，完成一个完整的抬腿动作。一旦你能够在骨盆保持平衡的情况下完成 3 组练习，每组 15 次，就可以进阶到侧卧平板支撑，同时进行上腿的抬高练习。从一侧平板支撑转换到平板支撑，再转换到另一侧平板支撑，同时进行抬腿练习对于提高核心肌群与髋外展肌的协同性非常有效。在任何情况下，骨盆都必须保持稳定。如果你不能很好地稳定骨盆，那么就回到一开始最简单的练习，保持骨盆的平衡。需要明白，你的目标是纠正一个有缺陷的运动模式，而未能保持良好的动作将会强

化有缺陷的运动模式。

星形偏移平衡测试

这个测试需要将卷尺放在地板上，与你的支撑腿呈 45° 角向后。通过支撑腿保持平衡，另一只脚向后伸，在不失去平衡的情况下触摸尺子上最远的点（图 3.33）。两侧交替测试比较差异。根据 2006 年的一项研究[77]，跑者两侧伸展差距大于 4 cm 时，受伤的可能性是普通人的 2.5 倍。提高触碰距离最好的方法是通过单腿触碰圆锥柱进行膝关节和髋关节的强化练习（如图 3.30H）。当你能够保持稳定时，可以站在如 AIREX 平衡垫上，进行不稳定平面的练习。2002 年的一项研究表明[78]，在不稳定的地面保持平衡可以让你在没有意识的情况下重新调

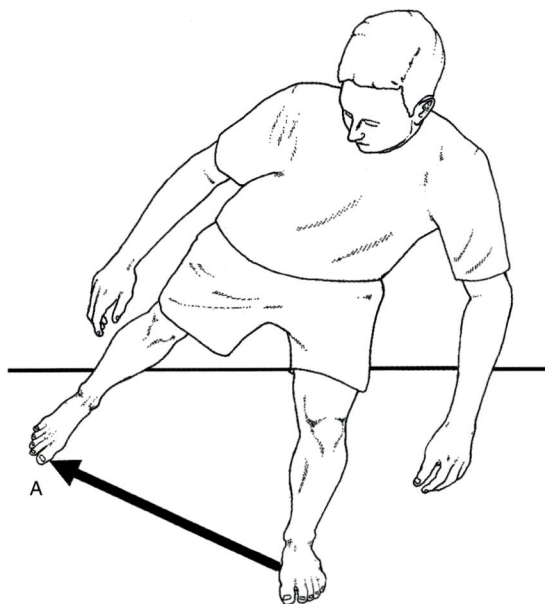

图 3.33　星形偏移平衡测试　将卷尺放置于地板上，向后 45° 方向。单脚站立，在不接触地面的情况下，尽可能地使非支撑脚沿着卷尺方向向后伸。在不失去平衡的情况下，记录所能达到的最远距离，并进行左右两侧对比。你可能需要朋友帮你找到卷尺上的最远接触点，或者可以在卷尺上放一个小盒子，然后在保持平衡的情况下将其推至远端

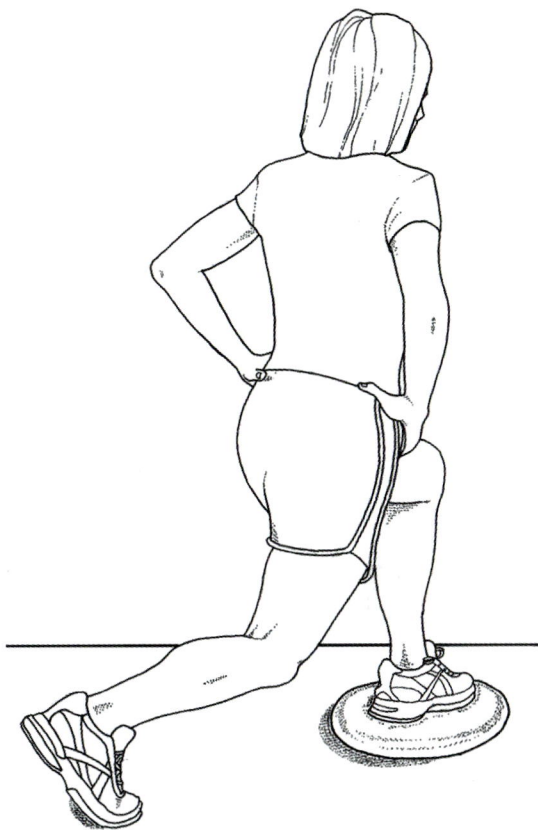

图 3.34　平衡垫弓步练习

整自己的动作，而这样反射性的纠正会长期存在，不容易消失。

有一种提高触碰距离的方法是在平衡垫上做弓步动作（图 3.34）。首先在垫上做小范围的弓步，直到你对自己的平衡能力很有信心，但要确保练习时紧靠着墙壁或者有可以抓握的支撑物，可以在失去平衡时快速稳定躯干。在一开始练习的时候，即使轻微的协调性问题也会使你的膝关节和髋关节前后摇摆。因为平衡垫是不稳定的，你将很快学会通过收紧髋关节外展肌和旋转肌来保持平衡。随着时间的推移，这种运动模式会变得更自然，肌肉功能的改善会使你以更稳定的模式进行跑步。

3 次跳跃测试

这是我最喜欢的测试，因为它很简单。找一个宽敞的走廊，伸出双臂单腿站立以保持平衡。身体前倾，单脚向前跳跃 3 次，确保你以稳定的姿势着地（如果你失去平衡，测试不算）。用硬币或其他小物体在你落地的地方做个记号。每侧重复这个测试 3 次，然后用金属卷尺测量每条腿能跳的最长距离（至少 7.6 m）。你两条腿的跳跃距离差应该在 10% 以内。如果你右腿跳的距离只有左腿的 80%，你就需要调整你的右侧。有腿后肌群损伤史的跑者尤其容易在测试中表现出阳性。我最喜欢的提高跳跃距离的练习如图 3.30H、3.30I、3.30J、3.30U。

前向降步测试

这是我用来评价跑者协调性的首选测试。除了确定具体改变的运动模式外，研究已证明[79]该测试可以判断髋关节外展肌的延迟激活。确认肌肉的延迟募集对于预防受伤很有必要，因为在跑步时肌肉需要立刻紧张以提供稳定性。即使肌肉收缩的时间稍有延迟，也会造成具有潜在危险的运动模式。神经肌肉的延迟激活相当于在马已经跑出去后才关上马厩的门：募集过晚无法提供足够的保护。

进行这项测试，需要站在 10 cm 高的平台上，平台对面放置镜子，一只脚慢慢向前迈步下台阶。若髋外展肌工作正常，前腿下降时骨盆、脊柱和负重腿将保持对齐（图3.35A）。若髋关节外展肌无力且不协调，在前腿下降时，对侧髋关节会过度降低或支撑腿的膝关节出现内旋。与测试阳性相关的错误动作模式往往会体现在跑步中。跑者若按照图 3.35 C 所示的模式向前降步，其骨盆通常不在一条水平线上，而图 3.35 D 所示的模式几乎总是与跑步时膝关节过度向内旋转相关。无论其他部位如何代偿薄弱的髋关节，错误的动作模式都应该首先被纠正。

修复有缺陷的运动模式的第一步是强化

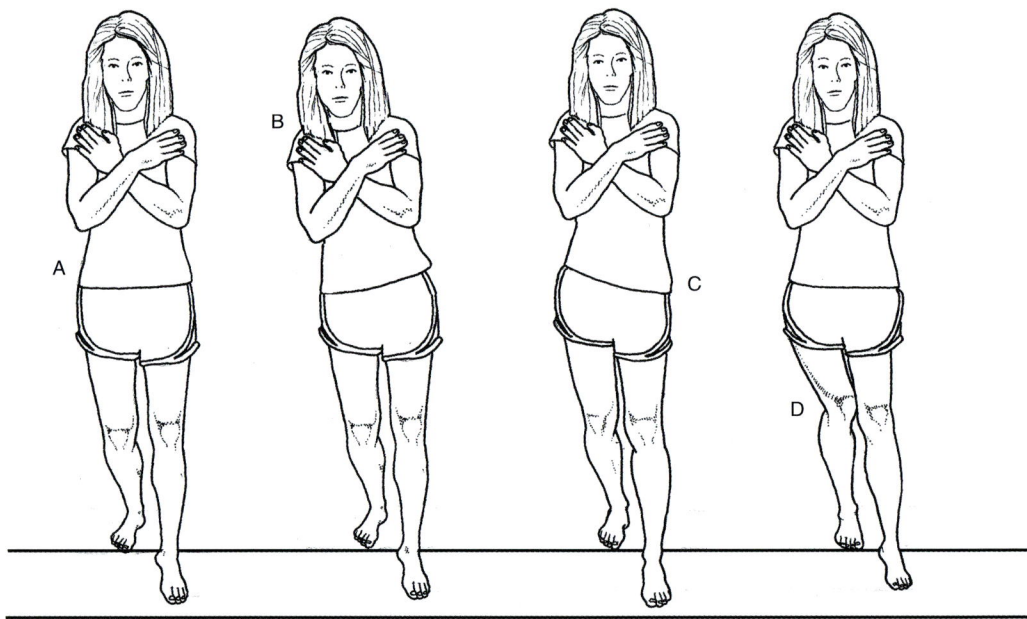

图 3.35　前向降步测试　髋外展肌正常工作时，从 10 cm 高的平台上走下来，腿、骨盆和脊柱会保持良好的排列。如果核心肌薄弱，跑者在向前迈步时，上半身会向一侧倾斜（B）。当髋外展肌无力时，跑者对侧骨盆会过度降低（C）。当髋外旋肌无力时，该侧膝关节会出现过度扭转（D）

相关的肌肉。图 3.36 所示的是针对髋关节外展肌、伸肌和旋转肌的练习。在不稳定的地面做平衡练习有助于提高协调性（参见图

4.5 中列出的动态拉伸练习，可以缩短肌肉的反应时间）。

仅仅通过强化练习并不能纠正错误的运

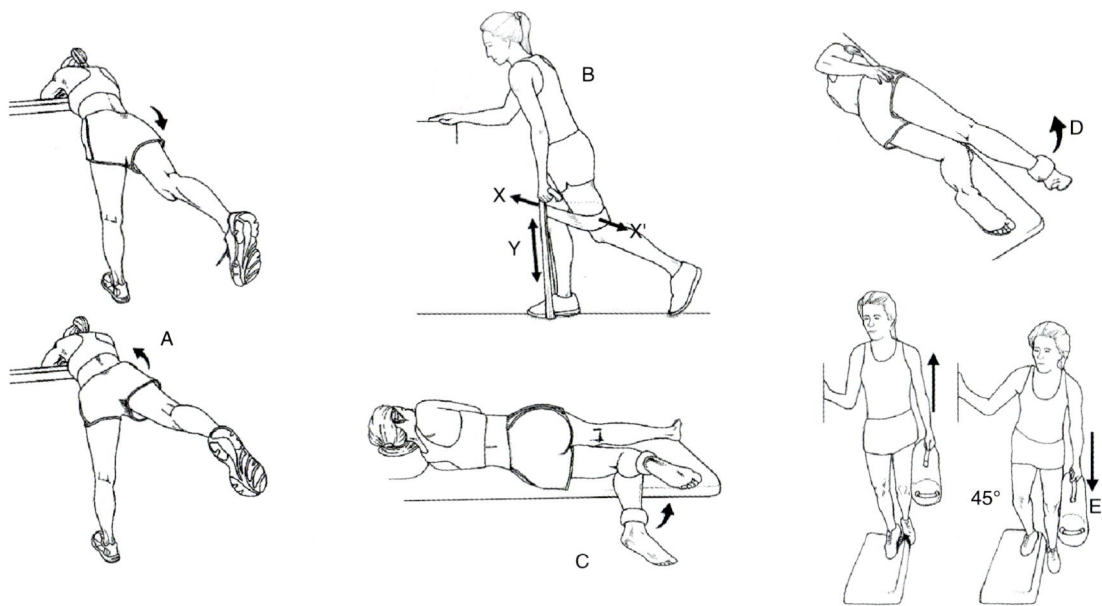

图 3.36　髋部与膝部最好的强化练习　A. 站姿梨状肌练习，使用一侧腿站立，同时抬高和降低另一侧的骨盆（箭头所示）。B. 多维等长髋部练习，将弹力带置于膝关节上方，按箭头 X 和 X' 所示的方向将膝关节分开并提供阻力，接下来把另一根弹力带放在脚下，沿着箭头 Y 所示的方向将它带到阻力点。弹力带需要有足够的张力使肌肉可以保持 30 秒后产生疲劳感，每侧重复该动作 3 次。C. 侧卧髋关节旋转肌练习，侧卧位，膝关节弯曲 90°，抬起和放下足踝（箭头所示）。D. 侧卧臀中肌练习，侧卧于床或长凳，抬高和下放上腿（箭头所示）。为了增加阻力，可以在踝关节上增加负重。E. 负重横向台阶练习，一只脚站在一个 10～15 cm 的平台上，扶着墙在平台上重复练习 25 次。在上抬或下放重物的同时，利用髋关节铰链，可以分别刺激髋关节的旋转肌和外展肌

动模式，更重要的一点是，无论是进行练习还是跑步的时候，都要有意识地调整运动模式。由于强壮的肌肉仍然可以不当地运动，因此关注运动模式是预防受伤的关键。为了改变运动模式，你必须有意识地重新感知增强的肌肉如何运动。在一项研究中[80]，研究人员测量了 10 名膝关节过度内旋的跑者强化训练前后的力量，并对其进行了三维步态评估，证明了仅靠肌肉强化练习无法纠正错误的跑步模式。该研究中，所有的跑者都进行了针对髋关节外展肌和外旋肌的特定

强化训练。6 周后，再次进行力量和步态评估，跑者髋关节的力量增加了近 50%，但错误的跑步方式没有任何改变，跑者的膝关节仍然向内旋转。

不能通过强化训练来改变运动模式，这就强调了康复中的关键问题：不能仅仅让肌肉变得更强壮——必须重新训练肌肉与其他肌肉同步互动。为了达到这一目的，下一章将会回顾步态分析以及特定步态再训练技巧的相关研究，这些技巧可用于降低受伤风险和纠正错误的动作记忆。

参考文献

1. Sherry M, Best T. A comparison of 2 rehabilitation programs in the treatment of acute hamstring strains. *J Orthop Sports Phys Ther*. 2004;34:116.

2. DiGiovani C, Kuo R, Tejwani N, et al. Isolated gastrocnemius tightness. *J Bone Joint Surg*. 2002;(84A):962–971.

3. Nigg B, Cole G, Nachbauer W. Effects of arch height of the foot on angular motion of the lower extremities in running. *J Biomech*. 1993;26:909–916.

4. Kolata G. Close look at orthotics raises a welter of doubts. *The New York Times*. January 17, 2011.

5. Williams D, McClay I. Measurements used to characterize the foot and the medial longitudinal arch: reliability and validity. *Phys Ther*. 2000;80:864–871.

6. Williams D, McClay I, Hamill J. Arch structure and injury patterns in runners. *Clin Biomech*. 2001;16:341–347.

7. Nielsen R, Buist I, Parner E, et al. Foot pronation is not associated with increased injury risk in novice runners wearing a neutral shoe: a 1-year prospective cohort study. *Br J Sports Med*. 2014;48(6):440–447.

8. Ridge S, Olsen M, Bruening A, et al. Walking in minimalist shoes is effective for strengthening foot muscles. *Med Sci Sports Exerc*. 2019;51:104–113.

9. Zhang X, Pauel R, Deschamps K, et al. Differences in foot muscle morphology and foot kinematics between symptomatic and asymptomatic pronated feet. *Scand J Med Sci Sports*. 2019;29(11):1766–1773.

10. Sulowska I, Milka A, Olesky Ł, et al. The influence of plantar short foot muscle exercises on the lower extremity muscle strength and power and proximal segments of the kinetic chain in long-distance runners. *Biomed Res Int*. 2019:1–11.

11. Franklyn-Miller A, Wilson C, Bilzon J, McCrory P. Foot orthoses in the prevention of injury in initial military training: a randomized controlled trial. *Am J Sports Med*. 2011;39:30.

12. MacLean C, McClay I, Hamill J. Influence of custom foot orthotic intervention on lower extremity dynamics in healthy runners. *Clin Biomech*. 2006;21:623–630.

13. Verhagen E, van der Beek A, Twisk J, et al. The effect of proprioceptive balance board training for the prevention of ankle sprains. *Am J Sports Med*. 2004;32:1385–1393.

14. Tsai L, Yu B, Mercer V, Gross M. Comparison of different structural foot types for measures of standing postural control. *J Orthop Sports Phys Ther*. 2006;36:942–953.

15. Brantingham J, Adams K, Cooley J, et al. A single-blind pilot study to determine risk and association between navicular drop, calcaneal eversion, and low back pain. *J Manip Physiol Ther*. 2007;30:380–385.

16. Williams D, McClay I, Hamill J, Buchanan T. Lower extremity kinematic and kinetic differences in runners with high and low arches. *J Appl Biomech*. 2001;17:153–163.

17. Landorf K, Keenan AM, Herbert R. The effectiveness of foot orthoses to treat plantar fasciitis: a randomized trial. *Arch Intern Med*. 2006;166:1305–1310.

18. Braga U, Mendonca L, Mascarenhas R, et al. Effects of medially wedged insoles on the biomechanics of the lower limbs of runners with excessive foot pronation and foot varus alignment. *Gait Posture*. 2019;74:242–249.

19. Trivers R, Manning J, Thornhill R, et al. Jamaican symmetry project: long-term study

of fluctuating asymmetry in rural Jamaican children. *Hum Biol*. 1999;71:417–430.

20. Perttunen J, Antilla E, Sodergard J, et al. Gait asymmetry in patients with limb length discrepancy. *Scand J Med Sci Sports*. 2004;14:49–56.

21. Friberg O. Leg length asymmetry in stress fractures: a clinical and radiographic study. *J Sports Med Phys Fitness*. 1982;22:485–488.

22. Tallroth K, Ylikoski M, et al. Preoperative leg-length inequality and hip osteoarthritis: a radiographic study of 100 consecutive arthroplasty patients. *Skeletal Radiol*. 2005;34:136–139.

23. Wang Q, Whittle M, Cunningham J, et al. Fibula and its ligaments in load transmission and ankle joint stability. *Clin Orthop Relat Res*. 1996;330:261–270.

24. Giles L., Taylor J. The effect of postural scoliosis on lumbar apophyseal joints. *Scand J Rheumatol*. 1984;13:209–220.

25. Neely K, Wallmann H, Backus C. Validity of measuring leg length with tape measure compared to CT scan. *J Orthop Sports Phys Ther*. 2013;43:A113.

26. Cummings G, Scholz J, Barnes K. The effect of imposed leg length difference on pelvic bone symmetry. *Spine*. 1993;18:368–373.

27. Malachy P, McHugh M, Connolly D, et al. The role of passive muscle stiffness in symptoms of exercise-induced muscle damage. *Am J Sports Med*. 1999;27:594.

28. Jones B, Knapik J. Physical training and exercise-related injuries: surveillance, research and injury prevention in military populations. *Sports Med*. 1999;27:111–125.

29. La Roche D, Connolly D. Effects of stretching on passive muscle tension and response to eccentric exercise. *Am J Sports Med*. 2006;34:1000–1007.

30. Kubo K, Kanehisa H, Kawakami Y, Fukunaga T. Influence of static stretching on viscoelastic properties of human tendon structures in vivo. *J Appl Physiol*. 2001;90:520–527.

31. Radwan A, Buonomo H, Tataevic E, et al. Evaluation of intrasubject difference in hamstring flexibility in patients with low back pain: an exploratory study. *J Orthop Sports Phys Ther*. 2013;43:A85.

32. Taylor D, Dalton J, Seaber A, et al. Viscoelastic properties of muscle-tendon units: the biomechanical effects of stretching. *Am J Sports Med*. 1990;18:300–309.

33. Bandy WD, Irion JM, Briggler M. The effect of time and frequency of static stretching on flexibility of the hamstring muscles. *Phys Ther*. 1997;77:1090–1096.

34. Stecco C. *Functional Atlas of the Human Fascial System*. London: Churchill Livingstone, 2015.

35. Kay A, Husbands-Beasley J, Blazevich A. Effects of PNF, static stretch, and isometric contractions on muscle-tendon mechanics. *Med Sci Sports Exerc*. 2015;47:2181–2190.

36. Oranchuk D, Storey A, Nelson A, Cronin J. Isometric training and long-term adaptations: effects of muscle length, intensity, and intent: a systematic review. *Scand J Med Sci Sports*. 2018;29(4):484–503.

37. Kubo K, Kanehisa H, Fukunaga T. Effects of different duration isometric contractions on tendon elasticity in human quadriceps muscles. *J Physiol*. 2001;536(2):649–655.

38. Turki O, Chaouachi D, Behm D, et al. The effect of warm-ups incorporating different volumes of dynamic stretching on 10-and 20-m sprint performance in highly trained male athletes. *J Strength Cond Res*. 2012;26:63–72.

39. Pereles D, Roth A, Thompson D. A large,

randomized, prospective study of the impact of a pre-run stretch on the risk of injury on teenage and older runners. USATF Press Release 2012.

40. Fritz JM, Cleland JA, Childs JD. Subgrouping patients with low back pain: evolution of a classification approach to physical therapy. *J Orthop Sports Phys Ther*. 2007;37:290–302.

41. Janssens L, Brumagne S, McConnell AK, et al. Greater diaphragm fatigability in patients with recurrent low back pain. *Respir Physiol Neurobiol*. 2013;188(2):119–123.

42. Harms CA, Babcock MA, McClaran SR, et al. Respiratory muscle work compromises leg blood flow during maximal exercise. *J Appl Physiol*. 1997;82:1573–1583.

43. Borghi-Silva A, Oliveira C, Carrascosa C, et al. A respiratory muscle unloading improves leg muscle oxygenation during exercise in patients with COPD. *Thorax*. 2008;63:910–915.

44. Janssens L, McConnell AK, Pijnenburg K, et al. Inspiratory muscle training affects proprioceptive use and low back pain. *Med Sci Sports Exerc*. 2014;47:12–19.

45. Edwards A, Wells C, Butterly R. Concurrent inspiratory muscle and cardiovascular training differentially improves both perceptions of effort and 5000 m running performance compared with cardiovascular training alone. *Br J Sports Med*. 2008; 42:823–827.

46. Johnson M, Sharp G, Brown P. Inspiratory muscle training improved cycling time-trial performance and anaerobic work capacity but not critical power. *Eur J Appl Physiol*. 2007;101:761–770.

47. Kilding AE, Brown S, McConnell AK. Inspiratory muscle training improves 100 and 200 m swimming performance. *Eur J Appl Physiol*. 2010;108:505–511.

48. Leetun D, Ireland M, Willson J, et al. Core stability measures as risk factors for lower extremity injury in athletes. *Med Sci Sports Exerc*. 2004;36:926–934.

49. Khayambashi K, Ghoddosi N, Straub R, et al. Hip muscle strength predicts noncontact anterior cruciate ligament injury in male and female athletes: a prospective study. *Am J Sports Med*. 2015;44(2):355–361.

50. Moon D, Kim K, Lee S. Immediate effect of short-foot exercise on dynamic balance of subjects with excessively pronated feet. *J Phys Ther Sci*. 2014;26:1.

51. Sulowska I, Oleksy Ł, Mika A, et al. The influence of plantar short foot muscle exercises on foot posture and fundamental movement patterns in long-distance runners, a non-randomized, non-blinded clinical trial. *PLoS One*. 2016;11(6):1–12.

52. Kokkonen J, et al. Improved performance through digit strength gains. *Res Q Exercise Sport*. 1988;59:57–63.

53. Goldmann J, Sanno M, Willwacher S, et al. The potential of toe flexor muscles to enhance performance. *J Sports Sci*. 2012;31:424–433.

54. Yuasa Y, Kurihara T, Isaka T. Relationship between toe muscular strength and the ability to change direction in athletes. *J Hum Kinet*. 2018;64:47–55.

55. Kitai T, Sale D. Specificity of joint angle in isometric training. *Eur J Appl Physiol Occup Physiol*. 1989;58(7):744–748.

56. Houck J, Seidl L, Montgomery A. Can foot exercises alter foot posture, strength, and walking foot pressure patterns in people with severe flat foot? *Foot Ankle Orthop*. September 2017.

57. Spink MJ, et al. Effectiveness of a multifaceted podiatry intervention to prevent falls in community dwelling older

people with disabling foot pain: randomized controlled trial. *BMJ*. 2011;342:d3411.

58. Reber L, Perry J, Pink M. Muscular control of the ankle in running. *Am J Sports Med*. 1993;21:805–810.

59. Paquette M, DeVita P, Williams D. Biomechanical implications of training volume and intensity in aging runners. *Med Sci Sports Exerc*. 2018;50(3):510–515.

60. Menz H, Zammit G, Munteanu S, Scott G. Plantar flexion strength of the toes: age and gender differences and evaluation of a clinical screening test. *Foot Ankle Int*. 2006;27:1103–1108.

61. Song J, Gorelik S, Husang D, Morgan T. Effects of eccentric exercises on foot structure, balance, and dynamic plantar loading. Gait Study Center, Temple University School of Podiatric Medicine. 2019, in press.

62. Nagler S, Malanga G, Fienberg J, et al. Relationship between hip muscle imbalance and occurrence of low back pain in collegiate athletes: a prospective study. *Am J Phys Med Rehabil*. 2001;80:572–577.

63. Chang A, Hayes K, et al. Hip abduction moments and protection against medial tibiofemoral osteoarthritis progression. *Arth Rheum*. 2005;52:3515–3519.

64. American College of Sports Medicine. *ACSM'S Guidelines for Exercise Testing and Prescription*. Philadelphia, PA: Lippincott Williams & Wilkins, 2006.

65. Burd N, West D, Staples AW, et al. Low-load high-volume resistance exercise stimulates muscle protein synthesis more than high-load low-volume resistance exercise in young men. *PLoS One*. 2010;5(8):e12033.

66. Tsuzuku S, Kajioka T, Sakakibara H, Shimaoka K. Slow movement resistance training using body weight improves

muscle mass in the elderly: a randomized controlled trial. *Scand J Med Sci Sports*. 2018;28:1339–1344.

67. Takarada Y, Ishii N. Effects of low-intensity resistance exercise with short interset rest period on muscular function in middle-aged women. *J Strength Cond Res*. 2002;16:123–128.

68. Holm L, Reitelseder S, Pedersen T, et al. Changes in muscle size and MHC composition in response to resistance exercise with heavy and light loading intensity. *J Appl Physiol*. 2008;105(5):1454–1461.

69. Mitchell C, Churchward-Venne T, West D, et al. Resistance exercise load does not determine training-mediated hypertrophic gains in young men. *J Appl Physiol*. 2012;113(1):71–77.

70. Van Roie E, Delecluse C, Coudzer W, et al. Strength training at high versus low external resistance in older adults: effects on muscle volume, muscle strength, and force-velocity characteristics. *Exp Gerontol*. 2013;48(11):1351–1361.

71. Danneels LA, Vanderstraeten GG, Cambier DC, et al. Effects of three different training modalities on the cross-sectional area of the lumbar multifidus muscle in patients with chronic low back pain. *Br J Sports Med*. 2001;35(3):186–191.

72. Delahunt E, Monaghan K, Caulfield B. Altered neuromuscular control and ankle joint kinematics during walking in subjects with functional instability of the ankle joint. *Am J Sports Med*. 2006;34:1970–1976.

73. Sung W, Hicks G, Ebaugh D, et al. Individuals with and without low back pain use different motor control strategies to achieve spinal stiffness during the pro instability test. *J Orthop Sports Phys Ther*. 2019;49:899.

74. McHugh M, Tyler T, Mirabella M, et al. The effectiveness of balance training

intervention in reducing the incidence of noncontact ankle sprains in high school football players. *Am J Sports Med.* 2007;35:1289.

75. Matsusaka N, Yokoyama S, Tsurusaki T, et al. Effect of ankle disk training combined with tactile stimulation to the leg and foot on functional instability of the ankle. *Am J Sports Med.* 2001;29:25.

76. Nelson-Wong E, Flynn T, Callaghan J. Development of active hip abduction as a screening test for identifying occupational low back pain. *J Orthop Sports Phys Ther.* 2009;39:649.

77. Hertel J, Braham R, Hale S, Olmsted-Kramer L. Simplifying the star excursion balance test: analysis of subjects with and without chronic ankle instability. *J Orthop Sports Phys Ther.* 2006;36:131–137.

78. McNevin NH, Wulf G. Attentional focus on suprapostural tasks affects postural control. *Hum Mov Sci.* 2002;21:187–202.

79. Crossley K, Zhang W, Schache A, et al. Performance on the single-leg squat task indicates hip abductor muscle function. *Am J Sports Med.* 2011;39:866.

80. Noehren B, Scholz J, Davis I. The effect of real-time gait retraining on hip kinematics, pain and function in subjects with patellofemoral pain syndrome. *Br J Sports Med.* 2011;45:691–696.

第 4 章

如何开发长跑、短跑和（或）预防损伤的理想跑步方式

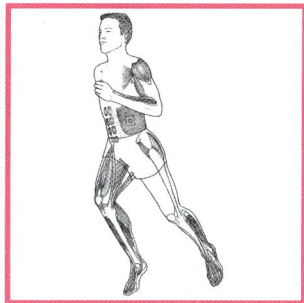

从生物力学的角度来看，几乎每个跑者都有一些轻微的解剖学缺陷，这些缺陷会影响其最佳表现。想一想汽车制造商是如何在风洞中向汽车外部喷出烟雾，来识别可能影响油耗和（或）速度的细微设计缺陷。在跑步方面，导致成绩不理想的最常见的因素是旧伤。比如受伤的跟腱无法储存和释放能量，从而效率显著降低。肌肉无力也会影响跑步表现。尤其是髋关节外旋肌无力时，可能会使整个下肢出现过度内旋。这种内旋状态不仅会削弱跑步表现，而且会大大增加损伤风险。

不仅是旧伤会引发问题，日常使用的重型运动控制型跑鞋会减少蹬离地面阶段足趾弯曲的幅度，这会逐渐降低支撑足弓的足固有肌的功能。足弓无力与足底筋膜炎和运动能力受损有关，尤其是随着年龄的增长，它们之间的关系更密切。考虑到可能存在与运动表现不佳相关的动作模式，你必须找出每一项可能影响运动表现的风险因素。

假设你已经阅读了第 1~3 章，并且正在努力纠正特定的生物力学问题，那么下一步就是通过开发理想的跑步方式，来最大限度地提高效率并降低损伤风险。具体的跑步方式选择，取决于你要跑多快。因为短跑运动员与长跑运动员的跑步方式不同，长跑运动员又与业余跑者不同，所以你需要选择与你所期望的速度相匹配的跑步方式。例如，世界上最快的短跑运动员，为了能达到最佳表现所需的 2.4 m 的步幅，需要具有比长跑运动员更大的髋关节活动度。达到每分钟 250 步的短跑频率所需的神经运动协调性几乎是不可想象的，这需要通过特殊的跑步练习来训练。相反，优秀的马拉松运动员需要的整体灵活性比短跑运动员低，但他们的肌腱需要非常有弹性以便储存和释放能量，从而可以以 3 min/km 以内的配速跑完 42 km。在马拉松比赛的整个过程中，优秀的运动员必须吸收并释放超过 6500 t 的冲击力，所以他们需要把重点放在最大化减震系统上。最后，精英短跑和长跑运动员的运动模式与跑速慢的业余跑者有很大的不同，业余跑者的步长大约为 1.5 m，每分钟 150 步的频率，并且常通过延长单腿支撑时相，来缩短双腿腾空时长。缩短双腿腾空时长不会让你跑得更快，但会大大降低你的损伤风险。

接下来的章节回顾了优秀长跑和短跑运动员之间的生物力学差异，并将这些信息应用于改善运动表现和提高运动效率。本章最

后解释如何进行一个详细的步态视频分析，并提出了对视觉和听觉步态再训练的相关建议。最后，你会了解一些具体的跑步训练和灵敏性训练计划，无论你的跑步水平如何，这份计划都可以帮助你跑得更快并且更有效率。

成为一名伟大的长跑者

根据运动生理学家 Tim Anderson[1] 的说法，最优秀的男性长跑运动员身高往往稍低于平均身高，而女性则相反。无论男女，最优秀的长跑运动员都具有臀部肌肉发达、腿细和足小的身体形态特征。臀部肌肉发达、小腿相对较细的长跑运动员跑步效率更高，因为跑步加速和减速过程中粗壮的腿会大大增加运动的代谢成本。由于足和腿相对于臀部有很长的力臂，所以即使是足的重量稍微增加，也会大大降低跑步效率。为了证明这一点，研究人员测量了业余跑者的足或大腿上增加负重前后的耗氧量，研究结果显示虽然在大腿上增加负重对跑步效率几乎没有影响，但同样的重量增加到足却使运动的代谢成本增加了 1 倍多。其他研究已经证实[2]，跑鞋每增加 100 g 的重量，跑步的代谢成本就会增加 1%。这些研究结果解释了为什么足小的长跑运动员的跑步效率比足大的运动员高。

把世界上最好的长跑运动员和不太成功的运动员区分开的一个最重要的因素是，成功的长跑运动员在蹬地过程中，尤其在速度更快时，踝关节跖屈角度要比不太成功的运动员的踝关节跖屈角度小 10° 左右（图

4.1）[3, 4]。踝关节跖屈角度的减小伴随着速度的增加，很可能是由于早期蹬地的过程中跟腱迅速反弹、缩短以高效利用储存的能量。

图 4.1　长跑者　最好的长跑者通过较小的运动范围，更迅速地跖屈踝关节

在《欧洲应用生理学杂志》（*European Journal of Applied Physiology*）上发表的一篇文章显示[5]，相比于对照组，世界级肯尼亚长跑运动员的跟腱更长，可以更有效地储存和释放能量。根据研究者的说法，肯尼亚长跑运动员的跟腱越长、弹性越强，就越有利于弹性势能有效储存和释放。但这篇文章的唯一缺陷是，作者将世界级肯尼亚长跑运动员与对照组非世界级运动员进行了比较。很可能所有世界级的长跑者都拥有比这群对照组运动员更长、更有弹性的跟腱。正如在

第 3 章中提到的，你可以通过将跟腱保持在一个拉长的位置进行等长收缩来提高跟腱储存和释放能量的能力。虽然这样不能让你的跟腱变长，但可以很容易地让它更有弹性。

日本有一项很有趣的研究[6]，探索了中长跑运动员在 5 km 比赛中的跑步效率，研究人员确定，最好的跑者重心移动时的垂直位移只有 6 cm，而低效率的跑者则有 10 cm。研究者还指出，良好的跑者跑 5 km 需要 2825 步，而一般的跑者则需要 3125 步。每多跑一步会增加一次重心移动 4 cm 所引起的额外做功，全程增加的运动负荷大约相当于爬上一座 50 层楼。

在一篇毫无疑问是迄今为止对跑步效率和跑步表现研究得最详尽的论文中[7]，英国的研究人员对 97 名（其中有 47 名女性）有经验的长跑运动员进行了评估，以确定哪些生物力学因素与跑步效率相关，哪些因素与运动表现相关。为了评估跑步效率，研究人员分析了一系列呼吸气体指标和乳酸拐点速度（疲劳的一个标志）。通过测量跑步周期各阶段脊柱、骨盆和下肢的三维运动来确定跑步表现和跑步姿态之间的相关性，然后分析哪一种特定的运动模式与每名跑者赛季的最佳跑步用时相关。研究人员观察了以身高校准的步长、节奏、骨盆上下摆动、制动力、姿势，以及在跑步周期不同阶段的髋部、膝部和足部的位置。

令人惊讶的是，尽管所有的参与者都是经验丰富的长跑运动员，包括 29 名优秀的长跑运动员，但在跑步姿态的各个方面都有巨大的差异。例如，骨盆的上下摆动有 2

倍差异，制动力相差 280%。节奏在每分钟 144~222 步之间，而以身高校准的步长是跑者身高的 1.04~1.49 倍。在着地时，跑者的髋、膝和足的位置也有显著的差异。一些跑者在初始着地时踝跖屈 11°，而另一些跑者在初始着地时踝背屈 24°。他们的小腿位置相对于垂直方向从 1° 到 16° 不等，躯干的前倾角度相差 20°。

在分析了所有的数据后，研究者发现最经济的跑者有幅度更小的骨盆垂直摆动、更低的制动力、更坚硬的膝关节、更短的步长，以及在初始着地时腿更垂直。可以用较低的制动力、触地时腿更垂直、更少的脊柱运动和更短的触地时间来预测跑步表现。这项研究最精彩的部分是结论：在初始着地时，只要把腿放在近乎垂直的位置，就能提高效率和运动表现。事实上，触地时腿几乎垂直可以解释跑者 10% 的运动表现，这是你能做的最简单的跑步姿态改变之一。图 4.2 总结了与提高效率和运动表现相关的各关节之间的相互作用。研究者指出，他们的研究提供了"新颖而有力的证据"，证明跑步姿态对跑步效率和运动表现有着重要的影响。

影响短跑成绩的因素

在一项发表在《应用生理学杂志》（*Journal of Applied Physiology*）的经典研究中[8]，Peter Weyand 和他的同事们证明，最快的短跑运动员，触地时间更短，在与地面接触时产生更大的力。有趣的是，跑得

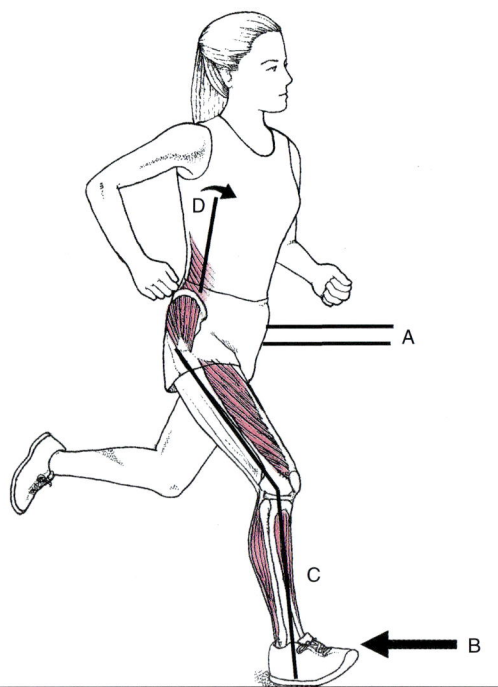

图 4.2　与提高效率和运动表现相关的生物力学测量　Folland 等人证明，最经济的跑者表现为幅度更小的骨盆垂直摆动（A）、更低的制动力（B）、更短的步长，以及在初始触地时腿部更加垂直（C）。跑得最快的跑者表现出制动力低、触地时间短、初始触地时腿部更加垂直（C）和脊柱运动范围小（D）。骨盆垂直摆动的幅度减少和触地时腿部更加垂直与提升跑步效率和跑步速度密切相关

快的和跑得慢的短跑运动员双腿腾空的时间差不多，重新调整摆动四肢的速度也差不多。研究者证明，将施加在地面上的力增加 10% 体重，跑速最多可提高 1 m/s。虽然步幅随着跑速增快而显著增加，但每个跑者的步幅都有一个上限，之后继续增加实际上会降低跑速。在他们的研究中，30 名短跑运动员的步幅在 8 m/s 的跑速时达到最大（配速 2 min/km），直到节奏逐渐加快至最快速度为 9 m/s（配速 1.86 min/km）。在所有的短跑运动员中，腾空时间会随配速增加先增加后减少，配速在增加之前（2.8 min/km），腾空时间会随配速增加而增加；之后会逐渐减少，直到达到最快的冲刺速度。

为了解步幅力学，来自英国的研究人员[9]研究了不同短跑运动员的步幅长度，发现有些短跑运动员选择长步幅、低步频，而有些短跑运动员选择短步幅、高步频。研究者提示，步幅大的短跑运动员，可能是因为无法快速折叠双腿而选择了较大的步幅。相反，那些选择高步频的短跑运动员可能是因为无法拉大步幅。研究人员建议，过度依赖大步幅的运动员应该进行针对性的训练，以增加他们腿部的折叠速度（例如快节奏的水中跑），而依赖快节奏的运动员则应该专注提高柔韧性和力量，以实现更大的步幅。运动员通过增加步频和（或）步幅，可能会实现更快的跑步速度。

解剖学研究表明，与非短跑运动员相比，短跑运动员腓肠肌的肌纤维明显更长[10, 11]。长纤维可能使这些肌肉表现得像橡皮筋，比短纤维更能有效地储存和释放能量。较长的纤维可以来自遗传，但更有可能来自训练，因为可通过增加肌纤维长度来快速适应高强度训练。2006 年的一项研究表明[12]，肌纤维的长度可通过在延展位锻炼肌肉来增加。

与长跑运动员不同的是，短跑运动员在摆动时相，髋关节和膝关节的屈曲幅度更大，而且屈曲速度更快。因此，当最快的短跑运动员前足触地时，后腿的膝盖会更靠前（图 4.3）。

根据一些专家的说法，更快地恢复后腿可以让短跑运动员在受到冲击时迅速将前足

向后拉。在摆动阶段膝关节的极度屈曲对快速冲刺至关重要，因为膝关节的屈曲会缩短下肢的相对长度，从而可以减少髋屈肌群的张力（当膝关节屈曲时，足部到臀部的杠杆臂较短）。你可以自己验证这一点，把弹力带绕在你的足踝上并向前拉，当腿伸直时，你可以感觉到髋屈肌群的紧张，但当你屈曲膝关节时，髋屈肌群的张力会显著减少。世界上跑得最快的短跑运动员在膝盖向前拉时，会将膝关节屈曲、足跟拉向臀部使下肢杠杆臂缩短。由于马拉松运动员需要向终点线冲刺，最好的教练会建议他们学习像短跑运动员那样屈曲髋关节和膝关节。观看一些优秀马拉松运动员的慢动作视频，你会注意到，在摆动阶段，精英运动员的髋关节和膝关节的屈曲幅度与短跑运动员相似。

在一项关于短跑运动员足型的有趣研究中，Lee 和 Piazza[13] 确定了优秀短跑运动员的足跟后部到踝中心的距离比非短跑运动员要短 25%。相反，短跑运动员的足趾比非短跑运动员的足趾长 10 mm。虽然有悖常理，

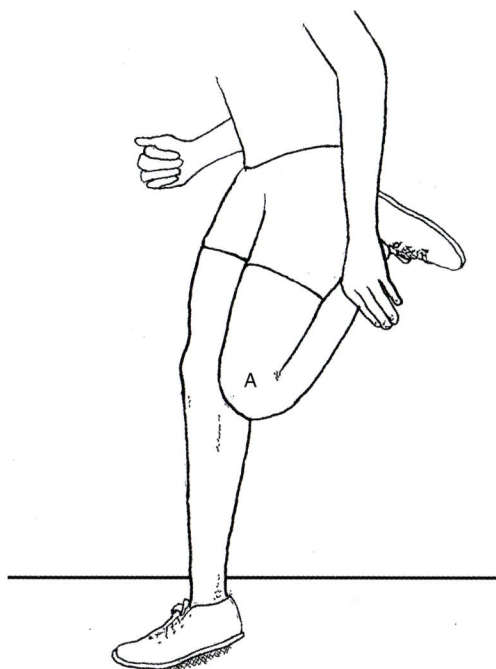

图 4.3　短跑运动员　最好的短跑运动员大幅度屈曲他们的膝关节和髋关节，当前足触地时，后腿的膝盖会更靠前

但是短 25% 的杠杆臂让跟腱能更加高效地跖屈踝关节，而腓肠肌和比目鱼肌的长度几乎没有变化（图 4.4）。杠杆臂缩短可能会降低跟腱的机械效率，但它可以使腓肠肌和比目鱼肌以近乎等长的收缩来移动踝关节。

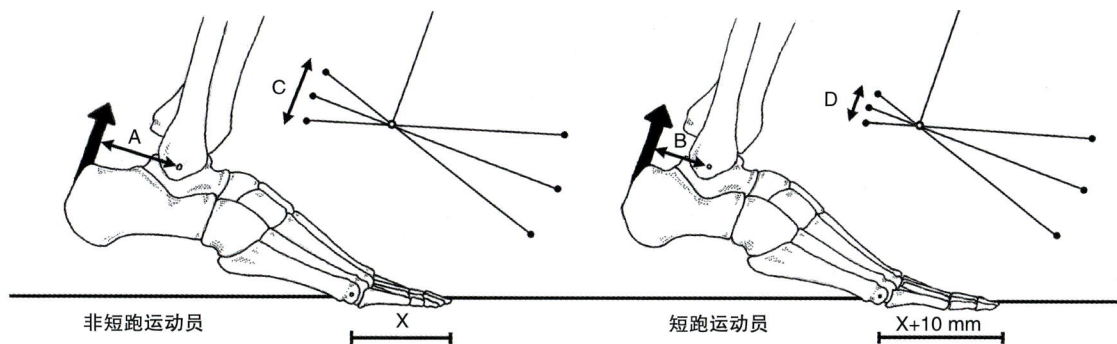

非短跑运动员　　X　　短跑运动员　　X+10 mm

图 4.4　足型对比　由于非短跑运动员跟腱到踝的距离较短跑运动员长 25%（A 和 B 相比），因此非短跑运动员的腓肠肌和比目鱼肌必须进行更大范围的运动才能跖屈踝关节（C 和 D 相比）。注意短跑运动员的足趾比非短跑运动员长 10 mm

而在支点的另一侧，足趾越长，前足产生的力就越大，因为足趾的长度增加为足趾肌肉提供了更长的杠杆臂，从而可以更有力地蹬地。尽管加速和减速长而重的足趾会增加能量消耗，从而降低步行和长跑时的效率（这就是人类进化倾向于缩短足趾的原因），但较长的足趾在推进过程中能够提供更大的力量，从而使优秀的短跑运动员能够以最快的速度奔跑。较短的跟腱力臂与长足趾的结合在自然界中也可以找到，例如，猎豹的冲刺速度超过 110 km/h，它们的足跟比狮子短，足趾比狮子长。虽然你不能改变足趾的长度，但你可以通过增加足趾的力量来大大提高短跑速度。

提高跑步表现最好的训练

无论你是短跑运动员、长跑运动员，还是想要跑得更快的业余跑者，你都应该考虑加入一些特殊的增强式训练来提高能量的储存和释放。我最喜欢的增强式训练如图 4.5 所示（由 Turki 等人[14]修改）。

一项特别的研究显示[15]，仅仅经过 6 周的增强式训练，摄氧量提升了 5%，3 km 跑的用时缩短了 3%。作者将改善的运动表现归功于增强式训练增强了肌肉、肌腱储存和释放能量的能力。通过在不增加肌肉体积的情况下增加力量生成的速度（肌肉体积增大会消耗更多的能量，因此不适合长跑），增强式训练可让运动员在触地时花费更少的时间，产生更大的力量。在跑步中，加强踝关节快速跖屈的弹跳练习对提高效率特别有帮助。

在另一篇有趣的论文[16]中，来自新西兰的研究人员让高水平长跑运动员穿着负重背心（负重为体重的 20%）进行一系列 6 个 10 秒的跨步。对照组的跑者在不穿负重背心的情况下进行了同样的跨步训练。研究人员注意到，在完成训练后不久，穿上负重背心的跑者的最高跑速和跑步效率都有巨大改善。显然，负重背心可以提高跑步速度和效率，因为负重状态下跑者被迫绷紧膝关节和髋关节，以吸收与负重有关的力。腿部刚度的增加使得跑步速度和效率产生巨大改善，因为紧绷的肌肉在储存和释放能量方面更有效。即使在不负重的情况下，这种改善依然存在。

我真的很喜欢这项研究，因为增加的重量可以让你的中枢神经系统分析触地时的冲击力，并相应地改变肢体的位置和刚度。例如，如果你足够强壮和健康，那么质心移动过多的上下摆动和（或）跨大步，你可能不会太在意，但因为穿着负重背心带来的冲击力放大会让身体感受更加明显。我唯一担心的是，这项研究中使用的负重背心过重，可能会增加受伤的风险。不适合跑步或没有经验的跑者一定要从较轻的负重开始，然后在感觉舒适的基础上逐渐增加负重。不想尝试负重背心的跑者也可以通过增强式训练和（或）高强度间歇上坡训练来提高效率。和负重背心一样，增强式训练和高强度训练也会增加受伤的风险，所以进行这些训练时一定要谨慎。

臀大肌	行进中，提膝朝胸，支撑腿提踵	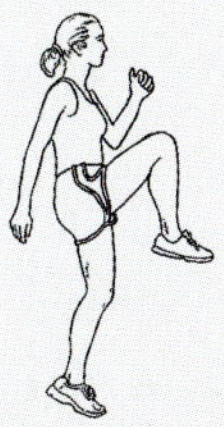
腘绳肌	行进时向前摆动腿，直到你感受到腘绳肌的拉伸，保持足趾指向膝盖	
内收肌	向前移动时，抬后腿髋关节外展90°，膝盖保持弯曲。动作就像跨过一个低于腰部高度的物体	
腓肠肌	踮脚尖走，交替踮着脚尖向前走。目的是每一步都尽可能高地撑起你的身体	
股四头肌	脚后跟快速踢向臀部，同时向前移动	
外展肌	双腿交替快速横向移动。行进13.5 m，然后换方向重复行进	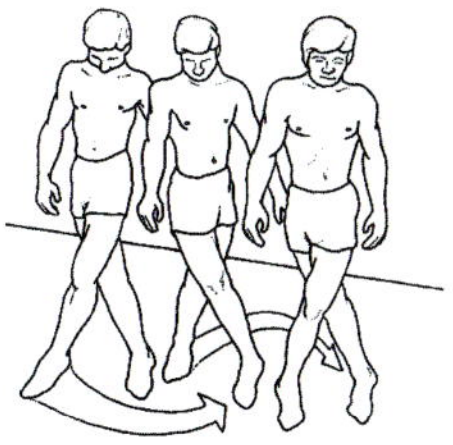

图 4.5　动态拉伸练习

最后，根据肌肉保持在延长位置的等长收缩可以增强肌腱弹性的原理，我概括了一些简单的练习，你可以在 5 分钟内完成，以保持你的肌肉和肌腱强壮又柔软（图 4.6）。不管你跑马拉松的用时是 2 小时还是 6 小时，这些练习都能帮助你改善运动表现并降低受伤风险。

为了提高臀大肌和股四头肌肌腱的弹性，用 25 个侧向蹬台阶进行热身（图 4.6A）。下一步，做一个长跨步的弓步姿势，保持这个姿势，让你的后膝稍微离地（图 4.6B）。与传统弓步相比，这种动作对膝盖的压力更小[17]，除了将前腿臀大肌和股四头肌放在拉长的位置外，后腿的股直肌也在拉长的位置进行等长收缩。保持这个姿势 20 秒，然后重复 4 次。有弹性的股直肌肌腱对于快速奔跑是必不可少的，因为它能向前带动后腿以发起摆动时相。

可以使用 ToePro 垫让你的跟腱和小腿肌腱变得更有弹性。在 ToePro 垫上做 25 次热身（图 4.6C），然后慢慢放下足跟，使他们离地 1 cm（图 4.6D）。保持这个姿势 20 秒，然后重复 4 次。每一组，交替抬高和降低足弓来针对不同的肌腱：当你的重量在足外侧时，腓骨肌被延长，而当你的足向内滚动时，胫骨后肌肌腱会被拉长。如果你不想使用 ToePro 垫，你可以使身体前倾靠墙站在 AIREX 的平衡垫上。当完成所有这些练习时，你应该会感到疲劳。此外，强壮的跑者可能需要背上负重背包或者手持哑铃。

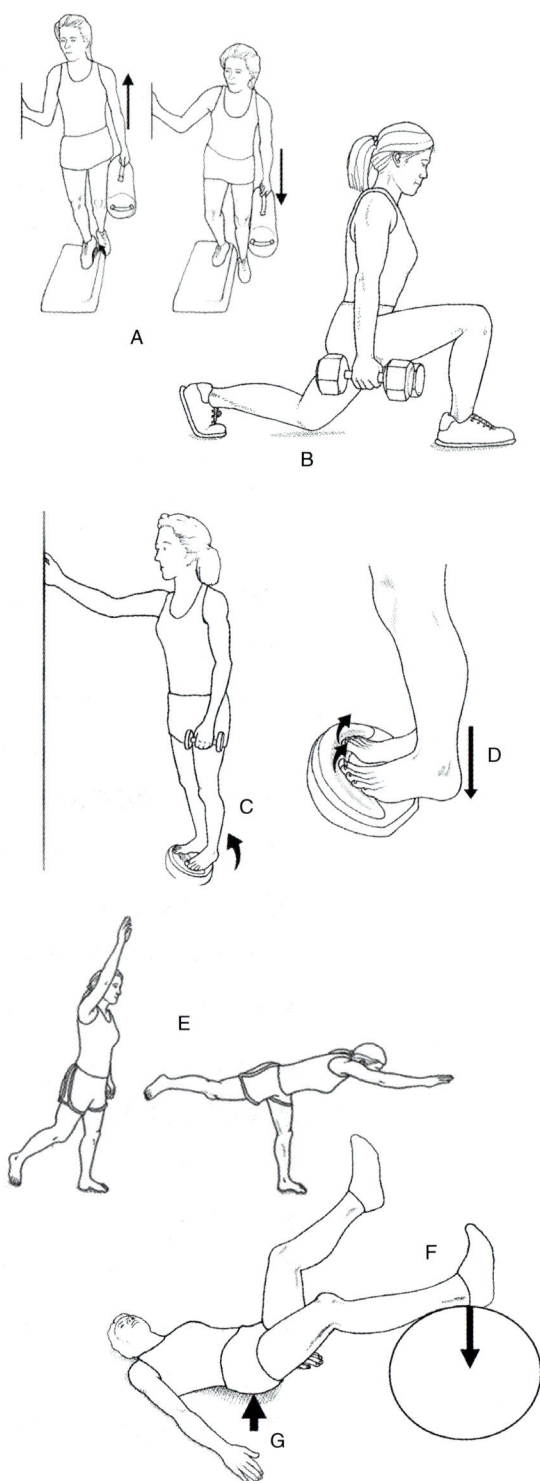

图 4.6　改善肌腱弹性的最佳运动

提高臀大肌和腘绳肌弹性最有效的练习是单腿下压。进行这个练习之前，先做一个站立风车练习热身（图 4.6E）。热身后，仰卧于地板上，双臂外展以保持稳定，然后将足放在健身球或训练台上，足跟向下发力（图 4.6F），用力将骨盆抬离地面（图 4.6G），尝试重现髋关节在足初始触地时的位置，通常是 20° 到 30° 的髋屈位。保持这个姿势 20 秒，每侧重复 4 次。如果这个练习太难，就把对侧腿的膝盖拉向胸部。相反，如果你在 20 秒后没有感到疲劳，伸直对侧腿使它更靠近下压的那条腿，这会增加难度。这个练习重现了你的足在初始触地之前的位置，也显著强化了腘绳肌肌腱，这对减震和储存、释放能量都很重要。

调整跑姿以避免受伤

因为预测损伤的最佳指标是先前的损伤，所以避免跑步损伤的最有效方法就是积极应对之前的跑步损伤。最简单的方法是根据你之前的受伤情况选择足跟或前足底作为着地点。研究比较了与不同着地点相关的冲击力，结果一致表明：不管足如何着地，你的身体都会吸收相同的力，但只要改变你的触地位置，就可以改变冲击力的位置。如果你一直受到膝关节慢性疼痛的困扰，过渡到前足底着地模式可减少你膝后部 50% 的负荷。相反，如果你一直在与足底筋膜炎或跟腱损伤作斗争，一定要考虑转换至足跟外侧着地，因为这样可以显著减轻小腿和足弓后部的压力。对于有复发性踝关节扭伤病史的

跑者也是如此，因为前足底着地点增加了踝内翻扭伤的风险。一般来说，中足和前足底着地对于正常足弓和前足较宽的跑者更为舒适，而低足弓和前足较窄的跑者更适于足跟外侧着地。

如果你的膝关节受伤了，你又不想转换至前足着地，另一种减轻膝关节负担的方法是在初始着地时髋关节稍微前倾。这种轻微的前倾，可将压力从膝关节重新分配到腘绳肌（图 4.7）。

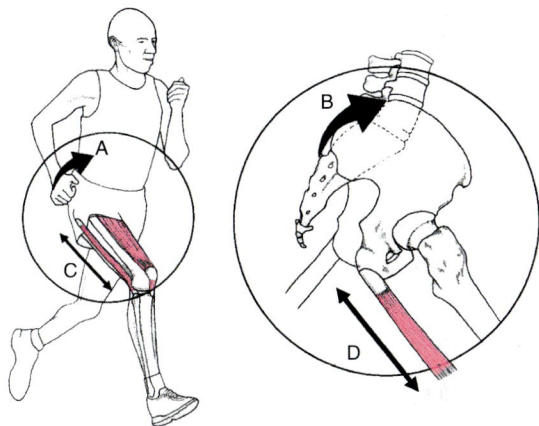

图 4.7　髋关节前倾　跑者通过稍微前倾髋关节（箭头 A 和 B），让他们的腘绳肌（C 和 D）来吸收通常会被膝关节吸收的力量。一些研究证明，世界上最好的跑者在初始触地时，他们的上半身稍微前倾；而效率低的跑者在初始触地时，他们的脊柱几乎是垂直的

虽然不是配速快的跑者的选择，但场地跑绝对是避免受伤的最简单的方法。关键在于，你的配速必须慢于 8 min/km。如果你跑得很快，不太关心成绩，更关心保持健康，避免受伤最简单的方法就是缩短步幅。除了减少冲击力之外，稍微缩短步幅会使你的双脚稍稍分开着地。在 2015

年，来自爱荷华州立大学的研究人员[18]证明，减少 5%~10% 的步幅会使运动员着地时双足之间的宽度增加大约 10 mm。双足之间的距离增加，会使得骨盆下降高度轻微减少且髂胫束张力减小。先前的研究表明[19]，在跑步时增加双足之间的距离，可能是一种降低胫骨应力性骨折风险的有效方法。

英国的研究人员[20]对膝关节疼痛的跑者进行了一项研究，让有慢性膝关节疼痛的跑者在节拍器的帮助下加快 10% 的步频。这项研究结果令人印象深刻：节拍器训练可显著减少骨盆下降高度、大腿内收幅度以及触地时膝关节的屈曲程度。当 3 个月后对跑者进行重新评估时，这些变化依然存在。在这段时间里，跑者还能增加每周的跑步距离，膝关节疼痛也明显减轻。你可以从智能手机的应用商店内下载各种跑步节拍器的应用程序。

需要记住的一个重要事实是，因为跑者的体型和体格各不相同，所以没有一种适合所有人的跑步方式，每个跑者都应该开发一种适合自己特定生物力学需求的跑步方式。一个很好的例子是，有些人很自然足趾朝外跑步。虽然大多数跑步专家会说，跑者应该保持他们的双足平行对齐，但胫骨外旋的跑者如果双足朝前跑步，长此以往反而会造成慢性损伤。考虑到与跑步相关的高冲击力和每年近 90% 的受伤率，保持不受伤的最佳方法应该是适应你的特定生物力学结构，提高力量、柔韧性和耐力，并且分析步态以识别可能增加损伤风险的细节问题，例如：髋过度内旋、跨大步、骨盆过度下降或交叉步态模式。

整合起来：进行居家步态分析

尽管步态评估很复杂，还常常需要专家的好眼力，但是有一些特定的测量方法可以用来进行居家的步态分析，帮助你改善运动表现并预防损伤。虽然通常可以通过特定的牵拉、训练和（或）步态再训练来纠正步态的不对称问题，但因为在神经运动协调和（或）软组织痉挛方面有很多变量自己很难弄清楚，所以运动模式具有复杂问题的跑者应考虑与当地的跑步专家联系并进行评估。但对大多数跑者来说，一个全面的居家步态评估就可发现明显的生物力学问题，当这些问题纠正后，便可大大改善跑步表现并预防损伤。

进行步态评估前，要找一个周围有足够空间的跑步机，以便跑步的时候在前面、侧面和后面各放一个摄像头。可能的话，借朋友的相机或手机，这样你就可以同时从 3 个角度进行拍摄。虽然没有必要使用 3 台摄像机，但这样可以加快拍摄进程。理想情况下，每台摄像机都应该安装在三脚架上，但你也可以让手很稳的朋友来录视频。这些视频需要从后面和侧面的摄像头捕捉到你的整个身体，但前视图你只需要一个髋部以下的视角。前面和后面的摄像头应该放置在跑步机的中线上，而侧面的摄像头应该放置在与你跑步时髋关节中心位置呈 90° 角的位置。如果用的是手机上的摄像头，请进入设置并选择每秒 120 帧。下一步，上跑步机以自己选择的速度大约跑 5 分钟。热身后，只需要几分钟时间来完成步态分析。

一旦摄像机开始录像，你需要从这 3 个位置各录制大约 2 分钟的视频。完成后，你将需要从每个摄像机提取特定的静止帧图

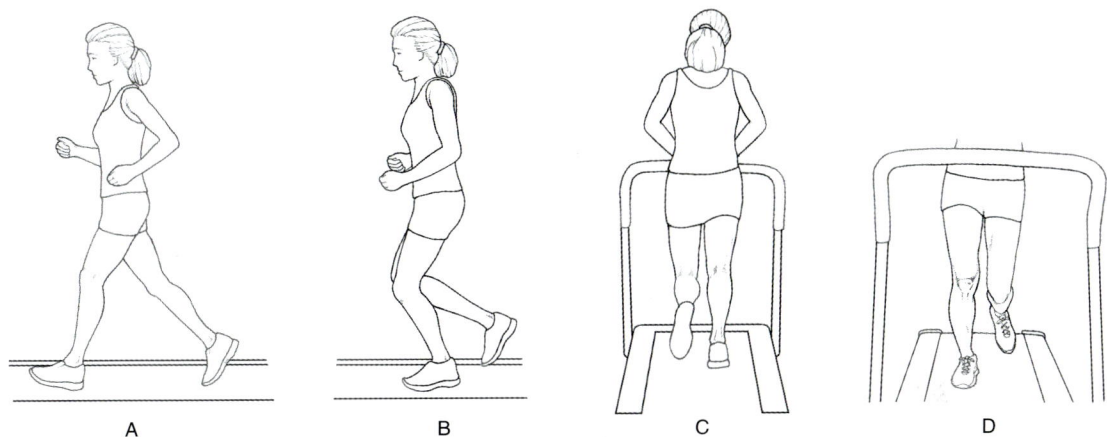

图 4.8　拍摄角度示意图　从每个摄像机截取的静止帧图像，对应步态周期的精确时相。图 A 是你初始着地时的身体位置，图 B、C、D 是站立中期时侧面、背面和正面的视图

像，这些图像对应于步态周期的精确时相（图 4.8）。你可以将视频导入各种软件程序中，并在选定的镜头上标出特定的角度。

在接下来的章节中，我们将描述每种测量方法的临床意义，并提出通过具体的练习、牵拉和（或）步态再训练来改善跑步姿势的建议。尽管每个跑者都有自己独特的跑步风格，但几乎所有的跑步方式都在这个步态评估的参数范围内。通过完成步态分析收集到的信息将有望帮助你跑得更快、更有效率，同时大大降低你受伤的总体风险。

初始着地

在初始着地的侧视图上（图 4.8A），画一条从髋部中心到跑步机的垂直线（图 4.9）。现在测量你的足跟和垂直线之间的距

离（图 4.9A）。

虽然大多数跑步专家告诉你，初始着地时足应在身体质心的正下方，但这只有在跑速极慢的情况下才能做到。威斯康星大学的研究人员证明[21]，初始着地时足的位置不仅取决于步幅，还取决于你的步频。这些研究人员选取了 45 名业余跑者，让他们在高于或低于 5%~10% 的首选步频之间变换频率。图 4.9 右边的表格纪录了研究的结果。注意，当跑者从他们的最慢步频、最大步幅过渡到他们的最快步频、最小步幅时，足跟到质心的距离从 11.5 cm 减少到 7 cm。垂直移动方面，随着跑者步频的加快，质心的垂直偏移距离也变小了。

研究中最引人深思的部分是，随着步幅的增加，着地时足的角度如何发生持续大幅

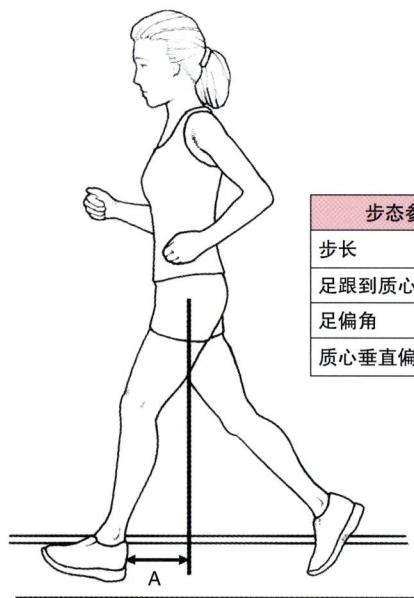

步态参数	−10%	−5%	首选步频	+5%	+10%
步长	2.23 m	2.13 m	1.98 m	1.90 m	1.83 m
足跟到质心的距离	11.5 cm	10 cm	9.15 cm	8 cm	7 cm
足偏角	7.9°	6.6°	5.5°	3.3°	1.2°
质心垂直偏移距离	10.7 cm	9.65 cm	8.25 cm	8 cm	7.4 cm

图 4.9　初始着地　测量足跟与髋部中心到跑步机垂直线之间的距离 A

度的变化。当足跟在质心前 7 cm 处初始着地时，足相对于踝关节处于接近中线的位置。随着步幅的增加和步频的降低，着地时足的角度持续增加，直到以低于首选步频 10% 跑时接近 8°。我觉得增加的着地角度代表这些跑者的一种尝试，即当步幅增加时，他们用踝关节来吸收震动以减少制动力。请记住，脚的极限位置与跑步时冲击力的减少有关[22]。与最长步幅对应的最靠前位置为 11.5 cm 相比，这个数字也不算大。

在一项对参加 5 km 公路赛的优秀跑步运动员的研究中[23]，男性和女性在初始着地时足都在他们质心前方 33 cm 处。这些运动员为了达到 3.6~4 cm 的步幅长度，这种极限的前足位置是必需的。

初始着地时矢状面角度

从初始着地的侧视图（图 4.8A）测量重要的矢状面角度，如图 4.10 所示。

图 4.10A 表示足触地角度。正如在前一节中提到的，初始着地时较大的角度往往与过长的步幅有关。速度最快、效率最高的跑者通常会在足踝接近中线的位置触地。尽管大多数业余跑者用足跟着地更有效率，但从踝关节轻度跖屈到轻度背伸的微妙变化是个人偏好问题。

图 4.10B 是最重要的胫骨倾角，这是胫骨长轴与垂直面之间形成的角度，应小于等于 7°。效率低下、表现下降以及过大的制动力与该角度过大有关[7]。胫骨倾角大的跑者在前脚着地时常常产生很多噪音。步态再训练的一种有效手段是注重轻柔、安静地触地。

图 4.10C 是大腿在初始着地时相对于垂直方向的角度，业余跑者在初始着地时髋关节屈曲一般为 20°~25°，而优秀的跑者为

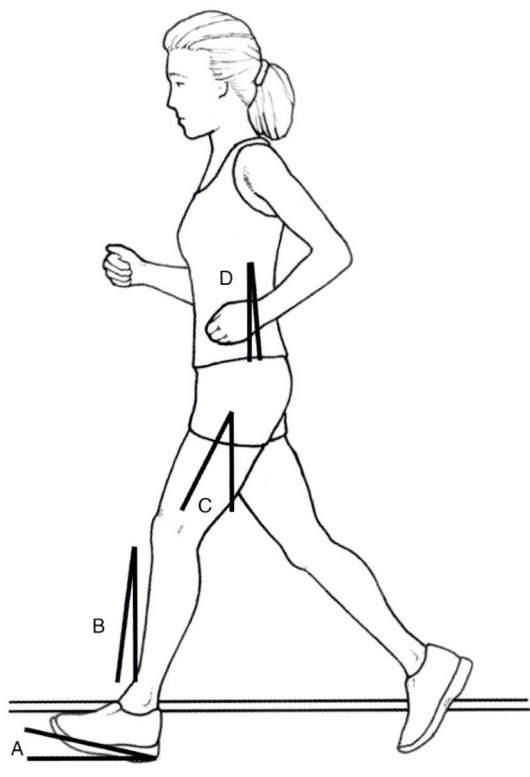

图 4.10　初始着地时矢状面角度的侧视图　测量足触角（A）、胫骨倾角（B）、大腿相对于垂直面的角度（C）和躯干前倾角度（D）

图 4.11　站立中期的膝屈峰值　测量膝屈峰值角度（A）

25°~35°。优秀运动员更靠前的髋关节位置与他们惊人的步幅有关。

图 4.10D 表示在初始着地时躯干的前倾角度。轻微的前倾会减轻膝盖的负担，而后倾会增加患腰痛的风险。

站立中期的膝屈峰值

从站立中期的侧视图（图 4.8B）测量膝屈峰值角度（图 4.11A）。

大多数业余跑者在站立中期一般能够达到 40° 左右的膝屈峰值。慢速混合型跑者的膝关节一般保持一定的刚度，由于慢跑者步幅短，膝关节通常只屈曲 25°~30°。只要你

保持短步幅，较小的膝关节屈曲角度就不是问题，事实上，这样可以提高效率。

因为跑得快的人步幅很长，为了充分减震，需要有较大的膝关节屈曲角度。如前所述，业余跑者在站立中期的屈膝角度一般约为 40°，但优秀的长跑者在站立中期平均屈膝 50°，有些跑者屈膝超过 65°。虽然过大的膝关节屈曲角度可提高减震效果，但代谢成本也随之增高，从而降低效率。

足趾离地时的髋关节伸展

在足趾离地时测量髋关节伸展角度（图 4.12A）。在我看来，这是步态评估中最重要的测量之一。

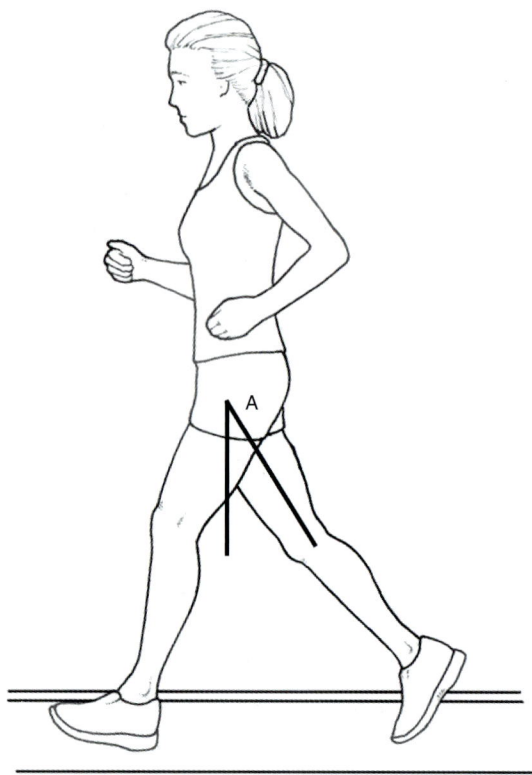

图 4.12　足趾离地时髋伸展　*测量髋伸展的角度（A）*

在足趾离地时，慢速的业余跑者髋关节平均伸展角度为 15°~20°；而快速的业余跑者髋关节平均伸展角度为 20°~30°；精英长跑运动员的髋关节平均伸展角度为 35°~40°，这是因为他们必须在站立期和推进期产生更大的力量。为了臀大肌和腘绳肌推动质心向前引起髋关节的大范围伸展，这么大的角度是必需的。

更大的范围产生更大的力，使这些运动员能够完成 3~3.6 m 的步幅，这是 5 分钟内跑完 1 km 所必需的。虽然强化臀大肌、腘绳肌和牵拉髋屈肌训练对优秀的马拉松运动员来说必不可少，但几乎所有的运动员都能

从中受益，这将使他们在腿大幅后伸时产生更大的力。

摆动腿的屈膝

因为在跑步时，20% 的能量被用于使摆动腿向前，所以屈膝（图 4.13A）可有效缩短杠杆臂长度（髋屈肌不得不产生力），从而提高效率。

图 4.13　摆动腿屈膝　*测量膝关节屈曲角度（A）*

业余跑者倾向于在摆动中期屈膝 90° 左右，而优秀的长跑者在摆动中期平均屈膝 135°。大多数业余跑者屈膝大约 90° 都没问题，但更快的跑者一般被要求在摆动时相至少屈膝 130°。

支撑时相质心的垂直偏移

支撑时相质心的垂直偏移是速度和效能最重要的预测因子之一[7]。要进行这项测量，需要在你的髋关节侧面贴一条 5 cm 的胶带（如图 4.14A 所示）。然后，通过侧视图视频在你质心的最高点和最低点处做标记。当在最低点时，沿着胶带顶部边缘标记一条水平线，并与其在最高点时的位置进行比较（图 4.14 箭头）。

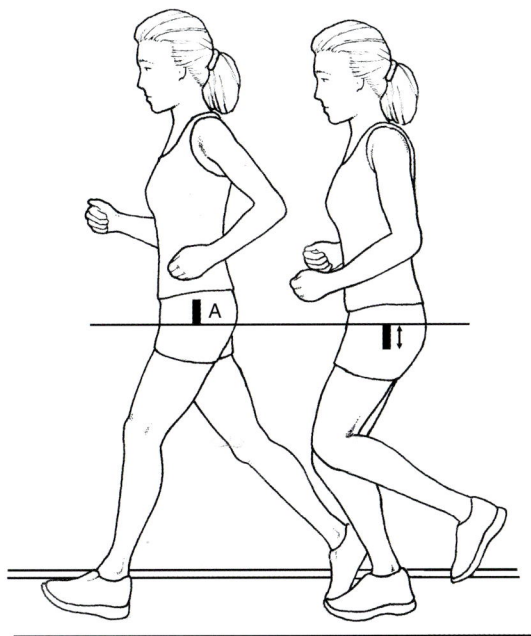

图 4.14 **支撑时相质心的垂直偏移** 在髋关节的侧面贴一条 5 cm 的胶带（A）。在最低点时沿着胶带顶部边缘标记一条水平线，并与其在最高点时的位置进行比较（箭头）

在图 4.14 中，质心的垂直偏移是 5 cm（1 倍的胶带长度）。如果该距离是胶带长度的 1.5 倍，那么垂直偏移是 7.5 cm。这听起来很复杂，但其实很简单。质心垂直偏移的一般范围在 5~10 cm，平均垂直偏移大约为 7.5 cm[7]。

如前所述，过多的垂直偏移会导致低效和运动表现不佳。就像着地时胫骨过度倾斜的跑者一样，垂直偏移过多的人着地时经常会产生很大的噪音。这一点在跑步机上跑步尤为明显。减少质心垂直偏移的最好方法是在着地过程中收紧你的膝盖，并且应轻柔着地。学习如何轻柔地跑步是避免受伤和提高运动表现的一件非常重要的事情。

躯干侧屈

从站立中期的后视图（图 4.8C），测量躯干的侧屈程度（图 4.15A）。理想情况下，该角度应小于 5°。

有臀中肌肌腱问题和（或）早期髋关节炎的跑者会稍微向受累的髋关节倾斜。这种情况的治疗应强化髋外展肌、提高髋部灵活性，并进行核心力量练习。

骨盆一侧下降

骨盆一侧下降程度通过骨盆顶部绘制的一条线与水平面之间的夹角来表示（图 4.16A）。一般这种夹角的范围为男性 3°~5°，女性 4°~7°。

骨盆过度下降与多种损伤相关，包括髂胫束、膝前痛和髋关节外侧痛[24]。我最喜欢的纠正骨盆过度下降的方法是如图 3.36 所示的练习（图 3.36 B 中的等长收缩特别有效）。

虽然骨盆的过度下降几乎总是归咎于髋外展肌的无力，但新的研究表明[25]，在初始着地时一些跑者通过过度激活大收肌来代偿臀大肌的无力。大收肌不恰当的协同收缩把骨盆往下拉（图 4.16B），造成骨盆下降，传统练习并不能改善这种情况。由于大收肌在髋关节屈曲时起着伸髋作用（图 4.16C），所以强化臀大肌的练习是无效的，因为那是大收肌在工作。既然如此，我建议跑者只做从髋关节中立位到伸展位的臀大肌练习（图 4.16D），这会迫使你只激活臀大肌。这项练习只训练臀大肌的原因是，当髋关节伸展时，大收肌的起点处于髋关节运动轴的后方，迫使大收肌发挥髋屈肌的作用（图 4.16E）。从髋关节中立位到伸展位的练习，大收肌并不参与，这样

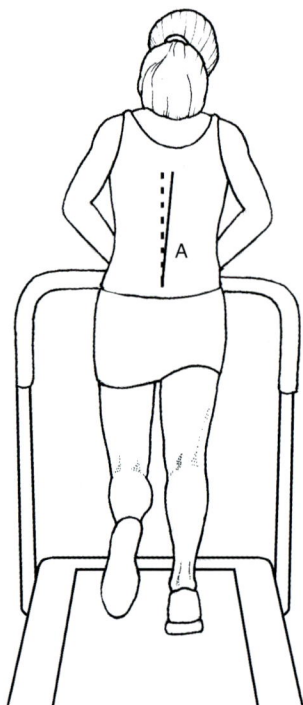

图 4.15　躯干侧屈　测量躯干的侧屈程度（A）

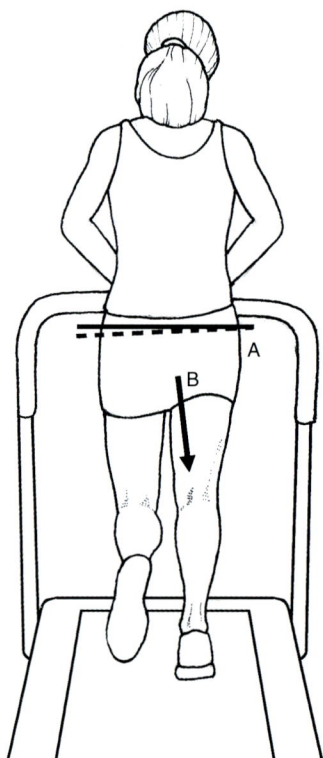

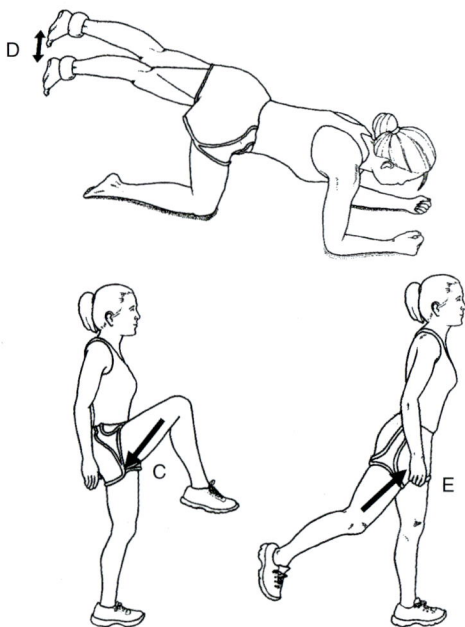

图 4.16　骨盆一侧下降　测量通过骨盆顶部画的一条线与水平线（A）之间的夹角。大收肌不恰当的协同收缩把骨盆往下拉（箭头 B），造成骨盆下降。当髋关节屈曲时，大收肌起着髋伸肌的作用（C），因此建议只进行从髋关节中立位到伸展位时的臀大肌练习（D）。当髋关节伸展时，大收肌被迫发挥髋屈肌的作用（E）

可起到只训练臀大肌的作用。每周 4 次，每次 4 组，每组 25 次，连续 4 周，这通常足以强化臀大肌，从而弱化大收肌的代偿作用。

站立时相的手臂运动

通常，在站立时相，肩关节伸展 45°（图 4.17A），肘部屈曲约 70°（图 4.17B）。

然而，在肘关节屈曲角度上可能会有显著的变化，一般范围在 42°~102°[23]。尽管肩关节伸展和肘关节屈曲的角度与跑步效率没有太大的相关性，但你的手不能越过前正中线（图 4.17C），因为过度的躯干旋转

肯定与跑步效率较低有关[7]。

膝关节中心位置

在你的髋关节中心和跟腱中心之间画一条线，左右平分膝关节（图 4.18A）。

在膝内翻（O 型腿）的跑者中，这条线将穿过膝关节内侧，而在膝外翻（X 型腿）的跑者中，这条线将穿过膝关节外侧。膝内翻跑者应尽其所能地强化髋外展肌，因为在这些人中，强壮的髋外展肌可减少渐进性膝

图 4.17　站立时相的手臂运动　注意肩关节伸展角度（A）和肘部弯曲角度（B）。手不能越过前正中线（C）

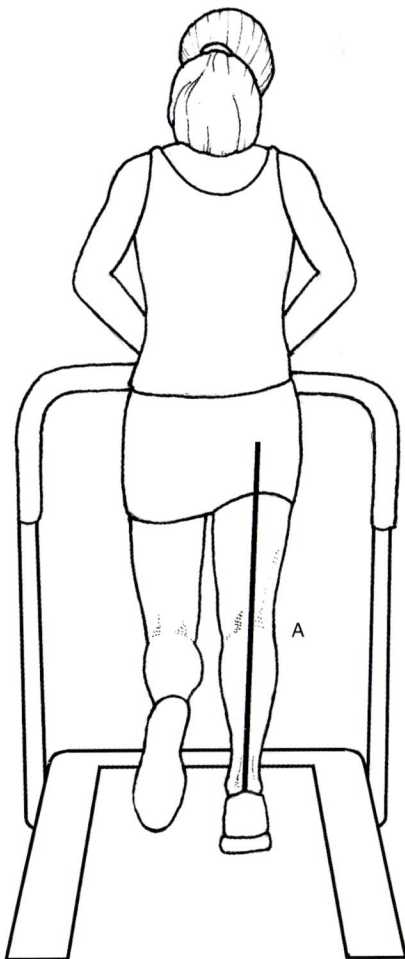

图 4.18　膝关节中心位置　观察膝关节中心相对于髋关节中心到跟腱中心连线的位置（A）

关节炎的发生[26]。膝外翻的跑者应该强化髋外展肌和旋转肌。我最喜欢的练习如图3.36 所示。侧向台阶练习对膝外翻和膝内翻的跑者都很重要，因为这些练习对膝关节的压力比深蹲要小，而且对臀部肌肉的锻炼更有效。

站立中期的膝关节间距

从后面看，在站立中期，双侧膝关节会出现轻微的分离（图 4.19A）。膝关节间距过窄会导致膝外翻，而膝关节间距增加通常见于膝内翻的年长男性。从前面看，在站立中期，髌骨的中心应在膝关节的中间（图4.19B）。

膝关节过度内旋（图 4.19C）会降低跑步效率，并极大地增加跑步损伤的风险。过度旋转可能是由于髋前倾、胫骨外旋、髋关节外旋无力和（或）足过度旋前，重要的是要确定问题的确切原因并纠正错误的动作。这可以通过加强髋部锻炼来完成，跑步时通过轻微的足趾向外模式落地来调整胫骨外旋，和（或）使用内翻柱或矫形器来控制过度内旋。

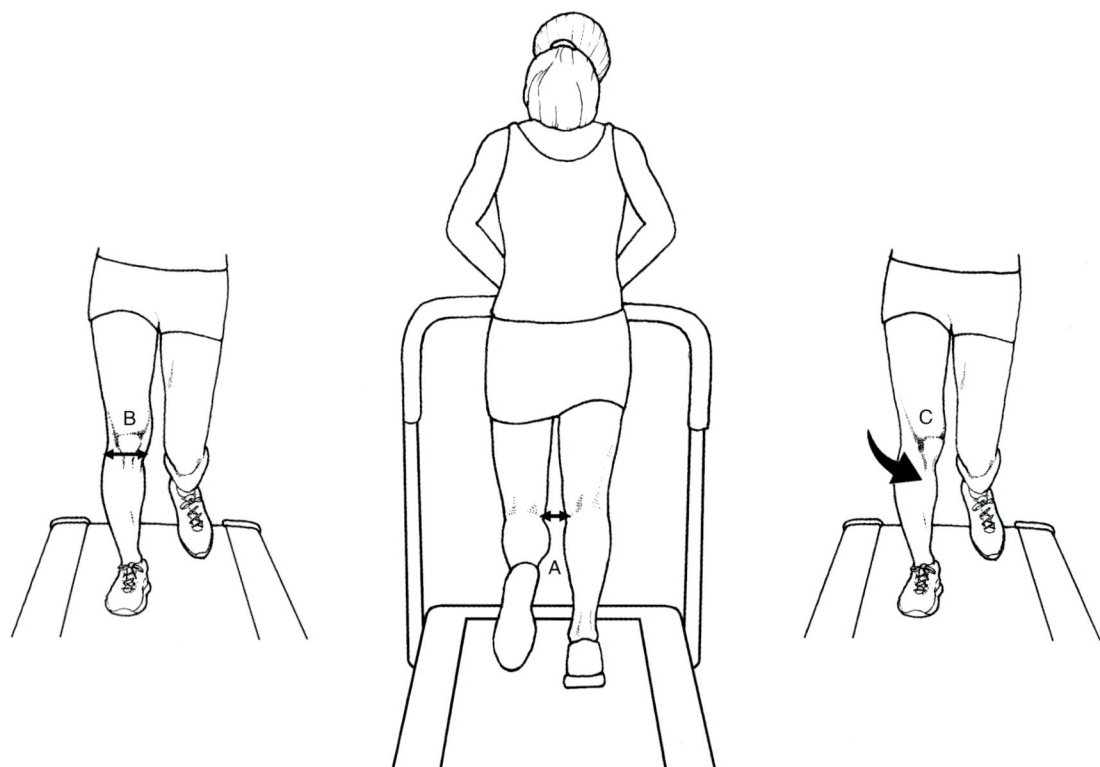

图 4.19　站立中期的膝关节间距　确定膝关节间距大小（A），髌骨中心应在膝关节的中间（B），膝关节过度内旋（C）

足与质心垂线的位置

足内侧应始终在质心到跑步机的垂线的外侧（图 4.20A）。一种测量方式是在跑步机运转时把一支粉笔放在跑步机的中心，这就在跑步机中间绘制了一条临时的粉笔线，你的跑鞋内侧不应越过这条线。

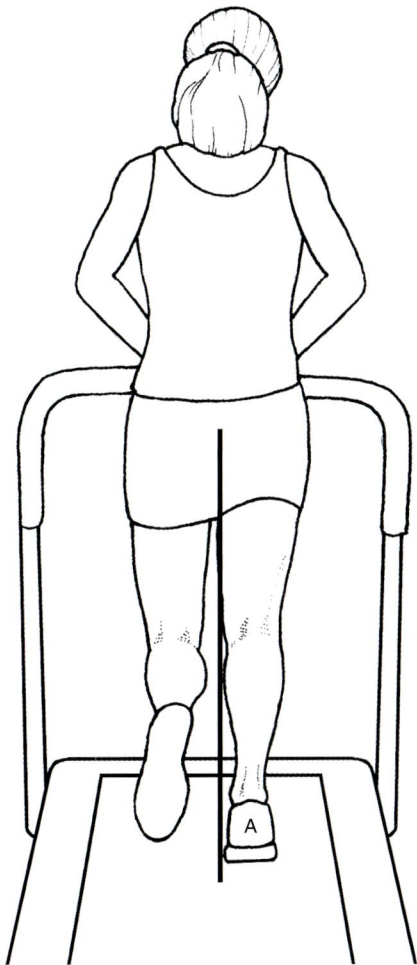

图 4.20　足与质心垂线的位置　检查足相对于一条从质心到跑步机的垂直线的位置（A）

在交叉步态模式中，足在中线处着地，会增加多种损伤的风险，包括胫骨内侧应力综合征、跟腱炎、足底筋膜炎，特别是胫骨

应力性骨折。交叉步态模式是有问题的，因为胫骨以一定角度撞击地面会增加胫骨皮质的弯曲应变[27]，这就解释了胫骨应力性骨折与交叉步态模式之间的关系[19]。交叉步态模式的常见原因包括步幅过长、节奏过缓和（或）髋关节外展肌无力。

除了减小步幅和强化髋外展肌，纠正交叉步态模式几乎总是包括步态的再训练，这包括跑者在镜子前的跑步机上跑步时注意不要让任何一只脚越过中线。大多数健身房的经营者并不介意你在跑步机的中间用粉笔做标记，因为时间长了，记号会逐渐消失。开始时要慢慢跑，确保每只脚总是落在中线的外侧。在困难的情况下，我会让跑者在他们的臀部下方绑一根弹力带，然后在跑步机上慢慢跑。弹力带迫使他们在步态周期中持续激活髋外展肌，这就可以快速解决交叉跑步模式。当然，为了逐渐适应这根弹力带，得跑慢一点。

摆动中期和站立中期时足的位置

在摆动中期，足的纵向平分线应该是直的。当出现胫骨外旋时，这根平分线转向外侧（图 4.21A）。如果没有胫骨外旋，而足旋向外侧，这可能是足过度旋前、胫骨后肌无力和（或）腓肠肌过紧的结果。

除了拉伸小腿和强化臀部与足部，足部外旋还需要步态再训练，你要有意识地调整足蹬地的位置。你应该知道每一侧胫骨旋转的具体角度，并试着在跑步时匹配那个角度。落地时，只要你的膝关节直指前方，双足的角度小于胫骨旋转的角度就没问题。

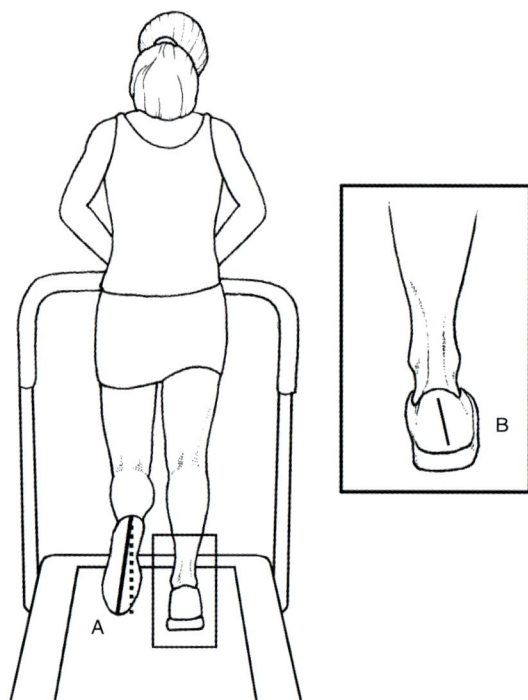

图 4.21　在摆动中期和站立中期时足的位置　足的纵向平分线应是径直向前的，但如果胫骨外旋时，平分线会转向外侧（A）。在站立中期确认后足位置（B）

图 4.21B 说明了在站立中期如何确认后足位置。一般情况下，足跟的平分线在站立中期应该是垂直的，但是当出现过度旋前时，足跟的平分线就会朝内。过度旋前会引发跟腱损伤、胫骨内侧应力综合征和膝前痛。相比之下，高足弓的跑者会出现足跟内翻，且容易发生应力性骨折、膝外侧痛和髋外侧痛。

足过度旋前者应该考虑进行足部强化训练和（或）整天穿着极简跑鞋，因为强壮的过度旋前者不太可能受伤[28]。过度旋前的跑者通常更喜欢稳定型跑鞋，而高足弓跑者更喜欢柔软型跑鞋（详见第 5 章关于选择跑鞋的细节）。高足弓跑者也应考虑进行步态

再训练，在初始触地时尽量减小撞击声。如第 3 章所述，高足弓跑者应尽量保持足和踝适当的活动范围，并学会以胫骨近乎垂直的方式着地以减小制动力。

参考文献

1. Anderson T. Biomechanics and running economy. *Sports Med.* 1996;22:76–89.
2. Williams K, Cavanagh P. Relationship between distance running mechanics, running economy, and performance. *J Appl Physiol.* 1987;63:1236–1246.
3. Cavanagh P, Pollock M, Landa J. A biomechanical comparison of elite and good distance runners. *Ann NY Acad Sci.* 1977;301:328–345.
4. Anderson T, Tseh W. Running economy, anthropometric dimensions and kinematic variables (abstract). *Med Sci Sports Exerc.* 1994;26(5):S170.
5. Sano K, Ishikawa M, Nobue A, et al. Muscle–tendon interaction and EMG profiles of world class endurance runners during hopping. *Eur J Appl Physiol.* 2013;113(6):1395–1403.
6. Miyashita M, Miura M, Murase Y, et al. Running performance from the viewpoint of aerobic power. In: Folinsbe L (ed.) *Environmental Stress.* New York: Academic Press, 1978:183–193.
7. Folland J, Allen S, Black M, et al. Running technique is an important component of running economy and performance. *Med Sci Sports Exerc.* 2017;49:1412–1423.
8. Weyand P, Sternlight D, Belizzi J, Wright S. Faster top running speeds are achieved with greater ground forces not more rapid leg movements. *J Appl Physiol.*

2000;89:1991–1999.

9. Salo A, Bezodis I, Batterham A, et al. Elite sprinting: are athletes individually step-frequency or step-length reliant? *Med Sci Sports Exerc*. 2011;43:1055–1062.

10. Abe T, Fukashiro S, Harada Y, et al. Relationship between sprint performance and muscle fascicle length in female sprinters. *J Physiol Anthropol*. 2001;20:141–147.

11. Kumagai K, Abe T, Brechue W, et al. Sprint performance is related to muscle fascicle length in male 100-meter sprinters. *J Appl Physiol*. 2000;88:811–816.

12. Kubo K, Ohgo K, Takeishi R, et al. Effects of isometric training at different knee angles on the muscle–tendon complex in vivo. *Scand J Med Sci Sports*. 2006;16:159–167.

13. Lee S, Piazza S. Built for speed: musculoskeletal structure and sprinting ability. *J Exper Biol*. 2009;212:3700–3707.

14. Turki O, Chaouachi D, Behm D, et al. The effect of warm-ups incorporating different volumes of dynamic stretching on 10-and 20-m sprint performance in highly trained male athletes. *J Strength Cond*. 2012;26:63–71.

15. Pellegrino J, Ruby B, Dumke C. Effect of plyometrics on the energy cost of running and MHC and titin isoforms. *Med Sci Sports Exerc*. 2016;48(1):49–56.

16. Barnes K, Hopkins W, McGuigan M, et al. Form-up with a weighted vest improves writing performance via leg stiffness and running economy. *J Sci Med Sport*. 2015;18(1):103–108.

17. Escamilla R, Zheng N, Macleod T, et al. Patellofemoral joint force and stress between a short- and long-step forward lunge. *J Orthop Sports Phys Ther*. 2008;38:681–690.

18. Boyer E, Derrick T. Select injury-related variables are affected by stride length and foot strike style during running. *Am J Sports Med*. 2015;43:2310.

19. Creaby M, Dixon S. External frontal plane loads may be associated with tibial stress fracture. *Med Sci Sports Exerc*. 2008;40(9):1669–1674.

20. Bramah C, Preece S, Gill N, et al. A 10% increase in step rate improves running kinematics and clinical outcomes in runners with patellofemoral pain at 4 weeks and 3 months. *Am J Sports Med*. 2019;47:3406–3413.

21. Heiderscheit B, Chumanov E, Michalski M, et al. Effects of step rate manipulation on joint mechanics during running. *Med Sci Sports Exerc*. 2011;43(2):296–302.

22. Stiffler-Joachim M, Wille C, Kliethermes S, et al. Foot angle and loading rate during running demonstrate a nonlinear relationship. *Med Sci Sports Exerc*. 2019;51:2067–2072.

23. Hanley B, Smith L, Bissas A. Kinematic variations due to changes in pace during men's and women's 5 km road running. *Int J Sports Sci Coach*. 2011;6:243–252.

24. Pipkin A, Kotecki K, Hetzel S, et al. Reliability of qualitative video analysis for running. *J Orthop Sports Phys Ther*. 2016;46:556–561.

25. Elsais W. EMG measurement of the adductor muscles during walking and running. PhD dissertation 2019. University of Salford, Salford, UK.

26. Chang A, Hayes K, et al. Hip abduction moments and protection against medial tibiofemoral osteoarthritis progression. *Arth Rheum*. 2005;52:3515–3519.

27. Turner CH, Wang T, Burr DB. Shear strength and fatigue properties of human cortical bone determined from pure shear tests. *Calc Tiss Res*. 2001;69:373–378.

28. Zhang X, Pauel R, Deschamps K, et al. Differences in foot muscle morphology and foot kinematics between symptomatic and asymptomatic pronated feet. *Scand J Med Sci Sports*. 2019;29(11):1766–1773.

第 5 章

选择理想的跑鞋

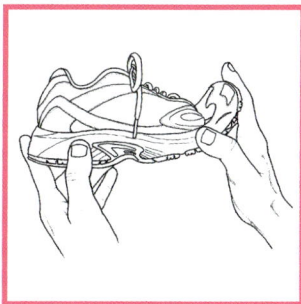

人类在裸足行走时，足部可能会出现割裂伤、擦伤和（或）烫伤，但奇怪的是，在人类作为两足生物的 700 万年历史中，几乎都是裸足（不穿鞋）在地面上行走。虽然人类自认为足部是一个脆弱并且需要保护的结构，但是当我们裸足状态出生时，足部其实是有非常大的弹性的。在一项研究中[1]，比利时的研究人员通过比较长期穿鞋和长期裸足的受试者的足，发现长期裸足的受试者的足前掌比长期穿鞋的受试者的宽 16%。足前掌宽度的增加可以改善行走和跑步时足底压力的分布，使压力更加均匀。该研究也发现，长期穿鞋的人前掌区域足底压力大于长期裸足的人，研究者也证实了"长期穿鞋的前掌区域足底压力更大"这一观点。从裸足出生开始，足趾慢慢变得足够强壮，可以将足底压力从前掌区域的中心分散到足趾的顶端，以便在行走或跑步中产生更强的推动力。这和对 10 万年前的人体骨骼的分析结果是一致的，即从出生开始保持裸足状态的人因为拥有强壮的足趾，可以更有效地分配足底压力，从而降低前足关节炎的患病率[2]。为防止裸足时被扎伤，长期裸足的足部皮肤发生了适应性改变，它们变得非常粗糙，像皮革一样。最早的祖先在撒哈拉以南的非洲地区迁徙时，这些足部特征帮助他们更好地承受足部的压力。

有证据表明，直到 3 万年前，我们才开始习惯使用鞋具来保护足部，也就是说，我们祖先在裸足状态下甚至可以应对穿越欧亚大陆时的极端低温以及起伏的山地地形。这意味着我们的祖先在离开非洲后的 8 万年间，在没有穿保护性鞋具的情况下，穿越了瑞士和意大利的阿尔卑斯山，并经受住了欧洲和亚洲的寒冷气候。人类足底脂肪垫的多元不饱和脂肪含量是一般脂肪组织含量的 4.5 倍，大量的多元不饱和脂肪降低了足底筋膜黏性，使软组织即使在零度以下也免受伤害。人类足底的皮肤也进化出一种特殊的能力，即可以根据我们是走在湿滑的岩石上还是光滑干燥的地形上，足底表面发生适应性变化。你有没有考虑过，为什么洗完澡或淋浴后，只有手部和足底部的皮肤会起皱褶？一个爱达荷州研究实验室的神经生物学家称[3]，这些皱褶就像轮胎的胎面一样，可以提高足部在湿滑表面上的抓地能力。相比之下，当我们的皮肤平整时，对干燥物体表面有更好的抓握力。请注意，世界上时速最快的赛车拥有几近光滑的轮胎，能够以 386 km/h 的速度在干燥的路面上转弯，但如果是在雨中行驶，它就会打滑。

使用鞋具的第一个证据

因为早期的鞋具是由皮革、草和其他生

物可降解材料制成的，没有留下任何化石证据，所以人类开始习惯性使用鞋具的确切时间一直很难确定。虽然我们猜测尼安德特人偶尔会使用绝缘材料包裹足部，但第一个直接证据仅可追溯到 3500 年前（图 5.1）。后来经碳 14 测年鉴定，在俄勒冈州和密苏里州发现的原始凉鞋和软底鞋是 1 万年前的，然而，人类祖先最早使用保护性鞋具的具体时间仍是个谜。

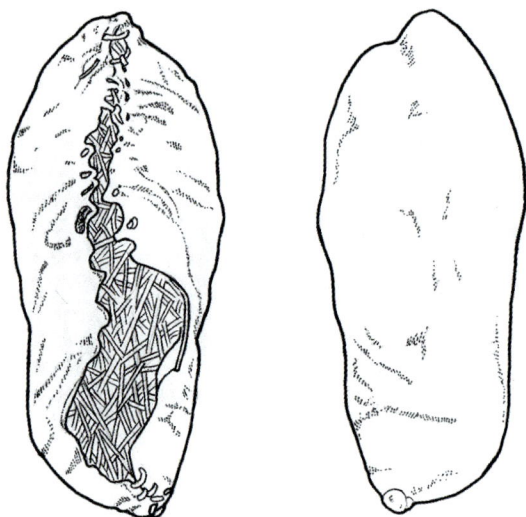

图 5.1　最早的鞋具就像缝合的皮包

为避开"古代鞋具迅速腐烂，没有留下使用过的痕迹"这一事实，Trinkaus 和 Shang[4] 决定通过研究早期祖先足趾形状的变化情况来确定人类开始使用鞋具的时间。鉴于经常穿鞋会降低足趾肌肉的张力，研究者推测经常穿鞋会导致近端趾骨（足趾底部的骨头）突然变薄。通过精确测量足趾的形状和成分的各个参数，作者发现大约在 3 万年前的晚更新世时期，趾骨的围度显著下降（图 5.2）。

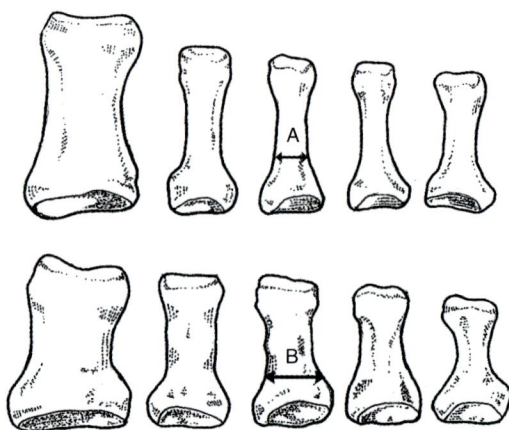

图 5.2　比较早更新世时期（下一行）和晚更新世时期（上一行）人类趾骨的宽度。研究者称，经常穿鞋会使足趾肌肉的张力降低，从而引发趾骨重塑，导致趾骨逐渐狭窄（对比 A 和 B）

因为除足趾外整个肢体的粗壮度并没有发生改变，所以从解剖学角度推断，是鞋具的使用最终导致足趾变窄。研究者指出，由于没有证据表明在晚更新世时期，人类下肢的生物力学负荷有显著降低（例如，觅食距离缩短），因此，合理的结论是，足趾变薄可能只是因为使用了鞋具。作者通过评估不同时期的许多骨骼残骸，根据足趾直径突然减小的时间，得出"人类在 2.8 万—3.2 万年前的某个时候就开始习惯性使用鞋具"这一结论。

最早的鞋具很可能与在亚美尼亚洞穴中发现的鞋具相似，也就是说它们都是一些简单的皮质里面填满了草的设计，将足部与寒冷的外界环境隔绝。由于地区不同，鞋具也有所不同，在热带环境中最早穿着的鞋具很可能与最近在以色列发现的有 3000 年历史的凉鞋相似。一经发明，保护性鞋具便迅速流行开来。通常认为早期的埃及人是第一个创造出坚硬质地的凉鞋文明的人类，这种凉鞋最初是由编织的纸莎草在湿沙中塑型而成。富裕的居民甚至用昂贵的珠宝来装饰他们的凉鞋。

虽然富有的希腊人和埃及人为左右脚制作了不同的鞋具，但这种做法的持续时间很短，在整个中世纪时代，鞋具是不分左右的。而美国内战前制造技术的进步改变了这一现状。通过改造一台用于大量生产木制枪托的车床，费城的一位鞋匠制造出了镜像鞋楦（鞋楦是用于制造鞋具的三维鞋具模型），来分别生产左右鞋具。联邦军使用这种新技术为 50 多万名士兵提供了左右成对的皮鞋。

20 世纪早期的运动鞋

皮革一直是最受鞋具制造商欢迎的材料，直到 19 世纪末，查尔斯·固特异（Charles Goodyear）不小心将橡胶扔进了加热的硫磺中，制出硫化橡胶。在这之前，因为橡胶的融化温度相对较低，所以是一种相当无价值的材料。硫化橡胶因其具备的弹性被应用到很多领域，其中就包括第一双运动鞋的生产。虽然生产出的鞋有很多新名称，包括网球鞋、训练鞋、跑鞋，但"运动鞋（sneaker）"这个术语是最受欢迎的，这要追溯到 1887 年《纽约时报》（The New York Times）的一个专栏[5]，该专栏引用刊登在《波士顿教育》（The Boston Journal of Education）上的一篇文章："只有疲惫不堪的校长才能充分理解男孩们给网球鞋起名为运动鞋的意义"。显然，这种柔软的橡胶

鞋底可以让学生们悄悄地走近毫无防备的老师。

斯伯丁（Spalding）制造出最早一批运动鞋：匡威（Converse）All Star 系列。斯普林菲尔德学院的运动员们在进行那时刚兴起的篮球运动时穿着 All Star 篮球鞋，让 All Star 篮球鞋迅速流行起来。自 1908 年面世以来，匡威全球销量已超过 7000 万双。1916 年，美国橡胶公司推出了一款名为 Keds 的运动鞋，它与 All Star 系列相当，是一款由柔软的橡胶鞋底和帆布鞋面制成的运动鞋。在大萧条时期前不久，新百伦（New Balance）开发了第一双矫形型运动鞋。目前，新百伦仍然是世界上生产多种宽度运动鞋的最大制造商之一。德国鞋商阿迪·达斯勒（Adi Dassler）在 20 世纪 30 年代创立了阿迪达斯（Adidas），而他的兄弟鲁迪（Rudi）在 20 世纪 40 年代创立了彪马（Puma）。阿迪达斯一直是非常受欢迎的公司，也是运动鞋的主要制造商，直到 20 世纪 60 年代菲尔·耐特（Phil Knight）和比尔·鲍尔曼（Bill Bowerman）创立了蓝带体育用品公司（Blue Ribbon Sports）。1978 年蓝带体育用品公司更名为耐克（Nike）公司，这是依照希腊胜利女神的名字而取的。50 多年来，这家公司一直是世界上最大的运动鞋和运动服装生产商。

20 世纪 70 年代到 2010 年的跑鞋

第一款专为跑步制造的运动鞋设计得非常简单：薄橡胶底上面覆盖一层帆布，提供

名义上的减震和保护。下一代跑鞋采用更厚的中底设计，鞋跟内侧和外侧有较大扩展，稳定性有所提高。不幸的是，因为跑步过程中足跟着地时，后跟外侧扩展为后足旋前提供了一个更长的杠杆，所以后跟外侧扩展很快被证明会增加跑步的损伤风险（图 5.3）。虽然这项研究[6]是由 20 世纪 80 年代末世界上最顶尖的生物力学家发表的，但制鞋商对此反应迟缓，并在接下来的几年里仍保留后跟外侧扩展。

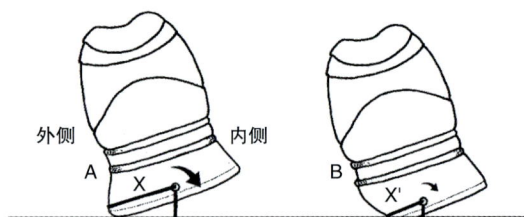

图 5.3　后跟外侧扩展　第一款跑鞋设计了较大的后跟外侧扩展（A），这在足跟着地时，为后足的旋前提供了一个较长的杠杆臂（X）。这一特征显著增加了旋前范围和速度。请注意，后跟外侧内收（B）的中底为后足的旋前提供了一个较短的杠杆臂（X'）

与 20 世纪 60 年代的简易跑鞋相比，之后设计上最显著的变化是制鞋商开始生产适合跑者的运动鞋，这些运动鞋有 3 种不同的拱高：适用于高足弓跑者的减震型运动鞋、适用于正常足弓跑者的稳定型运动鞋，适用于扁平足伴过度旋前跑者的运动控制型运动鞋（图 5.4）。

绝大多数中底材料由聚氨酯（PU）或乙烯 – 醋酸乙烯共聚物（EVA）制成。PU 具有极大的弹性来抗压并且不容易磨损。可以通过中底的重量（PU 是中底材料中最重

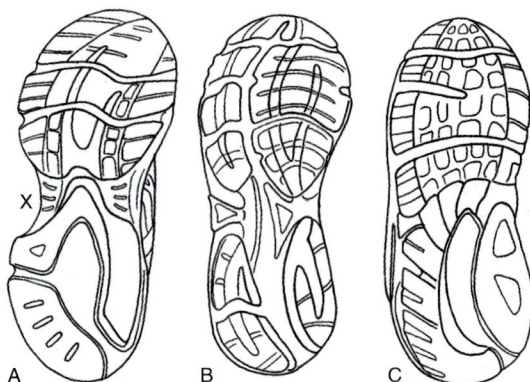

图 5.4　3 种类型跑鞋底面观　减震型运动鞋（A）适用于高足弓跑者。它们略微向上拱起，与典型的高足弓的形状相匹配，中底富有弹性，并且中足区域的中底体积明显减小（X）。底面观显示，中足区域中底材料的减少使跑鞋的鞋底形似沙漏。稳定型运动鞋（B）适合足中立跑者。这类运动鞋鞋底更直，并有更多的中底材料来支撑足弓。相比之下，运动控制型运动鞋（C）鞋底是非常直的，并且在整个中足区域都使用特别厚的中底材料来加固。由于额外的中底材料，运动控制型运动鞋是非常坚硬的

的）以及随时间变黄等趋势的特征来识别 PU。相比之下，EVA 更轻，也更容易磨损，在反复应力下容易变形。由于 EVA 的生产成本不高，经常用于入门级运动鞋。

之后，其他的混合材料也被用于中底生产中，比如 Phylon（它由 EVA 加热发泡后灌入模型中冷却而来）以及 Phylite（一种 Phylon 和橡胶的混合物）。这些材料都可以快速注塑成型。因为 Phylite 在没有大底的情况下也非常耐磨，所以用它制造的运动鞋都非常轻便和灵活。

不同的中底材料的密度差别很大，这在为高足弓和扁平足的跑者设计运动鞋时很有帮助。高足弓的跑者需要密度小的中底材料来提高减震能力，而扁平足的跑者需要混合

中底材料，这种混合中底材料的外侧质地柔软，内侧硬度高，被称为"双密度中底"。外侧的柔软材料可以减小冲击力，降低旋前的初始速度，而内侧较硬的材料可以防止过度旋前[7]。双密度中底本质上创造了一个功能性的后足内翻柱，减少了足跟着地时的后足旋前量。

尽管早期跑鞋较厚的中底具有减震和运动控制的功能，但它们的一个主要缺点是质量较重。因为跑步过程中跑鞋距髋关节较远，跑鞋相对于臀部肌肉有很长的杠杆臂，所以跑鞋太重会迫使臀部肌肉在跑步加速和减速过程中更用力地收缩。这就好比在跷跷板上，对方突然向后移动，就有了一个更长的杠杆臂作用在跷跷板的支点上，你就会被悬在空中。就跑步而言，中底材料每增加 100 g，跑步的代谢成本就会增加 1%。这就是所谓的"1% 规则"，这与跑步过程中加速和减速的加速度有关，过重的中底可能会导致在跑马拉松过程中的极度疲劳。

直到近几年，跑鞋普遍采取了增加中底材料把鞋跟增厚 10 ~12 mm，以支持和保护足跟免受冲击力的影响。与 All Star 系列和 Keds 的平底鞋不同，改进了早期中底的前面部分，增加了不同程度的鞋头翘度（图 5.5）。

改良的鞋头翘度，其实增大了中底远端与地面的夹角，这有效缩短了鞋具的功能长度，同时也减小了足趾在蹬地过程中的运动范围。因为这种中底设计让足部在蹬地的同时伴有滚动动作，所以在治疗跟腱炎、足底

图 5.5　鞋头翘度　典型的跑鞋都有一个鞋头翘度（A），可以让足部以更自然的方式运动，并且减少跟腱和足底筋膜的张力

筋膜炎、跖骨应力综合征和（或）踇囊疼痛方面非常具有价值。

跑鞋制造商乐观地认为，与 20 世纪 60 年代单薄的运动鞋相比，为满足不同足弓高度跑者的生物力学需求而专门设计的跑鞋不仅可以减少损伤的风险，还可以提高运动成绩。而有些人则认为，长期过度使用有鞋头翘度的跑鞋会导致足弓内在肌无力。

2010 年，几项高质量的研究评估了基于足弓高度的跑鞋处方是否具有价值。在迄今为止规模最大的一项研究中，Knapik 等人[8]将 1400 名男性和女性海军陆战队新兵分为两组：一组是基于足弓高度推荐跑鞋的试验组，另一组是不考虑足弓高度而穿着稳定型跑鞋的对照组。在完成了 12 周的强化训练后，研究者得出结论：基于足弓高度的跑鞋处方是没有必要的，因为两组之间的受伤率没有差异。

在另一项评估基于足弓高度的跑鞋处方是否具有价值的研究中，Ryan[9]等人将 81 名女性跑者分为足旋后组、足中立组和足旋前组，然后随机分配给她们稳定型和运动控制型跑鞋。研究者再次得出结论，足部类型、跑鞋类型和报告的疼痛频率之间没有相

关性。这项研究中一个更有趣的发现是，那些被归为足旋前组的跑者在穿着运动控制型跑鞋时报告了更大程度的疼痛，这并没有让我感到惊讶，因为这些类型的跑鞋通常和木板一样坚硬。

鞋中底

与中底材料过多有关的问题

在20世纪80年代和90年代，加拿大的研究人员[10, 11]一直质疑一种观点，即更多的中底材料可以缓冲足部冲击力，使其免受伤害。他们声称，高减震型跑鞋可能会增加损伤的可能性，因为人们无法正确地感受

地面。为了证明这一点，他们把小金属球放在足底的不同位置，并确定了第一跖骨头下面的皮肤对压力的敏感性比足跟下面的皮肤要高出近10倍。第一跖骨头下方皮肤的敏感性较强，在行走和跑步时其感觉感受器受到刺激，产生足趾肌肉的反射性收缩。当足趾向下推以减轻敏感的第一跖骨头的负荷时，它们将压力分布到更广泛的区域，有效地消除了较大的压力负荷（图5.6）。这项研究解释了为什么在10万年前，人类的祖先很少在前足关节处患关节炎，而现在我们经常在这些关节上患严重的关节炎和蹈囊炎。

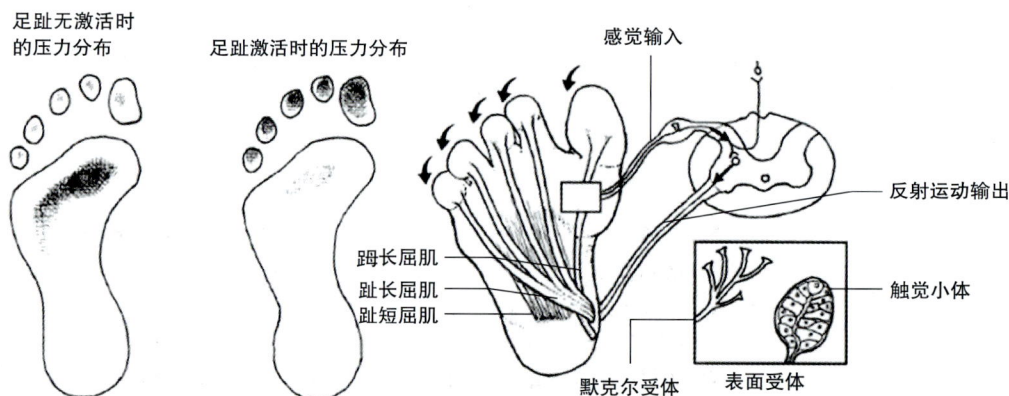

图5.6　足趾激活前后的压力分布改变　当受到刺激时，位于第一跖骨头下方的皮肤感受器会引起足趾肌肉的反射性收缩，将压力从前足中心转移到足尖。这种反射性收缩可以保护前足免受伤害

1997年，Robbins和Waked[10]做了一个简单的测试来评估柔软材料对我们应对冲击力能力的影响。他们测量了健康受试者从4.5 cm的高处迈步落在平台上时的冲击力。平台由0 cm、2.5 cm、5 cm和7.5 cm

的EVA泡沫制成。研究得出一个非常矛盾的结论，落在最厚泡沫上的受试者反而受的冲击力最大。作者解释，由于柔软的表面使人们很难正确地感受，所以受试者通过减少膝关节和髋关节的屈曲角度来更用力地撞

击表面，这样他们就可以压缩泡沫，从而更好地感受到地面。他们引用了另一项有趣的研究，该研究表明[12]，体操运动员在 10 cm 厚的软垫子上着地时所承受的冲击力比在坚硬的地板上着地时所承受的冲击力要多 20%。Robbins 和 Waked 的研究中唯一存在的问题是，受试者是在 2.5~7.5 cm 的 EVA 泡沫上着地的，这比跑鞋的泡沫要厚得多。

与中底材料过少有关的问题

鉴于过度的中底缓冲会增加冲击力并降低跑步效率（记住 1% 规则），似乎最好的中底就是没有中底。虽然这是裸足跑的支持者经常倡导的，但因为一定程度的中底缓冲可以保护足跟和前足的脂肪垫免受损伤，所以完全去除中底可能会导致慢性损伤。来自荷兰的研究人员已经证明[13]，裸足跑会导致足跟的保护性脂肪垫变形，变形程度达 60%，而传统中底跑鞋使脂肪垫变形程度降至 35%。跑步职业生涯中重复成千上万次的落地，若脂肪垫变形程度达 60%，这可能会产生永久性损伤，进而导致慢性足跟和（或）前足疼痛。

研究证明，柔软的跑鞋中底除了能延长足跟脂肪垫的寿命，还能储存和释放能量，抵消因中底重量增加而降低的跑步效率。科罗拉多大学的研究人员[14]通过研究裸足跑者和穿 10 mm 厚中底跑鞋的跑者跑步时的耗氧量，证明了尽管穿跑鞋增加了中底重量，但裸足跑和穿有缓冲中底的跑鞋在跑步效率上没有区别。研究者指出："跑鞋缓冲的积极作用抵消了中底重量增加带来的负面影响，所以穿鞋跑步的代谢成本与裸足跑步大致相当。"

这项研究更有趣的结果是，研究人员还评估了跑者在装 10 mm 或 20 mm 中底材料的跑步机上跑步时的效率。有趣的是，装有 10 mm 厚中底材料的跑步机与装有 20 mm 厚中底材料的跑步机，带来跑步效率的提高是相同的。显然，正如有弹性的跑道提供了 7 mm 的挠度帮助跑者达到最快的跑步速度，10 mm 的减震中底在体重较轻的跑者身上提供了理想的能量回馈，同时削弱本体感觉的程度也是最小的。记住，在 Robbins 和 Waked[10]研究中使用的导致冲击力增加的 EVA 厚度为 2.5~7.5 cm，这可能更大程度削弱了本体感觉的输入，并且对减震产生了负面效应。

改变中底的鞋跟掌差

如前所述，在 20 世纪 80 年代、90 年代和 21 世纪初，所有跑鞋都采用 10 mm 和 20 mm 的中底材料，形成所谓的"鞋跟掌差"（或"足跟到足趾的高度差"）（图 5.7）。这种高于足趾处的鞋跟被认为是在足跟着地时缓冲跟腱应力并吸收冲击力的必要条件。为了减轻跑鞋重量，达到更接近于裸足跑的运动状态，不同的制造商开始逐渐减少足跟区域的中底材料。

零鞋跟掌差的跑鞋使人体在跑步时前足和后足拥有等量的缓冲，由于这接近裸足跑

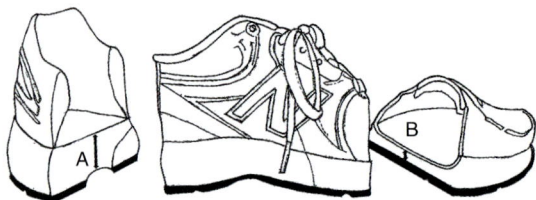

图 5.7　鞋跟掌差　鞋跟掌差是足跟（A）和前足（B）下方中底厚度的差异。这款运动鞋在足跟下方有 22 mm 的中底材料，在前足下方有 12 mm 的中底材料，从而形成了 10 mm 的鞋跟掌差

的状态，所以通常被认为是"更自然"的跑鞋。零鞋跟掌差跑鞋的支持者声称，高鞋跟掌差的跑鞋所具有的过度缓冲作用，会促使跑者产生更明显的足跟着地，也会导致着地时膝关节的屈曲角度及站立中期踝关节背屈角度减小[15]。10 mm 鞋跟掌差跑鞋的支持者声称，鞋跟处增加的缓冲令人更为舒适，并且能够保护穿着者免受损伤。

为了解决关于鞋跟掌差的争议，来自法国的研究人员[16]让 553 名跑者分别穿着鞋跟掌差为 0 mm、6 mm、10 mm 的跑鞋。这些跑鞋除了鞋跟抬高的程度不同，其余的参数都一样，被随机分配给不同的受试者并对受试者进行 6 个月的追踪研究。这项研究的关键之处在于，除鞋跟抬高程度之外的参数都是相同的——因为不同型号的跑鞋之间存在很大差异，所以在控制所有其他因素的情况下才能评估某单一因素的影响。前期的研究评估了鞋跟高度的影响，但并不能保证研究结果一定是鞋跟掌差造成的。

在为期 6 个月的研究结束时，损伤率并没有总体差异，但偶尔跑步的跑者其低损伤

风险与穿 0 mm 和 6 mm 鞋跟掌差的跑鞋有关，而有经验的跑者穿 10 mm 鞋跟掌差的跑鞋的损伤风险较小。虽然这只是一项研究，但它符合我在实践中观察到的情况，即速度快、高跑量的跑者更喜欢 10 ~ 12 mm 鞋跟掌差的跑鞋，而慢速业余跑者则穿着 0 mm 和 6 mm 鞋跟掌差的跑鞋时表现更好。与中底的硬度和质量一样，鞋跟掌差是提高跑鞋舒适度的重要因素，你应该尝试不同类型的跑鞋，直到找到最适合你的中底高度。

从 2010 年到如今的极简跑鞋

受克里斯托弗·麦克杜格尔（Christopher McDougall）畅销书《天生就会跑》（*Born to Run*）的启发，极简跑鞋最初被设计成模仿裸足跑的样式（图 5.8）。根据古人类学家 Daniel Lieberman[17]的说法，为了保护足跟免受损伤，裸足跑者着地时会自然地选择一个

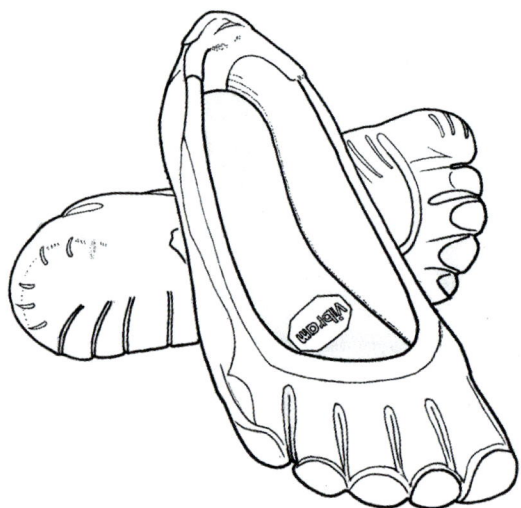

图 5.8　Vibram 五趾鞋的设计模仿裸足跑步

更向前的触地点，理论上这样可以提高能量的储存和释放效率，并更有效地减弱冲击力。

虽然提高能量释放和降低冲击力听起来很吸引人，但实际上穿极简跑鞋的跑者为了获得这些好处，有必要选择更向前的触地点。不幸的是，实际情况并非总是如此。在一项对过渡到极简跑鞋的跑者的研究中[18]，35% 的跑者尽管已经穿极简跑鞋长达 2 年有余，但仍然是用足跟着地。虽然中足着地模式的跑者可能会从极简跑鞋中受益，但是配速低的跑者如果继续用足跟着地则更有可能受伤，因为穿着极简跑鞋仍用足跟着地，足跟下面的垂直方向的负荷率要比不穿极简跑鞋高出近 40%[19]。此外，研究表明[14]，10 mm 厚的中底并不会降低效率，因为它提高了能量的存储和释放，这表明即使是配速快的跑者也能通过传统中底得到保护。

有一个关于极简跑鞋的问题是，在磨合期穿着它们时很容易受伤。杨百翰大学的研究人员在《体育运动医学与科学》（Medicine and Science in Sports and Exercise）杂志上发表的一项经常被引用的研究指出[20]，19 名过渡到极简跑鞋的试验组跑者中有 10 人受伤，而 17 名穿着传统跑鞋的对照组中只有 1 名跑者受伤。我觉得极简主义跑鞋的高受伤率，与现代人类和裸足时期祖先的足部结构差异巨大这一事实有关。要记住的是，早期原始人足趾强壮并且前足比我们宽 16%，所以他们可以轻松地控制跑步推进期的力量。另外，我们的祖先除了有更强壮、更宽的前足外，体型也更小。直立

猿人是第一批经常奔跑的人类，身高只有 1.57 m，体重约 50 kg。考虑到这些原始人身材矮小、前足宽大，所以体重较大的男性跑者在穿着极简跑鞋时更容易受伤也就不足为奇了[21]。

迄今为止有关极简跑鞋最详细的研究中，来自澳大利亚的研究人员[22]评估了跑者逐渐过渡到完全穿着极简跑鞋进行日常跑步的短期影响和长期影响。在研究的前 6 周，研究人员让 50 名男性业余竞速跑者逐渐过渡到穿着极简跑鞋完成每周总跑量的 35%。所有的跑者都是习惯性足跟着地，并且已经习惯穿着传统跑鞋。6 周的磨合期后，跑者被要求在接下来的 20 周内继续过渡到极简跑鞋，每周增加 5%。在第 6 周和第 20 周，研究人员评估其跑步表现、跑步效率、小腿力量、下肢骨密度、步幅和步频。

在第 6 周，过渡到极简跑鞋的跑者在跑步表现和跑步效率方面有了轻微的改善，研究者将其归功于极简跑鞋的重量较轻。50 名跑者中，有 2 名在前 6 周完成了从足跟到前足着地模式的转换。在为期 20 周的研究结束后发现，经常穿着极简跑鞋的跑者其跑步表现、跑步效率、步幅、步频、骨密度甚至是初始着地点都没有任何改变（之前两名过渡到前足着地的跑者在第 20 周又恢复到典型的足跟着地）。重要的是，极简跑鞋确实会轻微地增加踝关节跖屈肌的力量，这与先前的研究结果一致，穿极简跑鞋跑步 8 周会增加足内在肌的横截面积[23]。研究者指

出，由于训练全程穿着极简跑鞋所带来的好处有限，跑者可能需要限制使用极简跑鞋，降低穿着极简跑鞋的训练量占总训练量的比例，因为穿着极简跑鞋进行过多训练已被认为会增加损伤的风险。

我从这项研究中得出的结论是，当一整天都穿极简跑鞋步行和（或）短时间跑步，有利于刺激足弓和小腿的肌肉，同时不会使它们超负荷收缩，还能显著增加足弓和腿部肌肉的力量和体积[23]。随着时间的推移，也会提高足弓和腿部肌肉、肌腱储存和释放能量的能力。这个说法是有依据的，即与穿着传统跑鞋的跑者相比，适应穿极简跑鞋的跑者的跟腱更粗壮、更有弹性[24]。肌肉力量和肌腱弹性的增强有长远的好处，尤其是对跑步大师而言，他们的跑速会随着年龄的增长而变慢，这不是因为他们髋部或膝部的力量输出减少，而是因为他们的小腿肌肉会随着年龄的增长而变弱[25]。

极多主义跑鞋

大概在极简跑鞋的流行开始消退时（部分原因是高损伤率），一家名叫 Hoka One One 的不知名法国公司推出了第一款极多主义跑鞋：the Mafate（图 5.9）。

公司的名称来源于毛利语，意思是"飞越地球"。Hoka One One 最早的跑鞋包含大量的中底材料，这是为帮助跑者应对快速下坡跑时产生的极端冲击力而专门设计的。由

图 5.9　Hoka One One 的 the Mafate 跑鞋的中底厚度有 37 mm（A）

于这些跑鞋很厚，所以"堆叠高度"一词就用来指足底和地面之间鞋具材料的总量。通常用 2 个数字表示：第 1 个堆叠高度是足跟下面的高度，第 2 个堆叠高度是前足下面的高度。和零鞋跟掌差的极简跑鞋 12/12 mm 的堆叠高度相比，这种极多主义跑鞋堆叠高度超过 30 mm 并不少见。例如，Hoka One One 的 Bondi 系列的堆叠高度为 37/33 mm。

极多主义跑鞋很快在专业跑者中流行起来，目前在业余跑者中也很受欢迎。其他跑鞋制造商也都注意到了极多主义跑鞋的成功，像奥创（Altra）、威斯（Vasque）、新百伦、布鲁克斯（Brooks）和阿迪达斯等公司都研发了自己的极多主义鞋型，每款都有自己独特的形状、堆叠高度和鞋跟掌差。

根据先前讨论过的 Robbins 和 Waked 发表的研究，极多主义跑鞋由于中底材料过多，可能被认为会增加冲击力。事实上，最初的研究表明穿极多主义跑鞋确实会增加冲击力。2018 年，俄勒冈州立大学的研究人员[26]比较了 Hoka One One 跑鞋和传统的新百伦跑鞋之间的地面垂直反作用力。与之

前关于中底厚度和冲击力之间关系的研究一致，穿 Hoka One One 跑鞋的跑者承受的冲击力和负载率比穿传统跑鞋的跑者更高。这项研究的结果与一项研究[27]相一致，但与另一项研究[28]相冲突。这些研究的共同问题是，研究人员比较了完全不同的跑鞋，它们有太多不同的特征，以致无法单独评估堆叠高度的影响。

在 2020 年，为了确定堆叠高度这一单一因素对跑者的影响，来自圣何塞州立大学的研究人员进行了一项详细的研究[29]，他们比较了 20 名穿着 3 种不同类型跑鞋（极多主义跑鞋、传统跑鞋和极简跑鞋）的业余跑者跑步时的地面反作用力和三维运动。与之前的研究不同，这些研究人员在 3 个分组中都使用相同的跑鞋，研究人员仅仅改变了堆叠高度：极多主义跑鞋有 33 mm 的后足堆叠高度和 29 mm 的前足堆叠高度，传统跑鞋有 22 mm 的后足堆叠高度和 18 mm 的前足堆叠高度，以及极简跑鞋有 10 mm 的后足堆叠高度和 6 mm 的前足堆叠高度。除了中底的厚度，跑鞋的其他参数都是一样的。

在分析了不同跑鞋相关的三维运动和冲击力后，研究者确定：穿着极多主义跑鞋的跑者比穿着传统和极简跑鞋的跑者足旋前更多。穿着极多主义跑鞋的跑者在蹬离地面时，过度的滚动动作尤为明显。作者指出，"极多主义跑鞋产生的外翻力学可能会让跑者面临更高的损伤风险"。先前的研究表明[30,31]，大量下肢损伤都与过度旋前有关。

尽管极多主义跑鞋可能会增加足旋前，但却越来越受欢迎，不仅在跑步界，在护理等职业人群中也是如此，这些职业人群中，足部疼痛是职业伤害的首要原因。经过一段短暂的磨合期后，穿着极多主义跑鞋的跑者会自我纠正运动模式。

新类别：速度型、缓冲型和稳定型

考虑到最新款跑鞋在结构和功能上的新变化，旧的减震型、稳定型和运动控制型的跑鞋分类已不能满足我们对所有新款跑鞋的分类需求。为此，许多专家现在将跑鞋分为速度型、缓冲型和稳定型 3 种。按照 1% 规则，速度型跑鞋更轻，鞋跟掌差较小。稳定型跑鞋的重量往往比缓冲型跑鞋稍重，稳定型跑鞋的中底通常有支柱和（或）嵌板加固来提供支撑。

这些新款跑鞋与之前笨重款式跑鞋的不同之处在于，现在几乎所有的制造商都使用自己的高科技中底泡沫，这些材料可提供稳定性和缓冲，但重量比 20 世纪 80 年代和 90 年代早期使用的 PU 或 EVA 中底材料轻不少。大多数新型中底采用专有的热塑性聚氨酯弹性体（TPU）、轻量化 EVA、各种凝胶或空气垫，以及聚醚嵌段聚酰胺（Pebax），Pebax 是一种极其轻质的热塑性聚合物，其中聚酰胺增加强度，聚醚增加柔韧性。

说到缓冲型跑鞋，萨洛蒙（Salomon）和陶氏化学（Dow Chemicals）共同开发了

Sonic 3 Balance 系列跑鞋，这种跑鞋包含一层减震记忆泡沫和另一层轻便且富有弹性的材料。另一款流行的缓冲型跑鞋是亚瑟士（Asics）Nimbus。Gel - Nimbus 22（一种型号）除了有包裹足跟的特殊减震胶，还有一层轻质 FlyteFoam 材料覆盖在一层全掌 FlyteFoam Propel 材料上，FlyteFoam Propel 是一种高回弹性材料，可在足趾蹬地时提供额外的弹力。2020 年《跑者世界》（Runner's World）杂志特别推荐缓冲型跑鞋新百伦 Fresh Foam X 1080。我喜欢这款跑鞋的原因是，它的 Fresh Foam 的中底中有一个塑型的环抱装置，包裹在足跟周围，以消除足跟不必要的移动。在我看来，足跟稳定在选择跑鞋时非常重要。另一款流行的缓冲型跑鞋是阿迪达斯的 Adizero Boost 系列。这双鞋的中底是 Adiprene 材质，这是一种聚氨酯聚合物和特殊化学材料固化的特殊材料，可提高跑鞋的强度和回弹性。这种独特的泡沫即使在 0℃ 以下也能吸收冲击力。Adiprene 材质在储存和释放能量方面效率很高，这就是世界上跑得最快的人经常穿这种鞋的原因。

和过去的重型运动控制型跑鞋不同，许多新款稳定型跑鞋的重量不到 284 g。耐克的 React Infinity Run Flyknit 重量只有 272 g，并且前足空间较大，中底为喇叭型，中足有轻微的坡度，这种设计的目的是"增强足部本体感受"。是否能达到这一目的还有待商榷，我和不同的跑鞋制造商相处了几十年，大多数制造商在 30 年前都不知道本体感觉

是什么，所以我将这一设计声明视为一个进步的标志。美津浓（Mizuno）的名为 Wave Inspire Waveknit 的稳定型跑鞋，在内侧足弓内缘附近的中底部分嵌入了特殊的加固板。如果你的足部过度向内翻，这些加固板可提供额外的支撑。新百伦 860 稳定型跑鞋提供了内翻柱，但斜角角度减少以使足部感觉更流畅。相比之下，布鲁克斯 Adrenaline 的后足柱被完全弃用，取而代之的是中底形状更细微的变化。

提起速度型跑鞋，耐克 Air Zoom Alphafly NEXT%（谁起的名字？）是绝对的赢家。埃鲁德·基普乔格（Eliud Kipchoge）穿着这双鞋创造了历史，成为第一个在 2 小时内跑完 42.2 km 的人。耐克引以为傲的是，不管技术水平如何，Alphafly 系列以及其前身 Vaporfly 系列都能提高 4% 的跑步效率，这意味着世界上跑得最快的马拉松选手的速度提高了 3.4%，完赛时间为 3 小时的马拉松选手的速度提高了 4%[32]。Alphafly 跑鞋除了重量不足 200 g 之外，其前足下方有特殊的气囊（称为"气垫"），中底嵌入了一块碳纤维板，可在推进过程中存储和释放能量（图 5.10）。（想想撑杆跳比赛中使用的碳纤维杆：当运动员开始上升时，它们是弯曲的，然后反弹回去推动运动员越过高杠。）

Alphafly 和 Vaporfly 系列的跑鞋之所以被称为速度型跑鞋，是因为新的 Pebax 材质中底具有非同寻常的顺应性和弹性。2017 年发表在《运动医学》（Sports Medicine）的

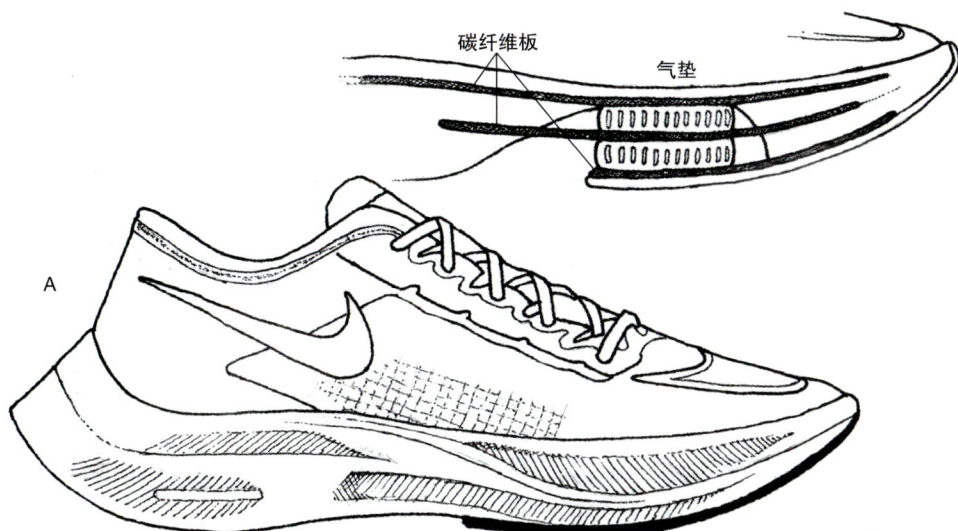

图 5.10　跑鞋中底碳纤维板　Vaporfly（A）在前足底的两层 Pebax 泡沫之间嵌入了 1 块碳纤维板。耐克 Air Zoom Alphafly NEXT%（上）在前掌处有 3 个碳纤维板和 4 个独立的气垫（每边两个）

一项研究中，Wouter Hoogkamer 和他的同事们[32]让 18 名高水平运动员穿着以下 3 种跑鞋完成一系列的 5 分钟跑步试验：耐克的 Zoom Streak 6（轻量化 EVA 中底和后掌气囊以及 23/15 mm 的堆叠高度），Adidas 的 Adizero Adios Boost 2（TPU 中底和 23/13 mm 的堆叠高度）和耐克的 Vaporfly ZoomX（带嵌入式碳板的 Pebax 中底和 31/21 mm 的堆叠高度）。通过在重量较轻的跑鞋中添加铅丸来使所有跑鞋重量一致后，测试人员测量了这些优秀运动员在不同时间不同跑速下的氧消耗量和二氧化碳呼出量。在研究结束时，穿着 Vaporfly 的受试者跑步能耗惊人地降低了 4%。更令人印象深刻的是，研究期间的每一天，在每一种跑速下都有 4% 的改善。唯一的缺点是，穿着 Vaporfly 的运动员的步幅和冲击力略有提高，这可能更容易造成腘绳肌和（或）膝关节的损伤。

虽然碳纤维板可能在提高跑步经济性上起到一些作用，但更有可能是 Pebax 材质中底的作用，因为它兼顾了硬度和能量回馈的优势。研究者声称，为了提高跑步表现，中底必须具有高顺应性（变形能力）和高弹性（释放能量的能力）。以在沙滩上跑步为例：沙子具有顺应性，所以你会陷进去，但是它没有弹性，所以你必须努力向前推进。就像一个有弹性的室内跑道，Pebax 中底几乎完美地融合了顺应性和弹性。高顺应性使你不必屈曲膝关节和髋关节来缓冲，而弹性则帮助你释放能量以减轻足弓肌肉的负荷。

Hoogkamer 博士和他的同事没有测量关节的运动，所以不能确定是什么原因促使跑者的跑步效率提高了这么多。无论原理如何，这些鞋具代表了自固特异发现橡胶以来制鞋业中最具创新性的变化。新技术的批判者声称高科技跑鞋会导致一种不公平竞争，因此 2020 年 2 月，国际田径联合会决定禁用含有不止一个刚性嵌板或刀片的鞋子和（或）鞋底高度大于 40 mm 的跑鞋。国际田联的这一做法让我想起了 2008 年北京奥运会，速比涛（Speedo）推出了一款能够减少水中阻力的连体泳衣。在身穿这种泳衣的运动员打破了数十项世界纪录后，国际游泳联合会仅用了几个月时间就决定在比赛中禁用所有连体泳衣。

从没有人讨论过的重要问题是，迄今为止所有的测试都是在精英运动员身上进行的。中底储存和释放能量的性能好坏取决于中底材料（或气垫）是否能够适当压缩。对于一个配速 2.8 min/km 的体重 60 kg 的精英男性跑者，他穿着的跑鞋中底所具有的顺应性和弹性，可能并不适用于一个体重更重、配速更慢的业余跑者。试想一下弹簧高跷上的弹簧。如果一个体重 90 kg 的男性踩在一个为体重 30 kg 的儿童设计的弹簧高跷上，他会迅速将弹簧压缩到最短，然后有一段滞后期，他必须用自己的腿发力跳起来。相反，如果一个体重 30 kg 的儿童踩在一个为体重 90 kg 的男性设计的弹簧高跷上，他就无法将弹簧压缩到足以让弹簧高跷工作的长度。中底材料类似于弹簧高跷中的弹簧，必须根据使用者的体重进行调整。

选择跑鞋时，中底或气垫必须根据跑步速度进行调整，因为这会影响到足底的作用力。耐克声称，总有一天跑者可以定制气垫的压力和大小以实现个人最佳表现，尽管定

制成本可能会令人望而却步。在我看来，不要指望鞋具来提高自身储存和释放能量的能力，你最好做一些具体的练习来增强肌腱弹性。在 2017 年发表的一篇评估 Vaporfly 跑鞋的文章中，Hoogkamer 博士和他的同事们指出："不管人们穿了什么跑鞋，在人类跑步的过程中，绝大多数机械能的储存和释放都发生在人类的自然生物结构中。"这句话对我来说意味深长。

选择适合自己的跑鞋

假如没有像耐克这样的公司根据你的力学特征量身定制一双完美跑鞋，那么在不同公司的不同款式跑鞋中，要想找到一双适合自己的跑鞋并非易事。一些专家坚持主张应该根据足弓高度来选择跑鞋，而另一些专家则建议应该根据足旋前程度来选择跑鞋。为了解决这一争议，Nigg 博士研究了跑鞋处方与跑步损伤之间的关系，确认当跑者仅根据自我舒适感来选择跑鞋时，发生损伤的可能性要小得多[33]。Nigg 博士还证实，选择自我舒适感良好的跑鞋可通过减少耗氧量来提高跑步效率。显而易见，你不必花 250 美元买双 Vaporfly 跑鞋，仅为了略微提高跑步效率。

Nigg 博士的研究存在的唯一的问题是，他只纳入了 2014 年之前的研究。根据最新的研究，高跑量的业余跑者应选择最少 8 mm 鞋跟高度的跑鞋，避免零鞋跟掌差的跑鞋；低跑量跑者则选择 0~6 mm 鞋跟高度的跑鞋更好[16]。因为极多主义跑鞋会增加

足触地时后足旋前的角度，所以对于跑步初学者，除非觉得它非常合脚并且自我感觉舒适，否则应该避免选择这类跑鞋[29]。假如你已经选择这类跑鞋，那就要花时间去适应它。你可以考虑先做一些胫骨后肌的肌力训练，以减少穿着极多主义跑鞋时后足旋前的概率。我还注意到，与 20 世纪 80 年代和 90 年代流行运动控制型跑鞋不同，如今过度旋前的跑者更喜欢稳定型跑鞋，而高足弓的跑者更喜欢缓冲型跑鞋。早期的运动控制型跑鞋，如布鲁克斯 Beast，已经被更舒适、更灵活的跑鞋所代替，这类跑鞋可以在不增加中底体积的同时来减缓旋前速度并提供支撑。缓冲型跑鞋已被证明可以减少冲击力，这也是高足弓跑者觉得它们很舒适的原因。

如果你是一个在跑鞋选择方面很谨慎的跑者，想要获得 Vaporfly 额外的 4% 跑步效率，那就需要考虑在适应跑鞋的前几周缩短跑步步幅。Hoogkamer 和他的同事们[32]的研究表明，Vaporfly 会轻微增加冲击力和步幅，这可能会增加腘绳肌损伤的风险。腘绳肌拉伤后一年中有超过 70% 的概率再次损伤，试想如果你都不能跑步，那么在跑步表现上的一点提高将是毫无意义的。当你穿着后足外翻跑鞋和极多主义跑鞋时，你的腘绳肌应该要迅速适应穿 Vaporfly 时步幅的轻微增加。你也可以先进行腘绳肌离心练习，以防止其损伤。

因为最重要的舒适度指标是跑鞋是否完美贴合足部，所以你应该知道如何检查鞋长、鞋宽以及鞋跟稳定器是否合适。检查鞋长以确保跑鞋适合你的脚（每个人左右脚大小都有轻微的差异），测量脚长时，应取站立位，测量最长的足趾尖（通常是踇趾趾甲）到鞋末端的长度。选择合适的鞋宽时，前足和后足的宽度都是至关重要的。跑鞋前足最宽的部分应该与跖骨头的位置相匹配。正如前面提到的，你要一直去寻找一双能牢固支撑你足跟的跑鞋（图 5.11）。

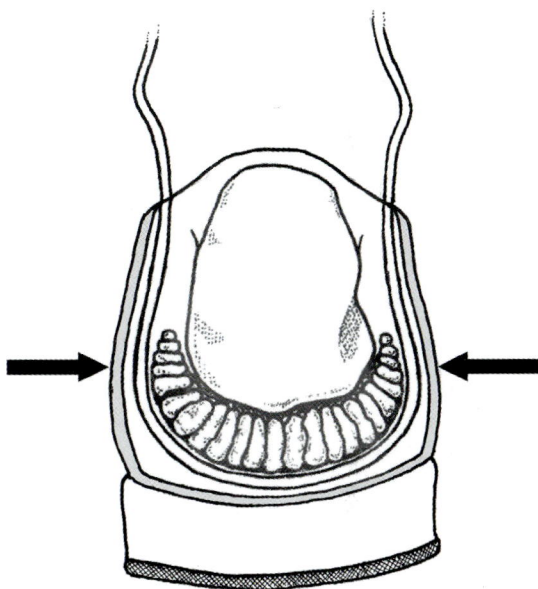

图 5.11　鞋跟稳定器　一个坚固的鞋跟稳定器（箭头）可以挤压后足两侧，防止跟骨脂肪垫在足底移位。没有一种合成材料能与人类脂肪垫的减震能力相媲美

在一篇 30 多年前发表的文章中，Jorgenson[34]证明了舒适的鞋跟稳定器可以减少足触地时的冲击力，并减少站立期股四头肌和小腿肌肉的活动，提高整体跑步效率[33]。这项令人印象深刻的研究结果直指一个事实，即一个舒适的鞋跟稳定器可以防止跟骨脂肪垫的移位，跟骨脂肪垫已被证明比任何合成材料都能更好地吸收冲击力。虽

然当时还没有 Pebax 材料，但我敢肯定，如果在今天对跟骨脂肪垫和 Pebax 材料进行面对面的较量，脂肪垫仍会轻而易举地胜出。最后，买跑鞋的底线是——与其听跑鞋专家告诉你哪双鞋适合你，不如相信自己的判断。就像跑者凭直觉跑出理想的步幅一样，显然你也知道如何选择理想的跑鞋。

参考文献

1. D'Aout K, Pataky T, DeClerq D, Aerts P. The effects of habitual footwear use: foot shape and function in native barefoot walkers. *Footwear Sci.* 2009;1(2):81–94.

2. Zipfel B, Berger L. Shod versus unshod: the emergence of forefoot pathology in modern humans? *Foot.* 2007;17:205–213.

3. Changizi M, Weber R, Kotecha R, et al. Are wet-induced wrinkled fingers primate rain treads? *Brain Behav Evol.* 2011;77:286–290.

4. Trinkaus E, Shang H. Anatomical evidence for the antiquity of human footwear: Tianyuan and Sunghir. *J Archeol Sci.* 2008;35:1928–1933.

5. Crisp Sayings. *The New York Times.* September 2, 1887.

6. Nigg B, Morlock M. The influence of lateral heel flare of running shoes on pronation and impact forces. *Med Sci Sports Exerc.* 1987;19:294.

7. Frederick EC. The running shoe: dilemmas and dichotomies in design. In: Segesser B, Pforringer W (eds). *The Shoe in Sport.* Chicago: Yearbook Medical Publishers, 1989:31.

8. Knapik J, Trone D, Swedler D, et al. Injury reduction effectiveness of assigning running shoes based on plantar shaped in Marine Corps basic training. *Am J Sports Med.* 2010;38:1759–1767.

9. Ryan M, Valiant G, McDonald K, Taunton J. The effect of three different levels of footwear stability on pain outcomes in women runners: a randomized control trial. *Br J Sports Med.* 2011;45(9):715–721.

10. Robbins S, Waked E. Balance and vertical impact in sport: role of shoe sole materials. *Arch Phys Med Rehabil.* 1997;78(5):463–467.

11. Robbins S, Hanna A. Running-related injury prevention through barefoot adaptation. *Med Sci Sports Exerc.* 1987;19:148–156.

12. Mennit-Gray J, Yokoi T. The influence of surface characteristics on the impulse characteristics of drop landings. *Proc Am Soc Biomech Ann Meet.* 1989, Burlington, VT:92–93.

13. DeClercq D, Aerts P, Kunnen M. The mechanical behavior characteristics of the human heel pad during foot strike in running: an in vivo cineradiographic study. *J Biomech.* 1994;27:1213–1222.

14. Tung K, Franz J, Kram R. A test of the metabolic cost of cushioning hypothesis in barefoot and shod running. *Proc Am Soc Biomech Ann Meet.* 2012, Gainesville, FL.

15. Chambon N, Delattre N, Gueguen N, et al. Shoe drop has opposite influence on running pattern when running overground or on a treadmill. *Eur J Appl Physiol.* 2015;115(5):911–918.

16. Malisoux L, et al. Influence of the heel-to-toe drop of standard cushion running shoes on injury risk in leisure-time runners: a randomized controlled trial with 6-month follow-up. *Am J Sports Med.* 2016;44:2933.

17. Lieberman D, Venkadesan M, Werbel W, et

al. Foot strike patterns and collision forces in habitually barefoot versus shod runners. *Nature*. 2010;463(7280):531–535.

18. McCarthy C, et al. Like barefoot, only better. ACE Certified News; September 2011:8–12.

19. Goss D, Lewek M, Yu B, Gross M. Accuracy of self-reported foot strike patterns and loading rates associated with traditional and minimalist running shoes. *Proc Am Soc Biomech Ann Meet*. 2012, Gainesville, FL.

20. Ridge S, Johnson A, Mitchell U, et al. Foot bone marrow edema after 10-week transition to minimalist running shoes. *Med Sci Sports Exerc*. 2013;45(7):1363–1368.

21. Fuller G, Thewlis J, Buckley D, et al. Body mass and weekly training distance influence the pain and injuries experienced by runners using minimalist shoes: a randomized controlled trial. *Am J Sports Med*. 2017;45:1162–1170.

22. Fuller J, Thewlis D, Tsiris M, et al. Longer-term effects of minimalist shoes on running performance, stride in bone density: a 20-week follow-up study. *Eur J Sport Sci*. 2019;19:402–412.

23. Ridge S, Olsen M, Bruening D, et al. Walking in minimalist shoes is effective for strengthening foot muscles. *Med Sci Exerc*. 2019;51(1):104–113.

24. Histen K, Arntsen J, L'Hereux L, et al. Achilles tendon properties of minimalist and traditionally shod runners. *J Sport Rehab*. 2017;26:159–164.

25. Paquette M, DeVita P, Williams D. Biomechanical implications of training volume and intensity in aging runners. *Med Sci Sports Exerc*. 2018;50(3): 510–515.

26. Pollard C, Ter Har J, Hannigan J, et al. Influence of maximal running shoes on biomechanics before and after a 5K run. *Orthop J Sports Med*. 2018;6:1–5.

27. Kulmala J-P, Kosonen J, Nurminen J, et al. Running in highly cushioned shoes increases leg stiffness and amplifies impact loading. *Sci Rep*. 2018;8(1):1–7.

28. Hannigan JJ, Pollard CD. A 6-week transition to maximal running shoes does not change running biomechanics. *Am J Sports Med*. 2019;47(4):968–973.

29. Hannigan J, Pollard C. Differences in running biomechanics between a maximal, traditional, and minimal running shoe. *J Sci Med Sport*. 2019;23:15–19.

30. Kuhman DJ, Paquette MR, Peel SA, et al. Comparison of ankle kinematics and ground reaction forces between prospectively injured and uninjured collegiate cross-country runners. *Hum Mov Sci*. 2016;47:9–15.

31. Becker J, Nakajima M, Wu WFW. Factors contributing to medial tibial stress syndrome in runners: a prospective study. *Med Sci Sports Exerc*. 2018;50(10):2092–2100.

32. Hoogkamer W, Kipp S, Farina E, et al. A comparison of the energetic cost of running in marathon racing shoes. *Sports Med*. 2018;48(4):1009–1019.

33. Nigg B, Baltich J, Enders H, et al. Running shoes and running injuries: myth busting and a proposal for 2 new paradigms: "preferred movement path" and "comfort filter." *Br J Sports Med*. 2015;49:1290–1294.

34. Jorgenson J. Body in heel-strike running: the effect of a firm heel counter. *Am J Sports Med*. 1990;18:177.

第 6 章

治疗方案

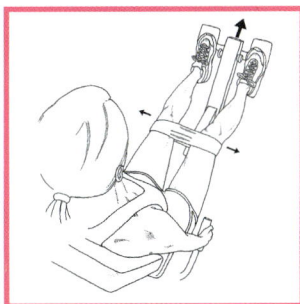

尽管我们被精心设计的身体能够应对与休闲跑步相关的冲击力，但每年仍有近 50% 的跑者受伤。更糟的是，90% 首次参加马拉松的跑者在备赛训练时受伤[1]。Mechelen 等人[2] 回顾了研究跑步损伤相关因素的文献后得出结论：多达 75% 的跑步损伤是由于过度训练造成的。这一发现与几项研究结果相一致：当你每周跑 55~65 km 时，受伤的可能性就会大大增加[1,2]。考虑到在过去的 200 万年里，我们的祖先每天觅食的距离约为 13 km[3]，而且几乎所有的距离都是步行完成的，这个数字就非常合理了。

如果你是一个休闲跑者，目标是完成马拉松，最简单的方法就是开发一种身体压力最小的跑步方式。场地跑和慢速混合跑不能让你创造世界纪录，但它们会极大地增加你越过终点线的可能性。对于缺乏经验的马拉松运动员来说，在增加跑步里程时遵循正确的训练方案同样重要。为此，弗曼大学的专家们开发了一种交叉训练技术[4]，如游泳和骑自行车，可以让你不用练习跑太多里程数就能完成全程和（或）半程马拉松。这些研究者制订了基于个体跑步目标和身体健康的具体训练计划。

虽然休闲跑者可通过降低跑量和（或）转变为场地跑和慢速混合跑来降低损伤发生率，但优秀运动员却无法这样选择。为了提高运动成绩，这些运动员不得不每周跑步 130~200 km，包括艰苦的速度训练。为了承受激烈训练带来的压力，参赛选手必须解决特定的力量、灵活性、协调性和（或）骨骼排列问题，这些问题可能会增加受伤的可能性。如第 3 章所述，各种功能测试中的不对称与未来的损伤密切相关，为了避免损伤，必须解决这些风险因素。竞技运动员还需要开发特定的跑步模式，使他们能够良好地储存和返还能量，并减少与制动阶段相关的力。第 4 章中描述的家庭步态分析可以帮助解决这个问题。

因为预测未来受伤情况的最好指标是损伤史[5,6]，无论你在 6 小时还是 2 小时内跑完马拉松，都必须最大限度地恢复身体的每一个损伤。记住一点，腿后肌群拉伤的跑者，每年的再受伤率可能高达 70%，但在适当的康复后，再受伤率能够下降到 7%[7]。为了帮助恢复并重新回到跑步当中，下面的部分回顾了一些常见的跑步相关损伤的家庭治疗方案。安全起见，在开始任何家庭治疗项目之前，你可以考虑预约一位熟悉跑步损伤的运动按摩师或物理治疗师，以确保正确的诊断。你也可以考虑邀请一些有经验的教练，在你进行伸展和（或）锻炼时对你的姿势进行评估。

跟腱炎

尽管不同运动员跟腱的长度与宽度存在广泛的差异，但跑者跟腱的损伤却常表现出令人惊讶的规律性。2006 年的一项研究显示[8]，69 名新兵参加了为期 6 周的基础训练（包括长跑），其中 10 人的跟腱出现过度使用的损伤。当你认识到跑步时跟腱处的巨大张力，就很容易理解该损伤的普遍性。例如，在跑步的推进期，跟腱受到的力是自身体重的 8 倍，这接近跟腱所承受的最大张力而又不至于撕裂。另外，若将跟腱所受到的高张力与跟腱会随年龄增大而变脆弱的事实联系起来，就很容易理解跟腱为何如此容易受伤。

从解剖学来看，跟腱是腓肠肌与比目鱼肌的联合肌腱。在足跟后部的跟腱附着点上方大约 13 cm 处，这两条肌肉的肌腱结合形成了一条粗大的跟腱（图 6.1）。

该联合肌腱被叫作"腱旁组织"的单层细胞所包裹。这种鞘状的包膜富含滋养肌腱必需的血管。肌腱本身主要由两种结缔组织组成，即"1 型胶原蛋白"和"3 型胶原蛋白"。在健康的跟腱中，95% 的胶原蛋白是 1 型，它比 3 型胶原蛋白更加强壮与灵活。正是由于 1 型胶原蛋白的强交联排列和平行排列保持了跟腱的强度。

与全身绝大多数肌腱不同，跟腱的独特之处在于，肌腱在腓肠肌和比目鱼肌结合处出现扭转，在连接到足跟后部附着点之前旋转了 90°。正如在第 3 章中提到的：这种极度的扭转可以显著提高跑步时的效率，因为

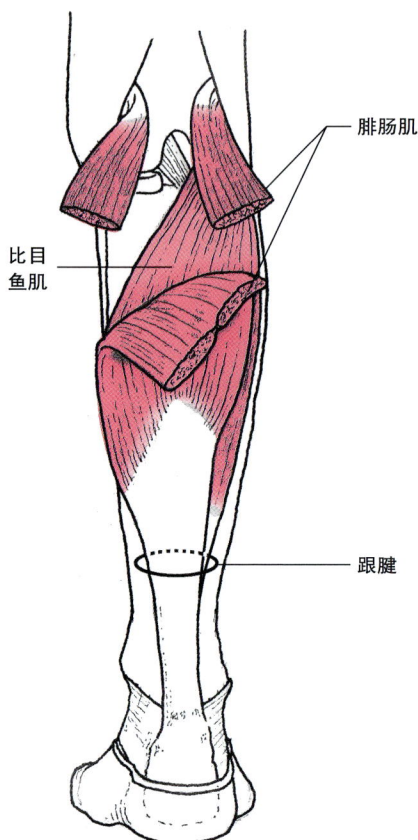

图 6.1　跟腱是腓肠肌和比目鱼肌的联合肌腱

它让肌腱发挥弹簧般的作用，在步态周期的早期阶段吸收能量，在推进阶段以弹性反冲的形式将能量返还。

尽管跟腱设计巧妙，可承受高张力，但在极大的力量下，它也经常会出现损伤。根据损伤部位的不同，跟腱的过度使用损伤可以分为以下几类：附着性跟腱炎、跟腱腱围炎和非附着性跟腱炎。

顾名思义，附着性跟腱炎是指足跟跟腱附着点的炎症。这种类型的跟腱损伤通常发生在高足弓、缺乏柔韧性的个体身上。如果存在"Haglund 畸形"，即足跟跟腱连接处的骨骼增生，则更容易发生附着性跟腱炎。

由于滑膜囊存在于跟腱附着处附近（滑膜囊是含有润滑液的小囊，可减少肌腱与骨骼间的摩擦），很容易产生伴有滑囊炎的附着性跟腱炎（图 6.2）。

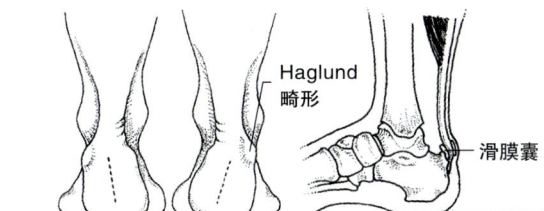

图 6.2 附着性跟腱炎 附着性跟腱炎常与增生的骨骼有关，称为"Haglund 畸形"。由于跟腱附着点处的长期慢性压力，跟腱与足跟之间的滑膜囊容易发炎

直到最近，我们所认识到的附着性跟腱炎的发病机制依然很简单：超负荷跑步容易导致跟腱附着处产生巨大的张力，从而使得跟腱附着处出现损伤。虽然听起来很有道理，但研究发现恰恰相反[9]：跟腱几乎总是在腹侧断裂，而那里的张力是最低的（图 6.3）。

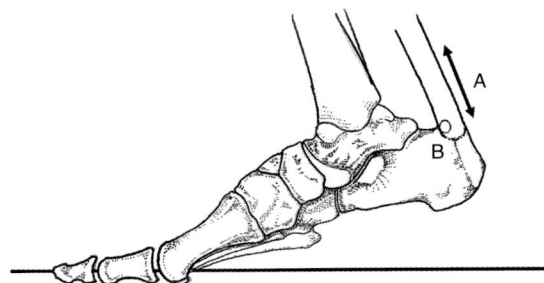

图 6.3 跟腱附着性损伤的位置 在蹬离地面的过程中，跟腱受到的张力对跟腱的背侧造成了更大的压力（A）。矛盾的是，几乎所有的跟腱附着性损伤都发生在跟腱的腹侧（B）

来自北卡罗来纳大学的研究人员将压力测量器分别置于肌腱内的不同位置，并且将踝关节置于不同的角度来测量不同位置跟腱的张力。研究发现：跟腱的背侧承受着更大的压力（特别是当足踝向上抬起时），而跟腱腹侧，也就是附着性跟腱炎最常见的部位，则暴露在非常低的负荷下。研究者认为，正是由于跟腱腹侧张力的缺失（张力屏蔽效应）可能会导致该断面部分弱化并最终引起损伤。因此，附着性跟腱炎的治疗应该是强化腹侧的跟腱。这部分的锻炼可以通过在一定范围内进行一系列的负重离心动作来完成（图 6.4）。在踝关节最大限度跖屈下（也就是踮起脚尖）锻炼跟腱很重要，因为这个动作可以在跟腱腹侧更容易受损的部位施加更大的拉力。

高足弓的跑者更容易发生附着性跟腱损伤，足外侧的楔形支撑通常会使他们感觉良好。这些粘在鞋垫外侧的楔形物被用来分散肌腱外侧的压力。传统足跟垫是值得考虑的，但是需要注意：使用者可能一开始感觉良好，但小腿肌肉会很快适应缩短的位置，足跟垫高的效果会慢慢消失。另外，足跟垫高也会增加籽骨和足底筋膜的压力，因此使用时间不应超过数周。与其通过提高足跟的方式来适应小腿的紧绷，更好的方法是通过轻柔的拉伸来伸展小腿。最有效拉伸小腿的方法是在中立位，伸直与弯曲膝关节可对腓肠肌和比目鱼肌进行伸展（见图 3.22）。由于剧烈的拉伸会损伤肌腱附着点，所以拉伸应该在适度的张力下

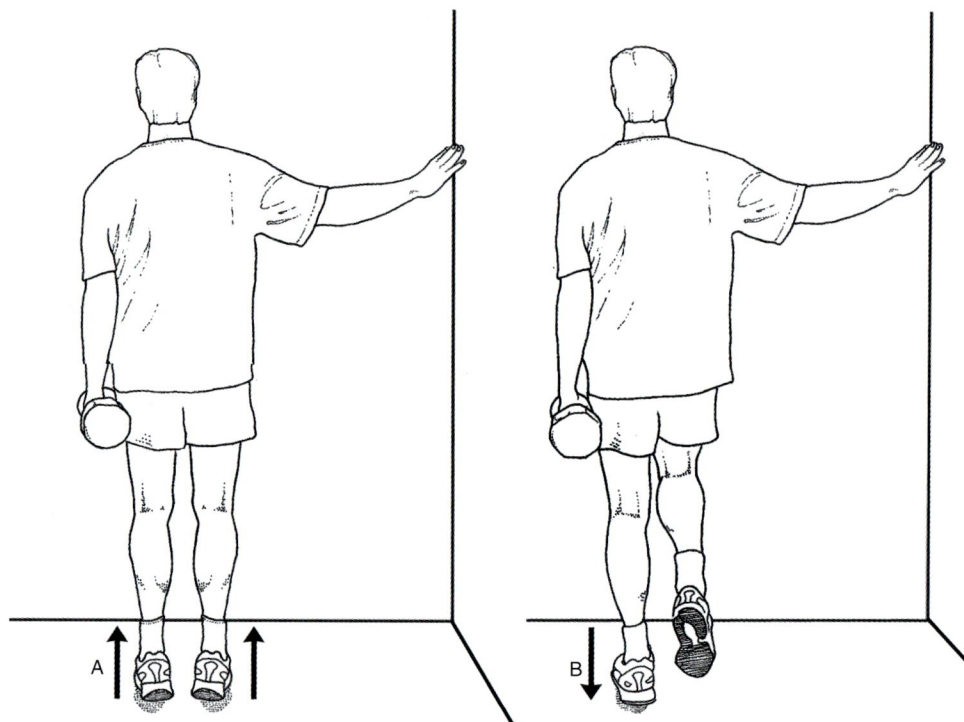

图 6.4　附着性跟腱炎的练习　站在水平面上，一只手负重，另一只手扶着墙面，尽可能地将两侧足跟抬高（A），然后将受伤一侧的足跟缓慢放下（B）。两侧每天各做 3 组，每组 15 次，通过足够的负荷产生疲劳感

进行。该伸展运动大约持续 1 分钟，每天每隔 3~4 个小时就重复 1 次这个拉伸练习。如果小腿十分僵硬，拉伸效果不好，可以考虑尝试足部夜间支架。这类支架通常用于治疗足底筋膜炎，也是延长腓肠肌和比目鱼肌非常有效的方式。我最喜欢的足部夜间支架叫作"Cub"，它比市面上的其他足部夜间支架都要舒适（图 6.5）。

下一个跟腱损伤的类型是跟腱腱围炎。这种损伤在跑者中很常见，表现为肌腱周围细胞外鞘的炎症反应。过度旋前特别容易造成此类损伤，快速的旋前会产生一种鞭状动作，会损伤腱鞘（尤其是内侧）。该损伤所出现的第一个症状是：在跟腱附着处上方 5 cm 处有一个可触摸到的肿块。此肿块为

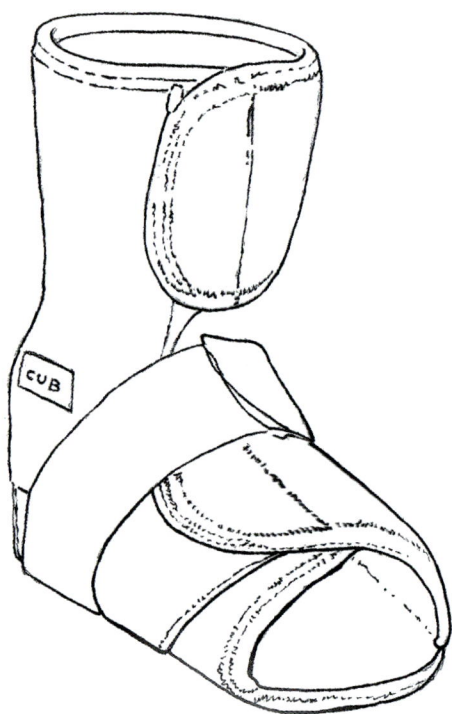

图 6.5　足部夜间支架

微损伤后出现的局部增厚，如果继续跑步，肿块会继续增大，最终会因为疼痛加重而不能再跑步。对该类腱鞘炎症的处理首先要立即进行冰敷来减缓肿胀。如果存在扁平足的状况，则需要考虑尝试使用矫形器（从非处方矫形器开始）。2017 年的研究证明过度的足旋前会导致跟腱扭转[10]，就像拧湿毛巾一样，这会使得跟腱血供不足，因该扭转作用引起的循环受损会增加慢性损伤的风险。足部夜间支架对治疗腱围炎也很有效，在延长位置固定的肌腱会愈合得更快[11]。

如果及时发现并纠正，腱围炎不是大问题。然而，如果治疗不及时，这种损伤可能会变成典型的非附着性跟腱炎，足跟附着处上方 2.5~5 cm 位置的跟腱会发生退行性变。由于这部分肌腱的血液供应很差，它很容易受伤，而且愈合得很慢。

与附着性跟腱炎和腱围炎不同，非附着性跟腱炎是一种退行性而非炎性的损伤。受伤后继续跑步会造成反复性损伤，此时专门修复细胞的"成纤维细胞"会进入肌腱中，合成胶原蛋白，修复受损的区域。在肌腱愈合的早期阶段，成纤维细胞几乎只合成 3 型胶原蛋白。与健康肌腱中发现的 1 型胶原蛋白相比，3 型胶原蛋白相对脆弱和僵硬。如果修复顺利，随着愈合的进展，会出现更多的成纤维细胞，胶原蛋白的生产从 3 型转到 1 型。不幸的是，许多跑者没有给肌腱足够的时间进行重塑（这可能需要长达 6 个月），一系列微小的损伤开始发生，跟腱被迫延长，踝关节背屈的幅度增加，这时候

会产生明显的疼痛，跑者通常会被迫停止跑步。

多种因素可诱发非附着性跟腱炎。在前述关于新兵的研究中，跟腱出现损伤的新兵往往跟腱过于柔软且小腿肌肉无力[8]。很可能是这两个因素使得小腿与足踝产生鞭状动作，使得跟腱拉伤。2019 年来自英国的研究人员[12]证实了比目鱼肌的薄弱是跟腱损伤发生的一个关键因素。研究者对 38 名跟腱损伤的跑者和对照组中 39 名无症状跑者的腓肠肌和比目鱼肌力量进行了对比，发现受伤跑者的比目鱼肌存在力量薄弱的情况。重要的是，研究者指出"比目鱼肌无力很可能发生在受伤之前"，这也与先前的研究一致[13, 14]：即比目鱼肌肌腱比腓肠肌肌腱暴露于更大的压力和延长状态之下。因此，无论针对何种跟腱损伤，比目鱼肌的力量与耐力都需要被加强。

关于非附着性跟腱炎的好消息是，患者可以自己在家进行运动干预，而且该干预措施已被证明是有效的。该动作为负重离心锻炼[15]：背一个负重背包，站在楼梯边缘，足后跟悬于楼梯边缘（图 6.6）。两条腿同时提踵到最大幅度，然后未受伤一侧腿抬起，受伤一侧足跟逐渐降低到触地，最后两条腿站立，再次进行提踵，并在膝关节屈曲和伸直两种模式下重复进行该动作练习。练习者可以每天进行 3 组，每组 15 次这样的练习，持续锻炼 12 周。第一位提出该离心锻炼方案的骨科医生 Alfredson 建议每次练习时一直重复上述动作，直到跟腱无法承受为止。我认为 Alfredson 的方法有点极端，所以我

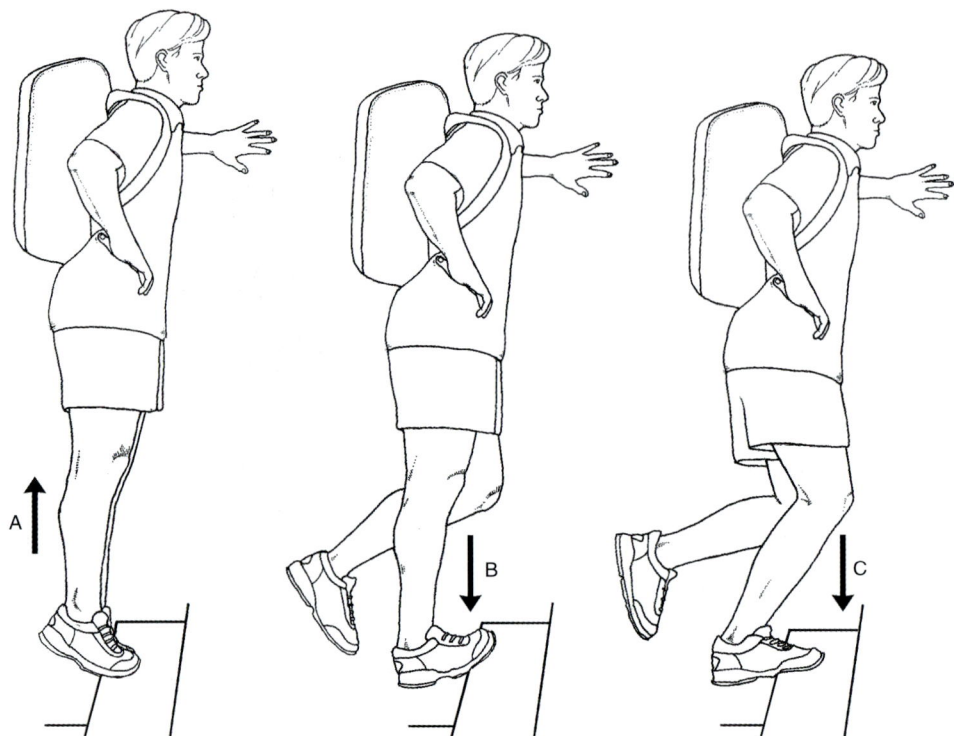

图 6.6　负重离心跟腱练习

告诉运动员，如果疼痛在 0 到 10 的范围内超过 4（0 表示没有疼痛，10 表示难以忍受的疼痛）时，就减轻负荷。

3 组 15 次的练习方案很适合业余运动员，但职业选手想要治愈非附着性跟腱损伤时必须做得更多。在 2014 年的一项研究中，来自中国台湾的研究人员[16]对比不同的强化练习方案对肌腱弹性进行了评估，结果发现，高水平运动员的肌腱弹性只有在进行 4 组，每组 80 次的强度下才会发生变化。这项研究解释了为什么在做传统的离心训练时，精英运动员不能和业余选手选择一样的方案（几乎所有关于离心运动的研究都使用"3×15"的方案）。对于平均每周跑步超过 80 km 的跑者，我推荐 4 组 80 次的训练方案。

如图 6.7 所示的胫骨后肌的强化练习对非附着性跟腱损伤也有较好的帮助。2008 年来自东卡罗来纳州立大学的研究者[17]分别对有跟腱炎和无跟腱炎的跑者进行了三维运动分析。结果发现：与无跟腱炎的对照组相比，有跟腱炎的跑者在推进期，腿没有外旋动作的产生。

研究者认为，胫骨后肌无力会使小腿发生过度内旋，进而增加跟腱的张力。读完这篇文章后，我开始在治疗跟腱炎的标准方案中加入胫骨后肌训练，发现这样能令恢复时间缩短，长期效果也更好。

除了加强锻炼，改善跟腱功能的另一种方法是深层组织松解。其原理是，深层的按摩手法可以分解较弱的 3 型胶原蛋白，增加血液循环，从而加快愈合。为了测试该理

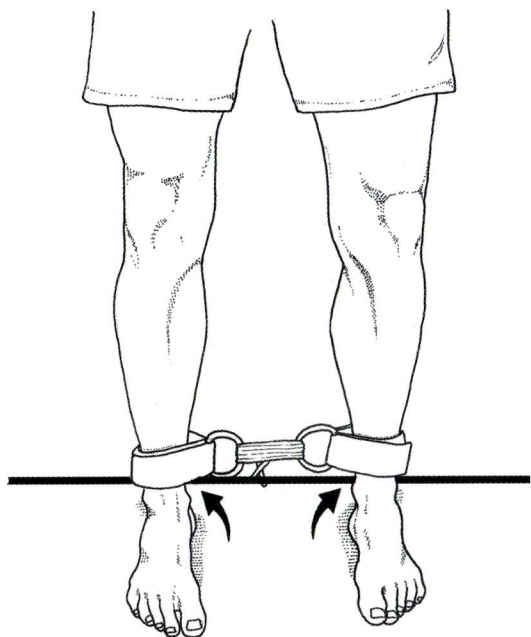

图 6.7　胫骨后肌闭链练习　将弹力带缠绕在两个踝带之间，该练习通过交替抬高和降低足弓来对抗弹力带提供的阻力。每天进行 3 组，每组 25 次就足以加强胫骨后肌

论，来自鲍尔州立大学生物力学实验室的研究人员[18]用手术的办法破坏了一群大鼠的跟腱，将该群大鼠分为 2 组，其中一组在受伤后的第 21、25、29 和 33 天分别进行 3 分钟的深层组织松解，另一组作为对照。1 周后，通过电子显微镜对 2 组大鼠的肌腱进行评估。不出意外，接受深层组织按摩的肌腱其成纤维细胞增生增加，从而创造了一个有利于肌腱修复的环境。

一种更高科技的修复跟腱的方法是体外冲击波疗法。这种技术需要使用昂贵的机器，用高频率的声波振动来冲击跟腱。最近的研究显示，冲击波疗法和负重离心运动疗法在治疗非附着性跟腱炎时具有类似的效果。通常只有在传统方法失败后才会使用冲击波疗法。

无论是附着性还是非附着性的跟腱损伤，减轻跟腱应力的一个好的办法是加强足趾肌肉，特别是趾短屈肌和蹈长屈肌。这些肌肉起源于腿后部，与足趾相连，位于跟腱深处，与比目鱼肌协同工作，在推进过程中抬高足跟。跑步时趾短屈肌和蹈长屈肌的收缩，延缓了跟腱收缩的速度，显著减少了跟腱的张力。加强足趾肌肉最简单的办法是使用 ToePro 运动平台（图 3.27）。另一种锻炼这些肌肉的方法是踩在 AIREX 平衡垫上，身体前倾靠墙，同时用足趾向下推。我通常推荐每天练习 3 组，每组重复 25 次。

为了保证足趾肌肉的正常工作，受伤的跑者应该特别注意在推进期时向下卷曲足趾，这会自然加强足趾肌肉并且减轻跟腱处的张力。通过观察跑鞋的鞋垫很容易看出你的足趾肌肉是否薄弱。通常情况下，当趾屈肌强壮时，你会在足趾下方的鞋垫上看到清晰的凹痕。而趾屈肌较弱的跑者，足趾下方的鞋垫不会有任何痕迹，过度磨损的痕迹只在前足中心处可见。

需要着重强调的一点是，跑者跟腱受伤时应尽量避免注射可的松，因为可的松会使胶原蛋白从 1 型转换为 3 型，从而使得跟腱变脆弱。一项发表在《骨与关节外科杂志》（*Journal of Bone and Joint Surgery*）上的研究表明[19]，可的松会降低导致跟腱断裂所必需的压力。两侧都使用可的松尤其危险，它会对全身产生影响，从而进一步削弱跟腱。

对跟腱疾病的康复锻炼可以总结如下：

在最初的 1 km 慢慢热身，此时比平时的每 km 配速慢 40 秒左右，尽量在平地上活动；如果你是前足底或中足先落地，可以考虑改为后足先落地，这可以减少最初触地时跟腱的张力。目前已经证明足部过度旋前会造成跟腱血供减少[10]，因此，过度足旋前的跑者应该考虑穿稳定型跑鞋，特别是具有中底与前足底气垫的鞋。

过度旋前者也应该考虑戴矫正器。由于穿极简跑鞋倾向于前足底触地，故应尽量避免穿极简跑鞋和平底鞋。最后，如果有紧绷的状况，可以花额外的时间进行如图 3.22 所示的中立位拉伸，如果活动度过大，应该考虑进行预防性的离心负重练习。评估肌耐力，可以试着每侧腿做 25 次足跟抬高练习，观察哪一侧更容易疲劳。如果某一侧腿较弱，可以按照图 6.6 进行加强。

籽骨炎

籽骨是位于第一跖骨下方的 2 块芝麻形状的骨头。籽骨位于姆短屈肌的肌腱下方，它对于跑步来说非常重要。因为它增加了姆短屈肌腱的力学优势，在跑步时大大提高了该肌肉产生力量的能力。在姆趾下方产生力量已被证明可以减少中央前足下方多达 30% 的压力。这些功能正常的籽骨对于预防广泛的前足损伤是必要的，包括跖骨应力性骨折和趾间神经瘤。

跑者的籽骨经常受到损伤，因为该骨位于主要的负重区域，在跑步推进期时会受到巨大的冲击力。高足弓的跑者特别容易患籽

骨炎，因为高足弓会导致更多的冲击力集中在前脚内侧（图 6.8）。

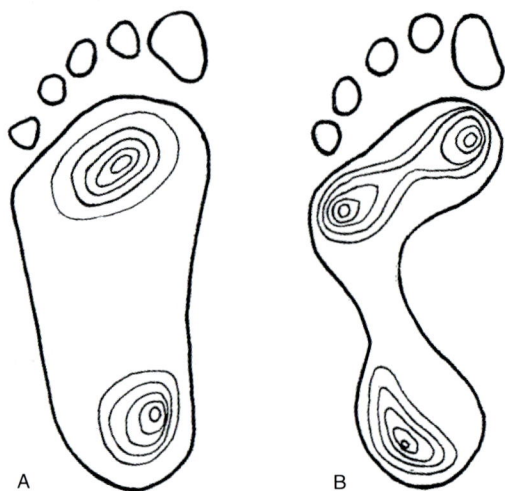

图 6.8　低足弓（A）和高足弓（B）跑者足底压力分布中心

籽骨炎最初的症状是位于足底下方的"脉冲性疼痛"。籽骨损伤的治疗可以通过在第一跖骨头下方垫一个内置平衡垫来减轻压力（图 6.9）。这种平衡垫可

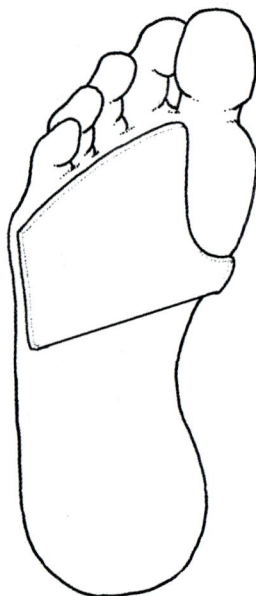

图 6.9　内置平衡垫

以自己在家中制作。将 3 mm 的毡片切成 J 形的平衡垫，并将其直接贴在跑鞋的鞋垫下。

低足弓跑者的籽骨很少会发生损伤，最常见的损伤机制是足过度旋前使得前脚的内侧着地力量更大，导致内侧的籽骨挫伤（图 6.10）。使用定制或非处方矫形器对低足弓跑者籽骨损伤的治疗通常是有效的，矫形器会将籽骨受到的压力分散到内侧足弓。

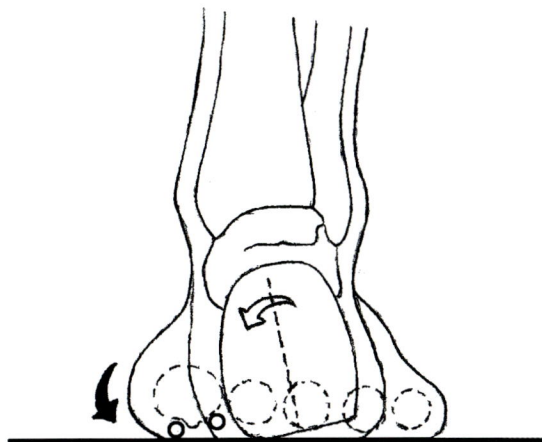

图 6.10　低足弓跑者籽骨损伤机制　足过度旋前（白色箭头）将内侧籽骨挤压向地面（黑色箭头）

无论什么原因造成的慢性籽骨损伤，受伤后蹞短屈肌几乎总会产生反射性紧绷。该肌肉的紧绷反之又会使籽骨损伤变得更加严重。这是因为在蹞趾蹬离地面的过程中，籽骨被拉入位于第一跖骨头下方的骨槽中。膝盖也会发生类似的损伤，慢性髌骨损伤会导致股四头肌紧绷，股四头肌的紧绷又会导致髌骨挤压髁间沟。股四头肌紧绷会引起慢性髌骨损伤，每一位运动医学专家都知道治疗髌骨损伤时拉伸股四头肌的重要性。然而，却很少有运动专家推荐拉伸蹞短屈肌

来治疗籽骨炎。这一现象很糟糕，因为拉伸肌肉是一种简单而有效的治疗方法。

为了确定你是否存在蹞短屈肌挛缩，轻轻地将两只脚的蹞趾做背屈，比较两脚背屈的范围。如果籽骨疼痛的脚蹞趾背屈范围缩小，就需要将肌肉拉长。治疗时，首先按摩蹞短屈肌 1 分钟左右，然后轻轻地将蹞趾向足背侧牵拉，直到你感到轻微的阻力（图 6.11）。在这个位置保持拉伸 35 秒，同时按摩肌肉。

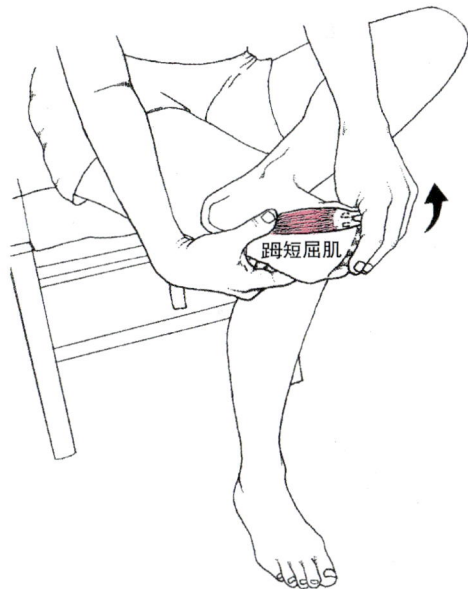

图 6.11　蹞短屈肌活动度　轻柔按摩蹞短屈肌，然后通过将蹞趾向足背侧伸展来牵拉蹞短屈肌（箭头）。你可以从蹞趾底部开始调整角度来回按摩蹞短屈肌，确保放松到整个肌肉。通过练习，你可以找到肌肉中最紧绷的位置

牵拉蹞短屈肌应该感到比较舒适，如果牵拉时出现不适感，你就需要做 X 线或其他检查以排除应力性骨折或肌腱损伤的可能。有时，籽骨出现严重损伤需要用步行靴进行固定。

跖骨痛与跖骨应力性骨折

由于在跑步推进的过程中，前足中央的支撑力是体重的 7 倍，因此，跖骨损伤在跑步人群中是非常常见的。"跖骨痛"指的是其中一块跖骨的挫伤，当跖骨应力性骨折发生时，跖骨不能再承受张力，开始发生骨裂。第二和第三跖骨头最容易发生跖骨痛，第三和第四跖骨干最容易发生骨折。通过对所怀疑跖骨头的挤压，可以很容易地诊断出跖骨痛。跖骨应力性骨折则需要根据所怀疑跖骨干局部区域的肿胀感觉来诊断。由于 X 线检查在早期会漏诊约 40% 的跖骨应力性骨折，因此在损伤后的最初几天内，X 线检查对于诊断跖骨应力性骨折来说作用不大。大约 1 周后，通过 X 线检查可以看到骨折跖骨中的修复线。

一个经常被忽略的导致跖骨痛与跖骨应力性骨折的因素是腓肠肌紧绷。在跑步时，紧绷的腓肠肌是一个危险因素，它会迫使足跟过早离开地面，使得前足触地时过度受力。在一项评估踝关节和跖骨损伤发生率的研究中[20]，小腿肌肉紧绷的受试者跖骨骨折的可能性是小腿肌肉柔软对照组的 4.6 倍。因此，跑者必须保持腓肠肌的柔软。小腿肌肉长期紧绷的跑者应该考虑穿戴足部夜间支架睡觉和（或）在斜板上做长时间的伸展运动。

如果足趾肌肉薄弱，跖骨也容易受伤。如前所述，强壮的足趾肌肉可以将压力从跖骨头分散到足趾尖，同时也减轻跖骨干的弯曲应变（图 2.34）。这些肌肉可以通过图 3.27 所示的练习得到加强。评估是否因为足趾肌肉无力导致跖骨损伤，可以将鞋垫拿出来，检查鞋垫的磨损模式：足趾下面是否有明显的凹痕。如果你的前足中心下面有更多磨损，而足趾下面几乎没有凹痕，则需要进行足趾肌肉力量练习。

除了通过强化足趾肌肉分散压力外，另一种治疗跖骨痛的有效方法是尝试使用跖骨垫和（或）鞋尖垫（图 6.12）。

对于跖骨痛患者，可以在第一个跖骨头下方黏附一个莫顿（Morton）平台（图 6.13）。因为第一跖骨的宽度是相邻跖骨的 2 倍，强度是相邻跖骨的 4 倍，所以它能更好地重新分配邻近的疼痛跖骨的压力。当疼痛集中在第二跖骨头的正下方时，这样做尤其有用。

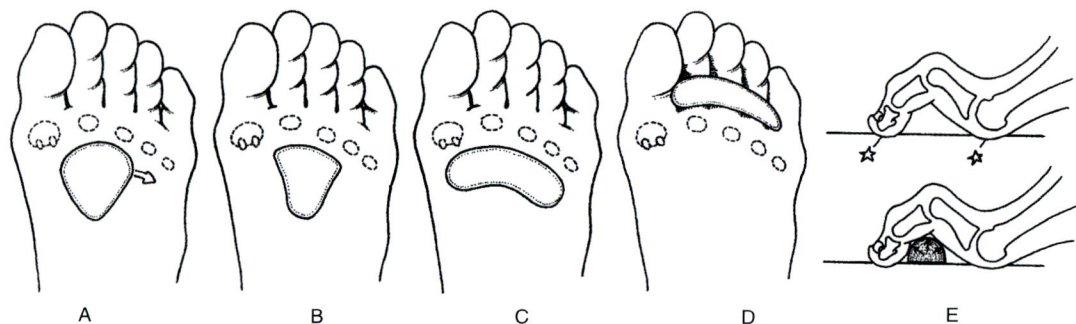

图 6.12　跖骨垫和鞋尖垫　心形跖骨垫（A），胃形跖骨垫（B），肾形跖骨垫（C）将跖骨头的压力分散。这些垫子应尽可能地靠近跖骨头。鞋尖垫（D）与一根有弹性的带子相连，该带子包绕着中间 3 个足趾，将压力分布到每个足趾（E），减少了足尖跖骨头下方的压力（星形）

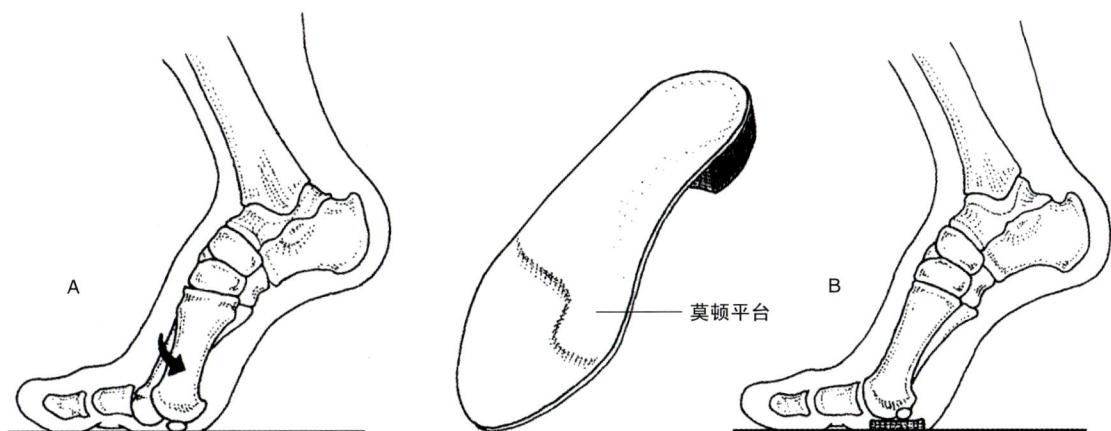

图 6.13 莫顿平台 将一块 3 mm 厚的毛毡垫置于第一个跖骨头下方，从而分散相邻第二跖骨的压力。该平台可以安装在非处方矫形器上或置于鞋垫的底部。也可定制一个附有莫顿平台的矫形器

无论什么样的原因造成的跖骨痛，治疗时都应该让跑者减少步长，避免着地点在前足。有跖骨损伤史的跑者也应该避免穿极简跑鞋，它们可能会导致前足受力模式转变，从而大大增加跖骨承受的重量。对于前足狭窄、小腿肌肉紧绷的跑者来说，极简跑鞋尤为糟糕。和所有应力性骨折患者一样，跖骨应力性骨折的跑者也应该避免服用抗炎药物，因为这些药物会干扰骨愈合。为了改善骨骼健康，跑者应该多关注饮食，特别是增加维生素 D_3、蛋白质和微量矿物质的摄入。与应力性骨折恢复相关的饮食将在本章后面讨论。

趾间神经炎与神经瘤

趾间神经损伤是由前足的一根或多根趾间神经受压所致（图 6.14）。这种情况可能存在于任何一条趾间神经，但位于第三和第四趾之间的神经是最常受伤的。

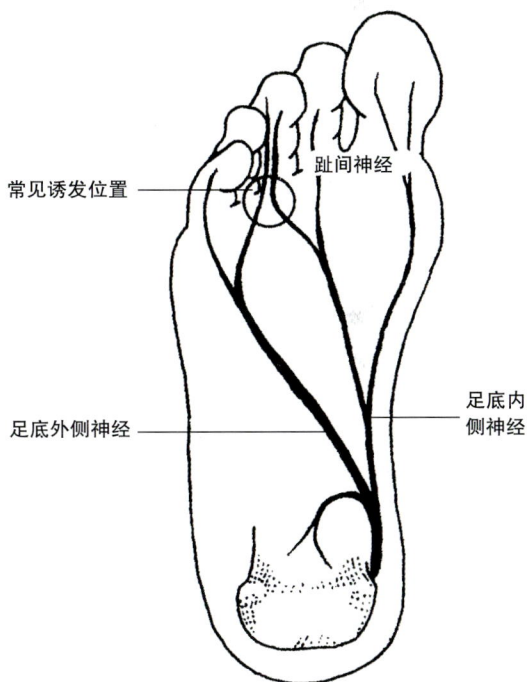

图 6.14 趾间神经是足底内侧神经和外侧神经的分支

趾间神经损伤的一个常见早期症状是趾间轻微刺痛。受此影响跑者经常抱怨他们的袜子太紧了。脱鞋后，不舒服的感觉会减轻。最初的神经损伤是轻微的，被称为"趾

间神经炎"，神经虽然发炎但损伤不太严重。随着时间的推移，对神经的反复刺激会在神经内部形成一个增厚的瘢痕组织块，被称为"莫顿神经瘤"。莫顿神经瘤的存在会使得增厚的神经更容易被挤压，从而增加了发展为长期慢性病的可能。在临床上，通常可以通过前足挤压试验来识别神经瘤：当跖骨头之间肿胀的囊块移动位置时，会发出沉闷的声响。

当前关于趾间神经炎的主流理论是：在蹬地时足趾向上运动会使趾间神经卡压在横韧带下（图 6.15）。这一理论在 2007 年被推翻，当时来自韩国的研究人员[21]对 17 个趾间神经瘤进行了详细的解剖，以确定神经卡压的确切位置。令人吃惊的是，每个病例中的神经都是被卡压在趾骨头和趾底部，而不是横韧带下面。

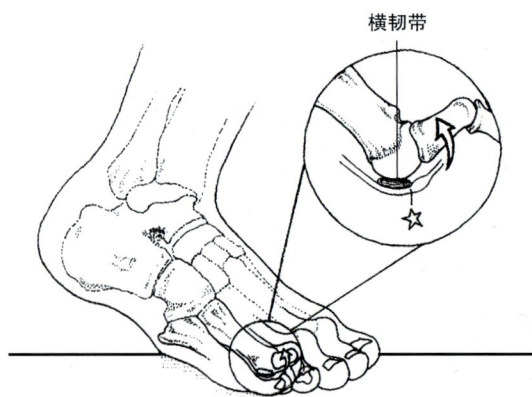

图 6.15　趾间神经滑动时被横韧带卡住

看完这篇文章后，我改变了治疗趾间神经损伤的方法。在这项研究之前，我治疗趾间神经炎或神经瘤的方法和大多数运动医生

一样，将跖骨垫置于受伤跖骨头下面，以抬高发炎趾间神经的横韧带。在发现神经实际在定位的下端受挤压后，我治疗趾间神经炎的方法是在前足下方放置一个 U 形的毛毡垫进行支撑（图 6.16）。

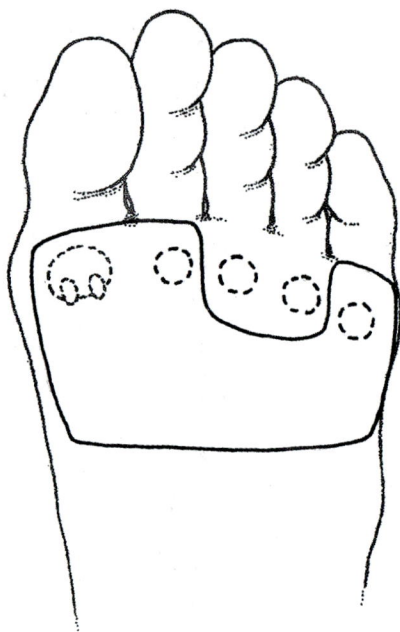

图 6.16　U 形毛毡垫　在推进期，U 形毛毡垫可以重新分配第三和第四跖骨头的压力

毛毡垫支撑治疗方案被证明比传统的跖骨垫更有效，因为传统的跖骨垫在推进期间不能支撑跖骨头（它们的位置太靠后）。相反，趾间神经受到压迫时，位于前足下方的 U 形垫将推进期时涉及跖骨头的压力分散到其余的跖骨。垫衬的厚度取决于症状的严重程度。我通常先使用 3 mm 厚度的毛毡，将 U 形口对准第三和第四跖骨头下方。如果症状持续，可以考虑再增加 1.6 mm 的毛毡，以向邻近跖骨分配更大的压力。神经损伤程度严重到需要将增厚的神经瘤手术切除的情

况较少。

与跖骨痛一样，趾间神经炎的一个经常被忽视的因素是腓肠肌的紧绷。正如前面所提到的，这部分肌肉的紧绷导致足跟过早抬起，从而增大了行进过程中集中在跖骨头下方的压力。此外，蹬趾可以将压力分散到中央跖骨头上，患有趾间神经炎的跑者应该加强稳定蹬趾的肌肉。我倾向于避免加强小足趾，因为在做练习时，足趾的运动有时会刺激到趾间神经。

最后，为了减少日常活动中集中在跖骨头部下方的压力，女性应该避免穿高跟鞋。前足或中足着地的跑者可以考虑改为后足着地的跑步模式。为了减轻行进过程中对神经的压力，应该提高步频、缩短步幅。一旦神经损伤症状消失，便可以开始用更自然的步幅跑步，但要确保经常进行常规的直腿伸展使小腿肌肉保持柔软。治疗趾间神经瘤令人沮丧的一点是：一旦神经增厚，就永远不会减小，未来很容易发生长期损伤。因此，在损伤早期积极地治疗趾间神经炎是很重要的。

蹬囊炎

与蹬囊炎相关的医学术语是蹬外翻，源自拉丁语的蹬趾和外展外翻（图 6.17）。

虽然没有人确切地知道蹬囊炎形成的原因，但遗传性的韧带松弛似乎是其中一个因素。在一系列评估与蹬囊炎发展相关潜在因素的论文中，研究人员发现：蹬趾的松弛度（全身松弛度的标志）是蹬囊炎形成的最佳预

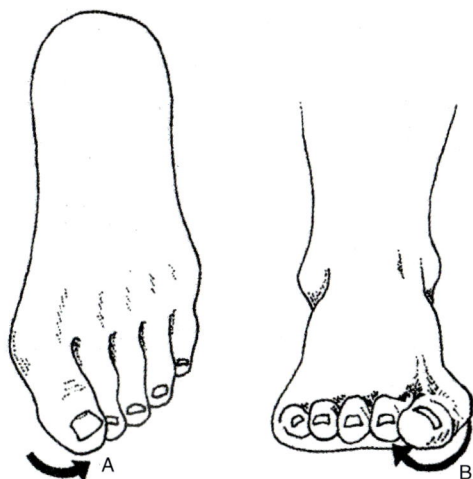

图 6.17　蹬外翻　蹬趾外展并外翻

测指标之一[22]（见图 3.19）。事实上，蹬趾松弛度比 X 线检查更能预测蹬囊炎的发展。

蹬囊炎引起的疼痛通常很难处理，因为向内倾斜的蹬趾在产生力量方面缺乏效率。结果，位于蹬趾下方的压力转移到了前足中央。长此以往，前足中央会磨出老茧，增加了跖骨应力性骨折发生的可能性。

发生蹬囊炎的关键因素之一是蹬展肌无力[23]（图 6.18）。这块肌肉无力就很难稳定蹬趾，从而使蹬囊炎恶化。

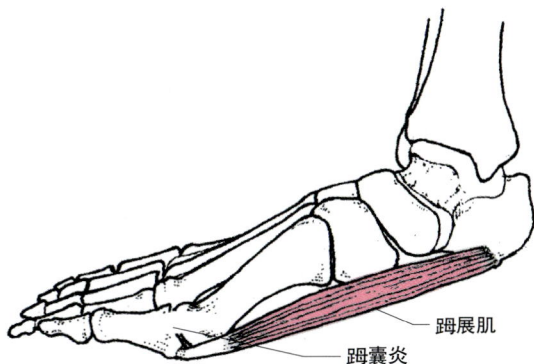

图 6.18　蹬展肌　蹬趾的滚动依赖蹬展肌的使用，而蹬囊炎患者的蹬展肌无力

缓解蹑囊炎疼痛的另一个重要肌肉是腓骨长肌，这块肌肉附着在第一跖骨的底部，它能稳定前足内侧，保护蹑外翻免受过度用力的伤害。虽然使用 ToePro 运动平台是加强蹑展肌和腓骨长肌的有效方法，但如果跑者把足跟抬得过高，有时会加重蹑囊炎引起的疼痛。在使用 ToePro 运动平台进行锻炼时，我通常建议足跟不要超过地面 2.5 cm。另外，有严重蹑外翻的患者可以考虑佩戴足趾分离器，从而在锻炼时使蹑趾的对位排列更优化。

尽管缺乏临床证据支持矫形器的使用，但定制和预制的矫形器仍然是治疗蹑囊炎最常见的方法。虽然没有研究表明矫形器能够控制蹑囊炎的长期发展，但蹑囊炎疼痛的跑者对矫形器的反应往往很好，可能是因为矫形器能有效地将压力分散到更广阔的区域[24]和（或）增加扁平足个体腓骨长肌的活动[25]。上述作用可以帮助超负荷的前足中央分散压力并提高第一跖骨的稳定性。在我看来，跑者更喜欢碳纤维或薄塑料材质的矫形器，因为这些矫形器体积较小，且不会抬高足跟（即使轻微的足跟抬高也会增加第一跖骨头下方的压力）。当蹑外翻较严重时，通常还需要使用分隔器来防止足趾相互挤压。

与所有前足损伤一样，保持腓肠肌的柔软以减少推进过程中对前足的压力很重要。鞋具必须适应变宽的前足，而且应该避免穿极简跑鞋，因为不合适的鞋具可能会导致足跟着地转为前足着地。为了减少前足的压力，患有蹑囊炎的跑者应该考虑减少步长

并增加步频。美国每年有超过 20 万例的蹑外翻手术，失败率非常高，因此手术矫正应该是最后的选择[26]。根据我的经验，跑者在蹑外翻手术后特别容易出现不良的结果，因为在推进期前足会承受极大的压力。

蹑趾活动受限与僵直

"蹑趾活动受限"源自拉丁语，指蹑趾逐渐变硬且疼痛加剧，是一种退化性疾病。蹑僵直是这种疾病的极端状况，即蹑趾关节完全融合与僵硬。蹑僵直相对较为罕见，但跑步人群中蹑趾活动受限却非常普遍。在跑步时，即使第一跖趾关节的活动度稍有减小，也会造成麻烦。

由于偶然的外伤，埃及跑者的足趾更容易出现蹑外翻，因为较长的蹑趾在行进过程中会承受更大的力量（图 6.19）。尽管蹑外翻很常见，但许多医生常常不知道这种情

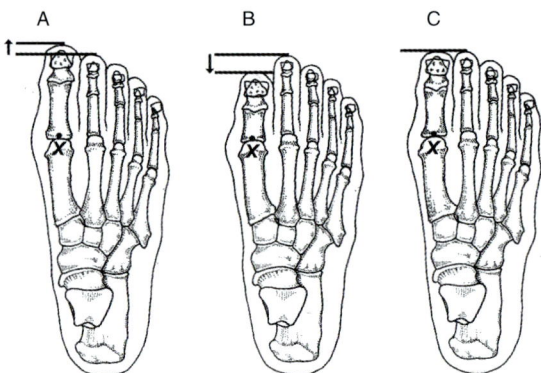

图 6.19 足趾长度的变化 埃及人的蹑趾较第二足趾长（A）。相反，当蹑趾明显短于第二足趾（B）时，就会出现希腊脚趾。当蹑趾和第二足趾长度相等时（C），就出现方形足趾。下次去自然历史博物馆的时候，可以观察埃及和希腊的雕像：埃及雕像几乎都是长的蹑趾，而希腊雕像则都是短的蹑趾

况，并经常将踇趾活动受限误诊为踇囊炎。由于两者治疗方式不同，因此这样的状况是不幸的。

诊断踇趾活动受限最简单的方法是评估第一跖趾关节的活动范围。踇趾活动受限存在时，左右第一跖趾关节的活动度不对称。另一种区分踇趾活动受限和踇囊炎的方法是判断跖骨头骨刺的位置。存在踇囊炎的情况时，骨刺形成于跖骨头的侧面。存在踇趾活动受限的情况时，骨刺形成于跖骨头的顶部（图 6.20）。

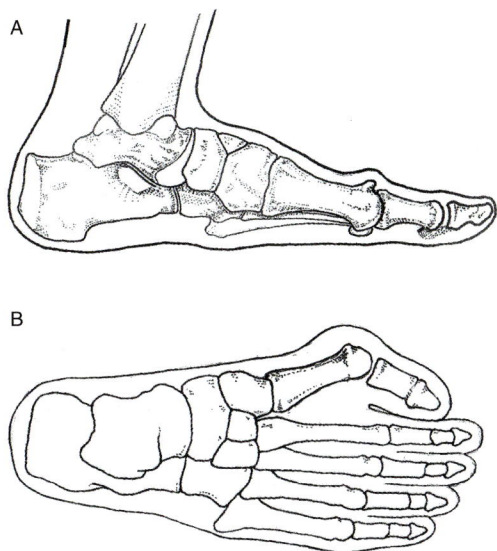

图 6.20 踇趾活动受限（A）和踇囊炎（B）骨刺的形成

踇趾活动受限的严重程度是通过测量第一跖趾关节的活动范围来确定的（图 6.21）。第一跖趾关节在行进过程中的活动范围大约为 45°，踇趾活动受限患者的第一跖趾关节的活动范围低于 40° 时往往就会产生疼痛。低足弓的跑者特别容易因踇趾活动受限产生疼痛，因为在行进过程中低足弓

的跑者踇趾下方会集中更多的力量，且需要更大的活动范围[19, 20]。

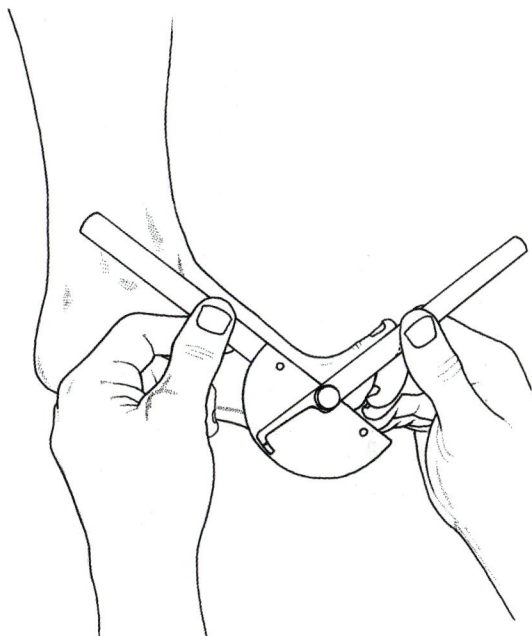

图 6.21 测量第一跖趾关节的活动范围 这种测量装置可以在任何一家五金店买到

治疗踇趾活动受限的目标是使其活动范围尽可能增大。只要趾骨头顶部的骨刺不太大，就可以通过图 6.11 所示的手法恢复 30° 左右的活动范围。除了增加踇趾关节的活动范围外，增加踝关节的活动范围也很重要。依照我的经验，如果跑者的踝关节足够灵活，即使有严重的踇趾活动受限他们也很少会抱怨疼痛。很多情况下，有必要每天进行 5 分钟的斜板锻炼，以获得必要的踝关节活动度，以防止踇趾活动受限。

另一种较为流行的治疗踇趾活动受限的方法是使用定制或非处方矫形器。虽然最初人们认为矫形器使得踇趾在推进过程中拥有更大的活动范围，但三维研究的证据显

示事实并非如此。大约 10 年前，我和 Deb Nowaczenski 医生进行了一项初步研究[27]，我们测量了受试者佩戴不同矫形器时第一跖趾关节的三维运动（图 6.22）。

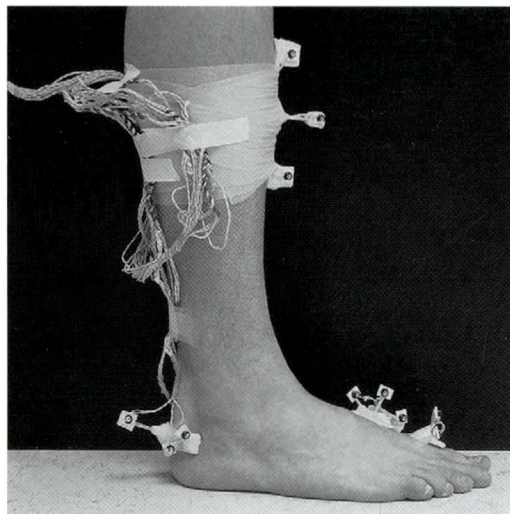

图 6.23　弧形鞋底　在跖骨处（A）逐渐变窄的弧形鞋底提供了一个支点，允许你在第一跖趾关节有限的活动度下进入推进期

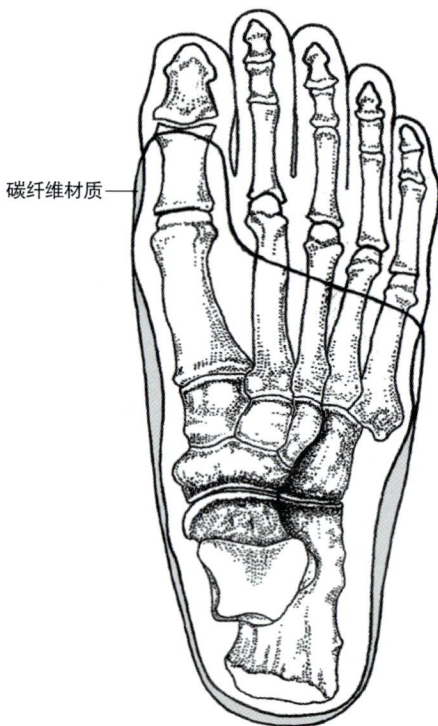

图 6.22　测量第一跖趾关节的三维运动

初步研究结果表明改善运动是可能的，但后续研究表明，无论受试者佩戴哪种矫形器，他们的第一跖趾关节的活动度都没有改善。尽管如此，矫形器已经被证明可以减轻跶趾活动受限患者的疼痛，因此可以作为一种可行的治疗方案[28]。

在无法恢复关节活动范围的情况下（例如已经形成了一个大的背侧骨刺），治疗的目标是使足部适应僵硬的关节。最简单的方法就是穿中底较硬、跶趾处有弹性的跑鞋，这样可以防止第一跖趾关节弯曲。在严重的情况下，可以通过在跑鞋的中底安装一个弧形装置来适应跶趾活动受限（图 6.23）。

另一个方案是穿一个外壳上有"莫顿延伸"的矫形器（图 6.24）。尽管该治疗方法

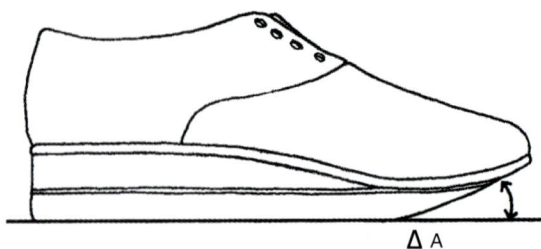

碳纤维材质

图 6.24　矫形器　外壳有"莫顿延伸"的矫形器通常是由碳纤维材料制成，可以延伸到跶趾下方。延伸的碳纤维减少了跶趾在蹬离地面过程中的运动

会略微增加跟腱的张力，但对大多数跑者来说都是耐受良好的。

如果这些治疗方案失败，可能需要进行"关节唇切除术"的干预（图 6.25）。尽管这种方法的长期效果很好，但手术应该是最后的选择。

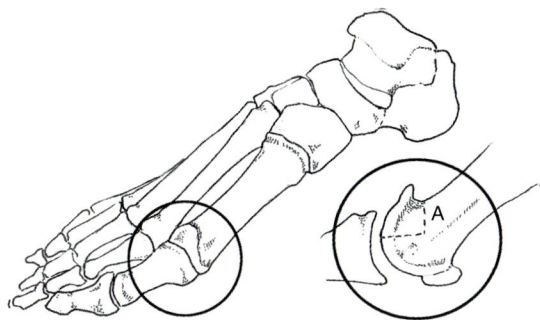

图 6.25　关节唇切除术是切除第一跖骨骨刺的外科手术（A）

足底筋膜炎

迄今为止，造成跑者足跟痛最常见的原因是足底筋膜炎。筋膜一词在拉丁语中是"束带"的意思。足底筋膜内侧部分从足跟延伸到踇趾底部，是筋膜束中最强壮但最常受伤的部分。最近的一个假设是：扁平足患者中足弓过度降低会增加足底筋膜的张力，足底筋膜的张力又传导至足跟，引起足跟骨的过度负荷。事实上，通常认为足跟处增加的张力是导致足跟骨刺形成的原因。

尽管医学界已普遍认可足底筋膜张力增加和跟骨骨刺发展之间的联系，但 2003 年的研究表明[29]：足底筋膜张力增加并没有导致骨刺的形成。一项调查分析了 22 个产生骨刺的足跟骨，研究显示，骨刺形成于趾短屈肌的起点，而不是足底筋膜。本研究强调足底筋膜与足内在肌之间的重要交互作用：足底筋膜被动地储存和返还能量，而足内在肌在"分担变化的负荷"中发挥动态的作用。显然，足内在肌与足底筋膜一起工作，站立初期防止足弓下降，同时在推进过程中帮助足弓抬高。这就解释了为什么足底

筋膜炎的发展与足弓的高度不相关。事实上，足底筋膜炎发展的最佳预测指标是足趾在推进期向上移动的速度[30]。

当趾短屈肌较强时，它能有效地减缓推进过程中足趾向上的运动，同时在足趾尖和跖骨头之间平均分配压力。这块小而重要的肌肉无力时会使得足趾在更大范围内快速移动，足底筋膜的张力会变得更大。因此，成功的治疗需要通过强化足底肌肉来减缓足趾向上移动的速度。另外，穿着足趾处具有高弹性的跑鞋也可以降低足趾移动的速度。

迄今为止最彻底的足底筋膜炎的研究中，Sullivan 等[31]选取了足跟痛患者 202 例以及无症状对照组患者 70 例。研究确定，足跟痛患者除了足趾无力和小腿紧绷之外，还有腓骨肌群的显著无力。对比之前的研究，这一发现意义重大。之前普遍认为腓侧肌在足底筋膜炎的发展中几乎不具备作用。在读完这篇研究之后，我开始使用 ToePro 运动平台，因为它可以有效地加强足趾和腓骨肌，同时拉伸小腿。在 ToePro 运动平台完成 3 组 25 次重复的练习后，我让跑者把前足放在 ToePro 运动平台上，足跟触地，站着伸展小腿肌肉。小腿极度紧绷的跑者应该考虑带着足部夜间支架睡觉，尤其在醒来会感到疼痛时。

由于足底筋膜附着于踇趾的底部，来自伊萨卡大学物理治疗学院的一组研究人员[32]提出了一个治疗足底筋膜炎的方法，即每天拉伸踇趾 30 次，每次持续 10 秒（图 6.26）。与足底筋膜炎的常规治疗相比，这种方法的效果明显更好。

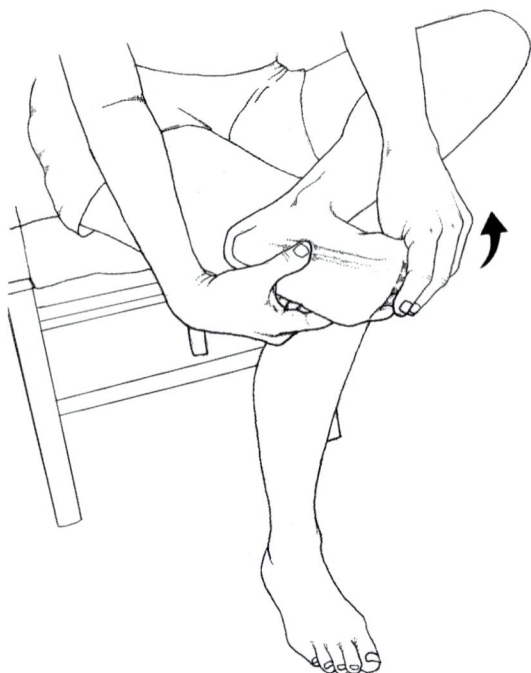

图 6.26　足底筋膜居家伸展　这个动作保持
10 秒，每天重复 30 次。在做这个伸展动作时，应
该轻轻按摩足底筋膜

除了伸展小腿和加强足趾与腓骨肌群，
慢性足底筋膜炎的患者通常对 low-dye 贴扎
和定制或预制的矫形器反应良好，这些方法
在短期治疗中同样有效[33]。来自伊利诺伊
州骨科生物工程研究实验室的研究人员证
明[34,35]，支撑足弓和（或）在后足下方放置
一个内翻柱可以显著减少足底筋膜的张力。

如果可能的话，患足底筋膜炎的跑者应
该避免中足或前足着地，因为这样的着地方
式会显著增加足底筋膜的张力。手术干预应
该作为最后的手段，因为手术经常导致内侧
足弓破坏（足底筋膜是重要的足弓稳定组
织，切开后，足弓会逐步塌陷）。一个有效
的替代手术的方法是冲击波疗法，它被认为
可以刺激修复和加速愈合。许多按摩师、物

理治疗师以及足病运动医学专家都会使用该
治疗方法。

跟骨骨刺和跟骨应力性骨折

跟骨骨刺综合征是跟骨疼痛的第二常见
原因。轻微超重的老年跑者更容易产生跟骨
骨刺的问题。区分跟骨骨刺痛和足底筋膜炎最
简单的方法是用足跟走路和踮脚尖走路。因
为足底筋膜炎通常在推进期发生，骨刺通常
在足跟着地时产生，因此患足底筋膜炎的跑
者会抱怨踮脚尖走路时不舒服，而患跟骨骨
刺综合征的跑者在用足跟走路时会感到疼痛。
事实上，在与地面接触时，足跟骨刺患者通
常会前足外侧着地以减轻足跟下方的压力。

正确诊断足底筋膜炎和跟骨骨刺综合征
非常重要，因为这两种疾病的治疗方案是不
同的：足底筋膜炎使用矫形器和锻炼治疗，
而跟骨骨刺综合征用足跟垫和合适的足跟矫
形器治疗。对于这两种情况，特别是患有跟
骨骨刺综合征的人，注射可的松应该是最后
的手段，因为这可能导致跟骨脂肪垫的进一
步退化。在任何情况下，患有跟骨骨刺综合
征的跑者都应该避免穿极简跑鞋，并且考虑
在鞋跟下方添加额外的中底材料。

慢性足跟疼痛也有可能是未确诊的跟骨
应力性骨折。挤压试验是排除跟骨应力性骨
折的一个简单办法。由于足跟的外层骨骼很
薄，当出现应力性骨折时，用拇指和食指挤
压跟骨两侧会产生明显的不适。这个测试应
该分别在两侧进行，若施加同样的压力，感
觉某一侧更痛，则可以做 X 线检查或 MRI

检查，以确保没有发生骨折。如果存在跟骨应力性骨折，确定应力性骨折的原因是很重要的，比如潜在的骨质疏松症和（或）维生素 D 缺乏。

Baxter 神经卡压

当支配小趾的神经（也称为"Baxter 神经"）被足底筋膜压迫时，就会引发 Baxter 神经卡压。这种情况很少见，但高里程的跑者偶尔会发生这种损伤。由于大多数运动医生不熟悉 Baxter 神经卡压，容易导致误诊，使得受伤的跑者花费了大量的时间和精力接受无效的治疗。

检查是否患有 Baxter 神经卡压，可尝试主动分离足趾：当存在 Baxter 神经卡压时，则无法分离患侧的第四和第五足趾（图6.27）。对于 Baxter 神经卡压，定制或非处

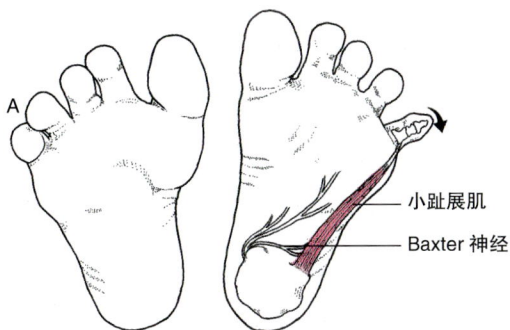

图 6.27 Baxter 神经卡压测试 当小趾展肌神经受到压迫时，你不能外展小趾（A）

方矫形器通常是有用的，因为它们可以减少足底筋膜对神经的压力。我倾向于使用较软的非处方矫形器，因为较硬的定制矫形器偶尔会压迫从足弓下穿过的 Baxter 神经。

治疗 Baxter 神经卡压的另一种方法是进行如图6.28所示的神经滑动练习。这项技术已被证实可以活动手臂和手部的神经[36]，并被认为可松动因维持固定姿势而黏连的神经。

图 6.28 神经滑动练习 活动 Baxter 神经，把你的足跟放在一个高的平台上，颈部后仰，同时向同一个方向伸展足踝和足趾（A）。保持这个姿势5秒，然后头和躯干向前弯曲，足踝和足趾指向相同方向（B）

如果 Baxter 神经卡压的保守治疗不能迅速减轻症状，可以考虑预约有治疗经验的足部外科医生。手术松解压迫的 Baxter 神经的瘢痕组织效果很好。不幸的是，治疗延误的时间越长，手术干预的效果就越差。

胫骨后肌肌腱炎

胫骨后肌是腿部最深层以及最中心的肌肉。胫骨后肌肌腱形成于小腿下 1/3 处，在经过内踝后方时大角度转向足底（图 6.29）。胫骨后肌肌腱与跟腱相似，在附着点之前会旋转，使其可以像弹簧一样存储和返还能量。

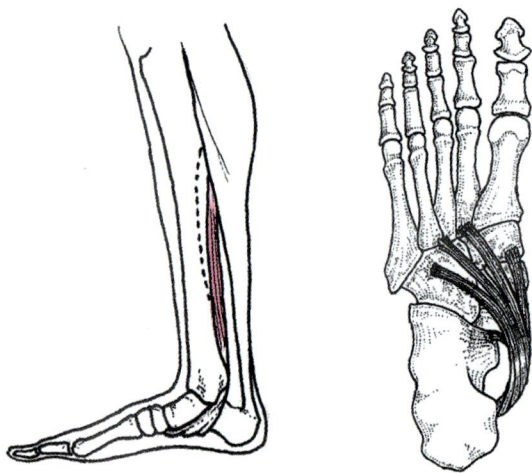

图 6.29　胫骨后肌肌腱 足底有多个附着点

胫骨后肌很强壮，在足中部有广泛的附着，是足弓最重要的稳定组织。跑步过程中，当足刚触地足弓开始变平时，胫骨后肌开始存储能量，并在推进过程中返还能量以抬高足弓。根据我的经验，高里程数且低足

弓的跑者特别容易患胫骨后肌肌腱炎，尤其在过度疲劳和（或）活动度过高的状况下。长期重复控制足弓降低所产生的过度的力量最终会使得肌腱负荷过重。胫骨后肌肌腱炎的早期症状包括踝关节内踝下方疼痛，特别是在不平整的路面上跑步时。

临床上，胫骨后肌肌腱炎的早期症状是两侧无法做同等数量的足跟抬高运动。在胫骨后肌肌腱损伤的早期阶段，肌腱发炎但没有被拉长，两侧足弓高度相同。肌腱损伤的进一步发展会使得受损肌腱一侧的足弓开始塌陷，跑者无法在没有明显不适的情况下抬起足跟。早期胫骨后肌肌腱损伤的治疗包括非处方或定制的具有较大内翻柱的矫形器。软的矫形器几乎总是比硬的矫形器更受欢迎。除了使用矫形器，强化训练对于轻度胫骨后肌肌腱损伤的跑者效果良好。交替的 ToePro 练习尤其有用，我通常让跑者在完成 ToePro 练习后再进行 4 次 30 秒的等长收缩练习，练习时保持膝关节微屈，足跟抬起（图 3.30D）。同样的练习也可以在 AIREX 平衡垫上进行。由于剧烈运动可能会损伤肌腱，所以在进行强化练习之前，应该咨询熟悉治疗胫骨后肌损伤的运动专家。

通常使用矫形器和运动训练对于轻到中度的胫骨后肌肌腱损伤效果良好，但严重的胫骨后肌肌腱损伤是危险的，早期诊断是维持跑步活动的关键。由于胫骨损伤容易进一步发展，早期诊断胫骨后肌肌腱损伤是非常重要的。虽然我不提倡进行昂贵的检查，但患有慢性胫骨后肌肌腱损伤的跑者应该考虑

通过使用 MRI 来评估肌腱损伤的程度。

踝关节扭伤

仅在美国，每天就有 23 000 人扭伤踝关节（图 6.30），每年因踝关节扭伤而就诊的人数可达 160 万[37]。与治疗踝关节扭伤相关的直接和间接成本，每年超过 11 亿美元[38]。更糟糕的是，这些数字还没有考虑一个情况：踝关节扭伤往往与长期伤病相关。在对踝关节扭伤患者的 10 年随访中，72% 的患者出现了踝关节炎的症状[39]。

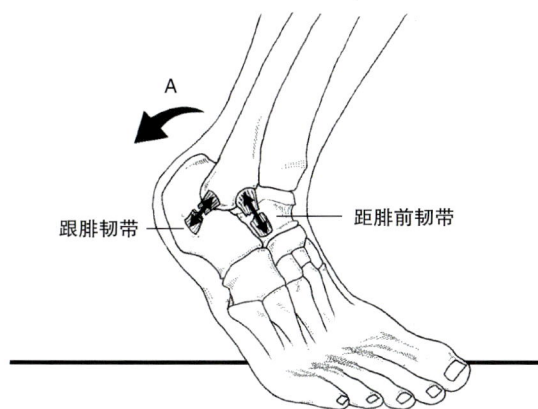

图 6.30　内翻性踝关节扭伤　尽管踝关节在任何方向均可发生扭伤，但最常见的扭伤发生在后足内翻时（箭头 A）。突然的内翻动作可造成距腓前韧带和（或）跟腓韧带损伤

考虑到踝关节扭伤相关的严重的长期后果，确定哪些跑者容易扭伤踝关节是很重要的。尽管许多因素已被证明与踝关节扭伤有关（如高足弓、平衡受损、小腿紧绷和心血管功能下降），但到目前为止，预测踝关节扭伤的最好的指标是踝关节扭伤史和超重。

有过踝关节扭伤史且超重的运动员，再次发生踝关节扭伤的可能性是其他运动员的 19 倍[40]。因为在跑步时，踝关节的中心力量超过体重的 7 倍，即使很小的额外重量也会大大增加踝关节扭伤的可能性。

先前的踝关节扭伤会造成协调性受损以及小腿肌肉紧绷，这会增加再次受伤的可能性。一项关于行走时足踝关节运动的三维研究显示[41]：有踝关节扭伤史的人在摆动期会减少离地距离，且在着地时，足部会过度倾斜。

尽管先前扭伤和未来扭伤之间具有很强的联系，但韧带损伤的严重程度和再损伤的可能性之间存在着一种与直觉相反的关系。一项 2 年的研究追踪调查了 202 名踝关节内翻扭伤的精英跑者[42]，研究人员发现：韧带撕裂最严重的跑者很少重复受伤（这一组再受伤率为 0~5%），而扭伤较轻的跑者再受伤的概率明显更高（18% 中度扭伤的跑者在这 2 年中再次受伤）。先前的研究证实[43]：接受手术重建的踝关节韧带完全撕裂的患者，其短期和长期预后比拒绝手术干预的患者更差。显然，踝关节韧带严重损伤的跑者应该尽量避免手术。

不管韧带损伤的程度如何，治疗踝关节扭伤的目标是在受伤后的前几天内尽快恢复力量、灵活性、平衡性和耐力。使用标准的透气石膏配合弹力绷带已被证明可将完全恢复的时间缩短 50%[44]。表 6.1 概述了踝关节扭伤的一组主流治疗方案，图 6.31 展示了急性扭伤症状减轻之后的一种有效练习。

表 6.1 踝关节康复计划

第一阶段　无法负重
使用 U 形毛毡压缩包扎腓骨周围，每 4 个小时更换 1 次。
主动外展和内收足趾 5 秒，重复 10 次。
用足趾写字母，每天 5 次。
每天骑 15 分钟健身车。
坐姿（无负重）踝关节平衡板练习，顺时针和逆时针各 30 圈，每天 2 次。未受伤的足踝站姿做 3 分钟
平衡板练习（在平衡板上锻炼未受伤的足踝已被证明可以增加受伤肢体的稳定性）。

第二阶段　可以在轻微不适的情况下行走，扭伤的踝关节恢复至 90% 的活动度
伸展腿部和髋部所有僵硬的关节。
在各个方向进行弹力带练习（图 6.31），每个方向 25 次，重复 3 组。
做双腿提踵与单腿提踵，10 次，重复 3 组，每天 2 次。
每天 5 次闭眼平衡站立，每次 30 秒。
踝关节平衡板单腿站立 1 分钟，每天 5 次。

第三阶段　受伤侧单腿跳跃而无疼痛
以全速的 80% 的速度跑步，避免前足底先触地。
在小型蹦床上进行 3 组 30 次的向前、向后和左右方向的跳跃。开始时双足落地，然后发展到单足落地。
在 50 cm 和 25 cm 的跳箱上进行增强式练习，2 个箱子间隔 90 cm。从一个箱子跳到地上，再跳到另一
个箱子上，尽可能轻轻落地。做 5 次，重复 3 组。这是一个高阶的练习，应该小心进行。

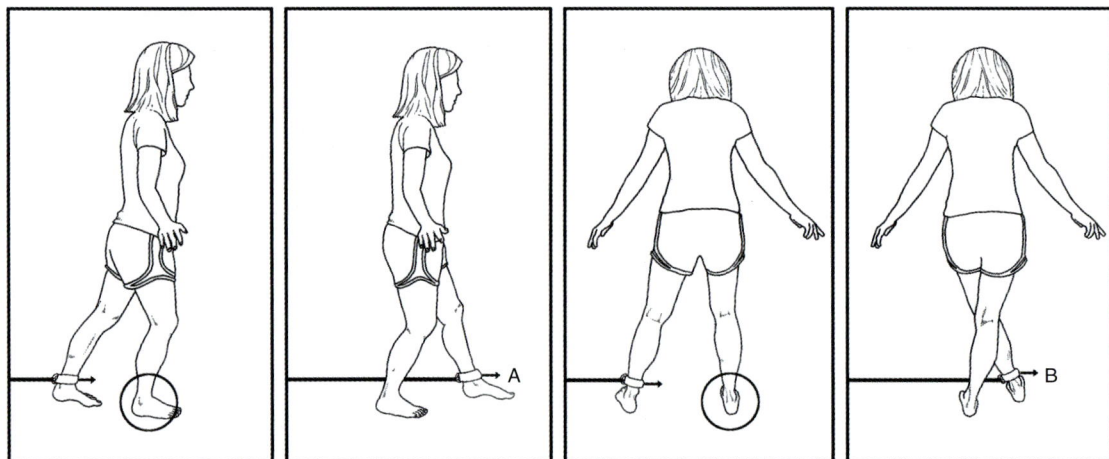

图 6.31　踝关节练习　扭伤的足（圈中）站在地面上，另一个足踝戴上阻力带。受伤的足踝保持平
衡的同时，未受伤的腿向前面（A）和侧面（B）拉阻力带。然后旋转 180°，将未受伤的腿向后拉，然后
再重复练习。尽管我通常不喜欢使用阻力带，但这项锻炼会给受伤的踝关节带来扭转力。在不稳定的表
面上走或跑时会产生类似的扭转力

　　除了标准的日常锻炼，平衡感的恢复也很重要。通过使用一个便宜的泡沫平衡垫就可以显著降低受伤的风险。在一项研究中[45]，有踝关节扭伤史的超重运动员在泡沫平衡垫上进行每条腿 5 分钟的平衡训练，持续 4 周，再受伤率就降低了 77%。另一项来自荷兰的研究[46]发现，使用平衡板锻炼的受试者，再受伤率降低了 47%。

由于泡沫垫和平衡板不能让你的脚进行全方位运动，因此，我更喜欢 2∶1 的踝关节平衡板。传统的平衡板向各个方向均匀倾斜，而这种踝关节平衡板的支撑点偏离中心，这样可以使你的足踝内翻幅度是外翻的 2 倍（这也是足踝本来的特点）。膝与髋伸直，移动你的足踝使得平衡板边缘触碰到地面。平衡板会将你的足踝置于未来可能扭伤的位置，然后迫使你自己用力将足踝从危险的位置拉回。一开始，你可能需要坐着做这个练习，几天后，你就可以站着进行。

最后，踝关节扭伤的跑者偶尔会出现一种"踝关节前外侧软组织撞击综合征"的情况。这类患者的踝关节内部会形成瘢痕组织，当踝关节向上移动时，可能会受到挤压，在上坡时尤为困难。这种情况不能通过 X 线检查或 MRI 来确诊，但你可以做一个简单的测试来确认这一诊断，那就是双脚直立，慢慢蹲下，同时保持足跟着地。如果存在这类综合征，你会感到足踝外侧前方有针刺一样的轻微疼痛。常规治疗对这类综合征效果不佳，通常需要用关节镜手术去除瘢痕组织，这种手术的长期效果很好。

骨筋膜室综合征

腿部肌肉位于 5 个独立的腔室中，每个腔室由筋膜形成的壁专门隔开（图 6.32 ）。

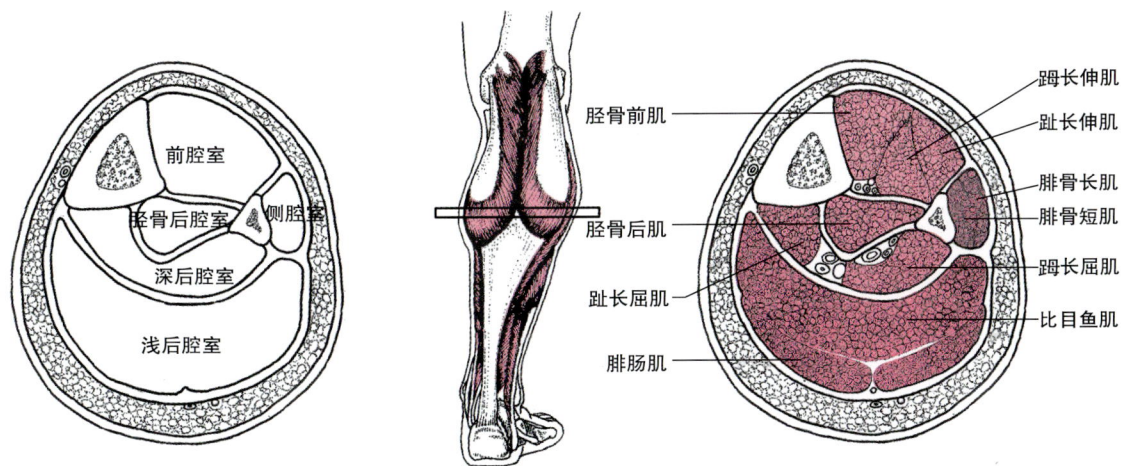

图 6.32　小腿横截面　小腿中间的横截面显示了其 5 个腔室：前腔室、胫骨后腔室、侧腔室、深后腔室、浅后腔室

运动可以使肌肉体积增加 20%，所以每个腔室周围的筋膜必须能够扩展以容纳扩张的肌肉腔室。如果筋膜包膜僵硬，不能充分扩张，腔室压力增加，会导致毛细血管和静脉损伤。如果没有足够的静脉回流，腔室的压力会持续增加，最终导致肌肉和（或）神经损伤。

骨筋膜室综合征分为急性和慢性 2 类。急性骨筋膜室综合征需要外科急诊治疗，因为筋膜内的压力很快会变得很高，肌肉可能会严重受损。虽然运动专家和跑者需要了解急性骨筋膜室综合征的潜在风险，但这种类型的损伤并不常见。更常见的情况是，跑者会出现慢性骨筋膜室综合征，压力的增加会引起不适，但不会导致长期的肌肉损伤。

青少年跑者尤其容易出现慢性骨筋膜室综合征。前腔室和后腔室最容易受影响，跑者通常会抱怨小腿中部跳动性疼痛。患慢性骨筋膜室综合征的跑者如果病情恶化，可能会出现神经损伤的迹象：腿部刺痛和（或）肌肉极度无力。大约 45% 的慢性筋膜室综合征患者同时患有筋膜疝，即一小部分肌肉从筋膜间隙脱出。脱出的肌肉看起来像一个小弹珠卡在皮肤下面。幸运的是，筋膜疝通常是无症状的，甚至可能是保护性的，因为它们能减少内部肌肉的压力。

慢性骨筋膜室综合征的治疗取决于涉及的特定筋膜室和跑者足部的形状：出现后侧筋膜室综合征的扁平足跑者应使用内翻柱的非处方或定制矫形器进行治疗，而出现侧

筋膜室综合征的高足弓跑者应在鞋垫下附着外翻柱进行治疗。无论足弓高度如何，患有前筋膜室综合征的跑者应以中足触地的方式跑步，而患有浅表和深层后筋膜室综合征的跑者应以足跟触地的方式跑步。在任何情况下，患有慢性骨筋膜室综合征的跑者都应该减小他们的步幅，并找到最适合他们的跑鞋。

因为骨筋膜室综合征往往是慢性的，所以有必要经常结合交叉训练技术来进行康复锻炼，如骑固定的自行车和（或）在游泳池里跑步。我倾向于劝阻受这种伤的跑者游泳，因为俯卧后踢腿的动作会使得后腔室肌肉紧绷，这可能会延长完全恢复的时间。为了提高筋膜包膜的灵活性，在家进行伸展和自我按摩是非常重要的（图 6.33）。

因为筋膜室肌肉很难伸展，患有骨筋膜室综合征的跑者应该经常使用按摩棒和（或）泡沫轴以更有效地拉长筋膜（使用汽车抛光机也很有效）。在按压和（或）使用泡沫轴之前加热患侧的腔室可以增加筋膜拉

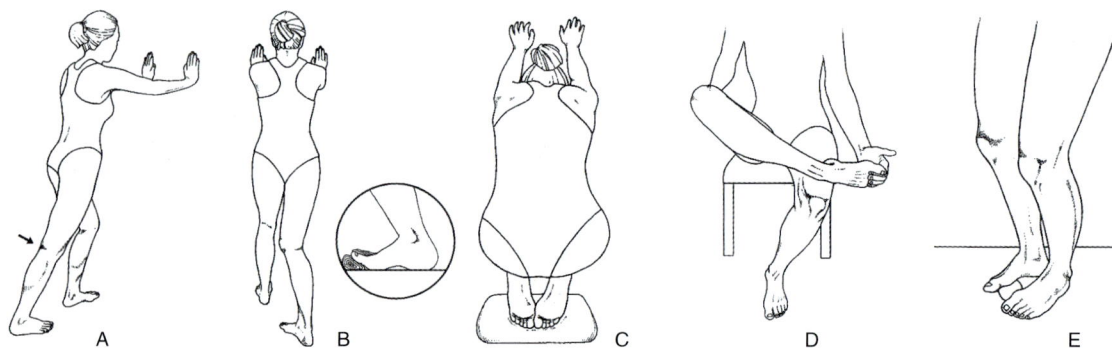

图 6.33　筋膜室拉伸　膝关节伸直时主要牵拉腓肠肌（A），膝盖弯曲及脚尖勾起主要牵拉比目鱼肌与胫骨后肌（B）。在进行图 B 牵拉时，在足趾下放置一条卷起的毛巾，可以孤立趾长屈肌。在足趾下面放一条毛巾且背部后移来拉伸前腔室（C），或者将腿盘成 "4" 的姿势（即患侧脚触碰到对侧的膝盖），同时把足趾向后拉（D）。腓骨长肌的拉伸是将网球放在前足下，同时弯曲膝关节（E）

伸的效率。按压外侧腔室时必须十分小心，因为腓浅神经很容易受到刺激（图 6.34）。处理侧腔室时，如果感到足尖部或腿部外侧有刺痛感，应立即停止按摩该部位。

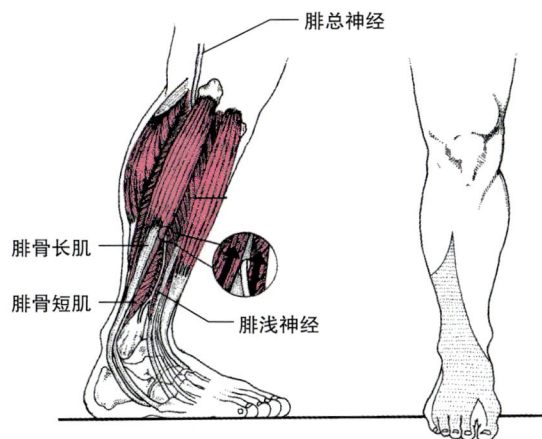

图 6.34　腓浅神经的位置　当使用按摩棒或泡沫轴时，避免用太大的力量按压腿部外侧的中间部分，因为这可能会刺激腓浅神经。你可以通过感知腿部外侧和足顶部的刺痛来判断是否存在神经压迫。

如果骨筋膜室综合征持续存在，外科医生通常建议"筋膜松解"，即沿着一个或多个筋膜包膜的长度切开。尽管这类手术减轻了大约 60% 的病例[47] 的疼痛，但多达 13% 的患者可能会经历术后并发症，而且由于未知的原因，女性预后不如男性。

胫骨内侧应力综合征

胫骨内侧应力综合征是指胫骨下方内侧局部疼痛的症状。这种损伤的典型症状是内踝上方 5~7.5 cm 区域有触痛。胫骨内侧应力综合征最初被认为是由比目鱼肌和（或）

趾长屈肌牵拉骨膜（骨骼外表面上敏感的膜）引起的，研究证实内侧胫骨应力综合征会累及骨骼本身。在一项对受伤和未受伤运动员骨骼的比较研究中，Franklin 等人[48] 证实：与未受伤对照组相比，患有胫骨内侧应力综合征的跑者，其胫骨更窄，这证明了胫骨内侧应力综合征不仅是软组织损伤，也是骨性损伤。这也得到了其他研究的支持[43]：胫骨内侧应力综合征患者的胫骨与对照组相比孔隙更多。

这种损伤在跑步圈非常普遍。一项对 748 名高中田径运动员的在线调查显示：41% 的女性运动员和 34% 的男性运动员有胫骨内侧应力损伤的情况。胫骨内侧损伤发生的频率是跟腱炎和足底筋膜损伤的 4~6 倍，胫骨内侧应力损伤发生最佳的预测指标是每周更高的里程数和更快的跑步速度。虽然目前还未有明确的单一原因，但是关于这种损伤的发展已提出了许多理论，包括肌肉无力或紧绷、骨密度降低、激素失衡和足过度旋前。此外，在沥青和（或）倾斜的道路上跑步等外部因素，也与这种症状的发生有关。

为了评估胫骨内侧疼痛发展的潜在原因，一项前瞻性临床研究对 122 名男性和 36 名女性学员进行了随访[49]，测量了各种生物力学因素，如踝关节灵活性、肢体长度差异、足型等。在为期 12 个月的训练计划结束时，23 名学员出现了胫骨内侧疼痛，但没有具体的因素可以预测女性学员的损伤，受伤的男性学员则表现出较大的髋关节旋转活动范围与较小的小腿直径。这项研究表明，男性跑者应该加强臀部和小腿的力量以避免出现这种损伤。根据我的经验，患有胫骨内侧压力综合征的男性和女性跑者都可以从趾长屈肌锻炼中获益。

虽然经常被推荐使用矫形器治疗胫骨内侧应力综合征，但关于矫形器有效性的研究具有多样的结果。2011 年，一项精心设计的大型研究证实[50]：矫形器可以预防胫骨内侧应力性损伤的发展。在一项随机对照试验中，400 名军训学员进行了一项为期 7 周的基础训练。研究人员为试验组学员准备了定制的泡沫矫形器，包括支柱、足弓支撑物和足跟垫，根据每个人足底中心的压力不同，逐个选择适合的矫形器。而对照组军训学员使用正常的鞋垫。经过 7 周的基础训练，对照组有 22 名学员出现胫骨内侧应力综合征，而试验组只有 2 名学员出现该损伤。根据本研究的结果，有胫骨内侧应力综合征病史的跑者都应该考虑使用矫形器。

最常见的家庭治疗胫骨内侧应力综合征的方法是拉伸。尽管它很常用，但一些研究表明拉伸并不能防止胫骨内侧损伤的发展[51]。尽管如此，一旦损伤发生，恢复比目鱼肌和趾长屈肌到损伤前的柔韧性还是很重要的。图 6.33B 所示的拉伸，分离了这两块肌肉。夜间支架的使用也很有帮助，可以在足趾下方放置楔形物来拉伸足趾肌肉。

胫骨内侧应力综合征的发展与每周更高的里程数和更快的跑步速度有关，所以这种损伤的人应该减少他们的训练量和强度，直到症状消失。重返运动时，使用橡胶包裹小腿和贴扎小腿内侧是有用的，因为它可以增强本体感觉。为了减少内腔室肌肉的压力，

受伤的跑者应该在柔软的跑道上跑步。由于胫骨内侧应力综合征与骨密度低有关，所以重新评估饮食方面的因素很重要，比如要保持每日维生素 D、钙、镁和蛋白质的摄入量（每天至少需要 50 g 蛋白质）。最后，虽然消炎药是治疗这种疾病的常规处方，但 Cohen 等人[52]的一项获奖的研究证实，许多非甾体类抗炎药物会对实验动物的肌腱 – 骨愈合产生负面影响，因此不应经常使用这些药物。

应力性骨折

据统计，每年有超过 1/5 的跑者出现应力性骨折[53]。仅在美国，每年就有近 200 万例应力性骨折患者[54]。Matheson 和同事对 320 名应力性骨折患者进行了调查研究，这也是迄今为止最大的一项研究。结果显示：应力性骨折的患者中打篮球的占比 4%，打网球的占比 5%，做有氧操的占比 8%，令人惊讶的是 69% 的患者都进行跑步运动。尽管人们普遍认为与跑步相关的高冲击力会导致骨骼损伤，跑者容易发生应力性骨折，但事实并非如此。Matheson 对 320 名应力性骨折的运动员进行的研究显示：只有 20% 的应力性骨折患者可能与跑步里程的增加和（或）在硬地面训练有关[55]。

在大多数情况下，应力性骨折并不是由于暴露在过度应力下，更可能的是各种生物力学因素的结果。很少考虑到的是，肌肉力量在应力性骨折的预防中起着重要的作用。来自澳大利亚的研究人员[49]进行了一项关

于肌肉体积和应力性骨折发展的研究，研究显示：小腿周长减少 10 mm 会导致胫骨应力性骨折的发生率增加 4 倍。该结果也与另外一些研究一致：某些肌肉会通过足跟触地前的预收紧来适应骨的振动，从而防止胫骨骨折[56,57]。

除了抑制足跟撞击地面后骨骼振动之外，关键的肌肉还在产生压缩力方面发挥着重要作用，使各种骨骼能够抵抗跑步时出现的弯曲应变。例如，髋关节梨状肌可以支撑股骨颈，从而在垂直力的作用下防止其弯曲（图 6.35）。

跑步时股骨颈暴露在正常的弯曲力下，如果梨状肌和臀中肌没有足够的支撑，股骨颈可能会发生破裂。加强保护股骨颈的肌肉的最佳方法如图 6.36 所示。

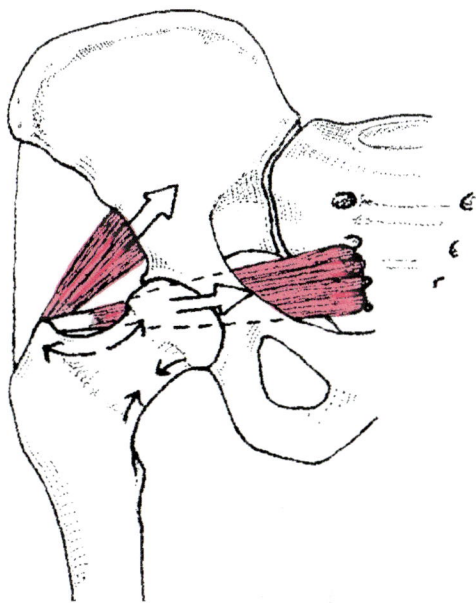

图 6.35 保护股骨颈的肌肉 梨状肌和臀中肌产生一种压力（白色箭头），保护股骨颈在跑步时免受应力性骨折（黑色箭头）

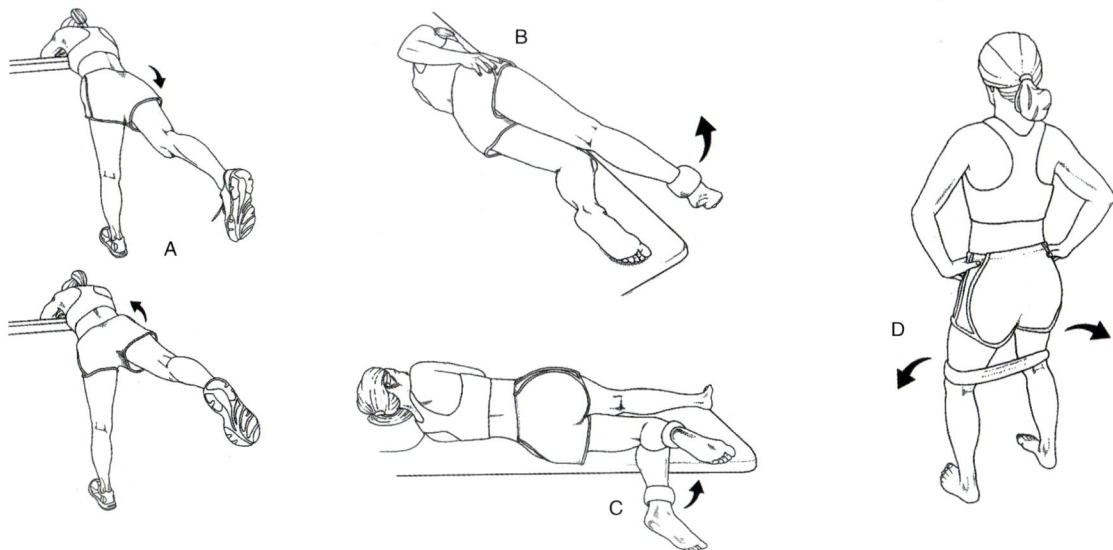

图 6.36 梨状肌和臀中肌强化练习 （A）站姿梨状肌练习：练习一侧的腿站立，抬起与放下另一侧的骨盆（箭头）。（B）侧身位臀中肌练习：躺在床边或长凳上，抬起或放下大腿（箭头），为了增加阻力，练习可以在踝关节负重的情况下进行。（C）梨状肌练习：侧卧位，膝盖弯曲 90° 时，抬起或放下足踝（箭头）。（D）站姿臀中肌练习：将弹力带置于膝盖上方，分开双膝关节，抵抗弹力带的阻力（箭头）。

梨状肌已被证明可以保护股骨颈，而髂胫束最近被证明在跑步时可以产生稳定力，保护股骨干免受应力性骨折（图6.37）。

在站立中期，阔筋膜张肌和臀大肌通过髂胫束产生一种压缩力，防止股骨弯曲。因此，某些髋关节肌肉的无力可能会增加股骨干应力性骨折的可能性。图6.36所示的练习有助于保护股骨免受这种损伤。

如前所述，足底肌肉在保护跖骨干免受应力性骨折方面起着重要的作用，有跖骨应力性骨折病史的跑者应努力加强所有足底肌肉。可以通过检查跑鞋的鞋垫来确定你的足趾是否正常发力。理想情况下，所有足趾下面都会有明显的凹陷。

腓肠肌紧绷也是某些应力性骨折未被重视的因素，它使得趾骨应力性骨折的风险增加了400%以上，同时也会增加舟状骨应力性骨折的可能性[58]。对于跑者来说，舟状骨应力性骨折是极其危险的，因为骨骼的自然血液供应受限，往往难以愈合。在某些情况下，舟状骨只有在外科医生用金属螺钉加固骨骼中部后才能愈合。由于45%的舟状骨应力性骨折的运动员最终无法重返运动场[59]，因此小腿紧绷的跑者应该通过定期拉伸小腿来避免这种损伤。

虽然在治疗各种应力性骨折时，加强锻炼是有帮助的，但想要找到预防胫骨骨折的方法一直很困难，尤其是对于年轻女性而言。不幸的是，胫骨应力性骨折非常常见。墨尔本大学的研究人员对111名田径运动员进行了为期12个月的研究，发现近50%的应力性骨折发生在胫骨。

为了确定为什么跑者存在如此多胫骨应力性骨折的状况，田纳西大学的研究人员[60]对存在和不存在胫骨应力性骨折史的女性跑者分别进行了三维运动分析。令人惊

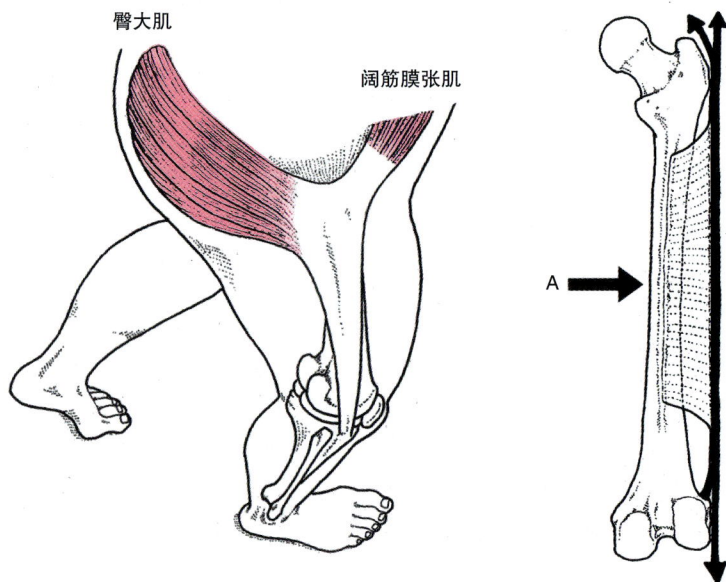

图6.37　保护股骨干的肌肉　髂胫束纤维覆盖在股骨（A），臀大肌和阔筋膜张肌产生的压力作用于髂胫束上，在跑步时可以保护股骨免受应力性骨折

讶的是，胫骨应力性骨折的跑者不是靠弯曲膝盖来吸收冲击，而是通过过度降低对侧的髋关节。

在我看来，胫骨应力性骨折的首要原因是交叉步态。如第 4 章所述，这种步态模式下，下肢以一定的角度与地面接触，从而改变了通过胫骨的力量的传递。这种力量的改变会导致慢性再损伤。在 2 年间，我曾见过一位运动员出现了 6 次胫骨应力性骨折（一侧 2 次，另一侧 4 次），尽管去了许多机构接受治疗，但没有人评估过她的步态。步态分析显示，她的交叉步态模式非常糟糕，在摆动期，她的双脚会互相碰撞，导致她鞋跟内侧磨损。我让她在跑步机的中间画一条粉笔线，并告诉她要确保跑鞋的内侧永远不要越过粉笔线。多年后，我再见到她时（因为出现了另一种伤病问题），她能够重新进行高里程数的跑步，而没有再遭受胫骨应力性骨折。和所有的损伤一样，患有应力性骨折的跑者应该接受详细的步态分析，以确定可能的力学原因。

为了让跑者在应力性骨折后恢复运动，许多专家继续推荐"10% 规则"，即让受伤的跑者每周增加 10% 的跑步距离。尽管大多数体育专家继续使用 10% 规则，但 2007 年发表在《美国运动医学杂志》（*American Journal of Sports Medicine*）上的一项研究表明，这种方法并不会改变再受伤率[61]。由于不同跑者的愈合速度不同，因此，用于预测特定应力性骨折恢复时间的传统规则是极其不准确的。例如，一些专家错误地认为跖骨应力性骨折会在 6 周内愈合，而股骨应力性骨折会在 12 周内愈合。然而，没有哪两个跑者具有完全相同的愈合速度，所以这些数字是无用的。

幸运的是，3 位世界上最好的医生开发了一套我认为是有史以来最好的重返跑步的方案[62]。该计划包括 1 个预跑步阶段和 3 个跑步阶段。预跑步阶段的要求是：跑者进行正常日常活动时，连续 5 天没有疼痛。之后，可以开始表 6.2 中描述的 5 周计划。我非常喜欢这篇文章，我建议受伤的跑者可以阅读原文，因为它有详细的信息和很棒的插图，概述了应力性骨折的不同原因和治疗方法。

如前所述，发生应力性骨折的跑者应该接受详细的生物力学和步态评估，以确定可能导致永久损伤的风险因素。营养因素也应该被考虑在内，所有跑者的血液维生素 D 水平都应该保持在 30~40 ng/dL。一些跑者更愿意从日晒中获取维生素 D，但这对于波士顿、纽约、芝加哥、西雅图的跑者来说不是一个好的选择。从 11 月到次年 4 月，美国北方大部分地区的阳光缺乏产生维生素 D 所需的中波紫外线[63]。3 月份气候寒冷，维生素 D 平均水平最低，一些专家称这也是这段时期感冒和流感高发的原因（维生素 D 对免疫功能也很重要）。

一些营养学家建议跑者摄入大剂量的维生素 D，但最近的研究表明，这样做会降低跑者的骨密度。2019 年的加拿大的一项研究中[64]，311 名参与者连续 3 年每天服用 400、4000 与 10 000 国际单位的维生素 D，研究人员发现，服用最高剂量维生素 D 的

表 6.2　跑者重返 30 分钟无痛跑步的渐进训练计划

阶段	日期	说明
0		进入渐进跑步计划前 日常生活中正常行走，连续 5 天没有疼痛
1		**行走和慢跑（50% 正常配速），逐渐增加跑步时间**
	1	行走 30 分钟
	2	休息
	3	行走 9 分钟，慢跑 1 分钟（重复 3 次）
	4	休息
	5	行走 8 分钟，慢跑 2 分钟（重复 3 次）
	6	休息
	7	行走 7 分钟，慢跑 3 分钟（重复 3 次）
	8	休息
	9	行走 6 分钟，慢跑 4 分钟（重复 3 次）
	10	休息
	11	行走 4 分钟，慢跑 6 分钟（重复 3 次）
	12	休息
	13	行走 2 分钟，慢跑 8 分钟（重复 3 次）
	14	休息
2		**逐渐增加强度**
	1	慢跑 30 分钟
	2	休息
	3	60% 正常配速跑 30 分钟
	4	休息
	5	60% 正常配速跑 30 分钟
	6	休息
	7	70% 正常配速跑 30 分钟
	8	休息
	9	80% 正常配速跑 30 分钟
	10	休息
	11	90% 正常配速跑 30 分钟
	12	休息
	13	正常配速跑 30 分钟
	14	休息
3		**连续多日跑步**
	1	正常配速跑 30 分钟
	2	正常配速跑 30 分钟
	3	休息
	4	正常配速跑 30 分钟
	5	正常配速跑 30 分钟
	6	休息
	7	正常配速跑 30 分钟
4		**重返跑步**

注：Warden 等人修订。

受试者骨密度下降最大。由于维生素 D 的缺乏与肌肉流失的速度加快、摔倒的可能性增加相关[65]，在冬季，跑者应该保持一定的维生素 D 水平，特别是在北方寒冷的气候下。尽管鱼肝油很难吃，但它是维生素 D 最好的天然来源之一。

大剂量的维生素 D 对骨骼健康有负面影响，最新的研究表明生酮饮食对骨骼强度也有糟糕的影响[66]。低碳水化合物和高脂肪的饮食，很受长跑运动员的欢迎，这样的饮食可以让这些运动员更有效地将脂肪存储为能量，在长距离跑步的时候会派上用场。不幸的是，即使短期进行生酮饮食也可能对骨骼造成影响。2020 年的一项研究将 30 名世界级的竞走运动员饮食分为两组，一组为高碳水化合物饮食，另一组为低碳水化合物与高脂肪饮食（典型的生酮饮食），在不到 4 周的时间里，生酮饮食一组的运动员骨骼破裂和受损的程度加重。研究者表示，生酮饮食可能对健康和运动表现产生重大不良影响。

虽然保持骨骼健康最好的方法是均衡饮食，但我最喜欢的一种针对应力性骨折患者恢复运动的补剂叫作"Bone Up"的产品。这是由杰诺（Jarrow）制作的配方，这种补剂含有微晶羟基磷灰石以及镁、硼、钼、锌等一系列对骨修复有重要作用的微量元素。请记住，骨骼恢复不仅要补钙，正常愈合通常需要一系列的微量元素。

对应力性骨折的患者进行管理时，存在的最大问题是饮食失调，这在大学跑步社群尤其常见。饮食失调的研究超出了本书的范围，我们鼓励教练和朋友们公开讨论饮食失调可能产生的结果，并将其转诊给适当的专家。20 世纪 80 年代和 90 年代的教练经常告诉跑者：只要他们再瘦一些，就能跑得更快一点。对饮食失调认识的提高以及该方面专家可靠性的提升增加了这些极难治疗疾病的恢复率。

髌股关节疼痛综合征

髌股关节疼痛综合征也被称为"髌后疼痛"（或膝盖骨后疼痛），25% 的跑步人群受此影响。一个典型的症状是：久坐时，髌骨会产生疼痛，当伸直腿的时候，疼痛就会消失。尽管研究人员花了几十年研究髌股关节疼痛，但一直很难确定病因。早期研究表明，髌股关节疼痛综合征最可能的原因是髌骨向股骨下端外侧移位。髌骨异常运动最常见的原因包括 Q 角增加和（或）股内侧斜肌无力（图 6.38）。

为了纠正异常髌骨向外侧移动的轨迹，运动专家开发出各种股内侧斜肌加强练习，如膝内侧向墙壁挤压球的同时做伸膝练习。不幸的是，许多研究表明，这些运动并不是针对股内侧斜肌，相反却加强了股外侧肌。当强壮的股外侧肌将髌骨拉向外侧时，可能会加重髌骨疼痛。尽管这些练习被证明无效，股内侧斜肌加强练习仍然是介入治疗的基本方法。为了更好地了解髌骨损伤的原因，研究人员[67]使用 MRI 专门评估一组人群屈膝时髌骨和股骨的运动。令人惊讶的是，MRI 显示，髌骨问题的主要原因不是髌骨向稳定的股骨移动，而是股骨外侧向稳定

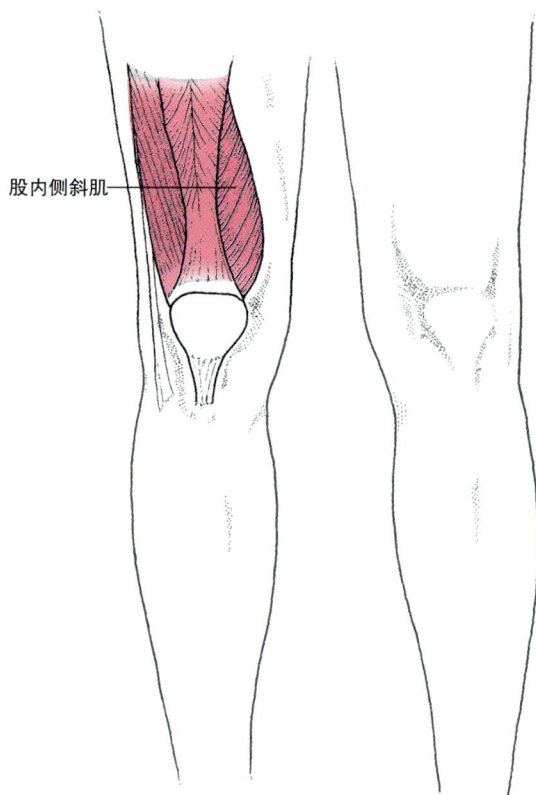

图 6.38 股内侧斜肌

的髌骨移动。2008 年和 2010 年的 CT 和 MRI 的功能性评估[68、69]支持了这一观察结果，证实跑步时髌骨处疼痛最可能的原因是股骨的异常运动，而不是髌骨的运动轨迹改变。

髋关节无力被认为是股骨过度旋转最可能的原因。在对有和没有髌股疼痛综合征的跑者的三维评估中，来自印第安纳大学的研究人员[70]证实，髋关节外展肌弱的跑者其股骨会产生过度内旋，尤其是在疲劳时，旋转程度会增加。髋关节前倾、胫骨外旋和（或）髋关节旋转肌无力的跑者（如图 3.26 所示的测试所示）特别容易发生髌后损伤。

如前所述，除了图 3.36 所列的加强练习外，髋关节过度内旋的跑者应该进行步态再训练，即有意识地改善错误的运动模式。前

降步试验（图 3.35）是一种简单的测试方法，你可以确定髌骨关节损伤是否是因为髋关节肌无力。这个测试也可以用来监控训练进度，你可以考虑进行交叉训练，直到能够在保持髋部和膝部伸直的情况下完成前降步测试。

髌后疼痛另一个常见原因是低足弓。低足弓的跑者往往伴随更大幅度的足旋前，从而胫骨内旋更甚，使得髌骨脱离股骨。虽然这看似合乎逻辑，但这被证明是错误的，因为足过度旋前与胫骨过度内旋的联系类似于斜接铰链（参考图 3.5）。正如第 5 章所讨论的，2001 年的三维研究证实[71]，尽管胫骨内旋在低足弓跑者中更多，但旋转度与高足弓跑者相同。因此，低足弓和高足弓的跑者都可能发展为髌股关节疼痛综合征。高足弓和低足弓跑者的胫骨旋转范围相同，这也解释了为什么最近这么多研究显示：足旋前和髌股关节疼痛之间的联系有限。

尽管足旋前和髌股关节疼痛之间的联系有限，但经常有髌股关节疼痛的跑者反映使用矫形器可以减轻他们的不适。确定矫形器是否能减轻髌股关节疼痛最简单的方法是做一个简单的试验，戴着非处方矫形器的同时做几次单腿深蹲。澳大利亚的研究人员研究显示[72]：如果你感觉穿戴矫形器做深蹲会更舒服，那么使用矫形器减少髌股关节疼痛的概率会从 25% 增加到 45%。新的研究证实[73]：使用非处方矫形器并做一些简单的足部运动是治疗髌股关节疼痛的最佳方法。这项研究与之前的研究一致，即如果同时开具足部运动处方，那么在使用矫形器时更有可能获得良好的效果。治疗慢性髌股关节疼

痛要考虑的最后一个因素是股四头肌的柔韧度。来自比利时的研究人员[74]评估了与髌股关节疼痛发展相关的多种因素，确定了股四头肌的紧绷是一个显著的危险因素。事实上，股四头肌紧绷与 Q 角（Q 角：髌骨中心到胫骨结节连线与髂前上棘到髌骨中心连线的夹角）增加相比，是更好的髌股关节疼痛预测因子，医生可通过行外科手术重建膝关节来进行纠正。

　　你可以通过在俯卧位测量足跟到臀部的距离来评估股四头肌的柔韧度（图 6.39）。两侧重复进行测量，多数情况下，足跟与臀部的距离应该在 10 cm 以内。

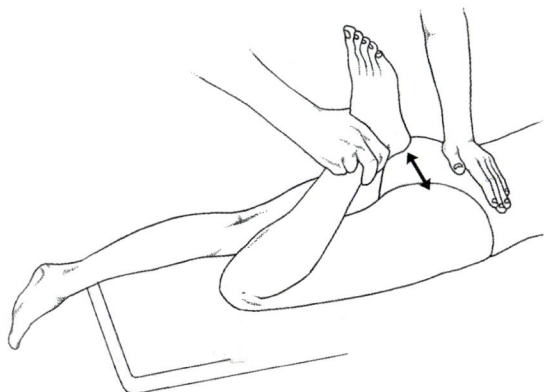

图 6.39　测量股四头肌的柔韧度

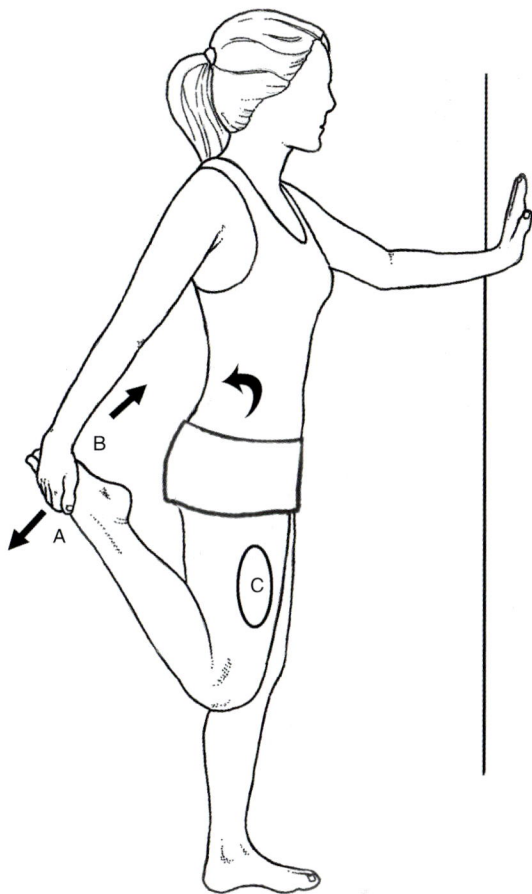

图 6.40　股四头肌拉伸练习　在保持骨盆后倾的同时牵拉股直肌（箭头），股外侧肌的拉伸可以将足跟拉向相反一侧的臀部。在伸展股四头肌之前，你可以使用汽车抛光机预热肌肉（C）。在肌肉放松时，用你的脚和手做对抗（箭头 A），之后放松并轻轻将足跟拉向相反一侧臀部（箭头 B）。然后回到开始的位置，重复这个过程，做 3 次拉伸

　　如果其中一侧的股四头肌缺乏柔韧性，可以使用泡沫轴或按摩棒滚动紧绷的肌肉，然后进行如图 6.40 所示的拉伸。这种拉伸每次应该保持 30 秒，每组 3 次，每天重复 5 组。

　　一个常见的错误是只放松股四头肌的下部。由于股外侧肌向上延伸到髋关节外侧（图 6.41），所以要处理整条肌肉而不仅仅是下部。因为股外侧肌在减震方面起着重要的作用，放松肌肉的中心部分就显得尤为重要。

　　跑步时为了减轻髌股关节的压力，可以考虑缩短步幅并切换到前足着地模式。仅提高 5% 的步频已被证明可以有效降低膝关节的压力[38]。最后，由于跑步可以将冲击力

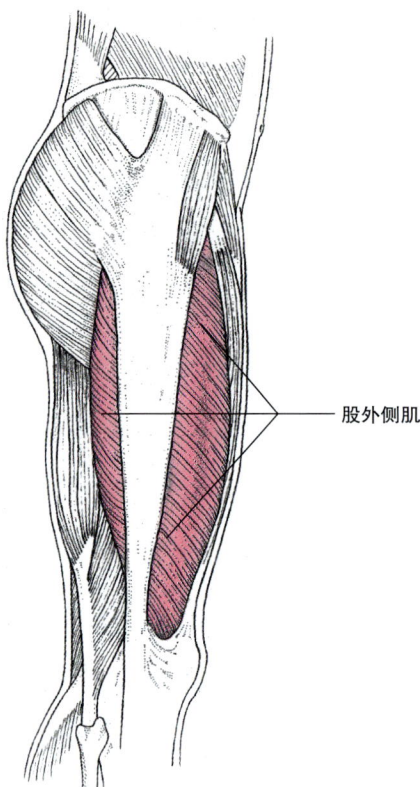

图 6.41　股外侧肌　股外侧肌是很大的一块肌肉，从臀部延伸到膝盖外侧

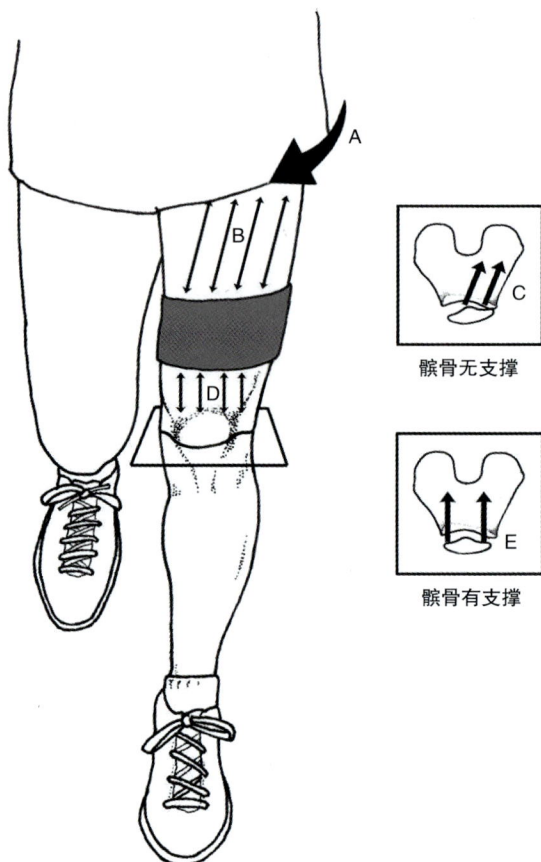

图 6.42　使用三重固定带减轻髌股关节疼痛　跑步时过度的股骨内旋（A）会导致股四头肌将髌骨拉向外侧（B 和 C）。将三重固定带固定在髌骨上方可以压缩股四头肌，从而改善髌骨的关节对位（D 和 E）

放大 5 倍，所以超重的跑者应该考虑减重，因为即使减少很小的体重也可以显著减轻髌股关节的压力。当髌股关节损伤恢复重返运动时，可以尝试佩戴氯丁橡胶膝关节支架或考虑在髌骨顶部使用肌内效贴布。三重固定带是一个压缩带，在恢复期间使用有助于稳定髌骨（图 6.42）。和几乎所有的伤者一样，有髌股关节综合征的跑者在跑步前应该进行主动的动态热身（图 4.5），并且在起步时的配速应比平时至少慢 1 分钟。

髌腱末端病

髌腱末端病是一种退行性疾病，其特征是附着于髌骨处的髌腱局部压痛。当膝关节过度弯曲时，肌腱受到的压力最大，短跑运动员和高里程耐力运动员比休闲跑者更容易出现该症状。Worp[75] 试图确定髌骨肌腱病发生的潜在危险因素，他对既往文献进行了广泛的回顾，发现的证据表明：减轻体重，增加腿部肌肉的柔韧性，使用矫形器控制足旋前过度是降低受伤风险的有效方法。然而，用特定治疗方法降低潜在受伤风险的证据并不充分。当患者有髌股关节疼痛综合征时，矫形器是否能够有效地改善髌腱末端病相关的症状是不可预测的。出于这些原因，最好先尝试佩戴足弓支撑，对特定的功能测试反应良好时（例如分别在佩戴与不佩戴非处方矫形器时，在 1.2 m 的平台上重复进行前向下降测试），再选择定制矫形器。

手法松解、牵拉股四头肌对于治疗来说几乎总是有帮助的，因为有弹性的股四头肌可以吸收原本应由髌腱吸收的力量。在一篇关于髌腱损伤的优秀论文中，来自中国香港的研究人员[76]证明了股外侧肌的紧绷是发生这种损伤很重要的因素。研究人员使用高科技超声设备测量了股四头肌不同部位的弹性，他们发现：足与地面接触时，膝关节屈曲吸收力量，此时股外侧肌比股四头肌其他部分明显延长。其临床意义在于：股外侧肌的紧绷会为髌腱带来更多的负荷，从而大大增加了损伤的可能性。研究人员对超过 65 名运动员进行了检查，最终确定：患有髌腱末端病的运动员其股外侧肌张力比正常人高 26.5%，其柔韧度与髌腱末端病的发展相关。研究者指出：传统的股四头肌拉伸可能并不针对紧绷的外侧头。

牵拉股外侧肌的一个非常有效的方法是使用汽车抛光机按摩肌肉的中心部位 5 分钟，然后进行一系列轻柔的定位收缩与放松伸展。最好的牵拉方法是如图 6.40 所示的动作。

除了提高股外侧肌的柔韧性，另一种减少跑步时髌腱张力的方法是在膝关节周围佩戴固定带（图 6.42）。一些研究表明[77, 78]，固定带可以将肌肉收缩产生的力量分布在更广阔的区域来减少肌腱的张力。

在所有治疗方案中，治疗髌腱末端病最有效的方法是增加髌腱本身的强度。丹麦的研究人员进行了一项深入研究[79]，他们要求患者完成一项 12 周的运动方案，并使用电子显微镜评估训练前后患者的肌腱活性，与健康组做对比。训练包括每周 3 次的深蹲、腿举与前蹲，每项训练进行 4 组，每组之间休息 2~3 分钟。完成这项严格的训练后，电子显微镜显示，运动组肌腱原纤维数量增加，这提高了髌腱的整体柔韧性（图 6.43）。

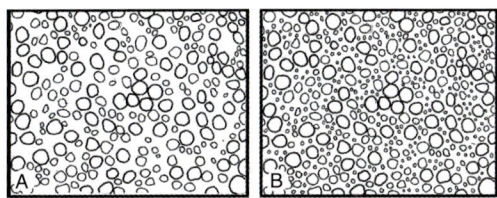

图 6.43　12 周力量训练计划前（A）和后（B）电子显微镜下的肌腱　力量训练后原纤维组织显著增加

训练后髌腱的变化使其具有更大的回弹性，从而使运动员在运动时肌腱疼痛和肿胀的情况明显减轻。研究者推测，髌腱的过度使用可能导致髌腱内部形成小的撕裂，新生原纤维组织形成减少（老年人与肥胖者原纤维数量较少）。有理论认为，缓慢且高阻力的训练会促进肌腱的修复，合成由大量原纤维组织组成的肌腱纤维。肌腱纤维的密度变化较快，训练 12 周后，髌腱末端病组与健康对照组的髌腱纤维密度无明显差异。丹麦研究人员[79]将髌腱僵硬程度与新生的原纤维联系起来：由于更小的原纤维之间的交联更少，而更少的交联纤维意味着更大的柔韧度，因此，髌腱本身变得更有弹性。

虽然大负荷的抗阻训练可以增加髌腱柔韧性并减少疼痛，但对于业余跑者来说，训练时的负重训练可能会造成潜在的损伤。加强髌腱的一种替代性方法是进行无跨步的长距离弓步练习[80]，如图 6.44 所示。

图 6.44　长距离前向弓步　在保持双脚位置固定的同时，通过伸直双腿来抬高和降低身体

长距离前向弓步已被证明可以减轻髌腱的压力，我通常建议患有髌腱末端病的跑者每天进行此练习 50 次，每次重复 6 秒（3 秒离心阶段，3 秒向心阶段）。根据我的经验，该运动方案和丹麦研究人员所提供的负重抗阻方案一样有效，且由于只使用轻重量，因此膝关节损伤的风险大大降低。

与髌股关节疼痛综合征的患者一样，患有髌腱末端病的跑者在跑步时应该考虑改用前足触地的模式，并减小步幅和（或）增加步频。在重返跑步时，使用非处方膝关节支具和（或）在髌腱处使用肌内效贴布可以减轻一些跑步时的疼痛。

髂胫束摩擦综合征

髂胫束起自臀大肌、臀中肌和阔筋膜张肌，附着在膝关节外侧两个独立的位置上（图 6.45）。患有髂胫束摩擦综合征的跑者通常将这种疼痛描述为膝关节外侧的灼烧感。虽然大多数运动学教科书描述，当髂胫束与膝关节外侧的一个小骨突来回摩擦时（损伤髂胫束下方的滑膜囊），跑者就会产生这种损伤。然而最近的研究证实，髂胫束不会来回摩擦骨突，其下的滑膜囊也不是疼痛发生的位置。

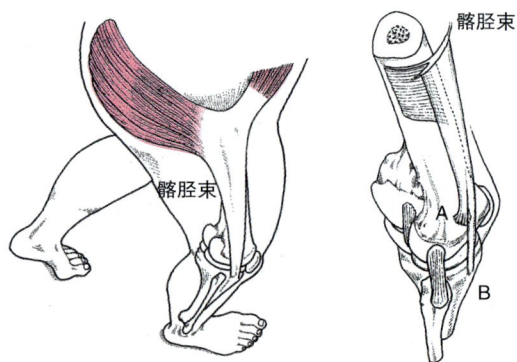

图 6.45　髂胫束在膝外侧有两个独立的附着点（A 和 B）

在对髂胫束解剖和功能的深入分析中，威尔士大学的研究人员[81]证明：在膝关节屈曲过程中髂胫束向前与向后移位的现象，实际上是阔筋膜张肌和臀大肌张力交替产生的错觉（图 6.46）。通过 MRI 分析，作者最

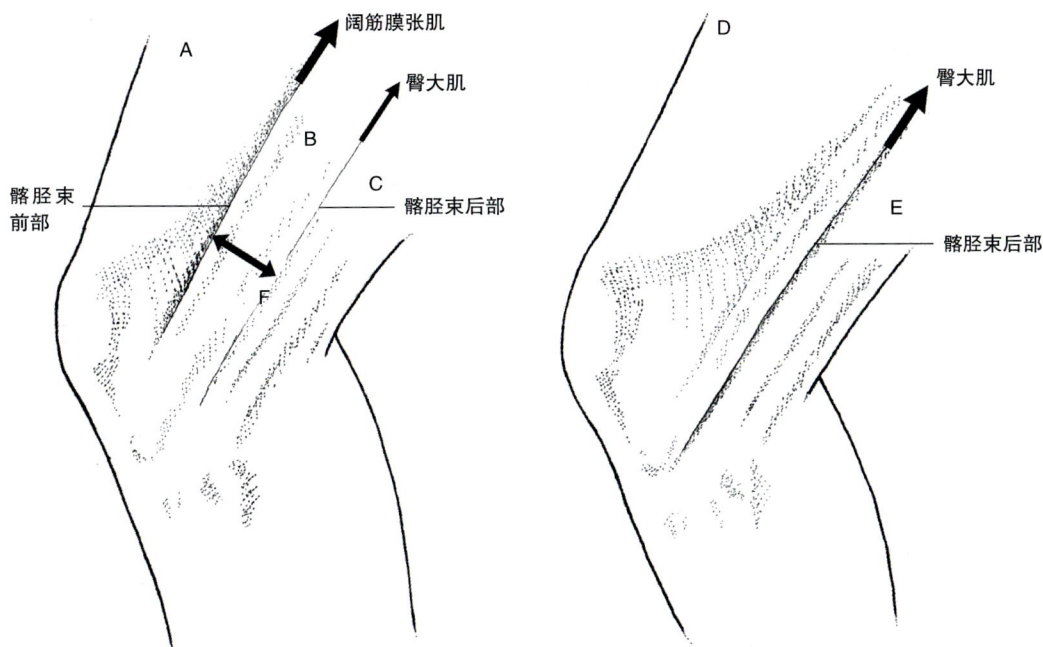

图 6.46　髂胫束　当膝关节轻微弯曲时（A），阔筋膜张肌的张力大于臀大肌，导致髂胫束前部变得更为突出（比较 B 和 C）。当膝关节弯曲更多时（D），臀大肌产生更大的张力，导致髂胫束的后部变得更为突出（E）。张力从髂胫束前部向后部的转移（F）会产生腱束前后移动的错觉

终证明髂胫束没有前后滑动，而是在膝关节屈曲时被压缩到股骨外侧，在屈曲 30° 时出现峰值压缩。

为了确定这种常见损伤发展的常见生物力学因素，William Ferber 和他的同事[82]对 35 名髂胫束摩擦综合征的跑者进行了三维运动分析，并对 35 名年龄匹配的对照组进行了后足、膝关节和髋关节运动的比较。结果显示：两组后足旋前角度没有显著差异。事实上，与对照组相比，患有髂胫束摩擦综合征的跑者其足旋前范围略有缩小，这与高足弓患者更容易发生该损伤的研究结论相一致[83]。

研究者指出，对侧髋关节的过度下降和患侧膝关节的扭转会使得膝关节外侧束带的张力增大。为了治疗这种情况，该损伤的跑者应该强化臀部力量并执行步态再训练技术。加强锻炼和步态再训练在处理髂胫束摩擦综合征中起着重要作用，但评估髋关节外展肌的柔韧度也很重要，因为阔筋膜张肌、臀中肌和臀大肌的紧绷会增加髂胫束的张力。在一项关于牵拉对髂胫束和近端肌肉影响的详细研究中，研究人员通过手术将压力计量表植入了 20 具遗体的髂胫束内，并评估了 3 种不同的牵拉对延长髂胫束的影响[84]。这些研究人员还使用特殊的超声仪器对运动员的髂胫束弹性进行了评估。他们详细的分析证实：髂胫束本身是非常坚硬并能够抵抗拉伸的，当髋部肌肉以最大力量牵拉它时，它的长度增加不到 0.2%。研究者强调，由于髂胫束较为刚性，旨在减少髂胫束张力的治疗是浪费时间，按摩并不能放松

髂胫束。

其他专家证实[85]：髂胫束本身的松解在生理上是不可能的，因为组成髂胫束的结缔组织和防弹背心所用的凯夫拉（Kevlar）纤维一样坚韧。相对于不必要的髂胫束松解，一个更有效的方法是松解臀大肌、臀中肌和阔筋膜张肌的扳机点来减少这些肌肉的张力。按摩几分钟后，建议用图 6.47 所示的拉伸动作来牵拉这些肌肉。

腿后肌群拉伤

在所有与步态相关的肌肉损伤中，腿后肌群拉伤的复发率最高，多达 1/3 的跑者在受伤恢复运动后的前几周内会再次受伤，且步幅超过 2.2 m 的短跑运动员尤其容易受此损伤。在恢复运动之前，可能需要长达 4 个月的康复训练。尽管腿后肌群由 4 种不同的肌肉组成，但几乎所有跑者出现损伤的位置

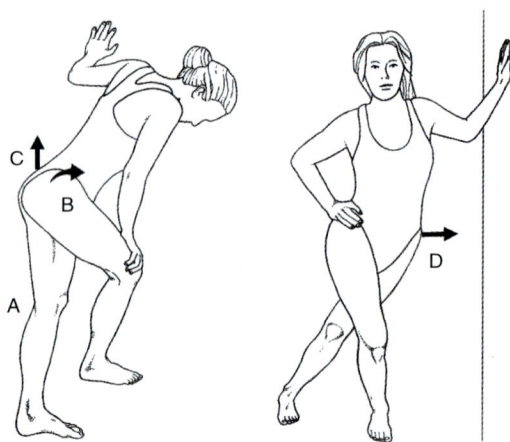

图 6.47　髂胫束牵拉　屈髋姿势下（B），牵拉一侧的腿保持直立（A）。通过患侧髋关节向墙壁移动来牵拉髂胫束后部（C）。保持脊柱直立，将患侧髋关节向墙壁移动来牵拉阔筋膜张肌部分的束带（D）

都在肌群外侧，即股二头肌的长头。腿后肌群外侧损伤率高的原因一直未得到清晰的解释，直到 2005 年，来自威斯康星大学的研究人员确定[86]：由于股二头肌长头远端附着在小腿处，当小腿向前摆动时，它会承受更大的压力（图 6.48）。

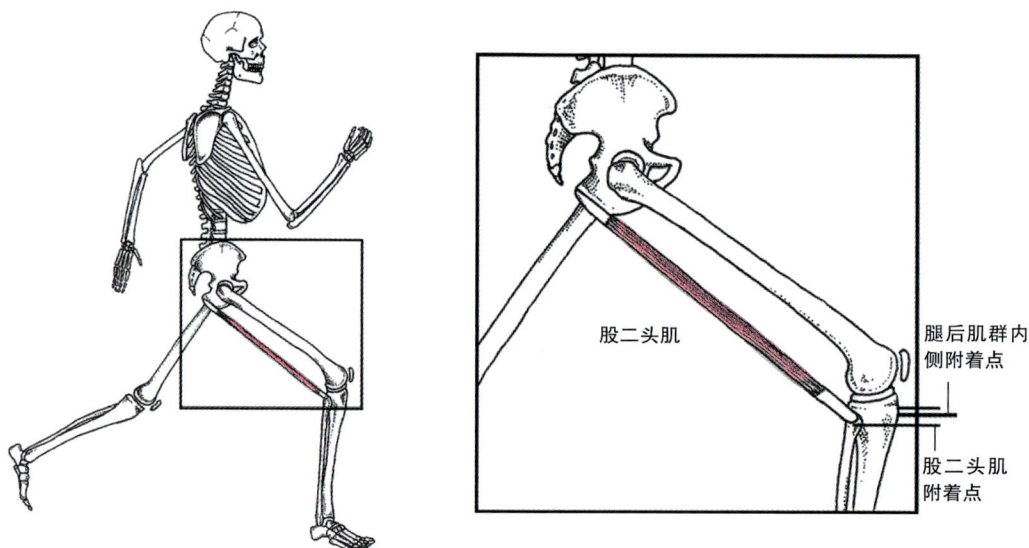

股二头肌

腿后肌群内侧附着点

股二头肌附着点

图 6.48　股二头肌　由于股二头肌长头附着于小腿处，跑者往往会拉伤此部位

2008 年的一项研究[87]用 MRI 评估了不同运动员腘绳肌拉伤的位置，除了股二头肌拉伤之外，唯一拉伤腘绳肌的是一位老年运动员，他在跑步前进行拉伸时严重拉伤了内侧腘绳肌。舞者也容易拉伤内侧腘绳肌，该肌肉对损伤非常敏感。

跑者在前足着地前股二头肌的张力最大，此时最容易拉伤股二头肌。与大多数损伤一样，预测未来是否出现损伤的最佳依据是先前是否发生损伤，这可能是因为受伤后的肌肉愈合时其柔韧性和（或）协调性受损。由于股二头肌拉伤具有极高的复发率，因此，这种损伤的康复必须是全方位的，需要尽可能地处理所有的潜在风险。虽然腿后肌群缺乏柔软度经常被认为是一种潜在风险，但几乎没有证据支持这一理论。最近的研究证实，在预防腿后肌群损伤中起着最重要作用的因素是力量而不是肌肉僵硬程度。

在一项深刻的研究中，Sherry 和 Best[7]比较了不同治疗方案处理急性腿后肌群拉伤的效果，结果显示：与常规的静态拉伸和阻力练习相比，敏捷性练习和稳定性练习可以产生更好的短期及长期效果（这些练习的总结见表 6.3）。与常规康复组（37 天）相比，敏捷和躯干稳定训练组（22 天）更早地恢复运动，并且在恢复运动后的前 2 周内再损伤率更低（常规康复组再受伤率为 55%，敏捷和躯干稳定训练组无受伤）。

表 6.3　Sherry 和 Best 所述的腘绳肌练习方案

第 1 阶段
低到中强度的侧向跨步，持续 1 分钟，进行 3 组。
低到中强度的交叉步行进（侧向移动的同时，后腿与前腿相互交叉行进），2 个方向，持续 1 分钟，进行 3 组。
侧向移动的同时沿着直线进行低到中强度的前进和后退，持续 1 分钟，进行 2 组。
分别进行睁眼和闭眼的单腿站立，持续 20 秒，进行 4 组。
俯卧式腹桥（用腹部和臀部肌肉保持身体面朝下的直平板姿势，肘部和足部作为仅有的接触点），持续 20 秒，进行 4 组。
臀桥（图 3.30X）持续 20 秒，进行 4 组。
侧平板支撑（图 3.30W）每侧持续 20 秒，进行 4 组。
腿后肌群伸展状态下冰敷 20 分钟。
第 2 阶段
中到高强度的侧向跨步，持续 1 分钟，进行 3 组。
中到高强度的交叉步行进，之后练习单腿站立伸展（图 6.49B），持续 1 分钟，进行 3 组。
稳定俯撑伴随躯干旋转（从俯撑开始，然后用一侧手保持支撑，旋转胸腔使另一侧手指向天花板，保持数秒然后恢复到初始位置），每侧 15 次，进行 2 组。
快速脚步转换（慢跑并逐渐增加速度，在约几米的距离后折返），持续 20 秒，进行 4 组。
在快跑中进行无症状的练习。
如果有任何局部疲劳或不适症状，冰敷 20 分钟。
关键点
低强度：小于或接近正常步行的运动速度。
中等强度：运动速度大于正常步行，但小于专业运动的强度。
高强度：类似于专业运动的运动速度。
进阶练习评判标准：在患者可以正常步态行走，并在进行原地高抬腿时不出现疼痛，可以从第 1 阶段进阶到第 2 阶段。

敏捷性和稳定性练习的良好效果甚至在重返运动 1 年后仍然存在，70% 常规康复组的运动员再次受伤，而敏捷性和躯干稳定训练组的运动员只有 7.7% 再次受伤。图 6.49

所示的腘绳肌交替练习在治疗腿后肌群拉伤时也有帮助。

腿后肌群僵硬不会导致拉伤并不意味着受伤的肌群就不应该被拉伸。肌肉的高柔韧度可以使其能够承受更大的离心负荷从而减少肌肉的损伤[88]，腿后肌群柔软的个体可以避免受到各种损伤[89]，因此，通过温和的拉伸来使腿后肌群更柔软总是适宜的。图 6.50 所示的动作拉伸了股二头肌的长头，为了减少腘绳肌上段的张力，应在膝关节弯曲 45° 和 90° 的情况下进行拉伸。

图 6.49　腘绳肌练习　（A）俯卧平板练习：保持平板姿势，两侧腿轮流抬起，保持 5 秒钟。（B）单腿站立伸展：患侧腿站立，以骨盆为轴，保持手臂与后腿呈一条直线排列。（C）腘绳肌上部练习：患侧腿站立，另一侧膝关节微屈，保持下背部弓形，将骨盆向前旋转（箭头）。练习过程中，另一侧足几乎不接触地面。（D）腘绳肌下部练习：将双臂支撑在一个稳定的平面上，患侧膝关节屈曲、伸展，同时将腿向内和向外转动

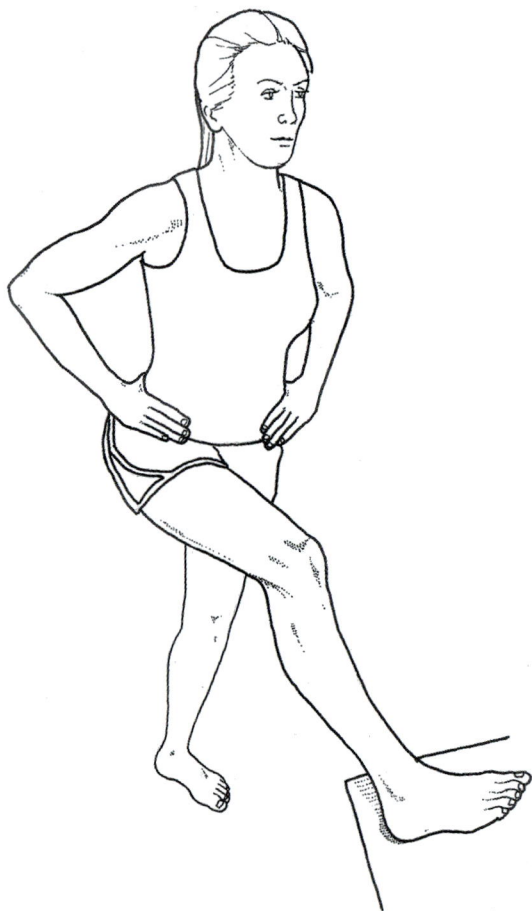

图 6.50　拉伸股二头肌的长头　保持脊柱处于中立位置，身体向前倾，骨盆向前旋转，膝关节微微弯曲的同时转向内侧

由于疲劳可增加腘后肌群拉伤的可能性，Verral 等人[90]建议在运动时以不同的角度屈膝并进行 15 秒的拉伸。研究者表示：在 2 年内，澳式足球运动员若在其训练和比赛中进行上述拉伸，则其腿后肌群拉伤的概率显著降低。这同样适用于跑者，研究结果表明：在长距离跑步中，偶尔停下来拉伸股二头肌外侧可以减少再次受伤的可能性。

Hoskins 等人[91]在另一项对澳式足球运动员的研究中，证明了偶尔的脊柱按摩可以减少腘绳肌的损伤率和再损伤率。这项研究持续了 1 年的时间，研究显示：整个赛季中，偶尔接受脊柱按摩的球员组与未接受脊柱按摩的对照组相比，其腿后肌群受伤（1：5）与再受伤（0：2）的情况显著减少。

拉伸和脊柱按摩可能有助于治疗和预防腿后肌群拉伤，然而全面的强化运动在恢复肌肉拉伤中仍是最重要的。另外，由于非甾体抗炎药可能导致肌腱愈合受损[52]，这些常规药物的使用也应该被重新审视。另一种更安全的治疗方法是直接对受损肌腱进行深层组织按摩，这样可以在不影响肌腱强度的情况下刺激肌腱修复[18, 92]。

梨状肌综合征

梨状肌的名字来源于拉丁语，意思是"梨形的肌肉"。这块小而重要的肌肉产生的应力可以在跑步时防止股骨颈骨折（图 2.17）。尽管梨状肌为股骨颈提供了保护，但也给跑者带来了不少麻烦，因为它位于人体最大的神经——坐骨神经上方（图 6.51）。

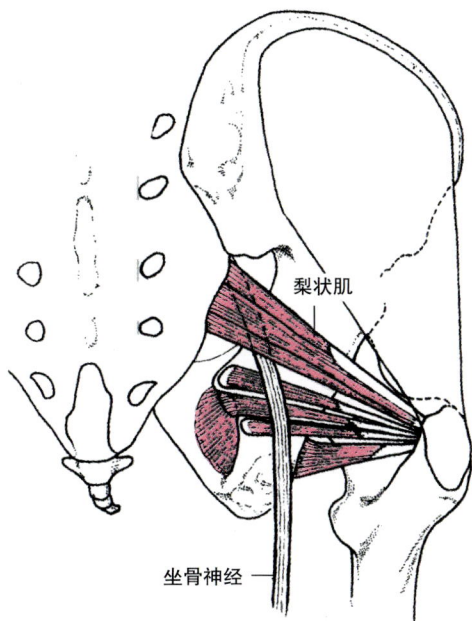

图 6.51　由骨盆处发出的坐骨神经位于梨状肌下方

实际上，大约 2% 的人，坐骨神经直接从骨盆发出后通过梨状肌的中部，这会大大增加坐骨神经痛的可能性。跑步时，梨状肌活动的增加会对坐骨神经产生慢性压迫。和梨状肌相关的坐骨神经痛的常见症状包括沿着腿外侧的疼痛和一直到足部的刺痛。

为了将梨状肌综合征与其他病因（如腰椎间盘突出）引起的坐骨神经痛区分开来，可以做一个简单的测试：在躺着的时候将有症状一侧的膝关节拉向另一侧的肩部，保持大约 30 秒后，如果有梨状肌综合征存在，你会感到腿部外侧有轻微的刺痛。在跑者中，梨状肌综合征比腰椎间盘突出更常见。

虽然大多数研究人员认为梨状肌综合征是坐骨神经仅受梨状肌的刺激所致，但来自奥地利的研究人员发现[93]：在超过 40% 的人群中，梨状肌与邻近的闭孔内肌和臀中肌相连（图 6.52）。坐骨神经除了受梨状肌挤压外，也可能受困于闭孔内肌。

无论涉及哪块肌肉，梨状肌综合征的常规治疗强调对髋关节外旋肌群的拉伸，这能够减轻坐骨神经的紧张。因为臀中肌、梨状肌和闭孔内肌的共同作用导致了这种综合征，所以对髋关节外旋肌群的拉伸很重要。拉伸髋关节外旋肌群最有效的方法是使用如图 6.53 所示的肌肉能量拉伸。

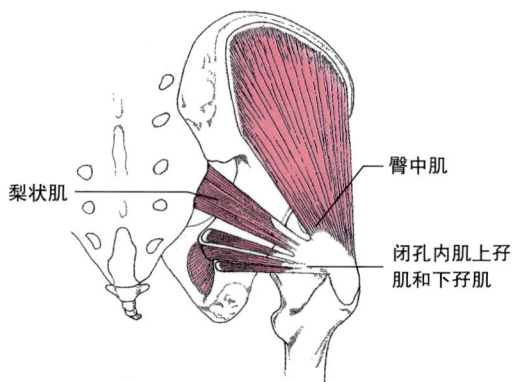

图 6.52　梨状肌肌腱经常与闭孔内肌和臀中肌肌腱合并

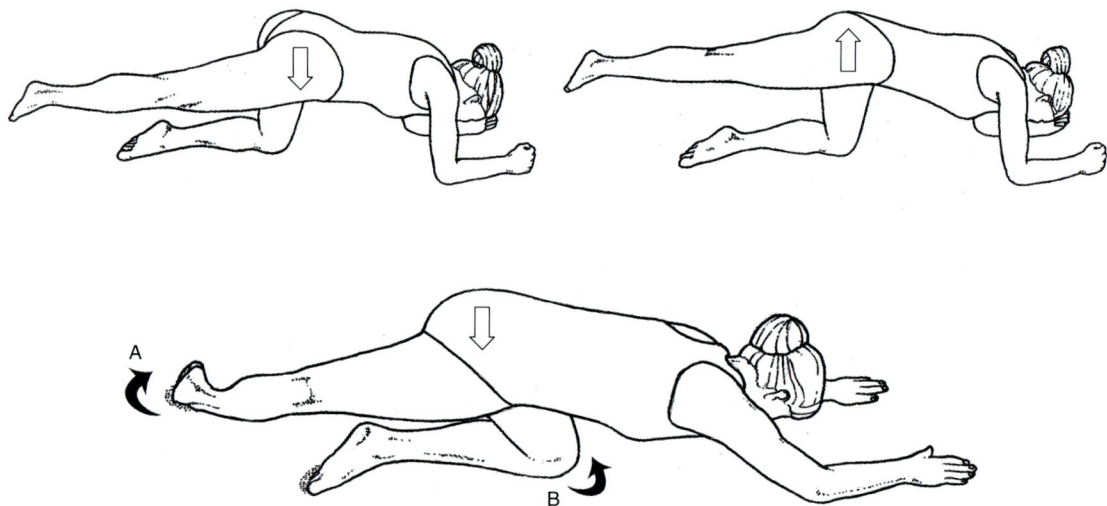

图 6.53　髋关节外旋肌群能量拉伸　这是一个重要的拉伸，因为该拉伸可以牵拉到各个髋关节外旋肌的特定肌纤维。拉伸左侧髋关节外旋肌：四肢着地，重心由左膝支撑，首先使右腿保持水平位置，使用左髋外旋肌，上下抬起和降低右髋（白色箭头）。一旦左髋出现轻微疲劳（大约 1 分钟后），将右腿向后拉向左侧并触地（箭头 A）。通过改变屈髋的程度（箭头 B），可以分别拉伸限制髋关节运动的特定肌纤维。图 3.20 Q 所示的梨状肌拉伸也是拉长髋关节外旋肌的有效方法

在对髋关节旋转肌拉伸之前，我会让跑者用网球按压梨状肌和臀中肌。由于梨状肌在骶骨处的纤维最厚，所以在拉伸之前放松这块肌肉是很重要的（图 6.54）。

在松解梨状肌时应小心不要刺激到坐骨神经，重点松解靠近骶骨部位与髋外侧处。如果不小心触压到坐骨神经，腿会有麻的感觉。避免刺激坐骨神经很重要的一点是拉伸时间不超过 30 秒，长时间的拉伸也会压迫神经。原则是：应该在一天之中经常做拉

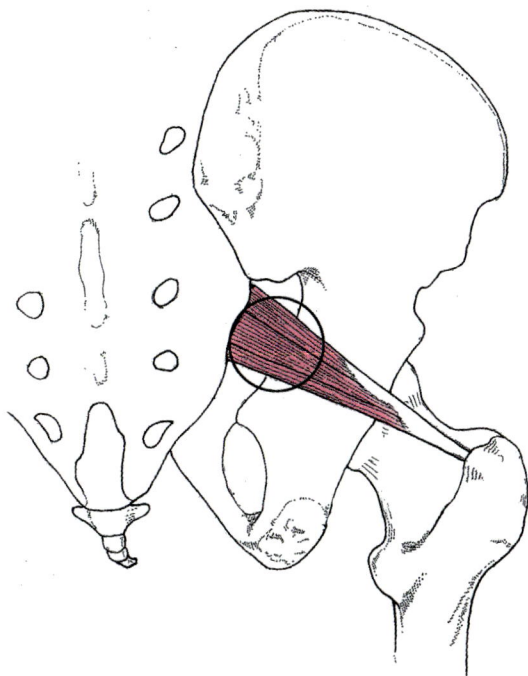

图 6.54 在拉伸之前，放松梨状肌靠近骶骨的部分（圆圈内）是很重要的

伸，每次做的时间要短。

尽管运动医学科医生建议可以通过拉伸治疗梨状肌综合征，但加强髋关节肌肉力量也是必要的。一些深刻的研究表明[94,95]：与单纯常规拉伸相比，髋关节强化练习可以加速梨状肌综合征的恢复，并改善拉伸的效果。图 6.55 描述了针对臀中肌和臀大肌的锻炼。这些练习对于在图 3.26 所示的测试中，髋关节旋转肌不能产生其体重 20% 力量的跑者尤为重要。

为了减少再受伤的可能性，患梨状肌综合征的跑者通常需要改变坐姿和睡姿。因为髋外旋会减少梨状肌的张力，他们往往会以"4"字形腿折叠的姿势坐着或睡觉（即患侧足部触碰对侧膝部）。尽管这种姿势减

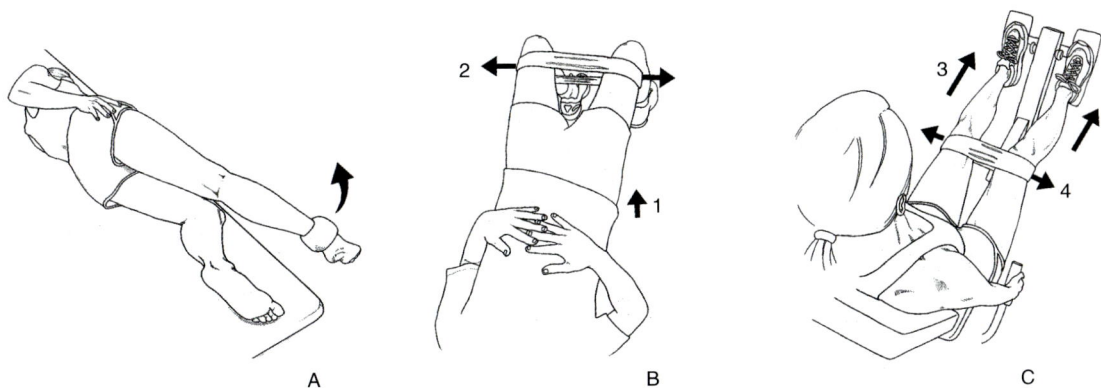

图 6.55 臀大肌与臀中肌强化练习 稳定骨盆的同时，上方的腿悬在治疗床的边缘并在 45° 的范围内抬高与降低（A）。将肩部平放在地板上，抬高骨盆做臀桥的动作（B），然后两侧膝关节向外侧用力，抵抗弹力带提供的阻力（箭头 2）。做腿举练习时（C），仅完成最后 30° 的伸展（膝盖几乎是伸直的），推动的时候（箭头 3），髋关节同时外展以抵抗弹力带所提供的阻力（箭头 4）。

轻了坐骨神经的紧张感，而且感觉很舒适，但这样会使梨状肌更加紧绷，加剧跑步时的不适，因此这种姿势是不适宜的。大多数跑者没有意识到他们正在将患侧髋关节向外旋

转，这可能需要几个月的时间来纠正错误的坐姿和睡眠姿势。为了减少梨状肌综合征转为慢性长期的可能，有梨状肌综合征的跑者应该侧卧睡觉，并在膝盖之间夹一个枕头，

保持膝关节伸直。有梨状肌综合征的跑者往往会有持续数月的轻度不适，通常可以继续跑步。为了减少跑步时梨状肌的张力，可以考虑增加10%的步频并缩短步幅。

股骨大转子疼痛综合征

股骨大转子疼痛综合征是指股骨颈隆起处周围软组织长期疼痛的一种情况。股骨大转子疼痛综合征是老年跑者，尤其是女性，最常遇到的髋关节损伤，发生率仅次于关节炎。目前人们认为这种损伤是由存在于股骨大转子和髂胫束之间的滑膜囊遭受慢性挤压造成的。在跑步时，髂胫束上方的组织覆盖于股骨大转子上方被认为会造成滑膜囊的挤压（图6.56）。标准的治疗方案是向发炎的滑膜囊内注射皮质类固醇。

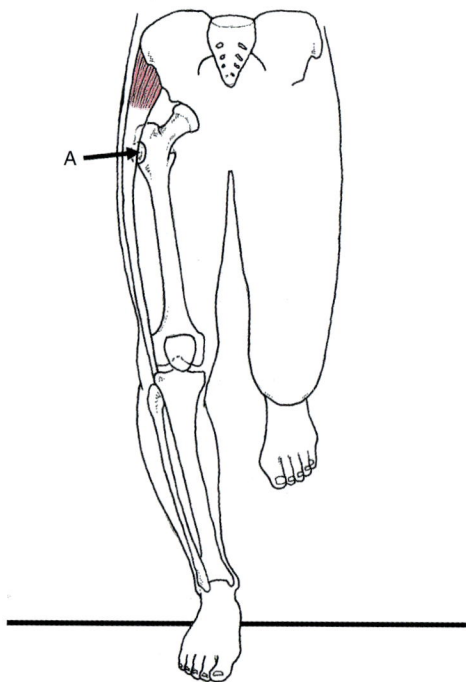

图6.56　目前股骨大转子疼痛综合征被认为是由髂胫束压迫位于髋关节外侧的滑膜囊所致（A）

尽管注射皮质类固醇在短期内有效，但长期看来效果较差。最近的研究表明：与该综合征相关的慢性疼痛不是由滑膜囊受压引起的，而是由臀中肌肌腱附着点处的退变造成。新西兰的研究人员[96]对股骨大转子疼痛和股骨大转子无症状的受试者进行MRI检查对比发现：滑膜囊炎症与该综合征无关。在任何情况下，疼痛都可能与臀中肌肌腱的退变有关。因此，股骨大转子疼痛综合征的干预应侧重于改善肌腱功能，而不是减少囊内的炎症。

这种常见症状最有效的介入方法是进行表6.4所述的锻炼。2009年发表在《美国运动医学杂志》（American Journal of Sports Medicine）上的一篇论文表明：从长期来看，治疗股骨大转子疼痛综合征，运动锻炼比注射皮质类固醇更有效[97]。除了运动锻炼外，对肌腱附着的深层组织按摩也是一种刺激修复的有效方法。我最常用的按摩臀中肌肌腱的方法是：使跑者仰卧，髋关节略微外展，然后用拇指在臀中肌肌腱的附着点上做来回摩擦式按摩。刺激肌腱修复的另一种方法是使用冲击波治疗。此外，虽然运动锻炼有很好的长期效果，但冲击波疗法在前4个月的疗效明显强于单独运动锻炼。

由于股骨大转子疼痛综合征通常会持续6个月以上，所以在你逐渐加强肌腱的同时，有必要经常骑自行车或进行游泳交叉训练。为了避免再次受伤，许多患该综合征的跑者报告，缩短步长和增加10%的步频可以减少不适。股骨大转子疼痛综合征是一种非常难以治疗的损伤，当损伤逐渐恢复时，保持耐心是非常重要的。

表 6.4　股骨大转子疼痛综合征家庭训练计划

梨状肌伸展：仰卧屈膝，未受伤一侧的足平放在地面上，然后将患侧的足跟放在另一侧的膝部上方。用手抓住未受伤一侧的大腿，将膝部拉向胸部。你会感到患侧的臀部和大腿外侧有牵拉感。保持这个动作 30~60 秒，重复 3 次。

站姿髂胫束伸展：将未受伤一侧的腿交叉置于患侧腿前面，弯腰触摸患侧足趾，然后将手沿着地板移动到未受伤一侧的足部，你会感觉患侧大腿外侧有更多的牵拉感，保持这个姿势 30 秒，回到起始位置，重复 3 次。

直腿抬高：仰卧，绷紧患侧大腿的肌肉，足趾勾起指向天花板，然后将腿抬高约 25 cm，过程中保持膝关节伸直，然后慢慢将腿放下。重复 10 次，做 3 组。

靠墙半蹲：背部、肩膀与头部贴墙站立，直视前方，保持双肩放松，双足离墙 30.5 cm，双足距离与肩同宽。在大腿间放一个卷起来的枕头，头贴在墙上，慢慢蹲下的同时挤压枕头，直到大腿与地面平行。保持这个动作 10 秒钟，然后慢慢站起来。确保整个练习过程中都有挤压到枕头。重复 20 次。

臀肌加强：俯卧，双腿伸直，并收紧臀部肌肉。将患侧腿抬高 20 cm，同时保持膝关节伸直，保持 5 秒，然后放松，恢复到起始姿势。重复 10 次，做 3 组。

所有的练习每天进行 2 遍，每周练习 7 天，持续 12 周。

注：完全按照 Rompe 等人的原文复制。

内收肌拉伤

内收肌群位于大腿上部，由长收肌、短收肌和大收肌组成。内收肌拉伤是跑者腹股沟疼痛的最常见原因。大步幅的快跑者容易出现这种损伤。虽然每一条内收肌都可能拉伤，但到目前为止，长收肌的拉伤最为常见。一些专家认为长收肌拉伤是由于它的血液供应较差，但这条肌肉经常拉伤的真正原因是它的肌腱过小。在对长收肌肌腱横截面形状的详细三维研究中，来自纽约大学的研究人员[98]观察到：在该肌肉连接到骨盆处的 2.5 cm 内，长收肌肌腱迅速变窄，直径小于 3 mm。肌腱上部迅速变窄使得长收肌容易受到张力的影响，尤其是在摆动阶段初期，内收肌协助髋关节屈曲的时候。

虽然早期研究表明：缺乏柔软度可能导致内收肌拉伤，但 2010 年的最新研究表明：先前的损伤和（或）内收肌无力是导致内收肌拉伤更可能的原因。Engebretsen 等人[99]在评估导致内收肌拉伤发展的各种风险因素时发现：先前受伤的个体再次受伤的可能性是正常人的 2 倍以上，而内收肌薄弱的个体受伤的可能性是正常人的 4 倍。这与发表在《美国运动医学杂志》（*American Journal of Sports Medicine*）上的一项研究[100]一致，该研究发现，内收肌无力的运动员发生内收肌拉伤的可能性是正常人的 17 倍，内收肌紧绷与未来损伤之间没有相关性。

内收肌拉伤不是肌肉紧绷造成的，而是内收肌无力的结果。这一事实与 Holmich 等人[101]对运动方案的评估一致。通过对按摩、拉伸和各种物理治疗的常规治疗方案与 12 周强化训练的治疗方案的比较，研究者证明：传统的按摩和拉伸治疗是无效的，79% 的运动员通过强化训练在 5 个月内恢复到之前的运动水平。表 6.5 列出了该研究中使用的强化训练。

表 6.5　内收肌强化计划

1~2 周
仰卧，将足球放在两足踝之间，挤压足球 30 秒，重复 10 次。
仰卧，将足球放在两膝之间，挤压足球 30 秒，重复 10 次。
直向和斜向的仰卧起坐，每组 10 次，进行 5 组。
屈髋仰卧起坐：仰卧，将足球放在两膝之间，屈膝屈髋的同时做仰卧起坐，每组 10 次，进行 5 组。
在平衡板上进行 5 分钟平衡训练。
双足平行站立，单腿滑行训练。每条腿进行 1 分钟的训练，做 5 组。由于大多数跑者没有机会使用滑板，所以建议进行如图 4.5 所示的交叉式跑步训练。

3~12 周
（每个动作进行 2 组练习，该训练部分重复进行 2 遍）
仰卧，将足球放在两膝之间，挤压足球 30 秒，重复 10 次。
俯卧，在锻炼椅或健身球上进行下背部伸展运动；每组 10 次，进行 5 组。如图 3.30 R 所示。
单腿外展和站姿内收，每条腿重复 5 次（图 3.30L，图 3.30N）。
腹式仰卧起坐，包括直向和斜向，每组 10 次，进行 5 组。
单腿协调性练习。以同样的节奏弯曲和伸展关节并摆动手臂；每条腿做 10 次，进行 5 组。
在 Fitter（一个具有弧形底座的轨道的来回摇摆的平台）上进行 5 分钟的侧向运动训练。如果没有可用的设备，进行如图 4.5 底部所示的交叉式跑步训练 5 分钟。
在平衡板上进行 5 分钟的平衡训练。
在滑板上进行滑冰的动作训练，每组 1 分钟，进行 5 组。

注：由 Holmich 等修订。

一些日常生活中的不良因素应该被避免，例如侧卧时患侧髋关节内收和（或）坐较矮的椅子，使得膝部高于臀部。在髋关节外展的活动度完全恢复后，才应该对内收肌进行进一步的强化训练。当等待内收肌肌腱损伤愈合时，可以使用由氯丁橡胶制成的绷带给大腿加压，减少内收肌肌腱的压力，从而可以进行短距离的跑步。由于内收肌肌腱在摆动阶段初期就会被拉紧，所以一开始用小步幅跑步很重要。一旦损伤的症状痊愈，跑步前应该进行常规交叉式跑步练习。一旦该肌腱受伤，很容易转为慢性损伤，所以必须针对该肌腱小心地进行热身练习。

耻骨炎

耻骨炎也称为"耻骨联合炎"，当骨盆过度运动导致耻骨联合及其周围疼痛时，就会发生耻骨炎（图 6.57）。

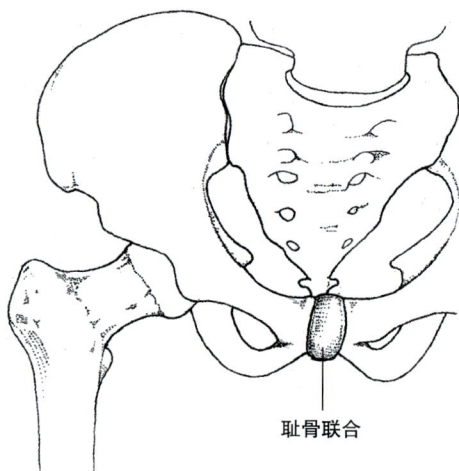

图 6.57　耻骨联合是位于骨盆前部的纤维软骨连结结构

在耻骨炎的早期，跑者主诉为不明原因的下腹痛和（或）内收肌不适。随着炎症的进展，疼痛越来越集中于耻骨联合处，并可能因在山路等不平的路面上跑步而更加疼痛。有时当耻骨炎患者从坐位上站起时，耻骨联合可能会发出咔嚓声。耻骨联合自身的设计可以很好地管理跑步过程所产生的应力，因而耻骨炎往往只发生在高里程数的长跑运动员身上。女性在生完孩子后重返运动场时尤其容易受此损伤。

耻骨炎最常见的生物力学原因是下肢长度的差异和肌肉的不平衡。下肢长度的差异会给耻骨联合带来很大压力，因为骨盆需要向相反的方向旋转以适应这种差异[102]（图 6.58）。

这种损伤的可能性。因此，应仔细评估肢体长度，包括评估不对称足旋前等可能导致下肢长度差异的因素。必要时，不对称的旋前因素可以采用足底垫高和（或）矫形器进行治疗。

导致耻骨炎发生的另一个因素是肌肉的不平衡，主要是核心肌肉无力和髋屈肌过度紧张。这就使得在行走过程的站立中后期，骨盆过度伸展，从而在耻骨联合处产生了剪切力（图 6.59）。这种情况下的治疗原则是提高髋关节的灵活性并加强核心力量。不幸的是，即使治疗得当，耻骨炎也会持续 6 个月或更长时间，对付这种状况最好的方法是保持臀部的柔韧和核心部位的强壮。

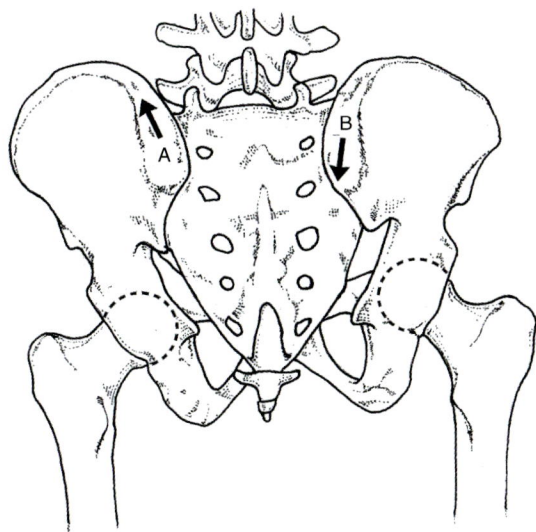

图 6.58　下肢长度差异　为了适应下肢长度的差异，短下肢一侧的骨盆向前倾斜（A），而长下肢一侧的骨盆向后倾斜（B）

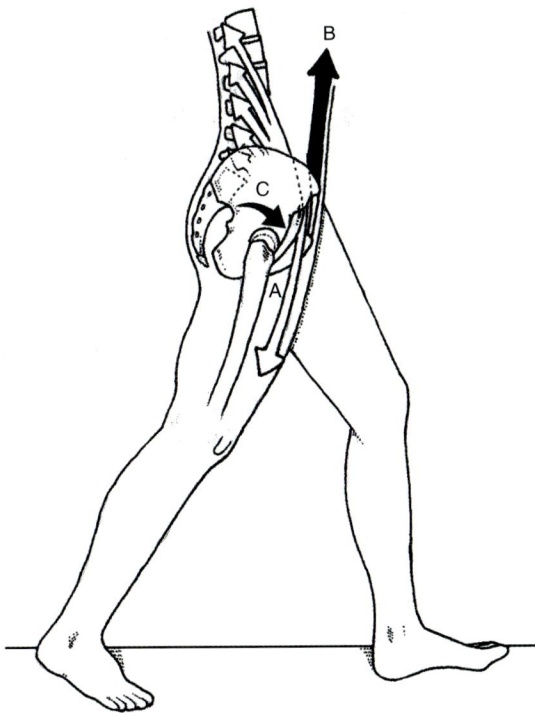

图 6.59　肌肉的不平衡　髋屈肌紧绷（A），加上核心肌无力（B），在行走过程的站立中后期，骨盆会过度伸展（C），从而在耻骨联合处产生了剪切力

当骨盆反向旋转使其保持水平以减轻腰椎压力时，耻骨联合会遭到扭转力，增加了

下背痛

过去的 700 万年里，人体下背部逐渐演化至可以轻松地应对行走和跑步带来的冲击力。实际上，长时间坐着比高里程数的跑步更容易导致椎间盘突出。然而，与跑步相关的下背痛确实会发生，通常与各种力学因素有关，如肌肉无力或紧绷以及肢体长度差异的代偿。

导致跑者下背痛的一个常见原因是核心肌肉无力。当足触地时，虚弱的核心肌肉会使得最下方的腰椎向前移动，这可能会损害下背部关节。如果髋屈肌紧绷加上核心肌肉薄弱，特别容易产生下背痛，因为行进中的每一步都会迫使腰椎过度伸展。核心肌肉无力的一个典型征象是：下背痛在你进行下坡跑时加剧，在上坡跑时缓解。为了测试核心力量，试着做 60 秒的侧平板支撑。如果不能坚持 60 秒，则需要做如图 6.60 所示的练习。每个姿势保持 20 秒，每天重复 3 次。几周后，你应该能够轻松保持侧平板支撑60 秒。

图 6.60　核心肌训练　前足足跟触后足足趾（A），保持侧身平板支撑 20 秒。然后躯干旋转 90°（B），双臂平行，做传统的平板支撑。试着保持这个姿势，每次抬起一条腿，持续 5 秒（C）。再次旋转 90°（D），保持另一侧侧平板支撑 20 秒。这个循环重复 3 次。另一个不错的核心练习是保持标准臀桥位置的同时一条腿直腿抬高（E）。保持直腿抬高的姿势 5 秒钟，同时保持骨盆稳定。每组重复 5 次，进行 3 组，交替双腿抬高通常足以加强核心力量

导致跑者下背痛的另一个原因是脊柱稳定肌紧绷（图 6.61）。因为这些肌肉通过减缓脊柱向前运动的速度帮助吸收冲击力，几乎所有高里程跑者的脊柱稳定肌都会紧绷。

这些肌肉的紧绷会在长跑后导致延迟性肌肉酸痛，甚至会在跑步过程中受伤，因为这些肌肉的过度紧绷会对下背部的关节造成压迫。

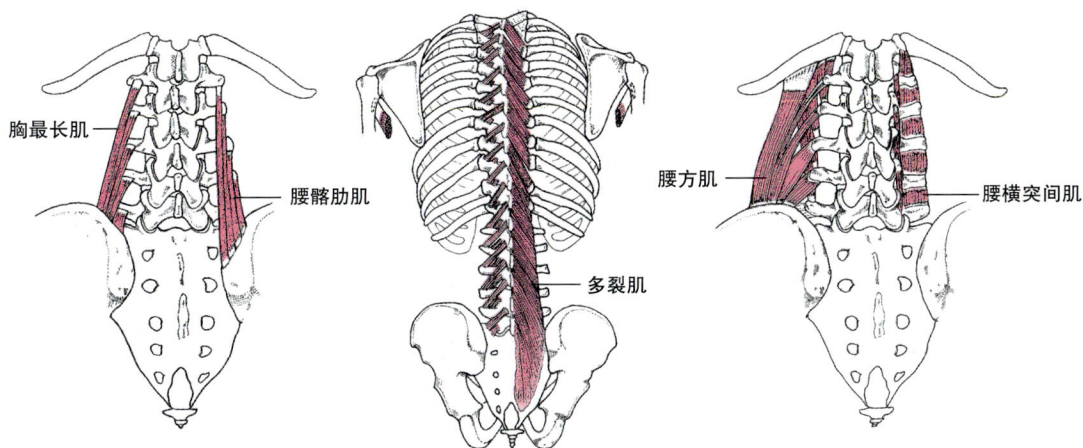

图 6.61　脊柱稳定肌

为了测试脊柱稳定肌的柔韧性，站起来向一侧倾斜，同时将手向膝盖外侧移动（图 6.62）。

在另一侧也重复这个动作，比较两侧的柔韧性。如果一侧的手比另一侧伸得更远，就进行如图 6.63 所示的拉伸动作。每次拉伸通常保持 20 秒左右，每天至少重复 3 次。通常需要一个月的定期拉伸来提高柔韧性，并在之后进行预防性的拉伸以保持柔韧性。

由于骶髂关节几乎完全靠韧带来稳定，所以骶髂关节扭伤的治疗很困难。如果骶髂关节不稳定，唯一能提供保护的肌肉是腹横肌，它的肌纤维穿过骶髂关节前部。测试腹横肌是否无力，可以进行如图 3.31 所示的 Vleeming 测试。如果你的骨盆抬离桌面超过一定的范围，可以进行图 6.60 所示的强化

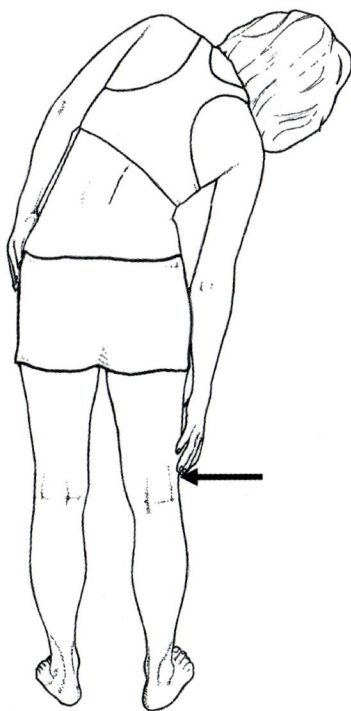

图 6.62　测试脊柱稳定肌的柔韧性　比较你的手在大腿两侧移动的距离（箭头）。确保身体向一侧倾斜，避免向前或向后屈曲

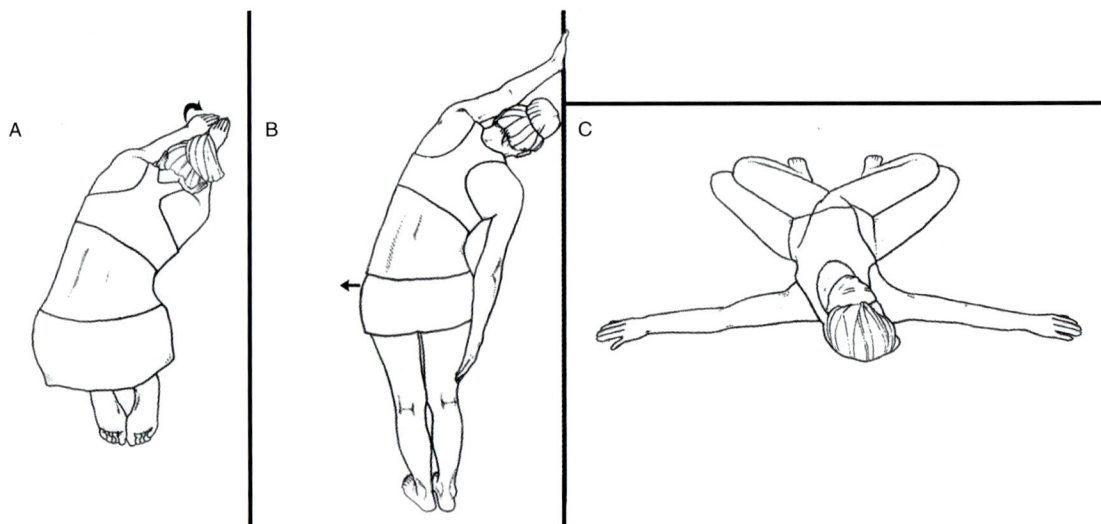

图 6.63　下背部拉伸 　（A）屈膝腰方肌拉伸：蹲下后将臀部置于足跟，用手引领躯干向右侧拉伸（箭头）。这个动作能够牵拉左侧腰方肌。（B）站姿腰方肌拉伸：双足着地，一侧手抓住对侧门框上部并将骨盆移向远离门框的方向（箭头）。通过抓门框的不同位置，改变脊柱屈曲的程度，可以拉伸不同的脊柱稳定肌。（C）腰椎旋转拉伸：仰卧，轻轻将弯曲的膝部从一侧摆动到另一侧。这个动作拉伸了多裂肌，如果两侧存在不对称的旋转度，则需要花更多的时间在受限的一侧练习

练习。

　　骶髂疼痛的一个重要因素是梨状肌的紧绷。这块肌肉附着在骶骨前部，梨状肌的紧绷会将骶骨拉向一边，从而给骶髂关节造成长期的压力。之前图 6.53 所示的肌肉能量拉伸是延长梨状肌最简单的方法。

　　为了辅助诊断和治疗，患有骶髂关节疼痛的跑者应该考虑佩戴骶髂稳定带。如果你佩戴稳定带时感觉好一些，则可能是骶髂关节损伤，应该继续佩戴稳定带，直至你纠正了核心肌无力和（或）梨状肌紧绷的问题。理论上，稳定带可以施加稳定的压缩力，从而保护不稳定的骶髂关节在跑步时免受过度的剪切力。尽管佩戴效果因人而异，鉴于慢性骶髂关节损伤很难治疗，总的来说还是值得一试。

　　下肢长度细微的差异对一般人群产生下背痛的影响较小，但可能会导致跑者产生慢性下背痛。研究人员[102]通过让受试者站在不同高度的鞋垫上来对比两侧的骨盆移动，结果证实：当存在下肢长度差异时，骨盆会向特定的方向移动（图 6.58）。

　　因此，除了将鞋垫抬高之外，下肢长度有差异的跑者还应进行图 6.64 所示的拉伸练习。在某些情况下，可能还需要脊柱的调整来帮助恢复机体的运动，并缓解周围肌肉和韧带的紧张。

　　讽刺的是，许多跑者在进行下背部的拉伸练习时，反而会伤到他们的下背部。例如，许多瑜伽教练不恰当地推荐脊柱放松法，使各节脊椎逐渐向前弯曲。正如脊柱研究人员 Stuart McGill[103] 所讲：腰椎的椎间盘功能并不是承受前屈，保护脊柱的健康应该避免过度前曲脊柱。最容易伤害下背部的

伸展运动如图 6.65 所示。

另一种常见的可能导致下背部受伤的做法是：在跑步时保持脊柱平坦，收紧肚脐。这一做法源自太极和普拉提的观念，肚脐收紧被认为可以募集更多的腹横肌来稳定下背

部。然而这种观念并没有根据，其实保持脊柱轻微的拱形是最稳定的。目前已被证明：下背部的轻度拱形曲线会使腰椎间盘的髓核向前移动，腰椎间盘和脊柱关节之间力的分布会更加均匀（图 6.66）。

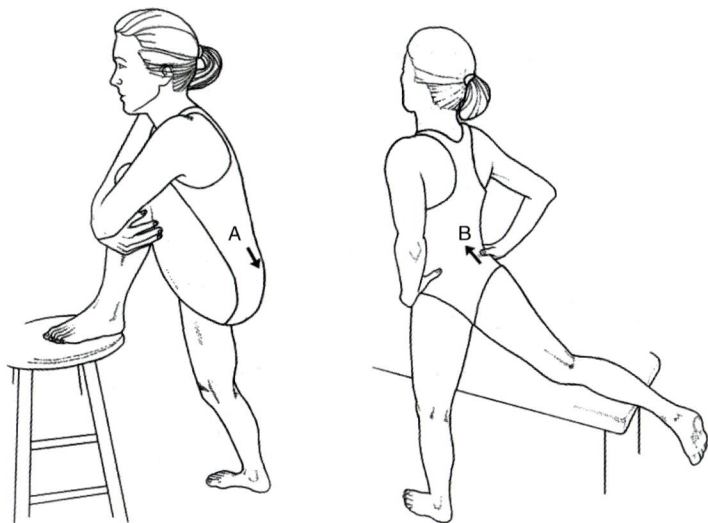

图 6.64　下肢长度有差异者的拉伸练习　短下肢一侧，将膝关节拉向胸前（A）。该动作可以使另一侧的骨盆前倾。长下肢一侧，将膝关节贴在椅子上，伸髋（B）。该拉伸练习通常持续 20 秒，每天进行 5 次

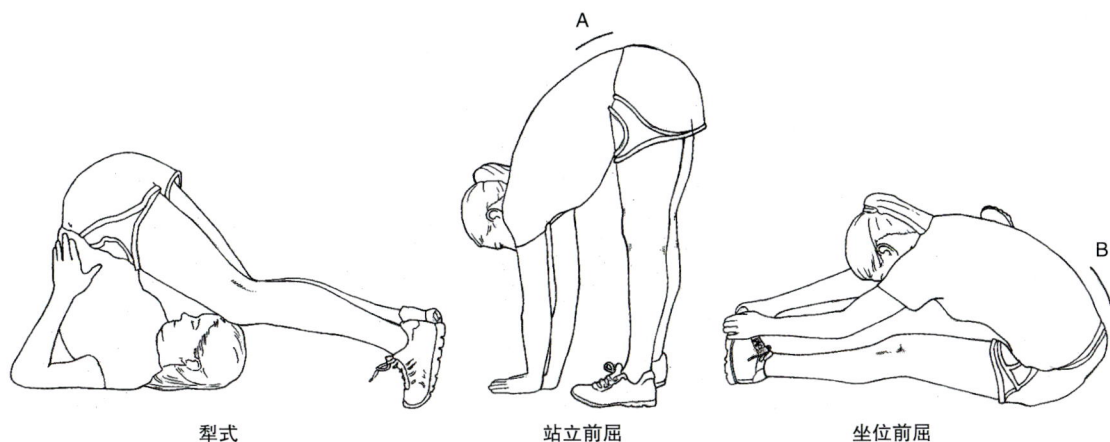

犁式　　　　　　站立前屈　　　　　　坐位前屈

图 6.65　常见过度向前屈曲的拉伸　犁式的拉伸几乎总是糟糕的，站立前屈和坐位前屈的拉伸是有用的，注意避免过度屈曲腰椎（A 和 B）

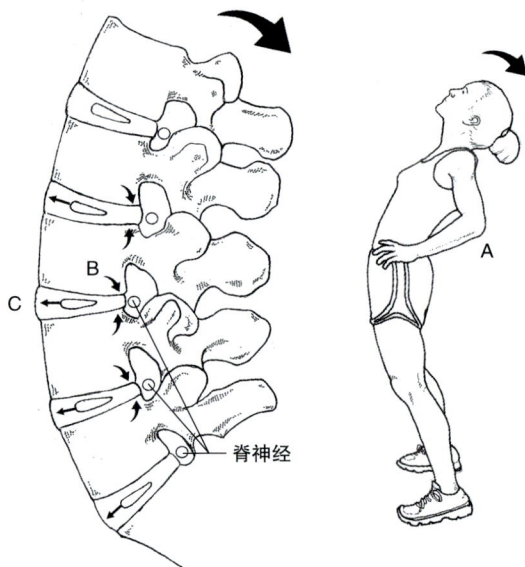

图 6.66　腰椎侧面图　脊柱的拱形伸展（A）压迫腰椎间盘后部（B），使腰椎间盘髓核向前移位（C），远离脊神经

在跑步时保持轻微的拱形曲线可以有效分配椎间盘与关节之间的压力，使下背部肌肉以更有效的方式工作（图 6.67）。

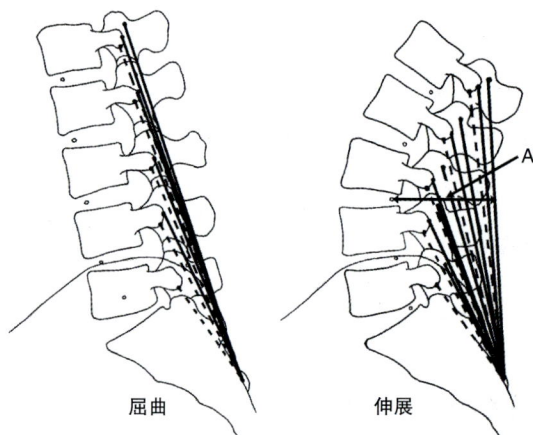

图 6.67　腰椎的屈曲与伸展　腰椎的伸展增加了脊柱稳定肌（A）的力臂长度，提高了肌肉的工作效率

与所有的跑步损伤一样，处理下背痛的最好方法是识别和纠正所有潜在损伤的来源。正如本书所指：跑者每年的再受伤率不应达到 70%。通过有效的治疗方案及时介入跑步损伤，可以显著降低再受伤率。需要记住的是，休闲跑步对身体的压力并不比快走大，只要付出些许的努力，你完全可以在耄耋之年继续跑步。

参考文献

1. Fredericson M, Anuruddh M. Epidemiology and etiology of marathon running injuries. *Sports Med.* 2007;37:437–439.

2. van Mechelen W. Running injuries: a review of the epidemiological literature. *Sports Med.* 1992;4:320.

3. Leonard W, Robertson M. Rethinking the energetics of bipedality. *Current Anthropol.* 1997;38:304–309.

4. Pierce B, Murr S, Moss R. *Run Less Run Faster.* New York: Rodale Books, 2007.

5. van Gent R, Siem G, van Middelkoop M, et al. Incidence and determinants of lower extremity running injuries in long distance runners: a systematic review. *Br J Sports Med.* 2007;41:469–480.

6. Reinking M, Austin T, Hayes A. Exercise-related leg pain and collegiate cross-country athletes: extrinsic and intrinsic factors. *J Orthop Sports Phys Ther.* 2007;37:670–678.

7. Sherry M, Best T. A comparison of 2 rehabilitation programs in the treatment of acute hamstring strains. *J Orthop Sports Phys Ther.* 2004;34:116.

8. Mahieu NN, Witvrouw E, Stevens V, et al. Intrinsic risk factors for the development of Achilles tendon overuse injuries. *Am J Sports Med.* 2006;34(2):226–235.

9. Lyman J, Weinhold P, Almekinders LC. Strain behavior of the distal Achilles tendon. *Am J Sports Med.* 2004;32(2):457–461.

10. Wezenbeek E, Willems T, Mahieu N, et al. Is Achilles tendon blood flow related to foot pronation? *Scand J Med Sci Sports.* 2017;27(12):1970–1977.

11. Tabary J, Tabary C, Tardieu C, et al. Physiological and structural changes in the cat's soles muscle due to immobilization at different lengths by plaster casts. *J Physiol.* 1972;224:231–244.

12. O'Neill S, Barry S, Watson P. Plantar flexor strength and endurance deficits associated with the mid-portion Achilles tendinopathy: the role of soleus. *Phys Ther Sport.* 2019; 37:69–76.

13. Slane L, Thelen D. Non-uniform displacements within the Achilles tendon observed during passive and eccentric loading. *J Biomech.* 2014;47:2831–2835.

14. Slane L, Thelen D. Achilles tendon displacement patterns during passive stretch and eccentric loading are altered in middle-aged adults. *Med Eng Phys.* 2015;11:1–5.

15. Alfredson H, Pietila T, Jonsson P, et al. Heavy-load eccentric calf muscle training for the treatment of chronic Achilles tendinosis. *Am J Sports Med.* 1998;26(3):360–366.

16. Yin N, Chen W, Wu Y, et al. Increased patellar tendon microcirculation and reduction of tendon stiffness following knee extension eccentric exercises. *J Orthop Sports Phys Ther.* 2014;44:304.

17. Williams D, Zambardino J, Banning V. Transverse-plane mechanics at the knee and tibia in runners with and without a history of Achilles tendinopathy. *J Orthop Sports Phys Ther.* 2008;38:761–767.

18. Davidson CJ, Ganion LR, Gehlsen GM, et al. Rat tendon morphological and functional changes resulting from soft tissue mobilization. *Med Sci Sports Exerc.* 1997;29(3):313–319.

19. Hugate R, Pennypacker J, Saunders M, Juliano P. The effects of intratendinous injections of corticosteroid on the biomechanical properties of rabbit Achilles tendons. *J Bone Joint Surg Am.* 2004;86:794–801.

20. Hughes L. Biomechanical analysis of the foot and ankle for predisposition to developing stress fractures. *J Orthop Sports Phys Ther.* 1985;3:96–101.

21. Kim J, Choi J, Park J, et al. An anatomical study of Morton's interdigital neuroma: the relationship between the occurring site and the transverse metatarsal ligament (DTML). *Foot Ankle Int.* 2007;28:1007–1010.

22. Carl A, Ross S, Evanski P, et al. Hypermobility in hallux valgus. *Foot Ankle Int.* 1988; 8:264–270.

23. Stewart S, Ellis R, Heath M, Rome K. Ultrasonic evaluation of the abductor hallucis muscle in hallux valgus: a cross-sectional observational study. *BMC Musculoskelet Disord.* 2013;14:45.

24. Redmond A, Lumb P, Landorf K. The effect of cast and noncast foot orthoses on plantar pressures and force during gait. *J Am Podiatr Med Assoc.* 2000;90:441–449.

25. Gray E, Basmajian J. Electromyography and cinematography of the leg and foot ("normal" and flat) during walking. *Anat Rec.* 1968;161:1–15.

26. Okuda R, Kinoshita M, Yasuda T, et al. Hallux

valgus angle as a predictor of recurrence following proximal metatarsal osteotomy. *J Orthop Sci*. 2011;16:760–764.

27. Michaud T, Nawoczenski D. The influence of two different types of foot orthoses on first metatarsophalangeal joint kinematics during gait in a single subject. *J Manip Phys Ther*. 2006;29:60–65.

28. Welsh B, Redmond A, Chockalingam N, Keenan A. A case-series study to explore the efficacy of foot orthoses in treating first metatarsophalangeal joint pain. *J Foot Ankle Res*. 2010;3:17.

29. Abreu M, Chung C, Mendes L, et al. Plantar calcaneal enthesophytes: new observations regarding sites of origin based on radiographic, MR imaging, anatomic, and paleopathologic analysis. *Skeletal Radiol*. 2003;32:13–21.

30. Wearing S, Smeathers J, Yates B, et al. Sagittal movement of the medial longitudinal arch is unchanged in plantar fasciitis. *Med Sci Sports Exerc*. 2004;36:1761–1767.

31. Sullivan J, et al. Musculoskeletal and activity-related factors associated with plantar heel pain. *Foot Ankle Int*. 2015;36:37–45.

32. DiGiovanni B, Nawoczenski D, Lintal M, et al. Tissue-specific plantar fascia-stretching exercise enhances outcomes in patients with chronic heel pain. A prospective, randomized study. *J Bone Joint Surg Am*. 2003;85(7):1270–1277.

33. Landorf K, Keenan AM, Herbert R. The effectiveness of foot orthoses to treat plantar fasciitis: a randomized trial. *Arch Intern Med*. 2006;166:1305–1310.

34. Kogler G, Solomonidis S, Paul J. Biomechanics of longitudinal arch support mechanisms in foot orthoses and their effect on plantar aponeurosis strain. *Clin Biomech*.

1996;11:243–252.

35. Kogler G, Veer F, Solomonidis S, Paul J. The influence of medial and lateral placement of orthotic wedges on loading of the plantar aponeurosis. *J Bone Joint Surg Am*. 1999;81:1403–1413.

36. Coppieters M, Hough A, Dilley A. Different nerve-gliding exercises induce different magnitudes of median nerve longitudinal excursion: an *in vivo* study using dynamic ultrasound imaging. *J Orthop Sports Phys Ther*. 2009;39:164.

37. McKeon PC, Mattacola CG. Interventions for the prevention of first time and recurrent ankle sprains. *Clin Sports Med*. 2008;27:371–382.

38. Heiderscheit B, Chumanov E, Michalski M, et al. Effects of step rate manipulation on joint mechanics during running. *Med Sci Sports Exerc*. 2011;43:296–302.

39. Verhagen E, van Mechelen W, de Vente W. The effect of preventive measures on the incidence of ankle sprains. *Clin J Sport Med*. 2000;10:291–296.

40. Tyler TF, McHugh MP, Mirabella MR, et al. Risk factors for noncontact ankle sprains in high school football players: the role of previous ankle sprains and body mass index. *Am J Sports Med*. 2006;34:471–475.

41. Delahunt E, Monaghan K, Caulfield B. Altered neuromuscular control and ankle joint kinematics during walking in subjects with functional instability of the ankle joint. *Am J Sports Med*. 2006;34:1970–1976.

42. Malliaropoulos N, Ntessalen M, Papacostsa E, et al. Reinjury after acute lateral ankle sprains in elite track and field athletes. *Am J Sports Med*. 2009;37:1755.

43. Magnusson H, Westlin N, Nyqvist F, et al. Abnormally decreased regional bone density

in athletes with medial tibial stress syndrome. *Am J Sports Med.* 2001;29:712–715.

44. Beynnon B, Renstrom P, Haugh L, et al. A prospective, randomized clinical investigation of the treatment of first-time ankle sprains. *Am J Sports Med.* 2006;34:1401.

45. McHugh M, Tyler T, Mirabella M, et al. The effectiveness of a balance training intervention in reducing the incidence of noncontact ankle sprains in high school football players. *Am J Sports Med.* 2007;35:1289.

46. Verhagen E, van der Beek A, Twisk J, et al. The effect of proprioceptive balance board training for the prevention of ankle sprains. *Am J Sports Med.* 2004;32:1385–1393.

47. Styf J. Chronic exercise-induced pain in the anterior aspect of the lower leg: an overview of diagnosis. *Sports Med.* 1989;7:331–339.

48. Franklyn M, Oakes B, Field B, et al. Section modulus is the optimum geometric predictor for stress fractures and medial tibial stress syndrome in both males and female athletes. *Am J Sports Med.* 2008;36:1179.

49. Burne S, Khan K, Boudville P, et al. Risk factors associated with exertional medial tibial pain: a 12-month prospective clinical study. *Br J Sports Med.* 2004;38:441–445.

50. Franklyn-Miller A, Wilson C, Bilzon J, McCrory P. Foot orthoses in the prevention of injury in initial military training: a randomized controlled trial. *Am J Sports Med.* 2011;39:30.

51. Andrish JT, Bergfeld JA, Walheim J. A prospective study on the management of shin splints. *J Bone Joint Surg Am.* 1974;56:1697–1700.

52. Cohen D, Kawamura S, Ehteshami J, Rodeo S. Indomethacin and celecoxib impair rotator cuff tendon-to-bone healing. *Am J Sports Med.* 2006;34:362–369.

53. Bennell K, Malcolm S, Thomas S, et al. The incidence and distribution of stress fractures in competitive track and field athletes. A twelve-month prospective study. *Am J Sports Med.* 1996;24:211–217.

54. Crowell H, Milner C, Hamill J, Davis I. Reducing impact loading during running with the use of real-time visual feedback. *J Orthop Sports Phys Ther.* 2010;40:206.

55. Matheson GO, Clement DB, McKenzie DC. Stress fractures in athletes. A study of 320 cases. *Am J Sports Med.* 1987;15:46–58.

56. Wakeling J, Nigg B. Modifications of soft tissue vibrations in the leg by muscular activity. *J Appl Physiol.* 2001;90:412–420.

57. Wakeling J, Liphardt A, Nigg B. Muscle activity reduces soft-tissue resonance at heel-strike during walking. *J Biomech.* 2003;36:1761–1769.

58. Agosta J, Morarty R. Biomechanical analysis of athletes with stress fracture of the tarsal navicular bone: a pilot study. *Aust J Podiatr Med.* 1999;33(1):13–18.

59. Burne S, Mahoney C, Forster B, et al. Tarsal navicular stress injury: long-term outcome and clinical radiological correlation using both computed tomography and magnetic resonance imaging. *Am J Sports Med.* 2005;33:1875–1881.

60. Milner C, Hamill J, Davis I. Distinct hip and rearfoot kinematics in female runners with a history of tibial stress fracture. *J Orthop Sports Phys Ther.* 2010;40:59–66.

61. Bulst I, Bredeweg S, van Mechelen W, et al. No effect of a graded training program on the number of running-related injuries in novice runners. A randomized controlled trial. *Am J Sports Med.* 2007;16:1–7.

62. Warden S, Davis I, Fredericson M. Management and prevention of bone stress

injuries and long-distance runners. *J Orthop Sports Phys Ther*. 2014;44:749–765.

63. Kroll M, Bi C, Garber C, et al. Temporal relationship between vitamin D status and parathyroid hormone in the United States. *PLoS One*. 2015;10:e0118108.

64. Bert L, Billington E, Rose M, et al. Effect of high-dose vitamin D supplementation on volumetric bone density and bone strength: a randomized controlled trial. *JAMA*. 2019;322(8):736–745.

65. Glerup H, Mikkelsen K, Poulsen L, et al. Hypovitaminosis D myopathy without biochemical signs of osteomalacic bone involvement. *Calcif Tissue Int*. 2000;66:419–424.

66. Heikura I, Burke L, Hawley J, et al. A short-term ketogenic diet impairs markers of bone health in response to exercise. *Front Endocrinol*. 2019;10:880.

67. Powers C, Ward S, Fredericson M, et al. Patellofemoral kinematics during weight-bearing and non-weight-bearing knee extension in persons with lateral subluxation of the patella: a preliminary study. *J Orthop Sports Phys Ther*. 2003;33:677–685.

68. Lin YF, Jan MH, Lin DH, Cheng CK. Different effects of femoral and tibial rotation on the different measurements of patella tilting: an axial computed tomography study. *J Orthop Surg Res*. 2008;3:5.

69. Souza R, Draper C, Fredericson M, et al. Femur rotation and patellofemoral joint kinematics: a weight-bearing magnetic resonance imaging analysis. *J Orthop Sports Phys Ther*. 2010;40:277–285.

70. Dierks T, Manal K, Hamill J, Davis I. Proximal and distal influence on the hip and knee kinematics in runners with patellofemoral pain during a prolonged run. *J Orthop Sports Phys Ther*. 2008;38:448.

71. Williams D, McClay I, Hamill J, Buchanan T. Lower extremity kinematic and kinetic differences in runners with high and low arches. *J Appl Biomech*. 2001;17:153–163.

72. Collins N, Crossley K, Beller E, et al. Foot orthoses and physiotherapy in the treatment of patellofemoral pain syndrome: a randomised clinical trial. *BMJ*. 2008;337:a1735.

73. Molgaard C, Rathleff M, Andreasen J, et al. Foot exercises and foot orthoses are more effective than knee focused exercises in individuals with patellofemoral pain. *J Sci Med Sport*. 2018;21:10–15.

74. Witvrouw E, Lysens R, Bellemans J, et al. Intrinsic risk factors for the development of anterior knee pain in an athletic population: a 2-year prospective study. *Am J Sports Med*. 2000;28:480.

75. van der Worp H, Ark M, Roerink S, et al. Risk factors for patellar tendinopathy: a systematic review of the literature. *Br J Sports Med*. 2011;45(5):446–462.

76. Zhang Z, NG G, Lee W, Fu S. Increase in passive muscle tension of the quadriceps muscle heads in jumping athletes with patellar tendinopathy. *Scand J Med Sci Sports*. 2017;27(10):1099–1104.

77. Takasaki H, Aoki M, Oshiro S, et al. Strain reduction of the extensor carpi radialis brevis tendon proximal origin following the application of a forearm support end. *J Orthop Sports Phys Ther*. 2008;38:257.

78. Wadsworth C, Nielsen D, Burns L, et al. Effect of the counterforce armband on wrist extension and grip strength and pain in subjects with tennis elbow. *J Orthop Sports Phys Ther*. 1989;5:192–197.

79. Kongsgard M, Qvortup K, Larsen J, et al. Fibril morphology and tendon mechanical

properties in patellar tendinopathy. Effects of heavy slow resistance training. *Am J Sports Med*. 2010;38:749.

80. Escamilla R, Zheng N, Macleod T, et al. Patellofemoral joint force and stress between a short and long-step forward lunge. *J Orthop Sports Phys Ther*. 2008;38:681–690.

81. Fairclough J, Hayashi K, Toumi H, et al. The functional anatomy of the iliotibial band during flexion and extension of the knee: implications for understanding iliotibial band syndrome. *J Anat*. 2006;208:309–316.

82. Ferber R, Noehren B, Hamill J, et al. Competitive female runners with a history of iliotibial band syndrome demonstrate atypical hip and knee kinematics. *J Orthop Sports Phys Ther*. 2010;40:52.

83. Williams D, McClay I, Hamill J. Arch structure and injury patterns in runners. *Clin Biomech*. 2001;16:341–347.

84. Falvey E, Clark R, Franklyn-Miller A, et al. Iliotibial band syndrome: an examination of the evidence behind a number of treatment options. *Scand J Med Sci Sports*. 2010;20:580–587.

85. Chaudhry H, Schleip R, Ji Z, et al. Three-dimensional mathematical model for deformation of human fasciae in manual therapy. *J Am Osteopath Assoc*. 2008;108:379–390.

86. Thelen D, Chumanov E, Best T, et al. Simulation of biceps femoris musculotendon mechanics during the swing phase of sprinting. *Med Sci Sports Exerc*. 2005;37:1931–1938.

87. Askling C, Tengvar M, Saartok T, Thorstensson A. Proximal hamstring strains of stretching type in different sports: injury situations, clinical and magnetic resonance imaging characteristics, and return to sport. *Am J Sports Med*. 2008;36:1799–1804.

88. McHugh M, Connolly D, Eston R, et al. The role of passive muscle stiffness and symptoms of exercise-induced muscle damage. *Am J Sports Med*. 1999;27:594.

89. Hreljac A, Marshall RN, Hume PA. Evaluation of lower extremity overuse injury potential in runners. *Med Sci Sports Exerc*. 2000;32(9):1635–1641.

90. Verrall GM, Slavotinek JP, Barnes PG. The effect of sport specific training on reducing the incidence of hamstring injuries in professional Australian Rules football players. *Br J Sports Med*. 2005;39:363–368.

91. Hoskins W, Pollard H, Orchard J. The effect of sports chiropractic on the prevention of hamstring injuries: a randomized controlled trial. *Med Sci Sports Exerc*. 2006;38:S27.

92. Loghmani M, Warden S. Instrument-assisted cross-fiber massage accelerates knee ligament healing. *J Orthop Sports Phys Ther*. 2009;39:506–514.

93. Windisch G, Braun E, Anderhuber F. Piriformis muscle: clinical anatomy and consideration of the piriformis syndrome. *Surg Radiol Anat*. 2007;29:37–45.

94. Tonley J, Yun S, Kochevar R, et al. Treatment of an individual with piriformis syndrome focusing on hip muscle strengthening and movement reeducation: a case report. *J Orthop Sports Phys Ther*. 2010;40:103.

95. Hallin RP. Sciatic pain and the piriformis muscle. *Postgrad Med*. 1983;74:69–72.

96. Woodley S, Nicholson H, Livingstone V, et al. Lateral hip pain: findings from magnetic resonance imaging and clinical examination. *J Orthop Sports Phys Ther*. 2008;38:313.

97. Rompe J, Segal N, Cachio A, et al. Home training, local corticosteroid injection, or radio shock wave therapy for greater

trochanteric pain syndrome. *Am J Sports Med*. 2009;37:1981.

98. Strauss E, Campbell K, Bosco J. Analysis of the cross-sectional area of the adductor longus tendon: a descriptive anatomic study. *Am J Sports Med*. 2007;35:996.

99. Engebretsen A, Myklebust G, Holme I, et al. Intrinsic risk factors for groin injuries among male soccer players: a prospective cohort study. *Am J Sports Med*. 2010;38:2051.

100. Tyler T, Nicholas S, Campbell R, McHugh M. The association of hip strength and flexibility with the incidence of adductor muscle strains in professional ice hockey players. *Am J Sports Med*. 2001;29:124.

101. Holmich P, Uhrskou P, Ulnits L, et al. Effectiveness of active physical training as treatment for long-standing adductor related groin pain in athletes: a randomized trial. *Lancet*. 1999;353:439.

102. Cummings G, Scholz J, Barnes K. The effect of imposed leg length difference on pelvic bone symmetry. *Spine*. 1993;18:368–373.

103. McGill S. *Low Back Disorders: Evidence-Based Prevention and Rehabilitation*. Champaign, IL: Human Kinetics Publishing, 2002.